PART 01

DIAT 시험 안내 및 자료 사용 방법

시험안내 01

PART 01 DIAT 시험 안내 및 자료 사용 방법

DIAT 시험 안내

☑ 디지털정보활용능력(DIAT) 시험 과목 및 합격 기준
☑ 디지털정보활용능력(DIAT) 검정 기준

1. 디지털정보활용능력(DIAT / Digital Information Ability Test)
- 컴퓨터와 인터넷을 이용한 정보가 넘쳐나고 사물과 사물 간에도 컴퓨터와 인터넷이 연결된 디지털정보 시대에 기본적인 정보통신기술, 정보처리기술의 활용분야에 대해 학습이나 사무업무를 수행할 수 있도록 종합적으로 묶어 효과적으로 구성한 자격종목
- 총6개 과목으로 구성(작업식 5개 과목, 객관식 1개 과목)되어 1개 과목만으로도 자격취득이 가능하며 합격점수에 따라 초·중·고급자격이 부여
- 과목별로 시험을 응시하며 시험 당일 한 회차에 최대 3개 과목까지 응시 가능

2. 필요성
- 사무업무에 즉시 활용 가능한 작업식 위주의 실기시험
- 정보통신·OA·멀티미디어·인터넷 등 분야별 등급화를 통한 실무능력 인증

3. 자격 종류
- 자격구분 : 공인민간자격
- 등록번호 : 2008-0265
- 공인번호 : 과학기술정보통신부 제2020-2호

4. 시험 과목

검정과목	사용프로그램	검정방법	문항수	시험시간	배점
프리젠테이션	- MS 파워포인트 2021 - 한컴오피스 한쇼 2022	작업식	4문항	40분	200점
스프레드시트	- MS 엑셀 2021 - 한컴오피스 한셀 2022	작업식	5문항	40분	200점
워드프로세서	- 한컴오피스 한글 2022	작업식	2문항	40분	200점
멀티미디어제작	- 포토샵/곰믹스 for DIAT	작업식	3문항	40분	200점
인터넷정보검색	- 인터넷	작업식	8문항	40분	100점
정보통신상식	- CBT 프로그램	객관식	40문항	40분	100점

합격기준
- 고급 : 해당과제의 80% ~ 100% 해결능력
- 중급 : 해당과제의 60% ~ 79% 해결능력
- 초급 : 해당과제의 40% ~ 59% 해결능력

※ 검정 수수료 및 시험 일정은 www.ihd.or.kr 홈페이지 하단의 [자격안내]에서 확인할 수 있습니다.

21세기 지식 정보화 시대
대한민국의 IT 인재로 만드는 비결!

Digital Information Ability Test
스프레드시트
한셀 2022

발 행 일 : 2025년 01월 02일(1판 1쇄)
I S B N : 979-11-92695-45-7(13000)
정　　가 : 16,000원

집　　필 : KIE 기획연구실
진　　행 : 김동주
본문디자인 : 앤미디어

발 행 처 : (주)아카데미소프트
발 행 인 : 유성천
주　　소 : 경기도 파주시 정문로 588번길 24
홈페이지 : www.aso.co.kr / www.asotup.co.kr

※ 이 책은 저작권법에 따라 보호를 받는 저작물이므로 무단 전재와 무단 복제를 금지하며,
　이 책 내용의 전부 또는 일부를 이용하려면 반드시 (주)아카데미소프트의 서면동의를 받아야 합니다.

CONTENTS

PART 01 DIAT 시험 안내 및 자료 사용 방법

시험안내 01	DIAT 시험 안내	04
시험안내 02	DIAT 회원 가입 및 시험 접수 안내	06
시험안내 03	DIAT 자료 사용 방법	15

PART 02 출제유형 완전정복

출제유형 01	도형으로 제목 작성하기	26
출제유형 02	셀 서식 및 조건부 서식 지정하기	36
출제유형 03	함수식 작성하기	50
출제유형 04	데이터 정렬과 부분합	78
출제유형 05	고급 필터	88
출제유형 06	시나리오 작성	96
출제유형 07	매크로	104
출제유형 08	피벗 테이블	112
출제유형 09	차트 작성	122

PART 03 출제예상 모의고사

모의고사 01	제 01 회 출제예상 모의고사	136
모의고사 02	제 02 회 출제예상 모의고사	143
모의고사 03	제 03 회 출제예상 모의고사	150
모의고사 04	제 04 회 출제예상 모의고사	157
모의고사 05	제 05 회 출제예상 모의고사	164
모의고사 06	제 06 회 출제예상 모의고사	171
모의고사 07	제 07 회 출제예상 모의고사	178
모의고사 08	제 08 회 출제예상 모의고사	185
모의고사 09	제 09 회 출제예상 모의고사	192
모의고사 10	제 10 회 출제예상 모의고사	199

PART 04 최신유형 기출문제

기출문제 01	제 01 회 최신유형 기출문제	208
기출문제 02	제 02 회 최신유형 기출문제	215
기출문제 03	제 03 회 최신유형 기출문제	222
기출문제 04	제 04 회 최신유형 기출문제	229
기출문제 05	제 05 회 최신유형 기출문제	236
기출문제 06	제 06 회 최신유형 기출문제	243
기출문제 07	제 07 회 최신유형 기출문제	250
기출문제 08	제 08 회 최신유형 기출문제	257

※ 부록 : 시험직전 모의고사 3회분 수록

5. DIAT 스프레드시트(엑셀, 한셀) 검정 기준

과목	대분류	중분류	소분류	문제수
스프레드시트		데이터 입력과 셀 선택	1-1. 데이터 입력과 셀 선택	
			1-2. 통합문서에서 이동과 선택	
			1-3. 머리글/바닥글	
			1-4. 메모	
			1-5. 이름정의	
			1-6. 하이퍼링크	
		워크시트 데이터 삽입	2-1. 데이터 편집	
			2-2. 데이터 찾기나 바꾸기	
			2-3. 셀과 데이터 삽입	
			2-4. 셀과 데이터 복사와 이동	
		워크시트 서식 지정	3-1. 텍스트와 셀 서식 지정	3
			3-2. 테두리 유형, 무늬 지정	
			3-3. 조건부 서식 지정	
			3-4. 셀과 셀 내의 텍스트 위치 지정	
			3-5. 숫자, 날짜, 시간 서식 지정	
		수식과 함수 이용	4-1. 수식 입력	
			4-2. 수식 편집	
			4-3. 참조 사용	
			4-4. 함수	
			4-5. 레이블과 이름으로 계산 작업	
			4-6. 계산 제어	
		차트 작성	5-1. 차트 작성	
			5-2. 차트내 데이터 추가와 변경	
			5-3. 차드 종류	
			5-4. 데이터 표식, 레이블 서식 지정	
		데이터 관리와 분석	6-1. 목록 관리	2
			6-2. 목록과 테이블에서 데이더 요약	
			6-3. 피벗테이블 보고서의 데이터의 분석	
			6-4. 시나리오	
			6-5. 해 찾기와 목표 값 찾기	
			6-6. 데이터 테이블을 이용한 값 예측	
			6-7. 매크로 사용	
합 계				5

시험 안내 02

PART 01 DIAT 시험 안내 및 자료 사용 방법

DIAT 회원 가입 및 시험 접수 안내

- ☑ 회원 가입하기
- ☑ 본인인증하기(본인 명의 휴대폰이 있는 경우, 본인 명의 휴대폰이 없는 경우)
- ☑ 로그인하고 사진 등록하기

1. 회원 가입하기

① 웹 브라우저를 실행한 후 주소 표시줄에 'www.ihd.or.kr'를 입력하고 Enter 키를 눌러 자격 검정 사이트에 접속합니다.

② 회원 가입을 하기 위해 화면 오른쪽의 [회원가입]을 클릭합니다.

③ 회원 가입에서 [14세 미만 가입]을 클릭합니다.

※ 응시자가 14세 이상일 경우에는 [14세 이상 가입]을 눌러 가입을 진행합니다.

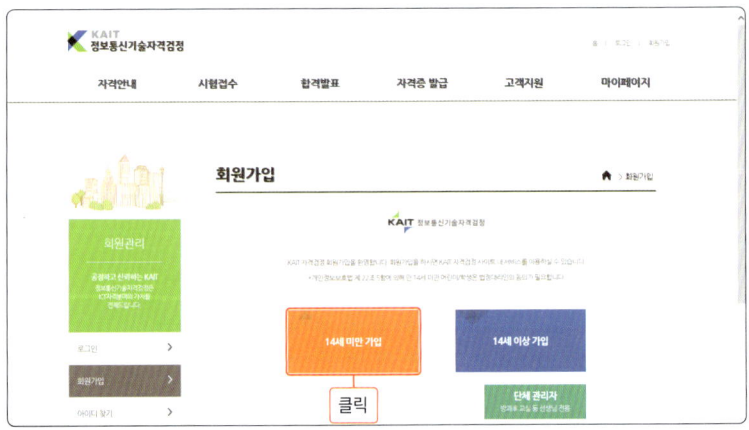

④ [약관동의]에서 '한국정보통신진흥협회 자격검정 회원서비스 이용을 위한 필수 약관에 모두 동의합니다.' 체크 박스를 클릭합니다.

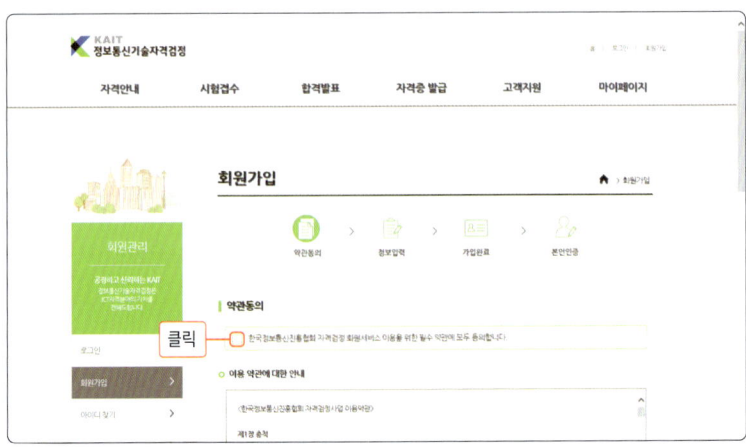

❺ [보호자(법정대리인)동의]에서 '보호자 성명'과 '생년월일', 'e-mail'을 입력합니다. '[필수] 14세미만 자녀의 회원가입에 동의합니다.' 체크 박스를 클릭하고 [약관동의]를 클릭합니다.

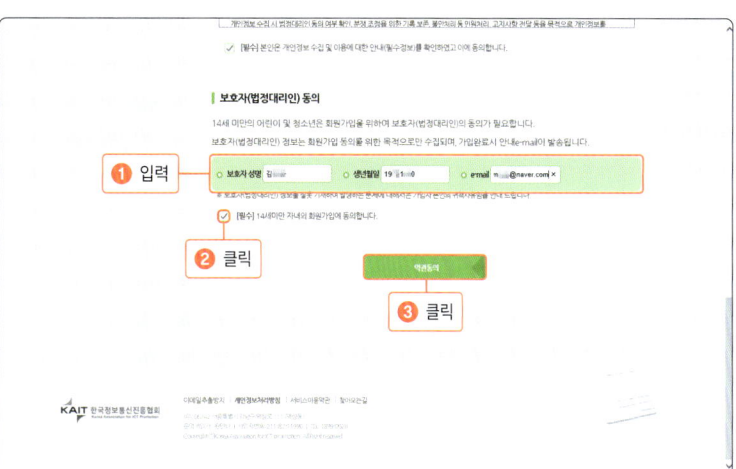

❻ [정보입력]에서 항목별로 정보를 정확하게 입력하고 [회원가입하기]를 클릭합니다.

영문, 숫자, 특수문자(〈, 〉, (,), #, ;, / 제외)를 각 1자 이상 포함하여 8자이상 20자 이내로 입력합니다.

만약 본인의 휴대폰이 없는 경우에는 부모님 휴대폰 번호를 입력합니다.

학교 및 단체를 통해 접수하는 경우에 '단체접수'를 선택하고 차례로 '지역', '학교/기관명', '담당선생님'을 선택합니다.

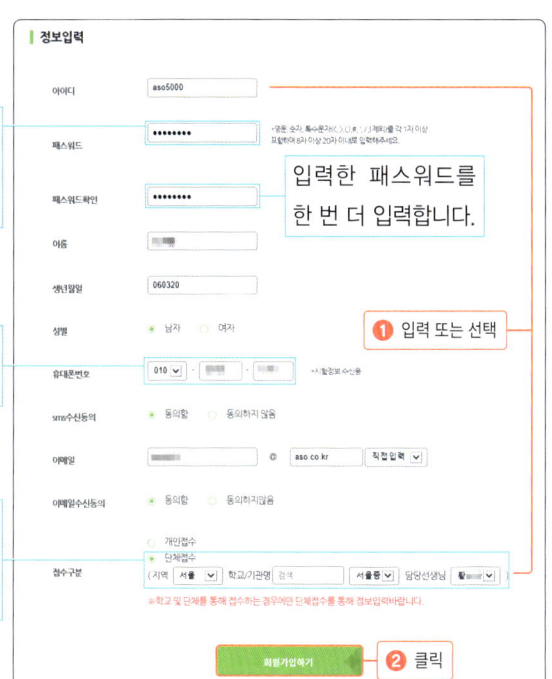

❼ '저장하시겠습니까?' 메시지 창이 나타나면 〈확인〉 버튼을 클릭합니다.

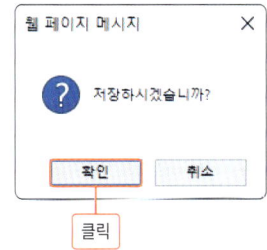

2. 본인인증하기(본인 명의 휴대폰이 있는 경우)

❶ 본인 인증하기 화면에서 [본인 인증하기]를 클릭합니다.

※ 시험 접수 및 합격정보 확인 등을 이용하기 위해서 본인 인증이 필요합니다.

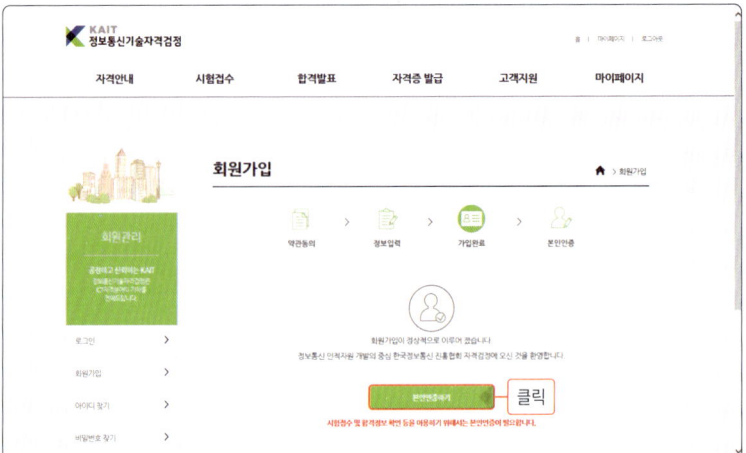

❷ 본인 인증 방법에서 [휴대폰]이 선택된 것을 확인하고 [인증하기]를 클릭합니다.

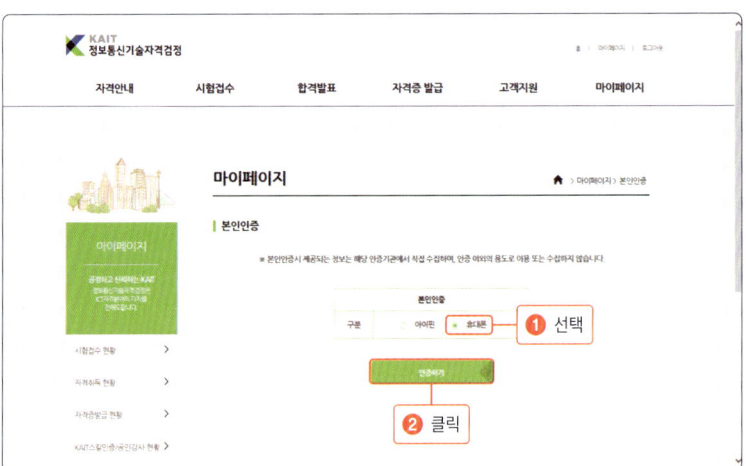

❸ '통신사 확인' 창에서 사용 중인 이동통신사를 선택합니다.

❹ '본인확인' 창에서 [휴대폰 본인 확인(문자)]를 클릭하고 개인 정보를 입력하고 〈확인〉 버튼을 클릭합니다.

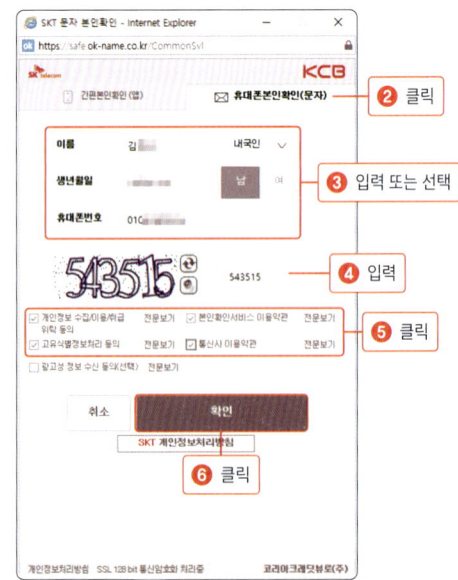

❺ 휴대폰에 수신된 본인확인인증번호를 입력하고 〈확인〉 버튼을 클릭합니다.

❻ '휴대폰본인확인완료' 메시지를 확인하고 〈완료〉 버튼을 클릭합니다.

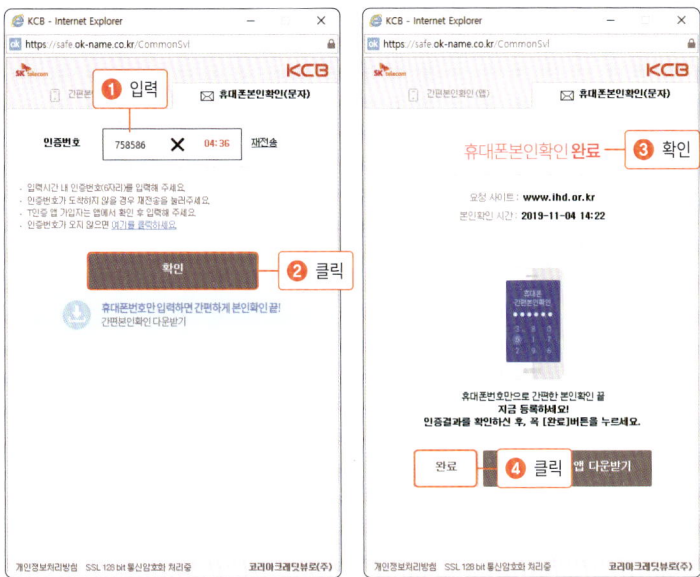

❼ '본인인증성공' 메시지 창이 나타나면 〈확인〉 버튼을 클릭합니다.

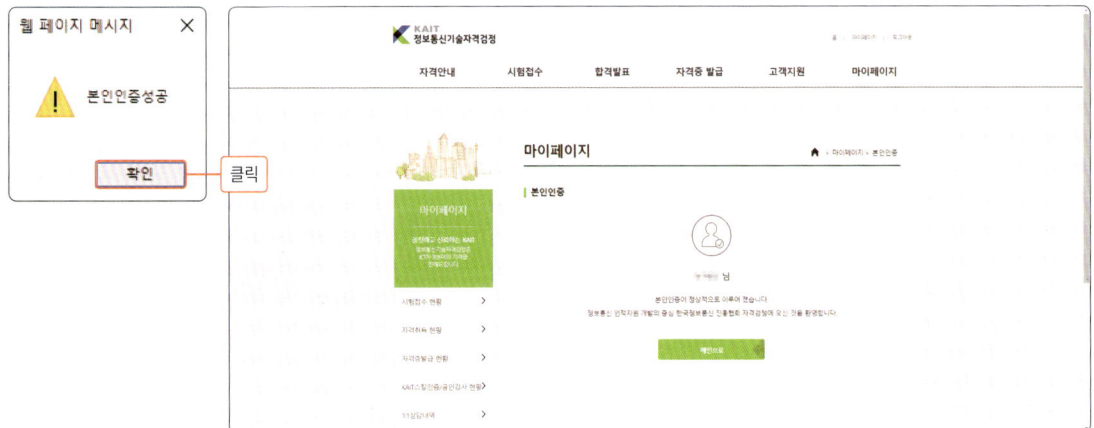

3. 본인인증하기(본인 명의 휴대폰이 없는 경우)

❶ 본인 인증 방법에서 [아이핀]을 선택한 후 [인증하기]를 클릭합니다.

❷ '메인 화면' 창이 열리면 왼쪽 하단의 [신규발급]을 클릭합니다.

※ 만약 아이핀ID와 비밀번호가 있는 경우에는 '아이핀ID, 비밀번호, 문자입력'을 한 후 〈확인〉 버튼을 클릭합니다.

❸ '약관 동의' 창이 나오면 약관 동의에 체크한 후 〈확인〉 버튼을 클릭합니다.

💡 TIP 아이핀이란?

아이핀은 주민 등록 번호를 대체할 수 있는 인증방법으로 아이디와 패스워드를 이용하여 본인 확인을 하는 수단입니다. 이전에 아이핀을 가입하였다면 바로 로그인을 진행하도록 합니다.

❹ '발급자 정보입력' 창에서 내용을 입력하고 아이핀 ID를 중복 확인한 후 〈발급하기〉 버튼을 클릭합니다.
❺ '추가 인증수단 설정' 창에서 2차 비밀번호를 선택한 후 〈확인〉 버튼을 클릭합니다.
❻ '법정대리인 동의' 창에서 법정 대리인의 정보를 입력하고, 개인정보처리 동의에 체크한 후 〈확인〉 버튼을 클릭합니다.

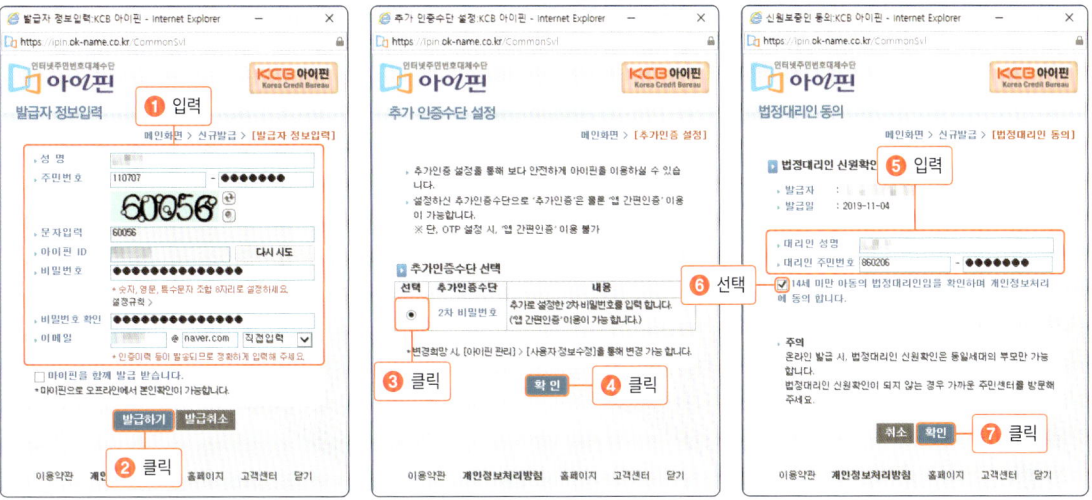

❼ '아이핀 신원확인' 창이 나오면 법정 대리인의 휴대폰 정보를 입력한 후 〈인증번호 확인〉 버튼을 클릭합니다.
　※ 범용 공인인증서를 이용하여도 신원확인이 가능합니다.
❽ 휴대폰에 수신된 승인번호를 입력한 후 〈인증번호 확인〉 버튼을 클릭합니다.

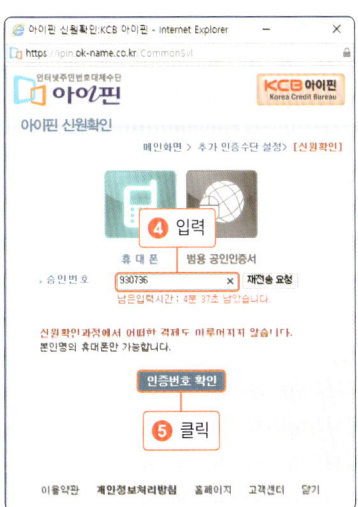

❾ '2차 비밀번호 설정' 창이 나오면 2차 비밀번호를 입력한 후 〈확인〉 버튼을 클릭하여 아이핀 발급을 완료합니다.
❿ '메인 화면' 창이 나오면 '아이핀 ID', '비밀번호', '문자입력' 내용을 입력한 후 〈확인〉 버튼을 클릭합니다.
⓫ '추가인증' 창에서 2차 비밀번호를 입력한 후 〈확인〉 버튼을 클릭하여 본인 확인 절차를 완료합니다.

4. 로그인하고 사진 등록하기

❶ 우측 상단의 [로그인]을 클릭합니다. 이어서, 아이디와 비밀번호를 정확하게 입력하고 [로그인]을 클릭합니다.

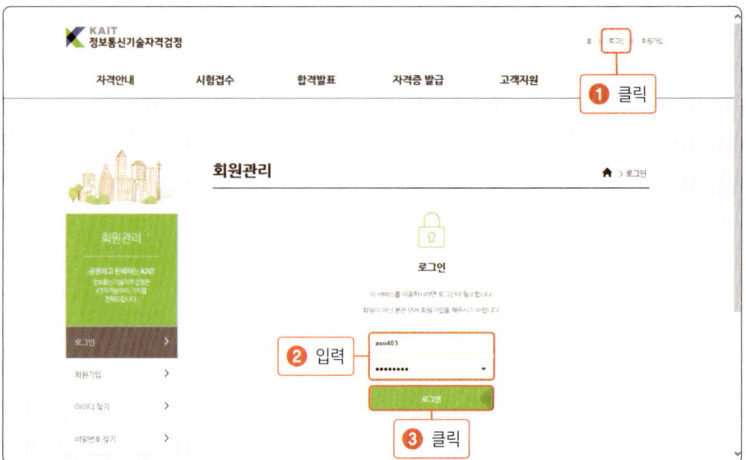

❷ [마이페이지]를 클릭합니다.

❸ 왼쪽 메뉴에서 [사진관리]를 클릭합니다.

❹ [사진 선택]을 클릭합니다.

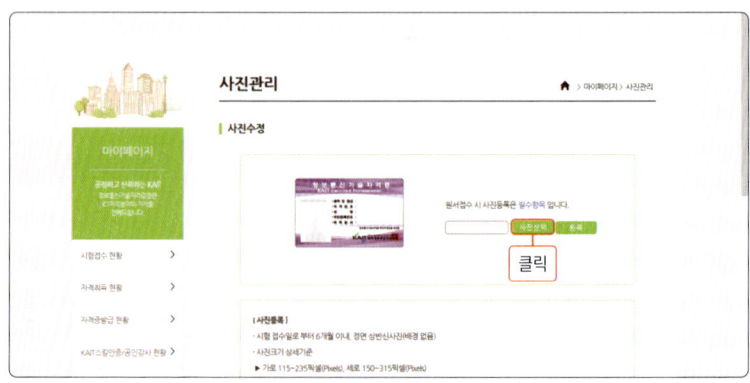

❺ [업로드할 파일 선택] 창에서 내 사진 파일을 선택하고 〈열기〉 버튼을 클릭합니다.

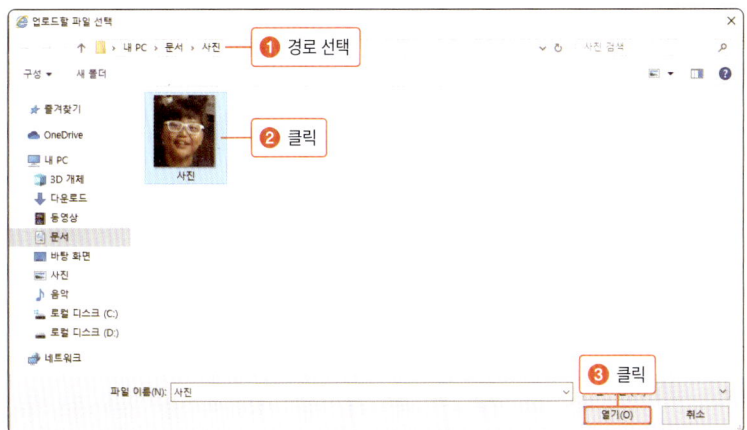

❻ [등록]을 클릭합니다.

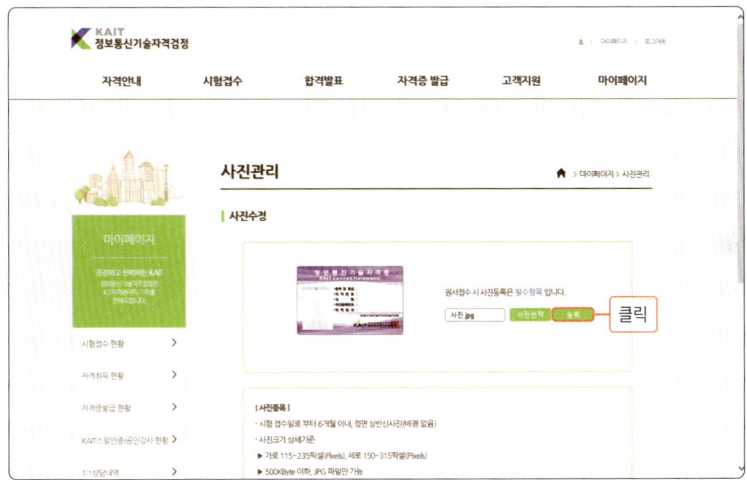

❼ '수정 하겠습니까' 메시지 창이 나타나면 〈확인〉 버튼을 클릭합니다.
❽ '저장 성공!!' 메시지 창이 나타나면 〈확인〉 버튼을 클릭합니다.

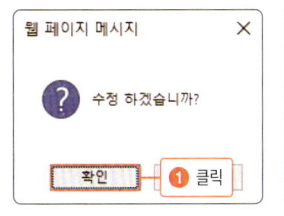 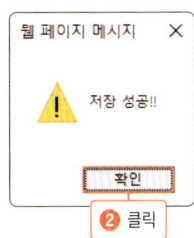

❾ 사진이 등록된 것을 확인합니다.

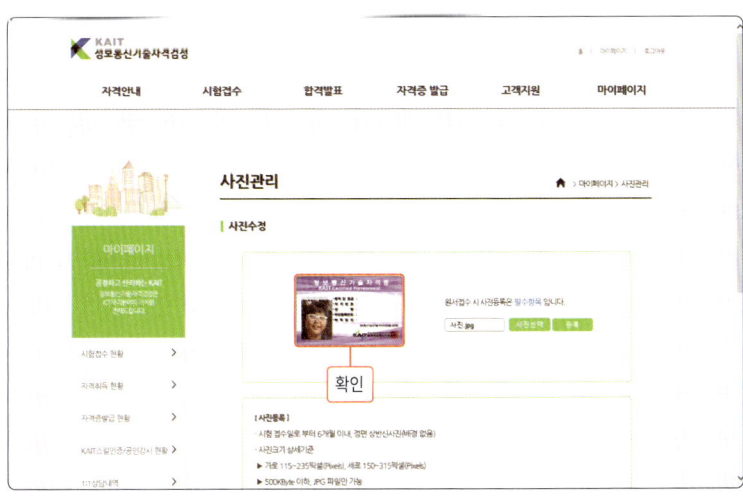

TIP 개인으로 시험 접수하는 방법 알아보기

정보통신기술자격검정(www.ihd.or.kr) 사이트에서 [시험접수]를 클릭하고 [시험접수 신청]을 클릭합니다.

시험 접수 신청 절차 알아보기

STEP 01	STEP 02	STEP 03	STEP 04	STEP 05
로그인(회원가입)	응시종목 선택	응시지역 선택	결제하기	접수완료

- **STEP 01 로그인(회원가입)**
  응시접수는 인터넷을 통해서만 가능하며, 시험접수 및 응시를 위해서는 반드시 회원으로 가입되어야 합니다.
  ※ 단체 접수시 단체관리자(회원가입 및 회원정보수정을 통해 설정)를 통해 접수바랍니다.
  ※ 마이페이지의 사진등록 이후에 시험접수가 가능합니다.

- **STEP 02 응시종목 선택**
  응시하고자 하는 종목과 시험일자를 확인한 후 '접수하기'를 선택합니다.

- **STEP 03 응시지역 선택**
  - 응시하고자 하는 응시지역과 시험장을 선택합니다.
  - 시험장 정원이 모두 마감된 경우에는 더 이상 해당 시험장을 선택할 수 없습니다.
  ※ 추후배정 시험장은 응시접수 완료 후 10일전 시험장 확인을 통해 시험장 확인 가능

- **STEP 04 결제하기**
  - 응시료 결제가 완료되어야 응시접수가 정상적으로 완료됩니다.
  - 결제수단 : 개인-신용카드, 계좌이체 입금 중 택일, 단체-가상계좌 입금만 가능, 정보이용료 별도- 신용카드/계좌이체 650원, 가상계좌 300원
    ※ 접수마감일 18:00까지 접수 및 입금 완료

- **STEP 05 접수완료**
  - 결제가 완료되면 [시험접수현황 확인]에서 접수한 내역을 확인할 수 있습니다.
  - 시험장 확인 : 시험장 확인은 시험일 10일전부터 시험 당일까지 확인 가능
  - 수험표 출력 : 수험표 출력은 시험일 5일전부터 시험 당일까지 확인 가능
  - 연기 및 환불 : 연기 및 환불규정에 따라 신청 가능

PART 01 DIAT 시험 안내 및 자료 사용 방법

DIAT 자료 사용 방법

시험 안내

- ☑ 자료 다운로드 방법
- ☑ 자동 채점 프로그램
- ☑ 온라인 답안 시스템
- ☑ 한셀 2022 화면 구성

1. 자료 다운로드 방법

❶ 웹 브라우저를 실행하여 아카데미소프트(https://aso.co.kr) 홈페이지에 접속합니다.

❷ 왼쪽 상단에 [컴퓨터 자격증 교재]를 클릭합니다.

❸ [DIAT 자격증]-[2025 이공자 DIAT 스프레드시트 한셀 2022(좌무선)] 교재를 클릭합니다.

❹ 왼쪽 화면 아래에 [학습자료]를 클릭합니다.

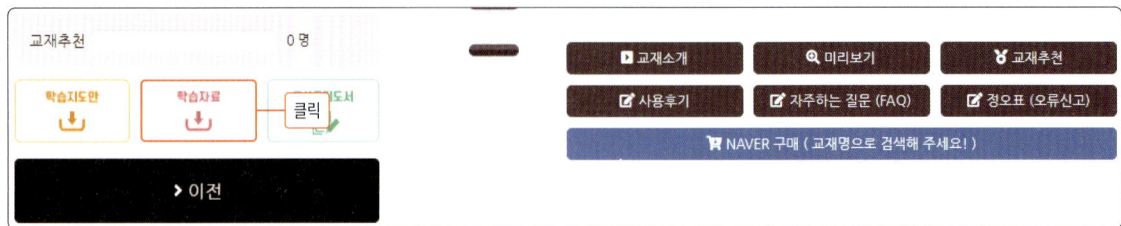

❺ [2025 이공자 DIAT 스프레드시트 한셀 2022(좌무선)_학습 자료]를 클릭합니다.

❻ [다운로드] 단추를 클릭하여 자료를 다운로드 받으시면 됩니다.

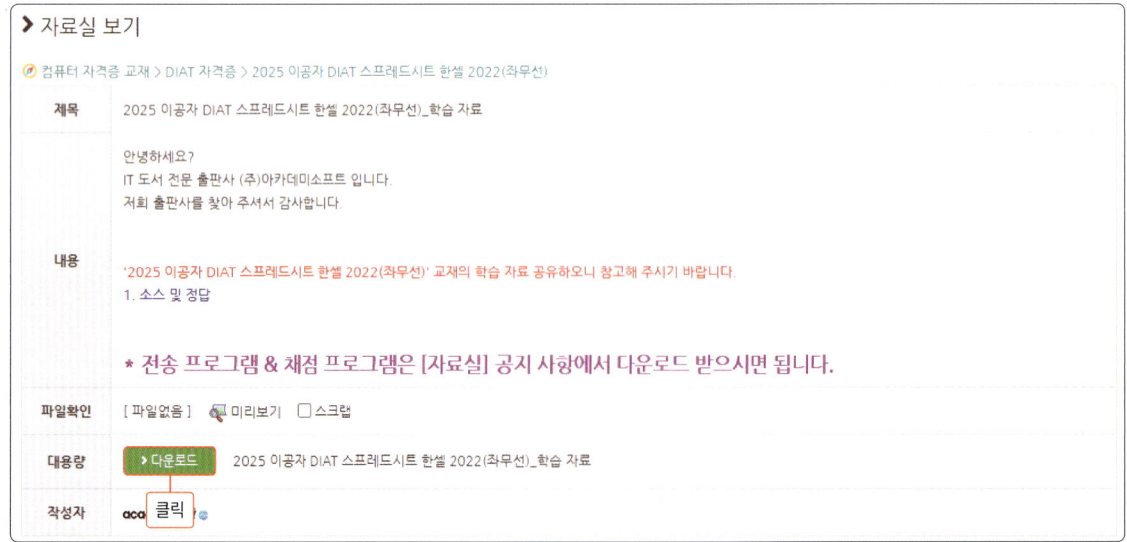

2. 온라인 답안 시스템

❶ 온라인 답안 시스템

[MAG 답안 전송 & 채점 프로그램] 프로그램은 수험자 연습용 답안 전송 프로그램이기 때문에 서버에서 제어가 되지 않는 개인용 버전입니다. 실제 시험 환경을 미리 확인하는 차원에서 테스트하시기 바랍니다.

※ 해당 '온라인 답안 시스템'은 변경된 DIAT 시험 버전에 맞추어 수정된 최신 버전의 프로그램입니다.

❷ 필요한 자료를 [아카데미소프트 홈페이지]-[자료실]-[공지]-'MAG 답안 전송 & 채점 프로그램_240801' 파일을 다운받아 압축을 해제한 다음 바탕 화면의 [MAG 답안 전송 & 채점 프로그램_240801] 폴더에서 **'MAG 답안 전송 & 채점 프로그램_실행 파일.exe'**을 더블 클릭하여 실행합니다.

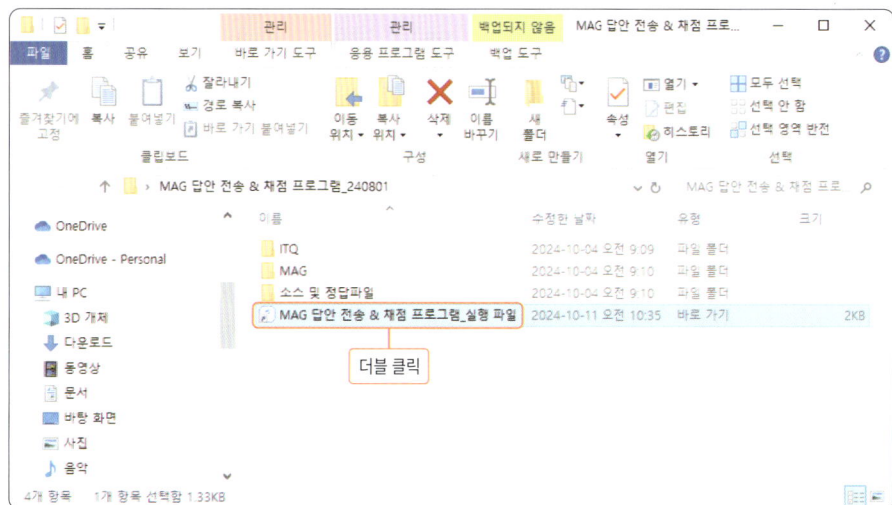

❸ 〈DIAT 답안 전송 프로그램〉 단추를 클릭합니다.

❹ 답안 전송 프로그램이 실행되면 '수검번호'에서 목록 단추를 클릭하여 해당 과목을 선택합니다.

❺ 과목 선택이 끝나면 '수검번호' 및 '수검자명'을 입력한 다음 〈감독관 IP 찾기〉 단추 및 〈확인〉 단추를 클릭합니다.

※ 데모용 연습 프로그램이기 때문에 '수검번호' 및 '수검자명'은 본인이 원하는 내용을 입력하세요.

❻ 수검자 유의사항이 나오면 내용을 확인한 후 [마스터 키] 칸을 클릭하고 Enter 키를 누릅니다.

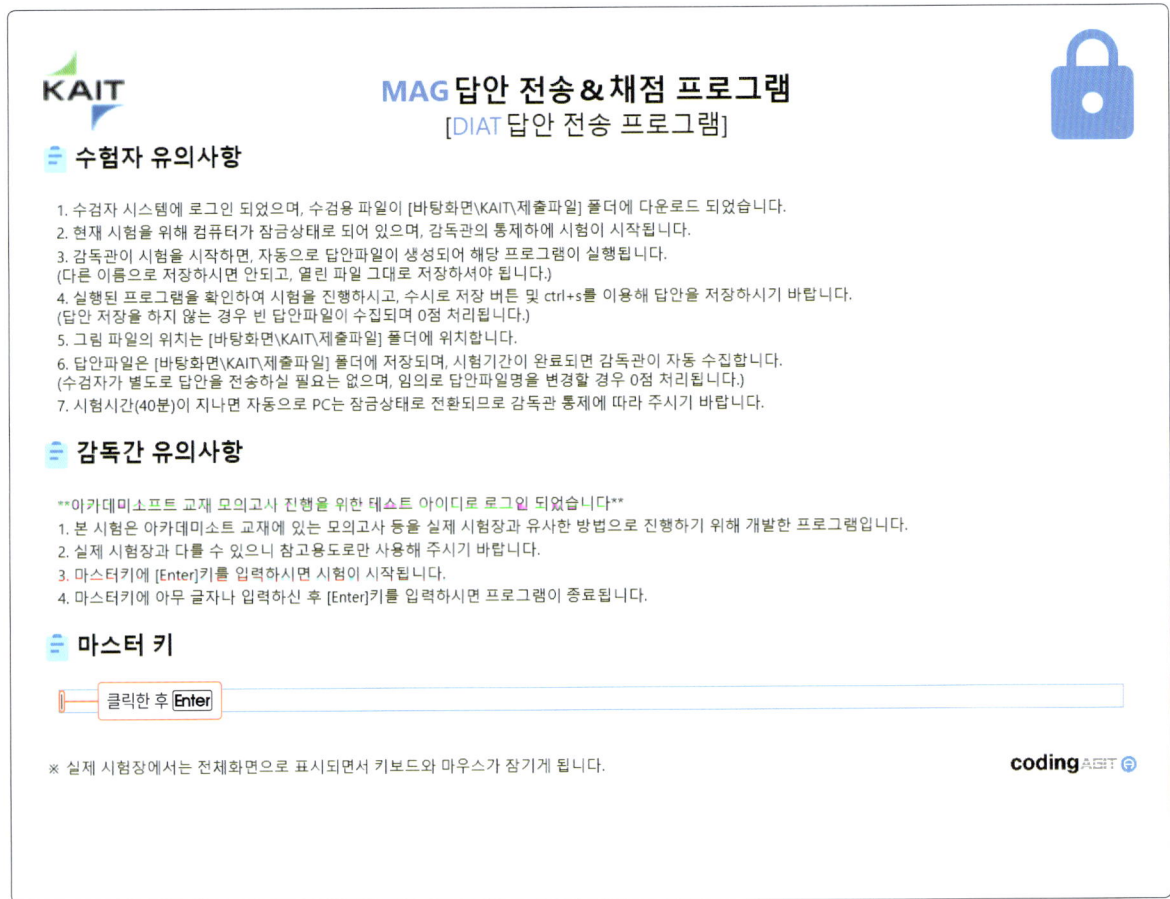

❼ 시험이 시작됨과 동시에 해당 프로그램이 자동으로 실행되면서 답안 파일이 자동으로 열립니다. 이어서, 남은 시간을 확인하면서 답안을 작성합니다.

※ 시험을 강제로 종료하고자 할 때는 〈강제종료〉 단추를 클릭한 후 '비밀번호(0000)'를 입력한 다음 〈확인〉 단추를 클릭합니다.

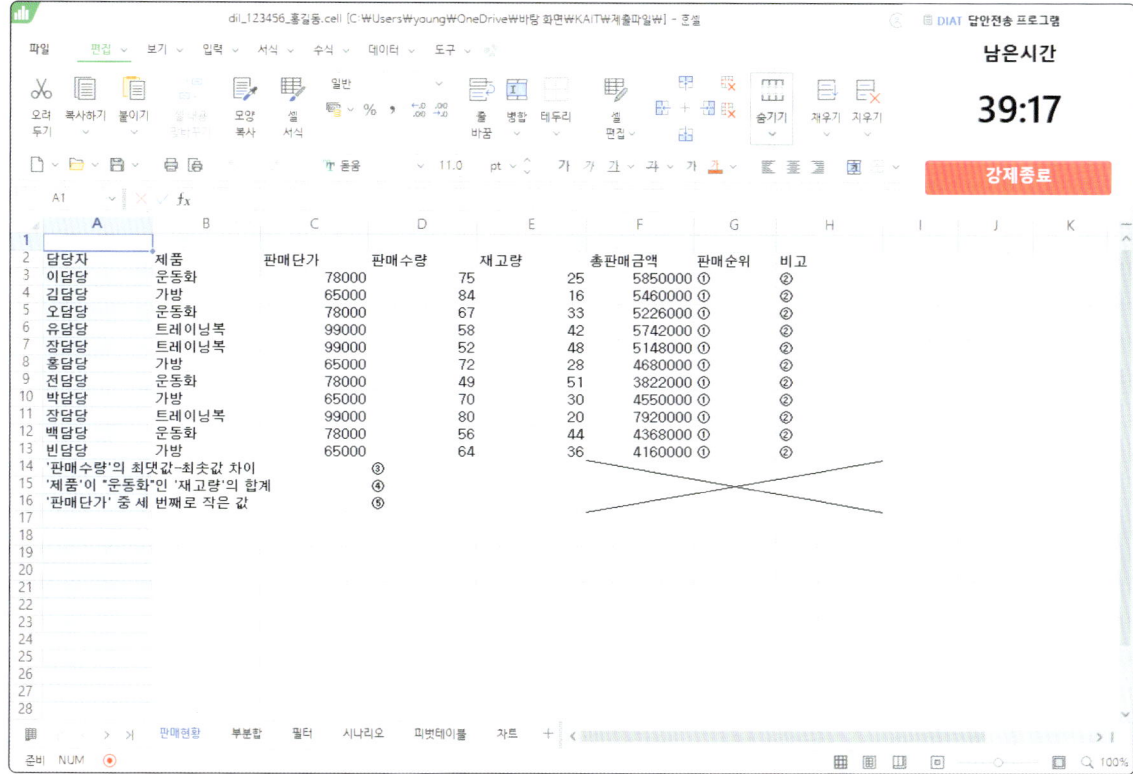

3. 아카데미소프트와 코딩아지트에서 개발한 '자동 채점 프로그램(MAG)'

❶ 자동 채점 프로그램은 작성한 답안 파일을 정답 파일과 비교하여 틀린 부분을 찾아주는 프로그램입니다. 프로그램상의 한계로 100% 정확한 채점은 어렵기 때문에 참고용으로 사용하시기 바랍니다.

❷ 필요한 자료를 [자료실]-[공지]-'MAG 답안 전송 & 채점 프로그램_240801'을 클릭합니다. 이어서, [MAG 답안 전송 & 채점 프로그램_240801] 파일을 다운로드 받아 압축을 해제한 후 [MAG 답안 전송 & 채점 프로그램_240801]-'MAG 답안 전송 & 채점 프로그램_실행 파일'을 더블 클릭하여 채점 프로그램을 실행합니다.

※ 채점 프로그램 폴더는 임의로 이름을 변경하거나 삭제하면 작동되지 않습니다.

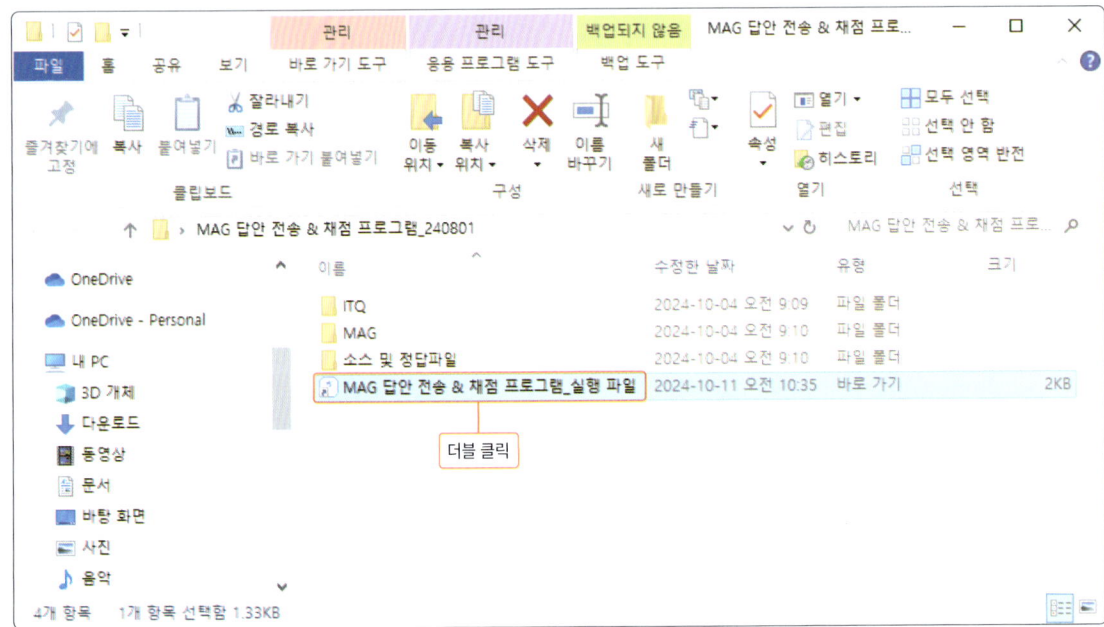

❸ 〈채점 프로그램 바로가기〉 단추를 클릭합니다.

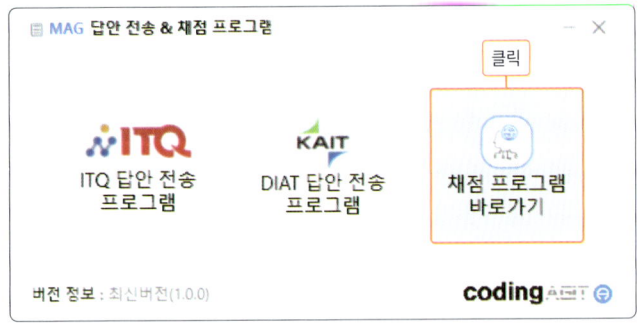

❹ 자동 채점 프로그램이 실행되면 [DIAT 자격증] 탭을 클릭한 다음 채점하고자 하는 표지 아래 〈채점시작〉 단추를 클릭합니다.

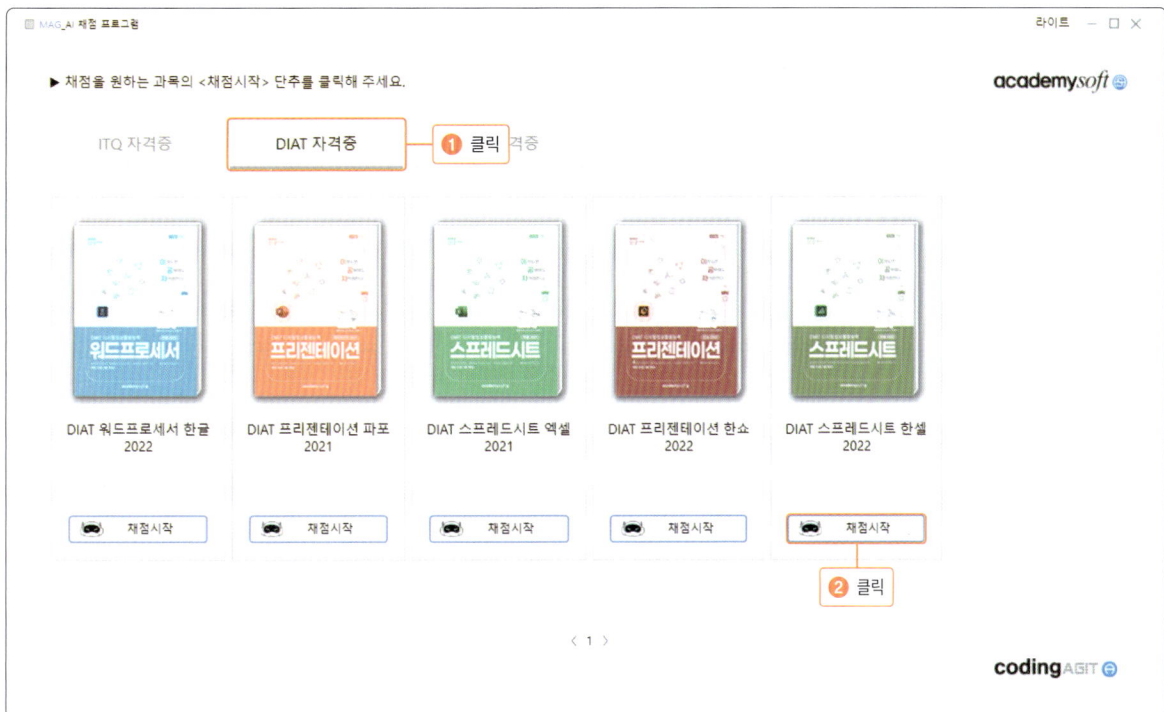

❺ [MAG_AI 채점 프로그램] 대화상자가 나오면 [정답 파일]에서 드롭다운(▼) 단추를 클릭합니다. 이어서, [열기] 대화상자가 나오면 채점에 사용할 정답 파일을 선택한 후 〈열기〉 단추를 클릭합니다.

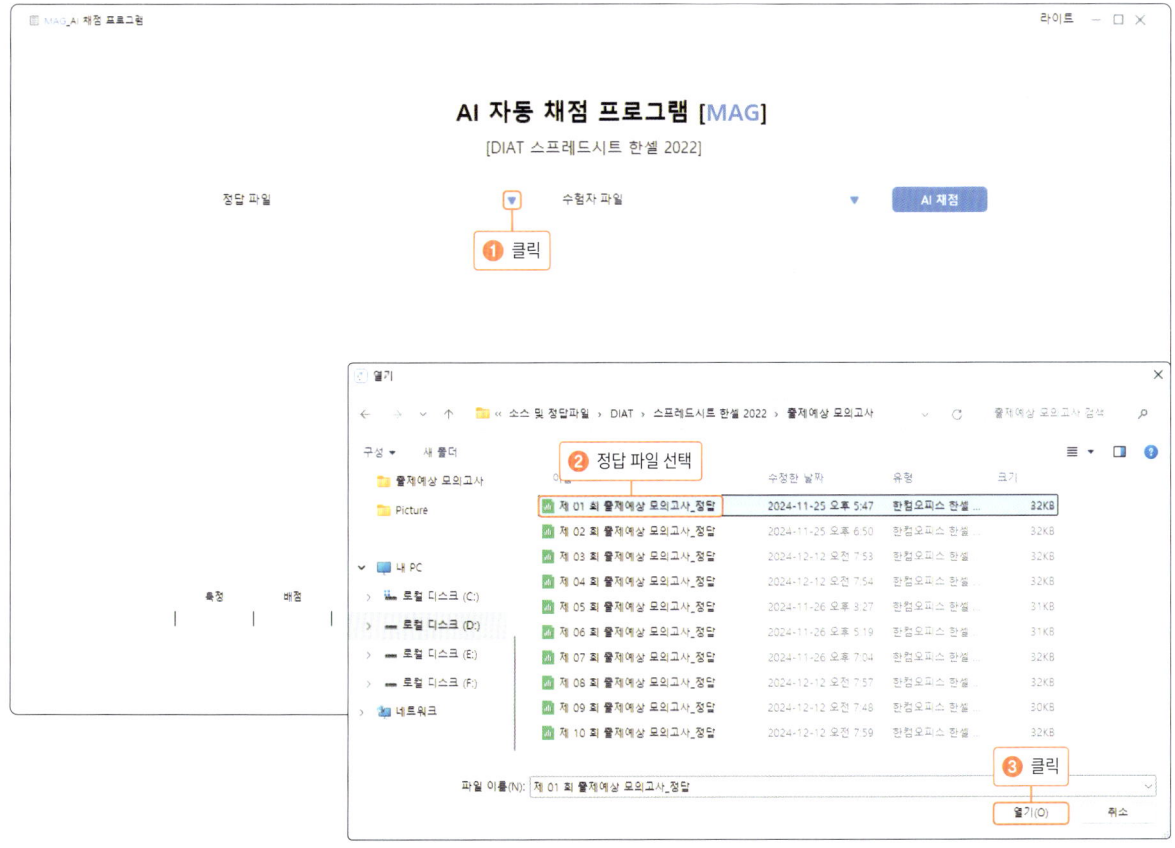

⑥ 정답 파일이 열리면 [수험자 파일]에서 드롭다운(▼) 단추를 클릭합니다. 이어서, [열기] 대화상자가 나오면 정답 파일과 비교하여 채점할 학생 답안 파일을 선택한 후 〈열기〉 단추를 클릭한 다음 〈AI 채점〉 단추를 클릭합니다.

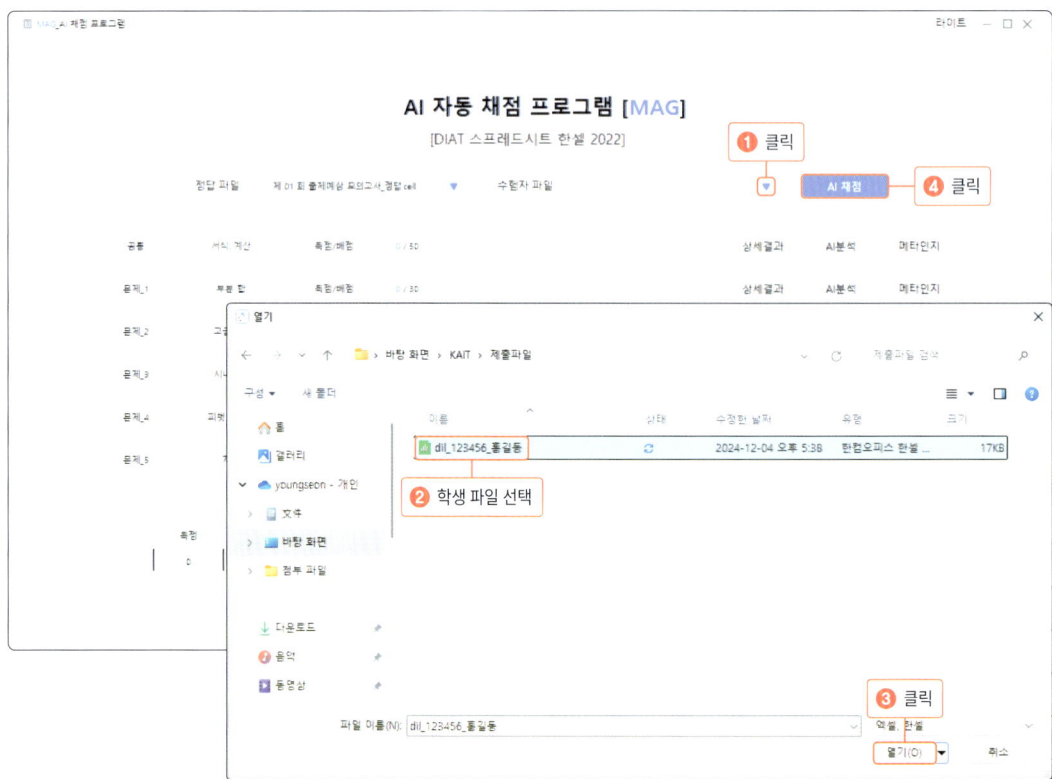

⑦ 채점이 완료되면 문제별 전체 점수에서 맞은 점수를 확인하실 수 있습니다. 각 기능별로 자세하게 틀린 부분을 확인 할 때는 문제별 오른쪽에 〈상세결과〉 단추를 클릭하여 [정답] 항목과 비교하여 틀린 부분을 다시 확인합니다.

※ 〈상세결과〉, 〈AI 분석〉, 〈메타인지〉 부분은 2024년 10월부터 순차적으로 업데이트가 될 예정입니다.

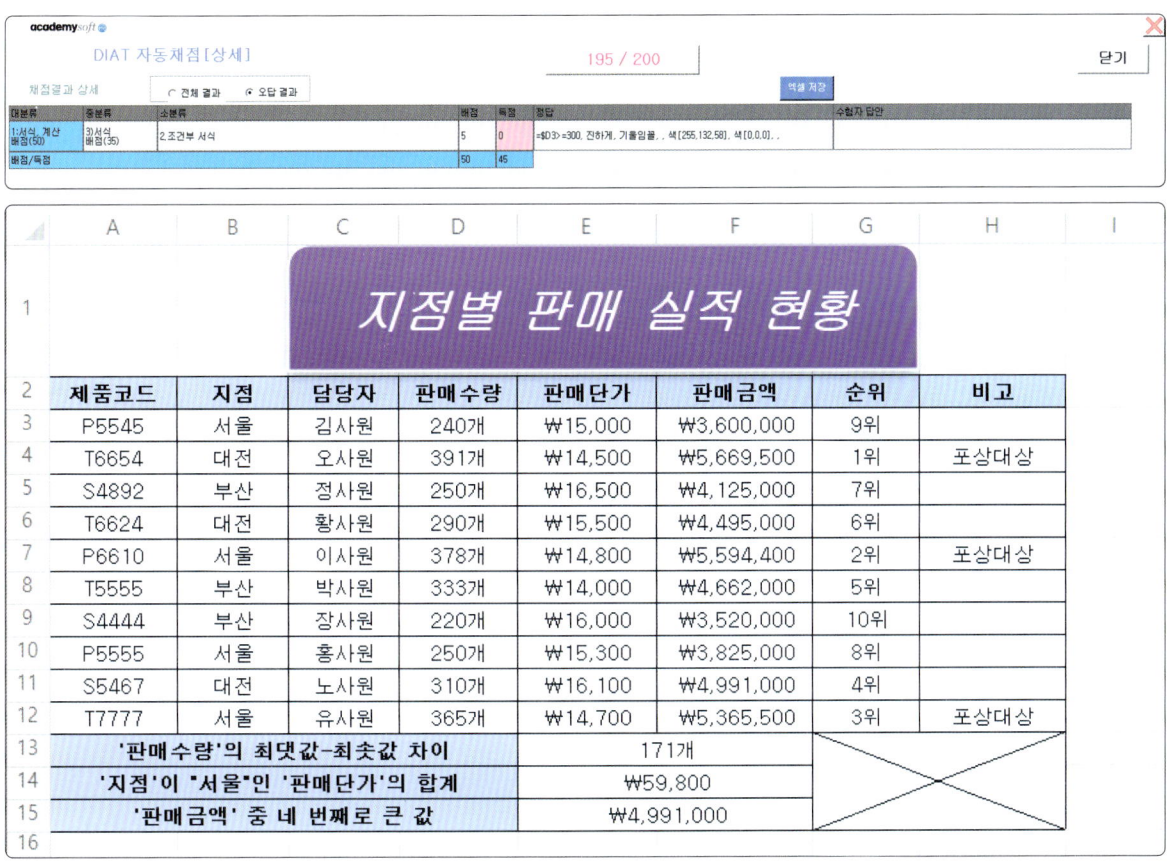

4. 한셀 2022 화면 구성

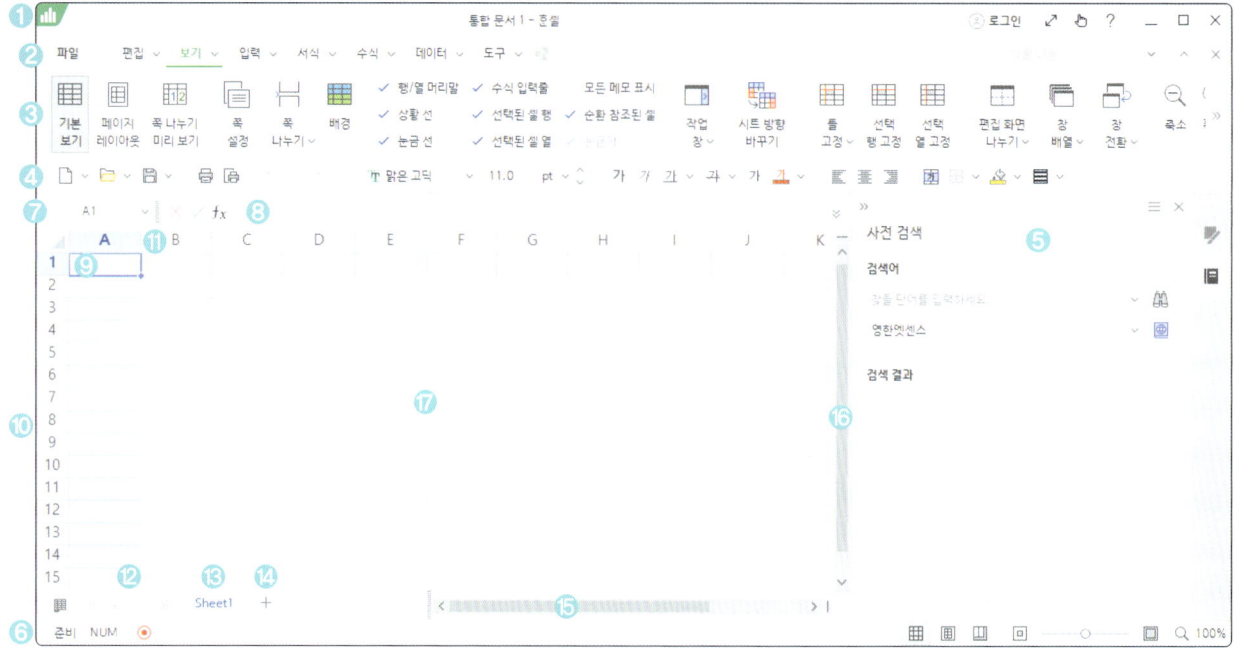

① **제목** : 프로그램의 제목과 한컴독스 로그인 단추 및 [전체 화면], [크게 보기(기본 보기)], [도움말], [최소화], [최대화(이전 크기로)], [끝] 단추가 나타납니다.

② **메뉴** : 프로그램에서 사용하는 메뉴를 비슷한 기능별로 묶어 놓은 곳입니다.

③ **기본 도구 상자** : 각 메뉴에서 자주 사용하는 기능을 그룹별로 묶어서 메뉴 탭 형식으로 제공합니다. 기본적으로는 메뉴별 도구 상자가 나타나며, 상황에 따라 개체별, 상황별 도구 상자가 동적으로 나타납니다.

④ **서식 도구 상자** : 문서 편집 시 자주 사용하는 기능을 모아 아이콘으로 묶어서 놓은 곳입니다.

⑤ **작업 창** : 작업 창을 활용하면 문서 편집 시간을 줄이고 작업 속도를 높이는 등 효율적인 문서 작업을 수행할 수 있습니다.

⑥ **상황 선** : 통합 문서의 현재 작업 상태 및 마우스가 있는 곳에 대한 정보 등을 보여 줍니다.

⑦ **이름 상자** : 현재 선택한 셀의 주소가 나타납니다. 셀 주소 대신 이름을 지정할 수도 있습니다. 이때 하나의 셀뿐만 아니라 여러 셀의 영역을 설정한 다음 이름을 지정하는 것도 가능합니다.

⑧ **수식 입력줄** : 선택한 셀의 내용을 나타내거나 수식을 직접 입력합니다. 셀에 입력한 내용을 편집할 수 있습니다.

⑨ **셀** : 셀(Cell)은 데이터 입력의 기본 단위입니다. 셀이 모여서 하나의 시트(Sheet)를 이룹니다.

⑩ **행 머리말** : 1부터 1048576까지 1,048,576개 행을 숫자로 표시합니다. 현재 선택된 행은 강조색으로 표시되며, 행 머리말을 선택하면 해당 행 전체가 선택됩니다.

⑪ **열 머리말** : A부터 XFD까지 16,384개 열을 알파벳으로 표시합니다. 현재 선택된 열은 강조색으로 표시되며, 열 머리말을 선택하면 해당 열 전체가 선택됩니다.

⑫ **탭 이동 아이콘** : 여러 개의 시트 탭이 열려 있을 때 처음 탭/이전 탭/다음 탭/마지막 탭으로 이동합니다.

⑬ **시트 탭** : 워크시트 사이를 이동하거나 여러 개의 워크시트를 선택할 때 사용하는 탭입니다. 추가 가능한 워크시트의 최대 개수는 255개입니다.

⑭ **시트 삽입 탭** : 통합 문서에 새 워크시트를 추가합니다.

⑮ **가로 이동 막대** : 문서 내용이 편집 화면보다 클 때 화면을 가로로 이동하기 위해 사용합니다.

⑯ **세로 이동 막대** : 문서 내용이 편집 화면보다 클 때 화면을 세로로 이동하기 위해 사용합니다.

⑰ **작업 영역** : 프로그램을 실행하면 바둑판과 같이 가로줄과 세로줄이 그어진 문서가 나타나는데 이 문서를 워크시트(Worksheet)라고 합니다.

PART 02

출제유형 완전정복

출제유형 01 PART 02 출제유형 완전정복

도형으로 제목 작성하기

문제 풀이

☑ 행 높이 설정하기
☑ 도형으로 제목 작성하기

문제 미리보기

소스 파일 : [출제유형 01]-유형01_문제.cell   정답 파일 : [출제유형 01]-유형01_정답.cell

제목 작성

【문제 1】"판매현황" 시트를 참조하여 다음《처리조건》에 맞도록 작업하시오.   (50점)

《출력형태》

	A	B	C	D	E	F	G	H	I
1				담당자별 판매현황					
2	담당자	제품	판매단가	판매수량	재고량	총판매금액	판매순위	비고	
3	이담당	운동화	78000	75	25	5850000	①	②	
4	김담당	가방	65000	84	16	5460000	①	②	
5	오담당	운동화	78000	67	33	5226000	①	②	
6	유담당	트레이닝복	99000	58	42	5742000	①	②	
7	장담당	트레이닝복	99000	52	48	5148000	①	②	
8	홍담당	가방	65000	72	28	4680000	①	②	
9	전담당	운동화	78000	49	51	3822000	①	②	
10	박담당	가방	65000	70	30	4550000	①	②	
11	장담당	트레이닝복	99000	80	20	7920000	①	②	
12	백담당	운동화	78000	56	44	4368000	①	②	
13	빈담당	가방	65000	64	36	4160000	①	②	
14	'판매수량'의 최댓값-최솟값 차이			③					
15	'제품'이 "운동화"인 '재고량'의 합계			④					
16	'판매단가' 중 세 번째로 작은 값			⑤					

《처리조건》

▶ 1행의 행 높이를 '80'으로 설정하고, 2행~16행의 행 높이를 '18'로 설정하시오.
▶ 제목("담당자별 판매현황") : 사각형의 '모서리가 둥근 직사각형'을 이용하여 입력하시오.
  - 도형 : 위치([B1:G1]), 도형 스타일('보통 효과 – 강조 6')
  - 글꼴 : 돋움, 24pt, 진하게, 기울임, 글자 색(하양)
  - 도형 서식 : 텍스트 맞춤(가로 : 가운데 정렬, 세로 : 중간)

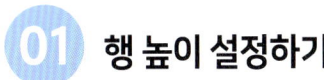
행 높이 설정하기

▶ 1행의 행 높이를 '80'으로 설정하고, 2행~16행의 행 높이를 '18'로 설정하시오.

① 한컴오피스 한셀 2022를 실행한 후 [파일]-[불러오기](Ctrl+O)를 클릭합니다. [불러오기] 대화상자가 나오면 '유형01_문제.cell' 파일을 불러와 "판매현황" 시트를 선택합니다.

② 1행 머리글 위에서 마우스 오른쪽 단추를 눌러 바로 가기 메뉴가 나오면 [행 높이 지정]을 클릭합니다.

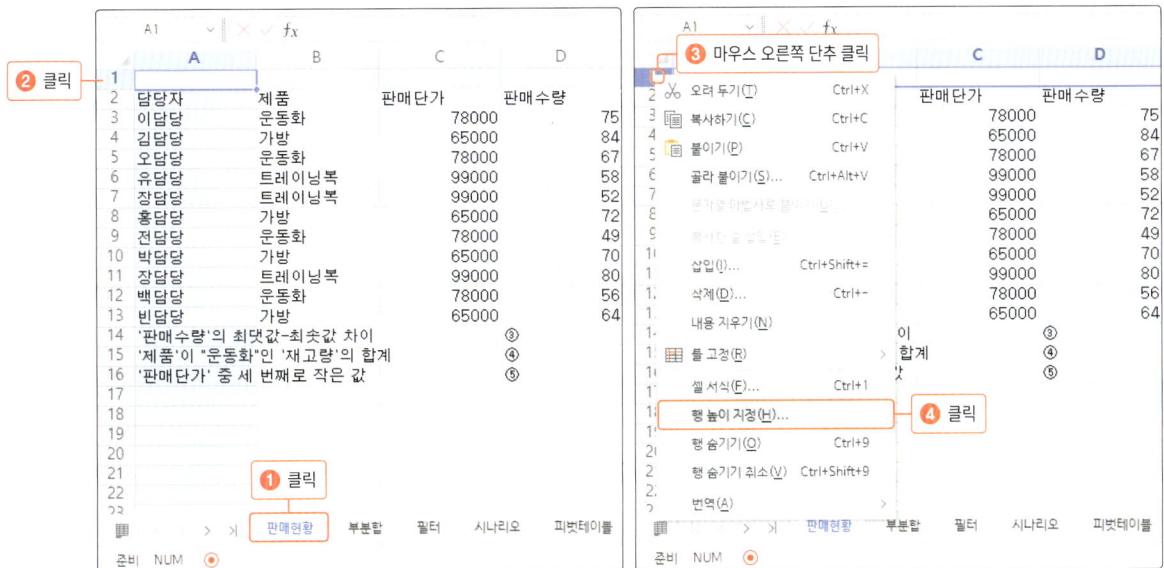

③ [행 높이] 대화상자가 나오면 '80'을 입력한 후 〈설정〉 단추를 클릭합니다.

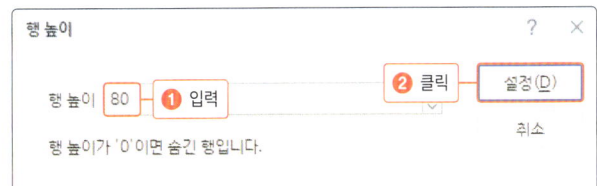

④ 2행 머리글에서 16행 머리글까지 드래그하여 범위를 지정한 후 마우스 오른쪽 단추를 눌러 바로 가기 메뉴가 나오면 [행 높이 지정]을 클릭합니다.

⑤ [행 높이] 대화상자가 나오면 '18'을 입력한 후 〈설정〉 단추를 클릭합니다.

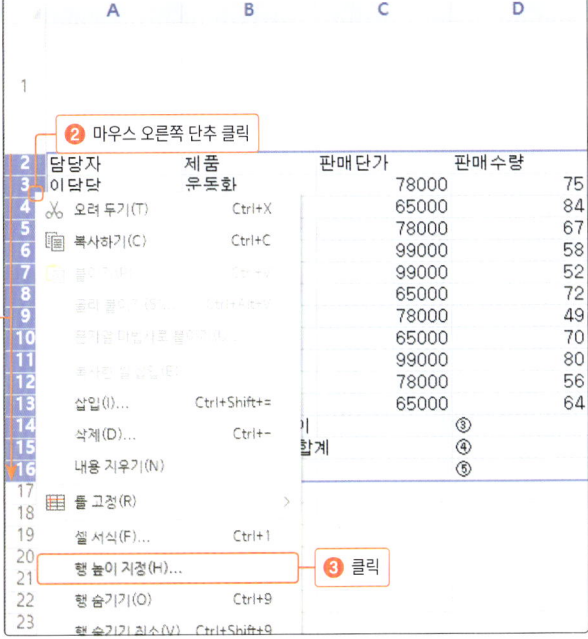

도형으로 제목 작성하기

▶ 제목("담당자별 판매현황") : 사각형의 '모서리가 둥근 직사각형'을 이용하여 입력하시오.
  - 도형 : 위치([B1:G1]), 도형 스타일('보통 효과 – 강조 6')
  - 글꼴 : 돋움, 24pt, 진하게, 기울임, 글자 색(하양)
  - 도형 서식 : 텍스트 맞춤(가로 : 가운데 정렬, 세로 : 중간)

① [A1] 셀을 클릭한 후 [입력] 탭에서 '도형'의 자세히(▼) 단추를 클릭합니다. 이어서, [사각형]–'모서리가 둥근 직사각형(□)'을 클릭합니다.

② [B1] 셀에서 [G1] 셀까지 드래그하여 '**모서리가 둥근 직사각형(□)**' 도형을 삽입합니다.

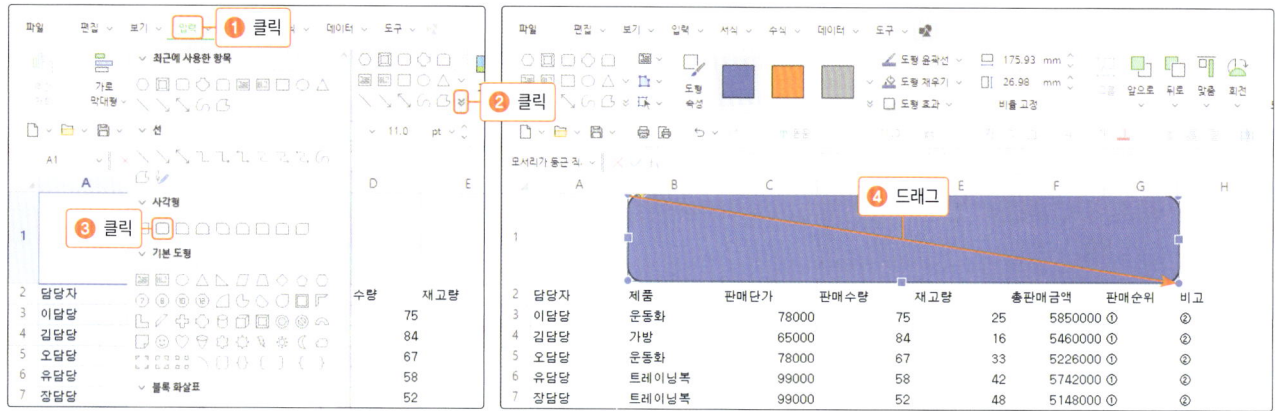

③ [도형(◩)] 탭에서 '도형 스타일'의 자세히(▼) 단추를 눌러 '**보통 효과 – 강조 6**'을 클릭합니다.

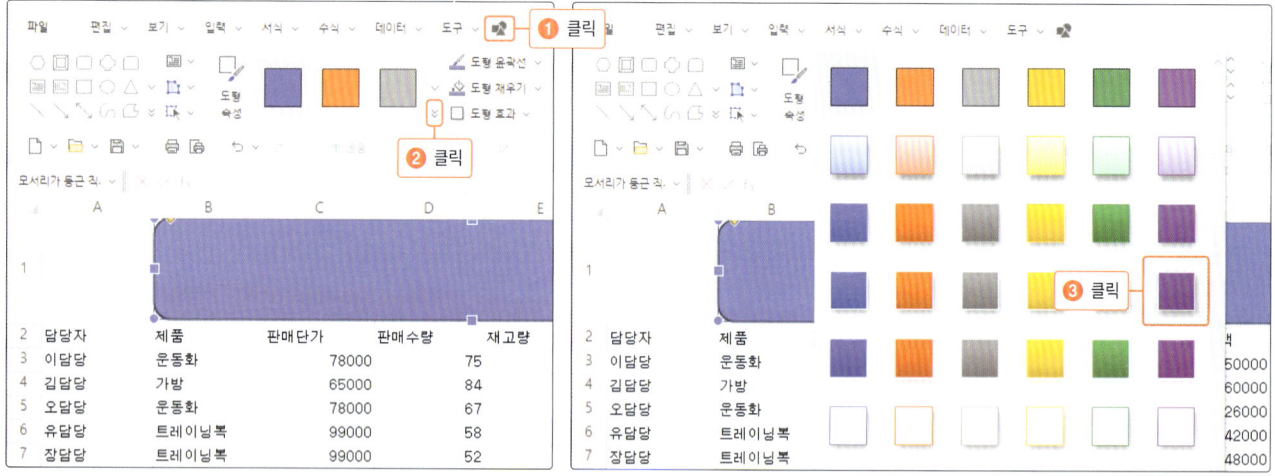

④ 도형에 '**담당자별 판매현황**'을 입력합니다.

  ※ 도형 위에서 마우스 오른쪽 단추를 눌러 바로 가기 메뉴가 나오면 '도형 안에 글자 넣기'를 클릭한 후 내용을 입력합니다.

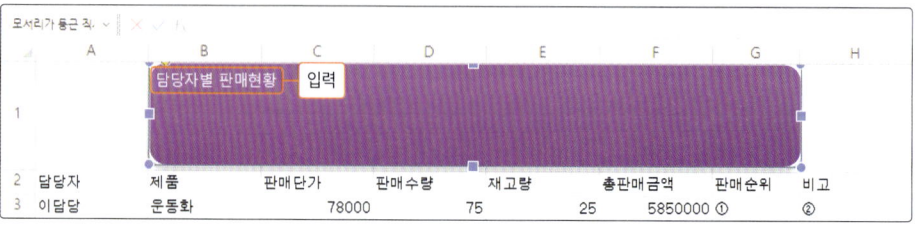

⑤ 도형 테두리 클릭합니다. 이어서, [서식] 탭에서 '글꼴(돋움), 글자 크기(24pt), 진하게(가), 기울임(가), 글자 색(하양)'을 각각 선택합니다.

⑥ [서식] 탭에서 가로의 '가운데 정렬(≡)', 세로의 '중간 맞춤(≣)'을 클릭합니다.

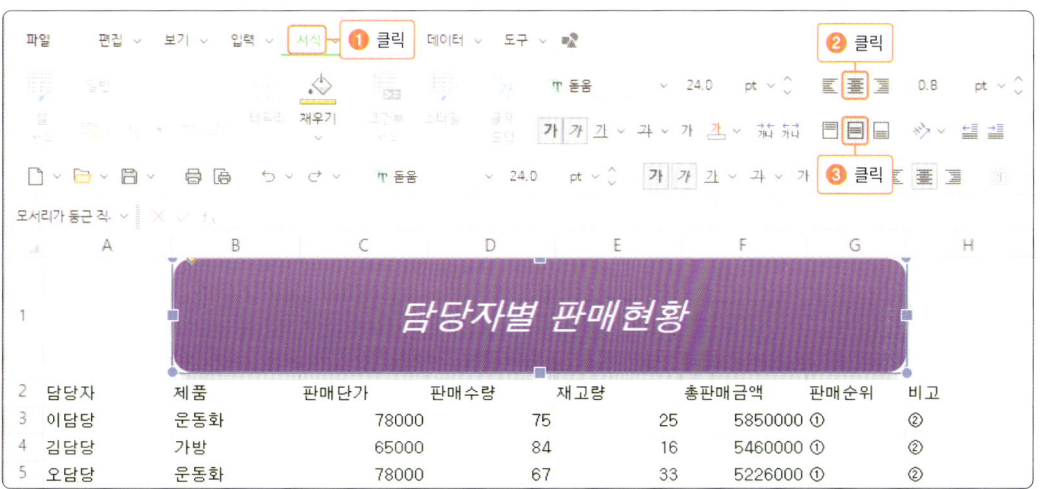

⑦ 도형 서식이 지정된 제목을 확인한 후 [파일]-[저장하기](Ctrl+S) 또는 [서식] 도구 상자에서 '저장하기(💾)'를 클릭합니다.

 **워드숍으로 제목 작성하기**

DIAT 한셀 시험에서 제목을 작성하는 방법은 '도형'을 이용하는 방법과 '워드숍'을 이용하는 방법이 있습니다. 최근까지 도형을 이용하여 제목을 작성하는 방법으로 출제되고 있지만, 워드숍을 이용하여 제목을 작성하는 방법으로 출제될 수 있기 때문에 워드숍을 이용하는 방법을 알아두는 것이 좋습니다.

《처리조건》

▶ 제목("담당자별 판매현황") : 워드숍을 이용하여 입력하시오.
  - 워드숍 : 위치(B1:G1), 워드숍(채우기 – 강조 4(어두운 계열, 그러데이션), 윤곽 – 강조 4, 그림자)
  - 글꼴(맑은 고딕, 28, 진하게, 기울임),

❶ [A1] 셀을 클릭한 후 [입력]탭에서 [워드숍( )]–'(강조 3(어두운 계열, 그러데이션), 윤곽 – 강조 3, 그림자)'를 클릭합니다.

❷ '담당자별 판매현황'을 입력한 후 텍스트를 영역으로 지정하고 [서식] 도구상자에서 글꼴 '돋움', 글자 크기 '28', 글꼴 속성 '진하게', '기울임'을 지정합니다.

❸ 워드숍이 삽입되면 테두리를 드래그하여 [B1:G1] 영역에 맞게 위치와 크기를 조절하여 배치합니다.

※ 워드숍의 위치를 변경할 때 키보드 방향키(↑, ↓, ←, →)를 이용하면 세밀하게 위치를 변경할 수 있습니다.

도형으로 제목 작성하기

 "가입현황" 시트를 참조하여 다음 《처리조건》에 맞도록 작업하시오. (50점)

• 소스 파일 : [출제유형 01]-정복01_문제01.cell   • 정답 파일 : [출제유형 01]-정복01_정답01.cell

《출력형태》

	A	B	C	D	E	F	G	H	I
1				자동차보험 가입현황					
2	고객명	보험사	대물	대인	차량	합계	순위	비고	
3	이고객	안전보험	236000	175000	195000	606000	①	②	
4	김고객	행복보험	185400	186000	193000	564400	①	②	
5	허고객	행복보험	265000	192000	182000	639000	①	②	
6	진고객	가족보험	287000	176000	210000	673000	①	②	
7	설고객	안전보험	285000	181000	205000	671000	①	②	
8	박고객	가족보험	217000	187000	199000	603000	①	②	
9	최고객	행복보험	243000	179000	215000	637000	①	②	
10	장고객	안전보험	198000	191000	200000	589000	①	②	
11	오고객	가족보험	205000	170000	197000	572000	①	②	
12	변고객	안전보험	267000	185000	189000	641000	①	②	
13	심고객	행복보험	243000	180000	185000	608000	①	②	
14	'대물'의 최댓값-최솟값 차이			③					
15	'보험사'가 "안전보험"인 '합계'의 평균			④					
16	'차량' 중 두 번째로 큰 값			⑤					
17									

《처리조건》

▶ 1행의 행 높이를 '70'으로 설정하고, 2행~16행의 행 높이를 '18'로 설정하시오.

▶ 제목("자동차보험 가입현황") : 기본 도형의 '빗면'을 이용하여 입력하시오.

– 도형 : 위치([B1:G1]), 도형 스타일('보통 효과 – 강조 5')

– 글꼴 : 궁서체, 24pt, 진하게, 기울임, 글자 색(하양)

– 도형 서식 : 텍스트 맞춤(가로 : 가운데 정렬, 세로 : 중간)

"지급현황" 시트를 참조하여 다음 《처리조건》에 맞도록 작업하시오. (50점)

숏츠(Shorts)

• 소스 파일 : [출제유형 01]-정복01_문제02.cell   • 정답 파일 : [출제유형 01]-정복01_정답02.cell

《출력형태》

	A	B	C	D	E	F	G	H	I
1				연말 상여금 지급 현황					
2	부서명	직원명	직급	급여	연말상여금	상여금지급률	순위	비고	
3	영업	임과장	과장	3525000	2643750	75%	①	②	
4	자재	김대리	대리	2737000	1642200	60%	①	②	
5	총무	오사원	사원	2623000	1311500	50%	①	②	
6	총무	정대리	대리	2829000	1697400	60%	①	②	
7	자재	박과장	과장	3746000	2809500	75%	①	②	
8	경리	이대리	대리	2590000	1554000	60%	①	②	
9	경리	정사원	사원	2510000	1255000	50%	①	②	
10	영업	염사원	사원	2405000	1202500	50%	①	②	
11	총무	변과장	과장	3360000	2520000	75%	①	②	
12	자재	윤사원	사원	2424000	1212000	50%	①	②	
13	영업	유대리	대리	2855000	1713000	60%	①	②	
14	'급여'의 최댓값과 최솟값 차이			③					
15	'직급'이 "과장"인 '년말상여금' 평균			④					
16	'년말상여금' 중 세 번째로 작은 값			⑤					
17									

《처리조건》

▶ 1행의 행 높이를 '75'로 설정하고, 2행~16행의 행 높이를 '17'로 설정하시오.

▶ 제목("연말 상여금 지급 현황") : 기본 도형의 '배지'를 이용하여 입력하시오.

 - 도형 : 위치([B1:G1]), 도형 스타일('보통 효과 - 강조 3')

 - 글꼴 : 궁서체, 24pt, 진하게, 기울임, 글자 색(검정)

 - 도형 서식 : 텍스트 맞춤(가로 : 가운데 정렬, 세로 : 중간)

03 "성적 평가표" 시트를 참조하여 다음 《처리조건》에 맞도록 작업하시오. (50점)

· 소스 파일 : [출제유형 01]-정복01_문제03.cell · 정답 파일 : [출제유형 01]-정복01_정답03.cell

《출력형태》

	A	B	C	D	E	F	G	H	I
1									
2	학번	학생	선택과목	국어	영어	수학	순위	비고	
3	2019009	박학생	컴퓨터		85	90	88 ①	②	
4	2019008	김학생	과학		96	89	90 ①	②	
5	2019015	정학생	컴퓨터		88	90	75 ①	②	
6	2019030	최학생	체육		75	88	77 ①	②	
7	2019025	장학생	체육		94	76	91 ①	②	
8	2019001	온학생	컴퓨터		78	84	86 ①	②	
9	2019005	전학생	과학		93	91	87 ①	②	
10	2019016	조학생	과학		87	77	94 ①	②	
11	2019020	이학생	컴퓨터		76	86	96 ①	②	
12	2019011	홍학생	체육		77	85	81 ①	②	
13	2019005	선학생	과학		92	87	92 ①	②	
14	'국어'의 최댓값-최솟값 차이			③					
15	'선택과목'이 "컴퓨터"인 '영어'의 평균			④					
16	'국어' 중 두 번째로 작은 값			⑤					
17									

《처리조건》

▶ 1행의 행 높이를 '80'으로 설정하고, 2행~16행의 행 높이를 '17'로 설정하시오.

▶ 제목("2학기 성적 평가표") : 블록 화살표의 '오각형'을 이용하여 입력하시오.
 - 도형 : 위치([B1:G1]), 도형 스타일('밝은 계열 - 강조 5')
 - 글꼴 : 궁서, 24pt, 진하게, 기울임, 글자 색(검정)
 - 도형 서식 : 텍스트 맞춤(가로 : 가운데 정렬, 세로 : 중간)

04 "매출현황" 시트를 참조하여 다음 《처리조건》에 맞도록 작업하시오. (50점)

• 소스 파일 : [출제유형 01]-정복01_문제04.cell   • 정답 파일 : [출제유형 01]-정복01_정답04.cell

《출력형태》

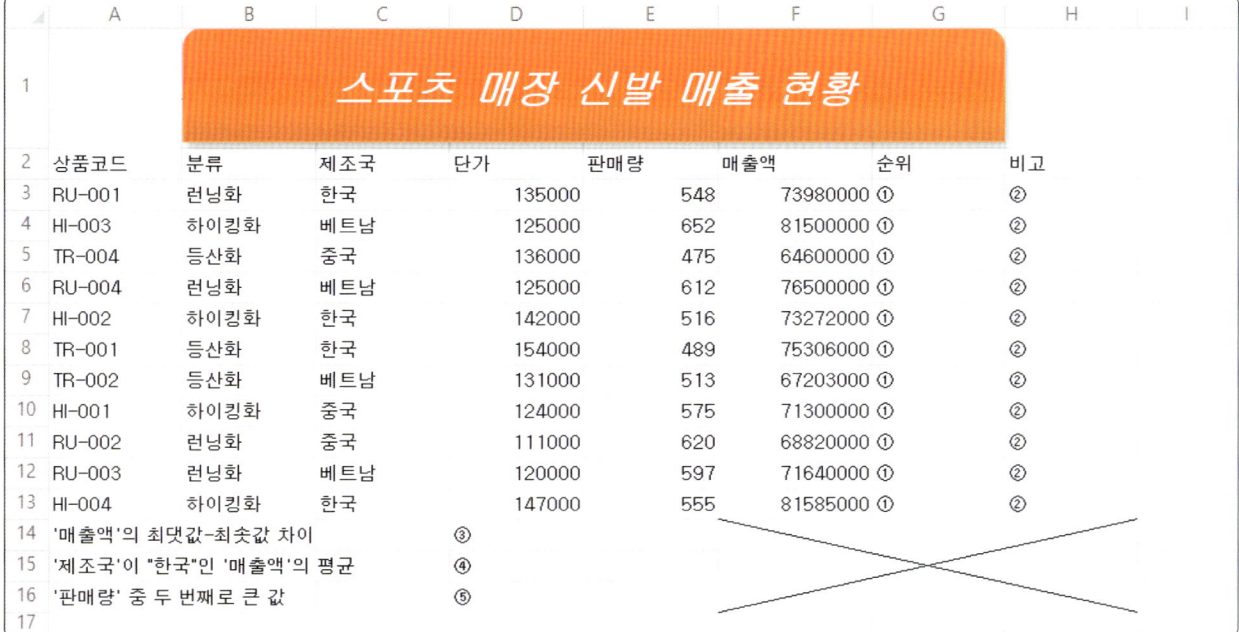

《처리조건》

▶ 1행의 행 높이를 '70'으로 설정하고, 2행~16행의 행 높이를 '18'로 설정하시오.

▶ 제목("스포츠 매장 신발 매출 현황") : 사각형의 '양쪽 모서리가 둥근 사각형'를 이용하여 입력하시오.

- 도형 : 위치([B1:G1), 도형 스타일('어두운 계열 - 강조 2')
- 글꼴 : 굴림체, 24pt, 진하게, 기울임, 글자 색(하양)
- 도형 서식 : 텍스트 맞춤(가로 : 가운데 정렬, 세로 : 중간)

출제유형 02 — 셀 서식 및 조건부 서식 지정하기

PART 02 출제유형 완전정복

문제 풀이

- ☑ 테두리 지정 및 병합하고 가운데 맞춤 지정하기
- ☑ 채우기 및 [표시 형식] 지정하기
- ☑ 조건부 서식 지정하기

문제 미리보기
소스 파일 : [출제유형 02]-유형02_문제.cell   정답 파일 : [출제유형 02]-유형02_정답.cell

제목 작성

【문제 1】 "판매현황" 시트를 참조하여 다음 《처리조건》에 맞도록 작업하시오. (50점)

《출력형태》

	A	B	C	D	E	F	G	H
1				담당자별 판매현황				
2	담당자	제품	판매단가	판매수량	재고량	총판매금액	판매순위	비고
3	이담당	운동화	78,000원	75세트	25세트	5,850,000원	①	②
4	김담당	가방	65,000원	84세트	16세트	5,460,000원	①	②
5	오담당	운동화	78,000원	67세트	33세트	5,226,000원	①	②
6	유담당	트레이닝복	99,000원	58세트	42세트	5,742,000원	①	②
7	장담당	트레이닝복	99,000원	52세트	48세트	5,148,000원	①	②
8	홍담당	가방	65,000원	72세트	28세트	4,680,000원	①	②
9	전담당	운동화	78,000원	49세트	51세트	3,822,000원	①	②
10	박담당	가방	65,000원	70세트	30세트	4,550,000원	①	②
11	장담당	트레이닝복	99,000원	80세트	20세트	7,920,000원	①	②
12	백담당	운동화	78,000원	56세트	44세트	4,368,000원	①	②
13	빈담당	가방	65,000원	64세트	36세트	4,160,000원	①	②
14	'판매수량'의 최댓값-최솟값 차이			③				
15	'제품'이 "운동화"인 '재고량'의 합계			④				
16	'판매단가' 중 세 번째로 작은 값			⑤				

《처리조건》

▶ 셀 서식을 아래 조건에 맞게 작성하시오.
- [A2:H16] : 테두리(안쪽, 바깥쪽 모두 실선, 검정), 텍스트 맞춤(가로 : 가운데)
- [A14:C14], [A15:C15], [A16:C16] : 각각 병합하고 가운데 맞춤
- [A2:H2], [A14:C16] : 채우기(하늘색 80% 밝게), 글꼴(진하게)
- [C3:C13], [F3:F13], [D16:E16] : 셀 서식의 표시형식-사용자 정의를 이용하여 #,##0"원"자를 추가
- [G3:G13] : 셀 서식의 표시형식-사용자 정의를 이용하여 #"위"자를 추가
- [D3:E15] : 셀 서식의 표시형식-사용자 정의를 이용하여 #"세트" 자를 추가
- 조건부 서식[A3:H13] : '재고량'이 40 이상인 경우 레코드 전체에 글꼴(남색), 진하게, 기울임) 적용
- 지시사항이 없는 경우는 주어진 문제파일의 서식을 그대로 사용하시오.

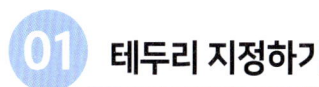
테두리 지정하기

- [A2:H16] : 테두리(안쪽, 바깥쪽 모두 실선, 검정), 텍스트 맞춤(가로 : 가운데)

❶ [파일]-[불러오기](**Ctrl**+**O**)를 클릭합니다. [불러오기] 대화상자가 나오면 '**유형02_문제.cell**' 파일을 불러와 **"판매현황"** 시트를 선택합니다.

❷ [A2:H16] 영역을 드래그한 후 [편집] 탭-'셀 서식'을 클릭합니다.

※ [A2:H16] 영역을 드래그한 후 영역으로 지정된 셀 범위 위에서 마우스 오른쪽 단추를 눌러 바로 가기 메뉴가 나오면 '셀 서식'을 클릭해도됩니다.(셀 서식 바로 가기 키 : **Ctrl**+**1**)

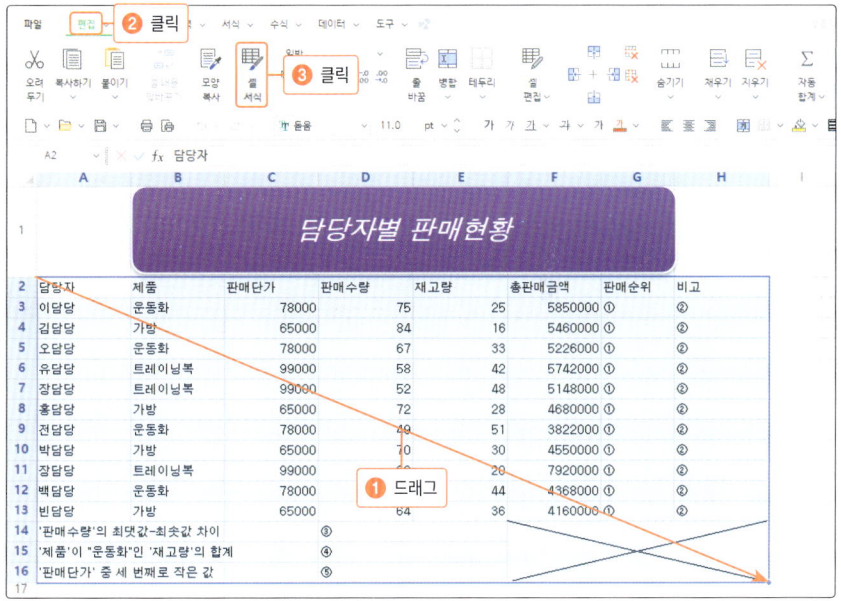

❸ [셀 서식] 대화상자가 나오면 [테두리] 탭을 클릭한 후 '**종류(실선(————)), 색(검정), 바깥쪽( ), 안쪽( )**' 을 지정합니다.

❹ [맞춤] 탭을 클릭한 후 [텍스트 맞춤]-[가로]-'가운데'를 선택한 다음 〈설정〉 단추를 클릭합니다.

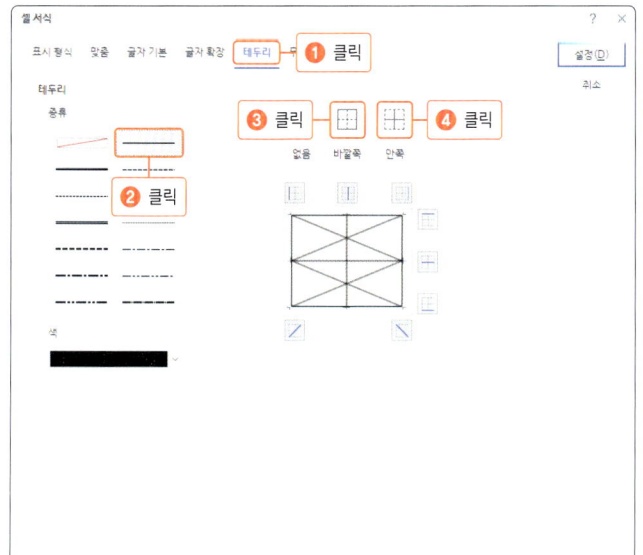
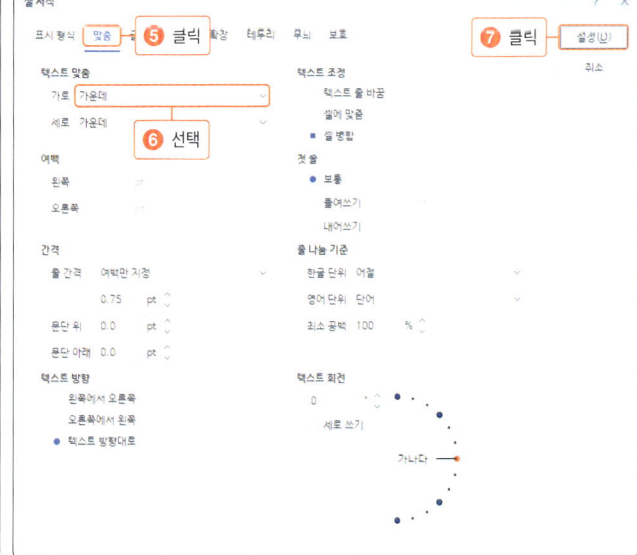

02 병합하고 가운데 맞춤 지정하기

– [A14:C14], [A15:C15], [A16:C16] : 각각 병합하고 가운데 맞춤

① [A14:C14] 영역을 드래그한 후 Ctrl 키를 누른 상태에서 [A15:C15], [A16:C16] 영역을 드래그합니다.

② [편집] 탭에서 [병합]-'병합하고 가운데 맞춤'을 클릭합니다.

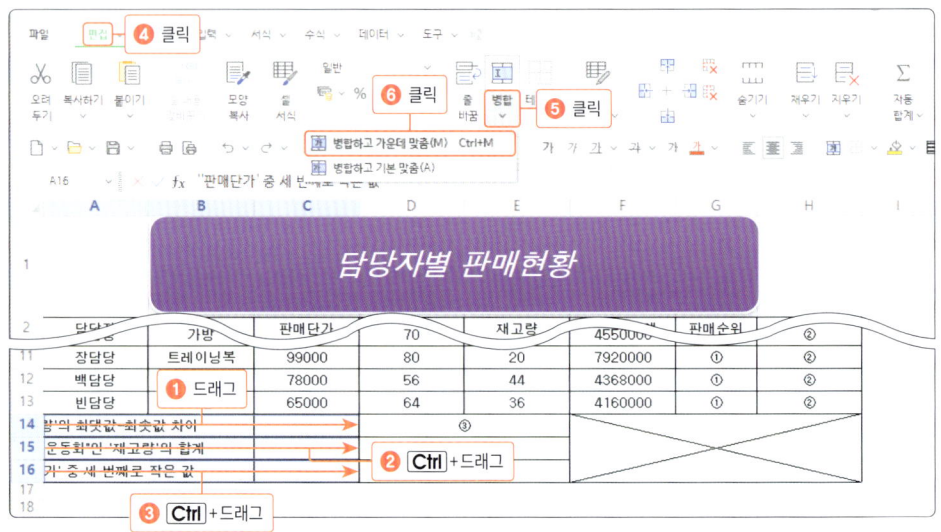

03 채우기 색 지정하기

– [A2:H2], [A14:C16] : 채우기(하늘색 80% 밝게), 글꼴(진하게)

① [A2:H2] 영역을 드래그한 후 Ctrl 키를 누른 상태에서 [A14:C16] 영역을 드래그합니다.

② [서식] 탭에서 '진하게(가)'를 클릭한 후 '채우기(◇)'의 목록(∨) 단추를 눌러 '하늘색 80% 밝게'를 클릭합니다.

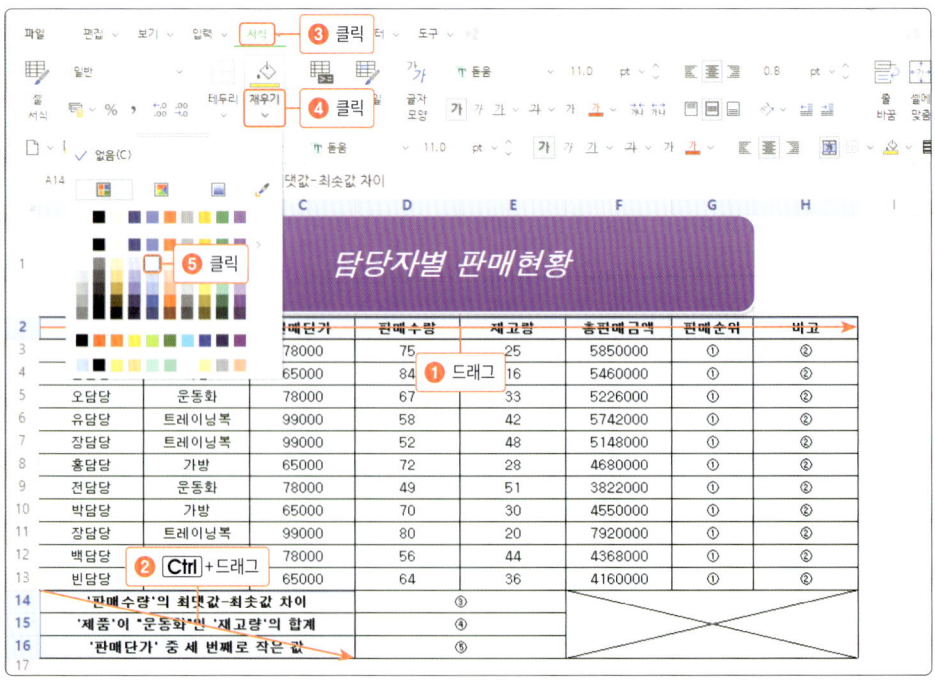

[표시 형식] - 사용자 지정 지정하기

- [C3:C13], [F3:F13], [D16:E16] : 셀 서식의 표시형식-사용자 정의를 이용하여 #,##0"원"자를 추가
- [G3:G13] : 셀 서식의 표시형식-사용자 정의를 이용하여 #"위"자를 추가
- [D3:E15] : 셀 서식의 표시형식-사용자 정의를 이용하여 #"세트" 자를 추가

① [C3:C13] 영역을 드래그한 후 **Ctrl** 키를 누른 상태에서 [F3:F13], [D16:E16] 영역을 클릭합니다.

② 영역이 지정되면 [편집] 탭-'셀 서식'을 클릭합니다.(셀 서식 바로 가기 키 : **Ctrl** + **1**)

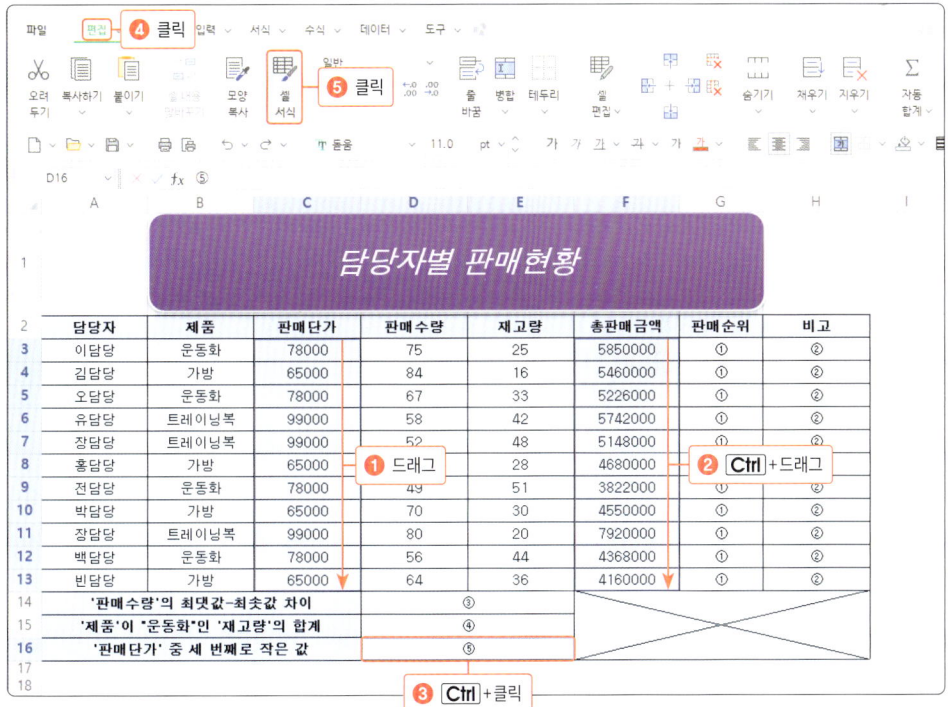

③ [셀 서식] 대화상자가 나오면 [표시 형식] 탭을 클릭한 후 [구분]-'사용자 정의'를 클릭합니다. 이어서, 사용자 정의 [유형]-'#,##0"원"'을 입력한 후 〈설정〉 단추를 클릭합니다.

④ [C3:C13], [F3:F13], [D16:E16] 영역에 사용자 정의 표시 형식이 지정된 것을 확인합니다.

※ [D16:E16] 영역에 입력된 데이터가 문자 '⑤'로 입력되어 사용자 정의로 표시되지 않습니다. 함수식을 입력하면 표시 형식이 적용됩니다.

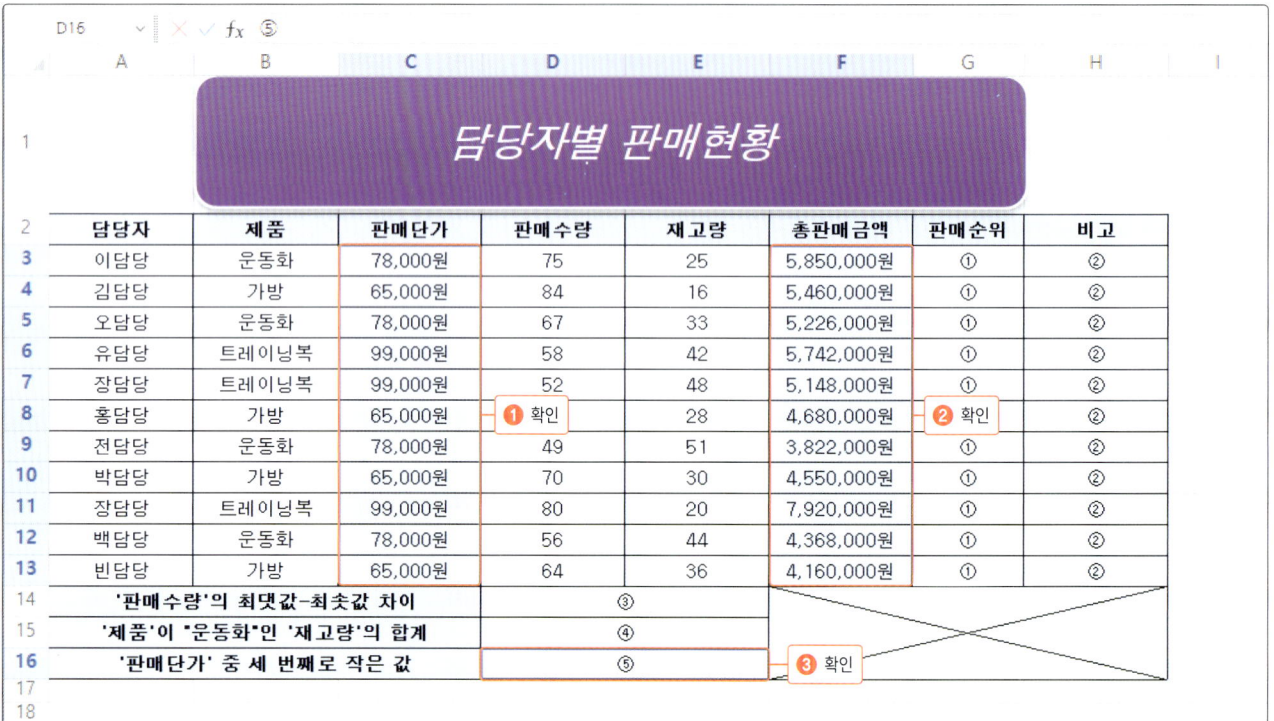

 1000 단위 구분 기호 사용

① 영역을 지정한 후 [편집] 탭-'셀 서식'을 클릭합니다.
② [셀 서식] 대화상자가 나오면 [표시 형식] 탭을 클릭한 후 [구분]-'숫자'를 클릭합니다. 이어서, '1000 단위 구분 기호 사용'을 선택한 후 〈설정〉 단추를 클릭합니다.

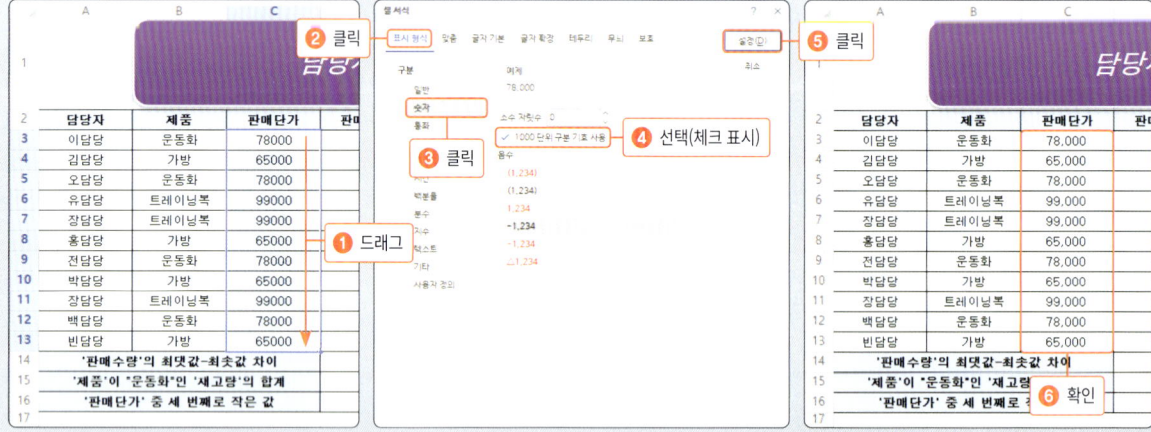

※ 숫자 서식은 일반적인 숫자를 나타내는데 사용합니다. 통화 및 회계 표시 형식에는 화폐 가치에 대한 특수 서식이 있습니다.

⑤ [G3:G13] 영역을 드래그한 후 [편집] 탭-'셀 서식'을 클릭합니다.(셀 서식 바로 가기 키 : Ctrl+1)

⑥ [셀 서식] 대화상자가 나오면 [표시 형식] 탭을 클릭한 후 [구분]-'사용자 정의'를 클릭합니다. 이어서, 사용자 정의 [유형]-'#"위"'를 입력한 후 〈설정〉 단추를 클릭합니다.

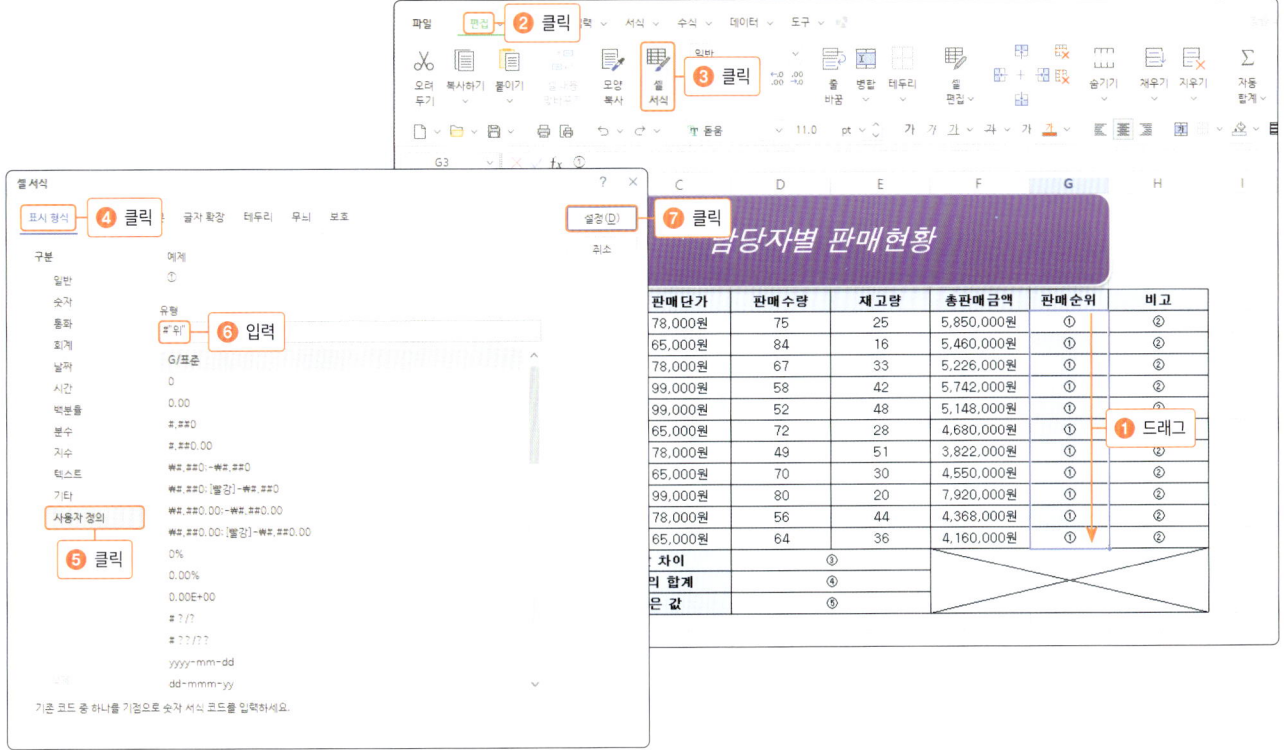

⑦ [D3:E15] 영역을 드래그한 후 [편집] 탭-'셀 서식'을 클릭합니다.(셀 서식 바로 가기 키 : Ctrl+1)

⑧ [셀 서식] 대화상자가 나오면 [표시 형식] 탭을 클릭한 후 [구분]-'사용자 정의'를 클릭합니다. 이어서, 사용자 정의 [유형]-'#"세트"'를 입력한 후 〈설정〉 단추를 클릭합니다.

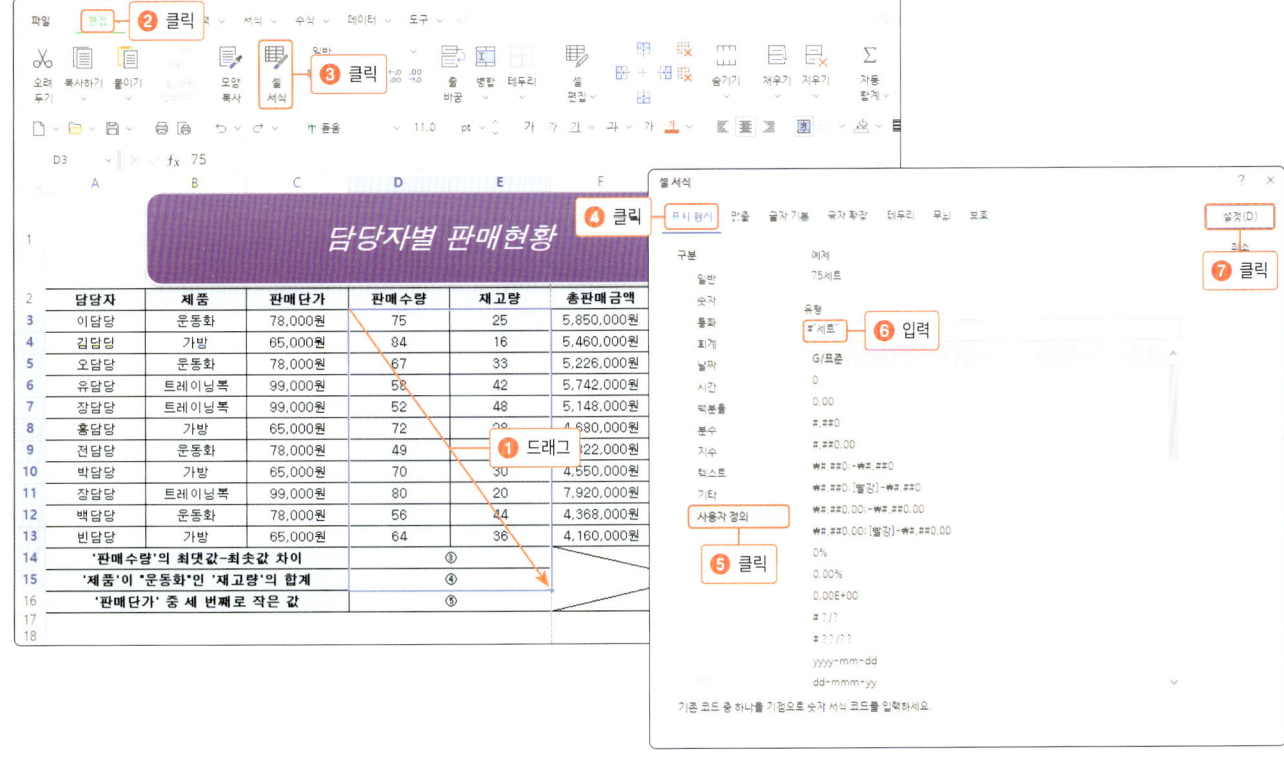

출제유형 02 41 셀 서식 및 조건부 서식 지정하기

❾ [G3:G13], [D3:E15] 영역에 사용자 정의 표시 형식이 지정된 것을 확인합니다.

※ [G3:G13], [D14:E16] 영역에 입력된 데이터가 문자 '①,③,④'로 입력되어 표시 형식이 표시되지 않습니다. 함수식을 입력하면 표시 형식이 적용됩니다.

> **TIP** [표시 형식]을 이용한 각종 셀 서식 지정
> - # : 숫자를 표시하는 기본 기호로 숫자가 없는 빈자리는 공백으로 처리합니다.
> - 0 : 숫자를 표시하는 기호로 숫자가 없는 빈자리를 0으로 채웁니다.
> - 쉼표 스타일(,) : 천 단위 구분 기호를 표시합니다.
> - @ : 특정 문자를 붙여서 표기할 때 사용합니다.
> - "텍스트" : 사용자 지정 서식에 문자열을 추가하여 보여줄 경우 큰 따옴표로 묶어 주어야 합니다.

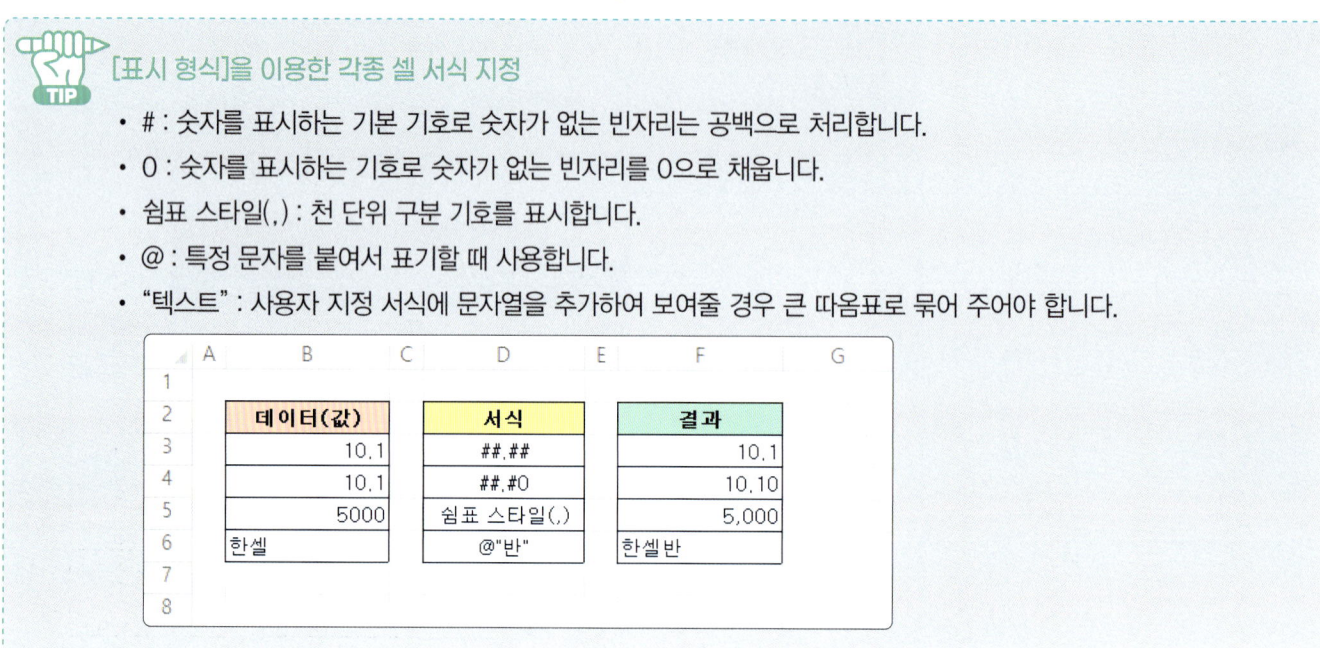

05 조건부 서식 지정하기

— 조건부 서식[A3:H13] : '재고량'이 40 이상인 경우 레코드 전체에 글꼴(남색), 진하게, 기울임) 적용

 조건부 서식을 지정할 [A3:H13] 영역을 드래그한 후 [서식] 탭–[조건부 서식( )]–'규칙 관리'를 클릭합니다.

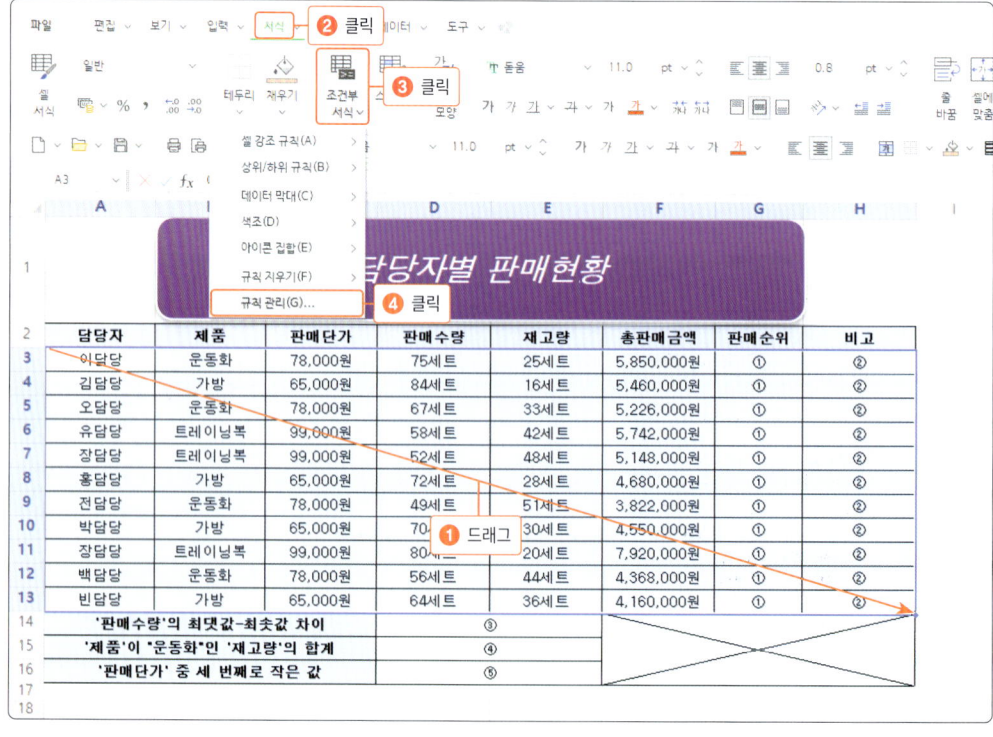

❷ [조건부 서식 관리] 대화상자가 나오면 '새 규칙()'을 클릭한 후 '수식'을 선택한 다음 '=$E3>=40'을 입력하고 〈서식〉 단추를 클릭합니다.

※ 수식에서 '$E3'은 직접 입력하지 않습니다. 수식을 입력할 때 [E3] 셀을 클릭한 후 F4 키를 2번 누르면 절대 참조에서 열 고정 혼합 참조로 변경됩니다.

 ❶ **수식을 이용한 서식 지정**
- 수식을 이용하여 서식을 지정할 셀을 결정할 경우 반드시 열 고정 혼합 참조([예] $E3)로 지정합니다.
- 열 고정 혼합 참조로 지정되면 [E] 열을 고정한 채 행([3:13])만 상대적으로 변경됩니다.
- [E3:E13] 영역에 있는 값 중에서 행을 차례대로 확인하여 '40 이상이면' 설정된 서식을 지정하게 됩니다.

❷ **비교 연산자**
두 값을 비교하여 결과가 '참'이라면 논리값 'TRUE'를 표시하고, '거짓'이면 논리값 'FALSE'를 표시합니다.
예 [A1] 셀에 입력된 값 : 10

연산자	기능	사용 예	결과	연산자	기능	사용 예	결과
=	같다	=A1=10	TRUE	〈〉	다르다(같지 않다)	=A1〈〉10	FALSE
〉	~크다(~초과)	=A1〉10	FALSE	〈	~작다(~미만)	=A1〈10	FALSE
〉=	~크거나 같다 (~이상)	=A1〉=10	TRUE	〈=	~작거나 같다 (~이하)	=A1〈=10	TRUE

참조 알아보기
한셀에서 참조하는 방법에 따라 상대 참조, 절대 참조, 혼합 참조가 있습니다.
- 상대 참조 : 셀이 이동할 때 참조되는 셀 주소도 같이 이동하는 셀 참조방식입니다.
- 절대 참조 : 셀이 이동할 때 참조되는 셀 주소는 항상 고정되는 셀 참조방식입니다.
- 혼합 참조 : $가 붙은 위치에 따라 행 또는 열 중에 하나만 고정되는 셀 참조방식입니다.

참조는 셀 주소를 입력한 후 F4 키를 누르면 F4 키를 누를 때마다 다음과 같은 순서로 변경됩니다.

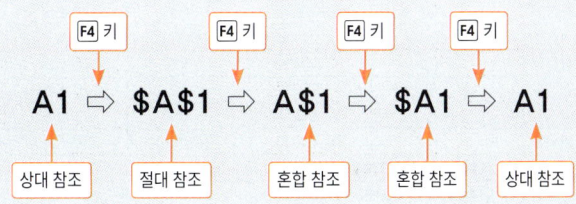

③ [셀 서식] 대화상자가 나오면 [글자 기본] 탭의 [속성]에서 '**진하게**(가), *기울임*(가)', '**글자 색(남색)**'을 선택한 후 〈설정〉 단추를 클릭합니다.

④ [조건부 서식 관리] 대화상자가 다시 나오면 입력한 수식(=$E3>=40)과 글꼴 서식(진하게, 기울임, 남색)을 확인한 후 〈확인〉 단추를 클릭합니다.

⑤ 임의의 셀을 클릭하여 범위 지정을 해제한 후 조건부 서식이 지정된 결과를 확인합니다.

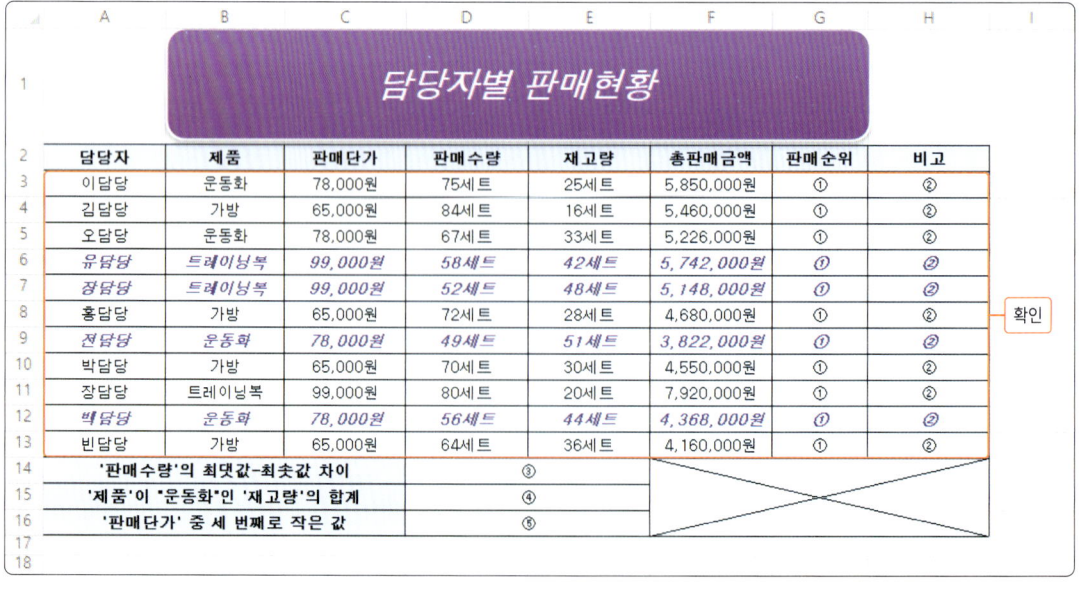

조건부 서식 지우기

❶ 조건부 서식이 지정된 셀을 범위로 지정한 후 [서식] 탭–[조건부 서식]–[규칙 지우기]–'선택한 셀의 규칙 지우기' 또는 '시트 전체에서 규칙 지우기'를 클릭합니다.

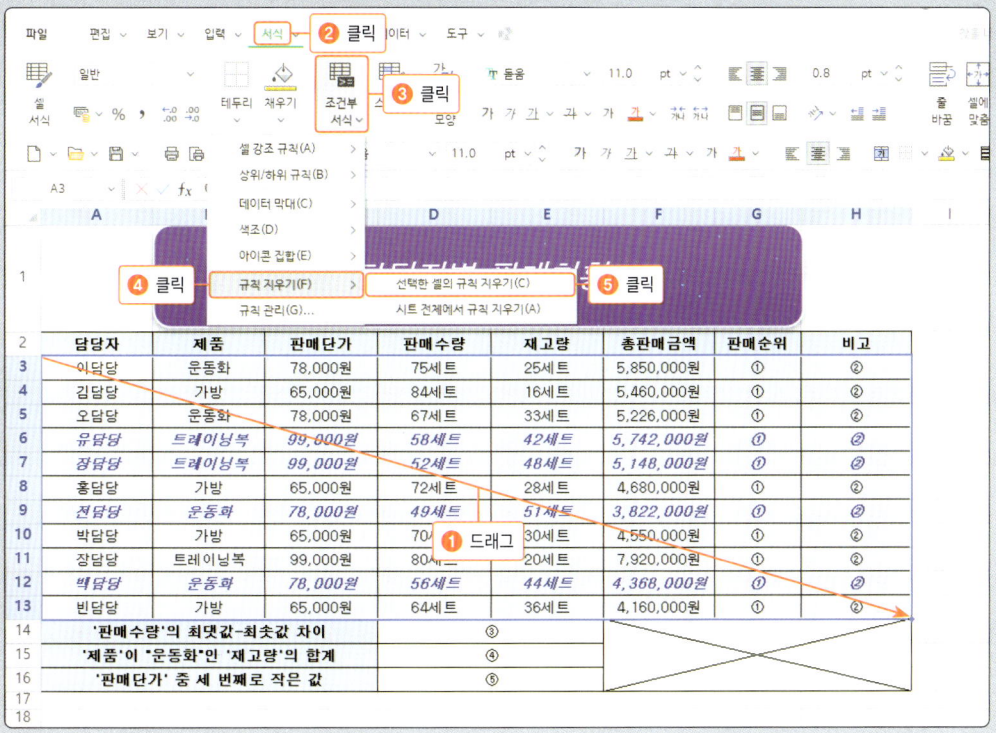

❷ [서식] 탭–[조건부 서식]–'규칙 관리'를 클릭한 후 [조건부 서식 관리] 대화상자가 나오면 삭제할 조건부 서식을 선택한 다음 '규칙 지우기(☒)'를 클릭합니다. 조건이 삭제된 것을 확인한 후 〈확인〉 단추를 클릭합니다.

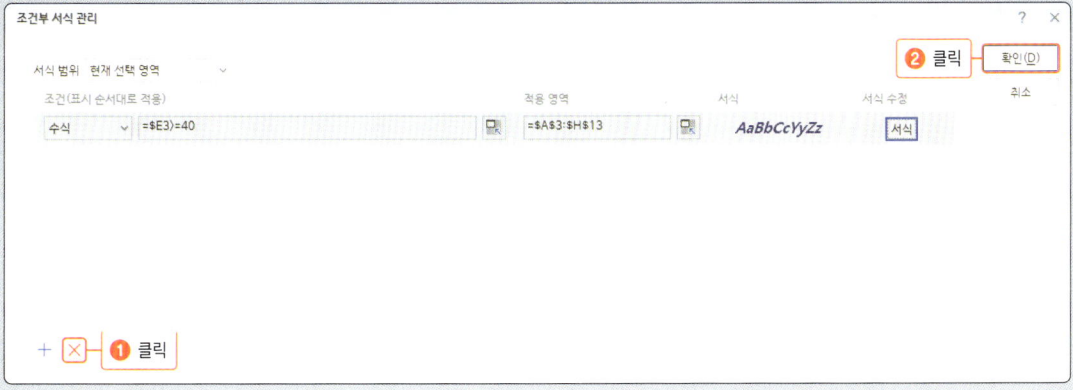

❻ 모든 작업이 끝나면 [파일]–[저장하기](Ctrl+S) 또는 [서식] 도구 상자에서 '**저장하기(💾)**'를 클릭합니다.

※ 실제 시험을 볼 때 작업 도중에 수시로(10분에 한 번 정도) 저장을 하는 것이 좋습니다.

셀 서식 및 조건부 서식 지정하기

 01 "가입현황" 시트를 참조하여 다음 《처리조건》에 맞도록 작업하시오. (50점)

- 소스 파일 : [출제유형 02]-정복02_문제01.cell
- 정답 파일 : [출제유형 02]-정복02_정답01.cell

숏츠(Shorts)

《출력형태》

	고객명	보험사	대물	대인	차량	합계	순위	비고
1			자동차보험 가입현황					
3	이고객	안전보험	236,000	175,000	195,000	606,000	①	②
4	김고객	행복보험	185,400	186,000	193,000	564,400	①	②
5	허고객	행복보험	265,000	192,000	182,000	639,000	①	②
6	진고객	가족보험	287,000	176,000	210,000	673,000	①	②
7	설고객	안전보험	285,000	181,000	205,000	671,000	①	②
8	박고객	가족보험	217,000	187,000	199,000	603,000	①	②
9	최고객	행복보험	243,000	179,000	215,000	637,000	①	②
10	장고객	안전보험	198,000	191,000	200,000	589,000	①	②
11	오고객	가족보험	205,000	170,000	197,000	572,000	①	②
12	변고객	안전보험	267,000	185,000	189,000	641,000	①	②
13	심고객	행복보험	243,000	180,000	185,000	608,000	①	②
14	'대물'의 최댓값-최솟값 차이			③				
15	'보험사'가 "안전보험"인 '합계'의 평균			④				
16	'차량' 중 두 번째로 큰 값			⑤				

《처리조건》

▶ 셀 서식을 아래 조건에 맞게 작성하시오.
- [A2:H16] : 테두리(안쪽, 바깥쪽 모두 실선, 검정), 텍스트 맞춤(가로 : 가운데)
- [A14:C14], [A15:C15], [A16:C16] : 각각 병합하고 가운데 맞춤
- [A2:H2], [A14:C16] : 채우기(초록 60% 밝게), 글꼴(진하게)
- [C3:F13] : 셀 서식의 표시형식-숫자를 이용하여 1000단위 구분 기호 표시
- [D14:E16] : 셀 서식의 표시형식-통화를 이용하여 기호(₩)를 표시
- [G3:G13] : 셀 서식의 표시형식-사용자 정의를 이용하여 #"위"자를 추가
- 조건부 서식[A3:H13] : '대물'이 200000 이하인 경우 레코드 전체에 글꼴(주황, 진하게, 기울임) 적용
- 지시사항이 없는 경우는 주어진 문제파일의 서식을 그대로 사용하시오.

02 "지급현황" 시트를 참조하여 다음 《처리조건》에 맞도록 작업하시오. (50점)

• 소스 파일 : [출제유형 02]-정복02_문제02.cell   • 정답 파일 : [출제유형 02]-정복02_정답02.cell

《출력형태》

부서명	직원명	직급	급여	연말상여금	상여금지급율	순위	비고
영업부	임과장	과장	3,525,000	2,643,750	75%	①	②
자재부	김대리	대리	2,737,000	1,642,200	60%	①	②
총무부	오사원	사원	2,623,000	1,311,500	50%	①	②
총무부	정대리	대리	2,829,000	1,697,400	60%	①	②
자재부	박과장	과장	3,746,000	2,809,500	75%	①	②
경리부	이대리	대리	2,590,000	1,554,000	60%	①	②
경리부	정사원	사원	2,510,000	1,255,000	50%	①	②
영업부	염사원	사원	2,405,000	1,202,500	50%	①	②
총무부	변과장	과장	3,360,000	2,520,000	75%	①	②
자재부	윤사원	사원	2,424,000	1,212,000	50%	①	②
영업부	유대리	대리	2,855,000	1,713,000	60%	①	②
'급여'의 최댓값과 최솟값 차이				③			
'직급'이 "과장"인 '년말상여금' 평균				④			
'년말상여금' 중 세 번째로 작은 값				⑤			

《처리조건》

▶ 셀 서식을 아래 조건에 맞게 작성하시오.

- [A2:H16] : 테두리(안쪽, 바깥쪽 모두 실선, 검정), 텍스트 맞춤(가로 : 가운데)
- [A14:D14], [A15:D15], [A16:D16] : 각각 병합하고 가운데 맞춤
- [A2:H2], [A14:D16] : 채우기(노랑 40% 밝게), 글꼴(진하게)
- [A3:A13] : 셀 서식의 표시형식-사용자 정의를 이용하여 @"부"자를 추가
- [D3:E13], [E14:F16] : 셀 서식의 표시형식-숫자를 이용하여 1000단위 구분 기호 표시
- [G3:G13] : 셀 서식의 표시형식-사용자 정의를 이용하여 #"위"자를 추가
- 조건부 서식[A3:H13] : '직급'이 "사원"인 경우 레코드 전체에 글꼴(보라, 진하게, 기울임) 적용
- 지시사항이 없는 경우는 주어진 문제파일의 서식을 그대로 사용하시오.

03 "성적 평가표" 시트를 참조하여 다음 《처리조건》에 맞도록 작업하시오. (50점)

· 소스 파일 : [출제유형 02]-정복02_문제03.cell   · 정답 파일 : [출제유형 02]-정복02_정답03.cell

《출력형태》

	A	B	C	D	E	F	G	H
1				2학기 성적 평가표				
2	학번	학생	선택과목	국어	영어	수학	순위	비고
3	2019009	박학생(복학)	컴퓨터	85점	90점	88점	①	②
4	*2019008*	*김학생(복학)*	*과학*	*96점*	*89점*	*90점*	*①*	*②*
5	2019015	정학생(복학)	컴퓨터	88점	90점	75점	①	②
6	2019030	최학생(복학)	체육	75점	88점	77점	①	②
7	*2019025*	*장학생(복학)*	*체육*	*94점*	*76점*	*91점*	*①*	*②*
8	2019001	온학생(복학)	컴퓨터	78점	84점	86점	①	②
9	*2019005*	*전학생(복학)*	*과학*	*93점*	*91점*	*87점*	*①*	*②*
10	2019016	조학생(복학)	과학	87점	77점	94점	①	②
11	2019020	이학생(복학)	컴퓨터	76점	86점	96점	①	②
12	2019011	홍학생(복학)	체육	77점	85점	81점	①	②
13	*2019005*	*선학생(복학)*	*과학*	*92점*	*87점*	*92점*	*①*	*②*
14	'국어'의 최댓값-최솟값 차이			③				
15	'선택과목'이 "컴퓨터"인 '영어'의 평균			④				
16	'국어' 중 두 번째로 작은 값			⑤				

《처리조건》

▶ 셀 서식을 아래 조건에 맞게 작성하시오.

- [A2:H16] : 테두리(안쪽, 바깥쪽 모두 실선, 검정), 텍스트 맞춤(가로 : 가운데)
- [A14:C14], [A15:C15], [A16:C16] : 각각 병합하고 가운데 맞춤
- [A2:H2], [A14:C16] : 채우기(초록 60% 밝게), 글꼴(진하게)
- [B3:B13] : 셀 서식의 표시형식-사용자 정의를 이용하여 @"(복학)"자를 추가
- [D3:F13], [D14:E16] : 셀 서식의 표시형식-사용자 정의를 이용하여 #"점"자를 추가
- [G3:G13] : : 셀 서식의 표시형식-사용자 정의를 이용하여 #"위"자를 추가
- 조건부 서식[A3:H13] : '국어'가 90 이상인 경우 레코드 전체에 글꼴(남색, 진하게, 기울임) 적용
- 지시사항이 없는 경우는 주어진 문제파일의 서식을 그대로 사용하시오.

04 "매출현황" 시트를 참조하여 다음 《처리조건》에 맞도록 작업하시오. (50점)

숏츠(Shorts)

· 소스 파일 : [출제유형 02]-정복02_문제04.cell   · 정답 파일 : [출제유형 02]-정복02_정답04.cell

《출력형태》

	A	B	C	D	E	F	G	H
1				스포츠 매장 신발 매출 현황				
2	상품코드	분류	제조국	단가	판매량	매출액	순위	비고
3	*RU-001*	*런닝화*	*한국*	*₩135,000*	*548켤레*	*₩73,980,000*	*①*	*②*
4	HI-003	하이킹화	베트남	₩125,000	652켤레	₩81,500,000	①	②
5	TR-004	등산화	중국	₩136,000	475켤레	₩64,600,000	①	②
6	RU-004	런닝화	베트남	₩125,000	612켤레	₩76,500,000	①	②
7	*HI-002*	*하이킹화*	*한국*	*₩142,000*	*516켤레*	*₩73,272,000*	*①*	*②*
8	*TR-001*	*등산화*	*한국*	*₩154,000*	*489켤레*	*₩75,306,000*	*①*	*②*
9	TR-002	등산화	베트남	₩131,000	513켤레	₩67,203,000	①	②
10	HI-001	하이킹화	중국	₩124,000	575켤레	₩71,300,000	①	②
11	RU-002	런닝화	중국	₩111,000	620켤레	₩68,820,000	①	②
12	RU-003	런닝화	베트남	₩120,000	597켤레	₩71,640,000	①	②
13	*HI-004*	*하이킹화*	*한국*	*₩147,000*	*555켤레*	*₩81,585,000*	*①*	*②*
14	'매출액'의 최댓값-최솟값 차이			③				
15	'제조국'이 "한국"인 '매출액'의 평균			④				
16	'판매량' 중 두 번째로 큰 값			⑤				

《처리조건》

▶ 셀 서식을 아래 조건에 맞게 작성하시오.

- [A2:H16] : 테두리(안쪽, 바깥쪽 모두 실선, 검정), 텍스트 맞춤(가로 : 가운데)
- [A14:C14], [A15:C15], [A16:C16] : 각각 병합하고 가운데 맞춤
- [A2:H2], [A14:C16] : 채우기(하늘색 60% 밝게), 글꼴(진하게)
- [D3:D13], [F3:F13], [D14:E15] : 셀 서식의 표시형식-통화를 이용하여 기호(₩)를 표시
- [G3:G13] : 셀 서식의 표시형식-사용자 정의를 이용하여 #"위"자를 추가
- [E3:E13], [D16:E16] : 셀 서식의 표시형식-사용자 정의를 이용하여 #"켤레"자를 추가
- 조건부 서식[A3:H13] : '제조국'이 "한국"인 경우 레코드 전체에 글꼴(초록, 진하게, 기울임) 적용

지시사항이 없는 경우는 주어진 문제파일의 서식을 그대로 사용하시오.

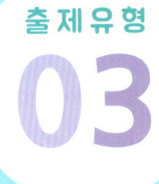

출제유형 03 함수식 작성하기

PART 02 출제유형 완전정복

- ✅ 함수 기본 다지기(함수 입력 방법, 셀 참조 등)
- ✅ 시험에 자주 출제되는 함수 알아보기

문제 미리보기

소스 파일 : [출제유형 03]-유형03_문제.cell   정답 파일 : [출제유형 03]-유형03_정답.cell

함수식 작성

【문제 1】 "판매현황" 시트를 참조하여 다음 《처리조건》에 맞도록 작업하시오. (50점)

《출력형태》

	A	B	C	D	E	F	G	H
1				담당자별 판매현황				
2	담당자	제품	판매단가	판매수량	재고량	총판매금액	판매순위	비고
3	이담당	운동화	78,000원	75세트	25세트	5,850,000원	2위	
4	김담당	가방	65,000원	84세트	16세트	5,460,000원	4위	판매우수
5	오담당	운동화	78,000원	67세트	33세트	5,226,000원	5위	
6	유담당	트레이닝복	99,000원	58세트	42세트	5,742,000원	3위	
7	장담당	트레이닝복	99,000원	52세트	48세트	5,148,000원	6위	
8	홍담당	가방	65,000원	72세트	28세트	4,680,000원	7위	
9	선담당	운동화	78,000원	49세트	51세트	3,822,000원	11위	
10	박담당	가방	65,000원	70세트	30세트	4,550,000원	8위	
11	잘담당	트레이닝복	99,000원	80세트	20세트	7,920,000원	1위	판매우수
12	백담당	운동화	78,000원	56세트	44세트	4,368,000원	9위	
13	빈담당	가방	65,000원	64세트	36세트	4,160,000원	10위	
14	'판매수량'의 최댓값-최솟값 차이			35세트				
15	'제품'이 "운동화"인 '재고량'의 합계			153세트				
16	'판매단가' 중 세 번째로 작은 값			65,000원				

《처리조건》

▶ ① 순위[G3:G13] : '총판매금액'을 기준으로 큰 순으로 '판매순위'를 구하시오. (**RANK.EQ 함수**)

▶ ② 비고[H3:H13] : '재고량'이 20 이하이면 "판매우수" 그렇지 않으면 공백으로 구하시오. (**IF 함수**)

▶ ③ 최댓값-최솟값[D14:E14] : '판매수량'의 최댓값과 최솟값의 차이를 구하시오. (**MAX, MIN 함수**)

▶ ④ 합계[D15:E15] : '제품'이 "운동화"인 '재고량'의 합계를 구하시오. (**DSUM 함수**)

▶ ⑤ 순위[D16:E16] : '판매단가' 중 세 번째로 작은 값을 구하시오. (**SMALL 함수**)

함수 기본 다지기 - 함수 입력 방법

① '함수'는 미리 정의되어 있는 수식으로 특정 값(인수)이 입력되면 일련의 규칙에 의해 그에 대응하는 값을 산출해 줍니다.

② 함수를 이용한 수식 계산은 '**등호, 함수 이름, 왼쪽 괄호, 인수, 오른쪽 괄호**' 순으로 작성됩니다.

③ 각각의 인수는 **쉼표(,)**로 구분하고 인수의 범위를 나타낼 경우에는 **콜론(:)**을 이용합니다.

④ 문자열을 인수로 사용할 경우에는 **큰 따옴표(" ")**로 묶어줍니다.

=IF(B2>=70,"합격","불합격")

⑤ 간단한 수식으로 처리가 가능한 함수는 셀에 직접 입력하고, 복잡한 함수나 함수식을 정확하게 모를 경우에는 **[수식] 탭**에서 '**함수(fx)**'를 클릭하여 함수 마법사를 이용합니다.

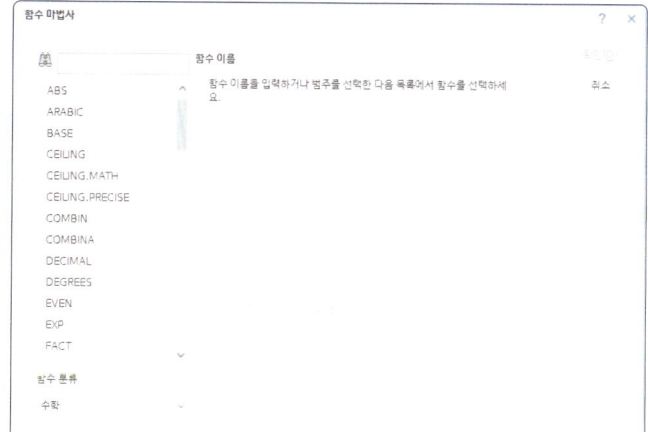 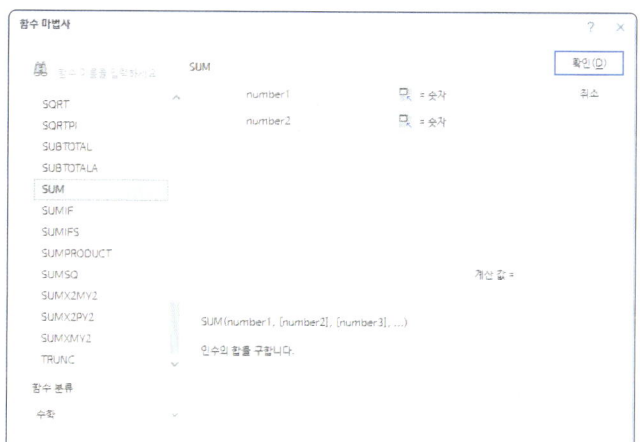

▲ 함수 마법사에서 SUM 함수를 선택한 경우

 인수 및 상수
- 인수 : 내장 함수의 구성 요소로 SUM 함수를 이용하여 A1, A2 셀의 값을 더할 때 A1, A2를 '인수'라고 합니다.
  예 =SUM(A1:A2)
- 상수 : 사용자가 입력하는 고정된 숫자, 날짜, 시간 데이터 등을 가리킵니다.

02 함수 기본 다지기 - 셀 참조

① 셀 참조는 '상대 참조'와 '절대 참조'로 구분됩니다.

② '상대 참조'와 '절대 참조'를 지정하기 위해서는 셀을 선택한 후 F4 키를 이용합니다.

③ **상대 참조(=A1)** : 계산된 수식에 자동 채우기를 실행하면 셀 참조 위치가 계산식의 참조 위치에 맞게 자동으로 변경됩니다.

④ **절대 참조(=$A$1)** : 계산된 수식에 자동 채우기를 실행하면 셀 참조 위치가 고정되어 변경되지 않습니다.

> **TIP** F4 키를 이용한 참조 변환
>
> A1 ⇨ $A$1 ⇨ A$1 ⇨ $A1 ⇨ A1
> (상대 참조) (절대 참조) (행고정 혼합 참조) (열고정 혼합 참조) (상대 참조)
>
> **혼합 참조**
> 행이나 열 중 하나는 상대 참조를 다른 하나는 절대 참조를 사용하여 수식에 사용하는 것을 '혼합 참조'라고 합니다.
> 예 $A1, A$1

1 상대 참조

① [파일]-[불러오기](Ctrl+O)를 클릭한 후 [불러오기] 대화상자가 나오면 '**유형03_상대참조.cell**' 파일을 불러옵니다.

② [E3] 셀에 함수식 '**=SUM(B3:D3)**'을 입력한 후 Enter 키를 누릅니다.

③ 함수식 계산이 완료되면 [E3] 셀을 다시 클릭한 후 [E5] 셀까지 채우기 핸들(+)을 이용하여 자동 채우기를 실행한 다음 합계 결과를 확인합니다.

④ 합계 결과 확인이 끝나면 Ctrl+~ 키를 눌러 상대 참조를 확인합니다.

※ Ctrl+~ 키를 누를 때마다 '수식 보기'와 '기본 보기'로 전환됩니다.

	A	B	C	D	E
1	시험 성적				
2	이름	국어	영어	수학	합계
3	최자두	70	80	80	=SUM(B3:D3)
4	노진구	30	40	50	=SUM(B4:D4)
5	홍길동	60	70	70	=SUM(B5:D5)
6					

2 절대 참조

① [파일]-[불러오기](Ctrl+O)를 클릭한 후 [불러오기] 대화상자가 나오면 '유형03_절대참조.cell' 파일을 불러 옵니다.

② [E3] 셀에 함수식 '=SUM(B3:D3)+$B$7'을 입력한 후 Enter 키를 누릅니다.

③ 함수식 계산이 완료되면 [E3] 셀을 다시 클릭한 후 [E5] 셀까지 채우기 핸들(→)을 이용하여 자동 채우기를 실행한 다음 합계 결과를 확인합니다.

④ 합계 결과 확인이 끝나면 Ctrl+~ 키를 눌러 절대 참조로 지정된 셀 주소([$B$7])를 확인합니다.

※ 상대 참조와 절대 참조를 함께 사용하여 학생별 시험성적 합계(상대 참조)에 모두 똑같이 추가 점수 10점을 더한(절대 참조) 결과입니다.

TIP 계산식과 산술 연산자

- **계산식** : 함수를 사용하지 않고 셀 주소 값과 산술 연산자를 이용하여 연산을 수행하는 식으로 반드시 '='을 먼저 입력해야 하며, 일반적인 사칙연산 기호(+, -, ×, ÷)로 계산합니다.
  예 =A1+B1+C1

- **산술 연산자** : 더하기(+), 빼기(-), 곱하기(×), 나누기(÷) 등 가장 기본적인 연산을 하기 위해 필요한 연산자입니다.
  예 [A1] 셀에 입력된 값 : 50

연산자	기능	사용 예	결과	연산자	기능	사용 예	결과
+	더하기	=A1+10	60	^	거듭제곱(지수)	=A1^2	2500
-	빼기	=A1-10	40	%	백분율	=A1%	0.5
*	곱하기	=A1*10	500				
/	나누기	=A1/10	5				

03 함수 기본 다지기 - 시험에 자주 출제되는 함수 정리

1 시험에 자주 출제되는 함수

출제된 함수를 분석한 결과 아래 함수들이 자주 출제된 것으로 확인되었습니다. 특히 'RANK'와 'IF' 함수는 문제 1번과 2번에 거의 고정적으로 출제되기 때문에 반드시 학습이 필요한 함수입니다. 최근 2년 동안에는 출제되지 않은 'COUNTIF'와 'SUMIF' 함수도 출제될 가능성이 있기 때문에 학습이 필요합니다. 함수 부분은 전체적인 모든 함수를 학습하기 보다는 시험에 자주 출제되는 함수들 위주로 한 후 나머지 함수들을 확인하는 것이 좋습니다.

★ 최근 2년간 출제된 함수 목록 ★

구 분	함 수
통계 함수	MAX, MIN, RANK.EQ(RANK), LARGE, SMALL
데이터베이스 함수	DSUM, DAVERAGE
논리 함수	IF

※ 이전에 자주 출제된 함수 : COUNTIF, SUMIF

2 ★★ 시험에 자주 출제되는 함수 익히기! ★★

※ '유형03_함수.cell' 파일을 불러와 직접 함수식을 입력하여 풀어보세요.

RANK.EQ / RANK

- 기능 : 수의 목록에 있는 지정한 수의 순위를 구하는 함수
- 형식 : =RANK.EQ(순위를 구하려는 수, 데이터 범위, 순위를 결정할 방법)
  - 순위를 결정할 방법 : 0 또는 생략 시 내림차순, 0이 아닌 숫자를 입력 할 경우 오름차순으로 순위를 지정
- 사용 예 : 평균을 기준으로 순위(내림차순) 표시
▶ 함수식 : =RANK.EQ(E2,$E$2:$E$4) 또는 =RANK(E2,$E$2:$E$4)

※ RANK.EQ와 RANK 함수는 사용 방법 및 결과 값이 동일합니다.

	A	B	C	D	E	F	G	H
1	시험 성적							
2	이름	국어	영어	수학	평균	순위		함수식
3	최자두	85	75	80	80	2	◀	=RANK.EQ(E3,$E$3:$E$5)
4	노진구	70	60	60	63	3	◀	=RANK.EQ(E4,$E$3:$E$5)
5	홍길동	80	90	100	90	1	◀	=RANK.EQ(E5,$E$3:$E$5)

IF

- 기능 : 특정 조건을 지정하여 해당 조건에 만족하면 '참(TRUE)'에 해당하는 값을, 그렇지 않으면 '거짓(FALSE)'에 해당하는 값을 표시하는 함수
- 형식 : =IF(조건, 참일 때 수행할 내용, 거짓일 때 수행할 내용)
- 사용 예 : 평균이 80 이상이면 '합격' 그렇지 않으면 '불합격'을 표시
▶ 함수식 : =IF(E2>=80,"합격","불합격")

	A	B	C	D	E	F	G	H
1	시험 성적							
2	이름	국어	영어	수학	평균	결과		함수식
3	최자두	85	75	80	80	합격	◀	=IF(G2>=80,"합격","불합격")
4	노진구	70	60	60	63	합격	◀	=IF(G3>=80,"합격","불합격")
5	홍길동	80	90	100	90	불합격	◀	=IF(G4>=80,"합격","불합격")

DSUM

- 기능 : 데이터베이스에서 지정한 조건에 맞는 필드(열) 값들의 합계를 구하는 함수
- 형식 : =DSUM(데이터베이스, 필드(열) 제목, 조건범위)
- 사용 예 : 학년이 '3학년'인 학생들의 '총점' 합계를 계산
- ▶ 함수식 : =DSUM(A2:F5,F2,A7:A8)

※ [F2] 셀 주소를 열 번호인 '6'을 입력해도 결과는 같습니다.
※ [A7:A8] 대신 [A2:A3]을 입력해도 결과는 같습니다.

	A	B	C	D	E	F
1			시험 성적			
2	학년	이름	국어	영어	수학	총점
3	3학년	최자두	85	75	80	240
4	4학년	노진구	70	60	60	190
5	3학년	홍길동	80	90	100	270
6						
7	학년				총점 합계	함수식
8	3학년				510	=DSUM(A2:F5,F2,A7:A8)

DAVERAGE

- 기능 : 데이터베이스에서 지정한 조건에 맞는 필드(열) 값들의 평균을 구하는 함수
- 형식 : =DAVERAGE(데이터베이스, 필드(열) 제목, 조건범위)
- 사용 예 : 학년이 '3학년'인 학생들의 '총점' 평균을 계산
- ▶ 함수식 : =DAVERAGE(A2:F5,F2,A7:A8)

※ [F2] 셀 주소를 열 번호인 '6'을 입력해도 결과는 같습니다.
※ [A7:A8] 대신 [A2:A3]을 입력해도 결과는 같습니다.

	A	B	C	D	E	F
1			시험 성적			
2	학년	이름	국어	영어	수학	총점
3	3학년	최자두	85	75	80	240
4	4학년	노진구	70	60	60	190
5	3학년	홍길동	80	90	100	270
6						
7	학년				총점 평균	함수식
8	3학년				255	=DAVERAGE(A2:F5,F2,A7:A8)

MAX

- 기능 : 최댓값을 구하는 함수
- 형식 : =MAX(셀 범위)
- 사용 예 : 학생들 중에서 가장 높은 총점을 표시
- ▶ 함수식 : =MAX(F3:F7)

	A	B	C	D	E	F	G	H
1			시험 성적					
2	학년	이름	국어	영어	수학	총점		가장 높은 총점
3	3학년	최자두	85	75	80	240		290
4	4학년	노진구	70	60	60	190		▲
5	3학년	홍길동	80	90	100	270		함수식
6	4학년	유재석	100	90	100	290		=MAX(F3:F7)
7	4학년	김중민	90	80	80	250		

MIN

- 기능 : 최솟값을 구하는 함수
- 형식 : =MIN(셀 범위)
- 사용 예 : 학생들 중에서 가장 낮은 총점을 표시
▶ 함수식 : =MIN(F3:F7)

학년	이름	국어	영어	수학	총점
3학년	최자두	85	75	80	240
4학년	노진구	70	60	60	190
3학년	홍길동	80	90	100	270
4학년	유재석	100	90	100	290
4학년	김종민	90	80	80	250

가장 낮은 총점 : 190
함수식 : =MIN(F3:F7)

LARGE

- 기능 : 지정된 셀 범위에서 입력한 숫자 중 몇 번째로 큰 값을 구하는 함수
- 형식 : =LARGE(셀 범위, 숫자)
- 사용 예 : 학생들 중에서 3번째로 높은 총점을 표시
▶ 함수식 : =LARGE(F3:F7,3)

학년	이름	국어	영어	수학	총점
3학년	최자두	85	75	80	240
4학년	노진구	70	60	60	190
3학년	홍길동	80	90	100	270
4학년	유재석	100	90	100	290
4학년	김종민	90	80	80	250

3번째로 높은 총점 : 250
함수식 : =LARGE(F3:F7,3)

SMALL

- 기능 : 지정된 셀 범위에서 입력한 숫자 중 몇 번째로 작은 값을 구하는 함수
- 형식 : =SMALL(셀 범위, 숫자)
- 사용 예 : 학생들 중에서 2번째로 낮은 총점을 표시
▶ 함수식 : =SMALL(F3:F7,2)

학년	이름	국어	영어	수학	총점
3학년	최자두	85	75	80	240
4학년	노진구	70	60	60	190
3학년	홍길동	80	90	100	270
4학년	유재석	100	90	100	290
4학년	김종민	90	80	80	250

2번째로 낮은 총점 : 240
함수식 : =SMALL(F3:F7,2)

SUMIF

- 기능 : 주어진 조건에 만족하는 데이터들의 합계를 구하는 함수
- 형식 : =SUMIF(조건이 들어 있는 범위, 조건, 합계를 구할 범위)
- 사용 예 : 학년이 '4학년' 학생들의 '총점' 합계를 표시
▶ 함수식 : =SUMIF(A3:A7,"4학년",F3:F7)

	A	B	C	D	E	F	G
1			시험 성적				
2	학년	이름	국어	영어	수학	총점	
3	3학년	최자두	85	75	80	240	
4	4학년	노진구	70	60	60	190	
5	3학년	홍길동	80	90	100	270	
6	4학년	유재석	100	90	100	290	
7	4학년	김종민	90	80	80	250	
8	4학년 학생의 총점 합계					730	
9						▲	
10					함수식		
11					=SUMIF(A3:A7,"4학년",F3:F7)		
12							

COUNTIF

- 기능 : 특정 조건을 만족하는 셀의 개수를 구하는 함수
- 형식 : =COUNTIF(셀 범위, 조건)
- 사용 예 : 국어, 영어, 수학 점수 중에서 '90' 이상인 셀의 개수를 표시
▶ 함수식 : =COUNTIF(C3:E7,">=90")

	A	B	C	D	E	F	G
1			시험 성적				
2	학년	이름	국어	영어	수학	총점	
3	3학년	최자두	85	75	80	240	
4	4학년	노진구	70	60	60	190	
5	3학년	홍길동	80	90	100	270	
6	4학년	유재석	100	90	100	290	
7	4학년	김종민	90	80	80	250	
8	90점 이상인 셀의 개수					6	
9						▲	
10					함수식		
11					=COUNTIF(C3:E7,">=90")		
12							

04 평균을 기준으로 큰 순으로 순위[G3:G13] 구하기

① 순위[G3:G13] : '총판매금액'을 기준으로 큰 순으로 '판매순위'를 구하시오. (RANK.EQ 함수)

■ RANK.EQ / RANK 함수

수의 목록에 있는 어떤 수의 순위를 구하는 함수

❶ [파일]-[불러오기](Ctrl+O)를 클릭한 후 [불러오기] 대화상자가 나오면 '유형03_문제.cell' 파일을 불러 "판매현황" 시트를 선택합니다.

❷ [G3] 셀을 클릭한 후 [수식] 탭에서 '함수($f_{(x)}$)'를 클릭합니다.

※ 수식 입력줄에서 '함수 마법사(f_x)'를 클릭해도 됩니다.

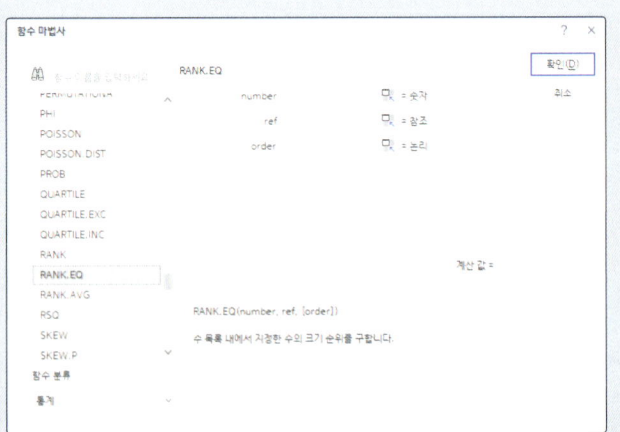

> **TIP** DIAT 한셀 시험에서 함수 문제를 해결하기 위해서는 [수식] 탭에서 '함수($f_{(x)}$)'를 이용하거나 '셀에 직접 함수식을 입력'하는 방법이 있습니다. 함수에 대해 어느 정도 사용 방법을 아는 수험생은 직접 셀에 함수식을 입력해도 되지만, 함수에 대해서 잘 모르거나 오류 없이 정확하게 함수 문제를 해결하고자 한다면 '함수($f_{(x)}$)'를 이용하는 것이 편리합니다. 그 이유는 사용하고자 하는 함수(예 : RANK.EQ 또는 RANK)에 대한 세부적인 설명과 함께 각각의 인수(number, ref, order)들에 대한 설명이 자세히 나오기 때문입니다.

❶ number : 순위를 구하려는 수
❷ ref : 순위를 구하려는 목록의 배열(셀 범위) 또는 셀 주소
❸ order : 오름차순(0이 아닌 다른 값) 또는 내림차순(0또는 생략)을 지정

※ 오름차순 정렬 순서(내림차순은 반대) : 숫자(1,2,3, … 순) → 특수문자 → 영문(A → Z순) → 한글(ㄱ → ㅎ순) → 논리값 → 오류값 → 공백 셀(빈 셀)

❸ [함수 마법사] 대화상자가 나오면 [함수 분류]-'통계'를 선택한 후 [함수 이름]-'RANK.EQ'를 클릭합니다.

※ RANK.EQ와 RANK 함수는 사용 방법 및 결과 값이 동일합니다.

❹ RANK.EQ 함수의 [함수 인수]가 나오면 아래와 같이 각각의 인수 값을 입력한 후 〈확인〉 단추를 클릭합니다.

- 'number' 입력 칸을 클릭한 후 순위를 구할 기준 값인 [F3] 셀을 클릭합니다.
- 'ref' 입력 칸을 클릭한 후 순위를 구할 셀 범위([F3:F13])의 영역을 드래그하고, F4 키를 눌러 절대 참조 ($F$3:$F$13)로 지정합니다.

  ※ 채우기 핸들을 이용하여 정해진 범위(평균) 안에서 순위를 구할때에는 셀 범위가 고정되어 있어야 하기 때문에 '절대 참조($F$3:$F$13)'로 입력해야 합니다.

- 'order' 입력 칸을 클릭한 후 내림차순으로 지정하기 위해 '0'을 입력합니다.

  ※ 큰 순으로 순위를 구할 때는 내림차순, 작은 순으로 순위를 구할 때는 오름차순입니다.

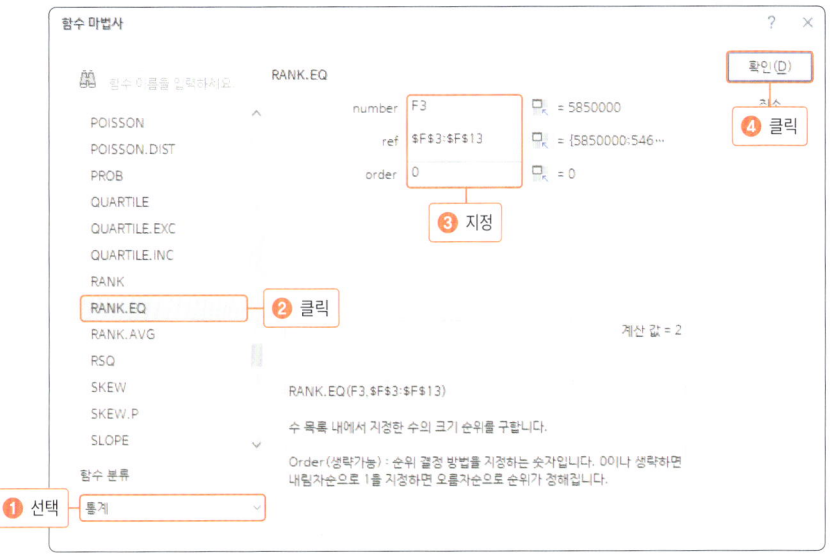

❺ 함수가 계산되면 결과 값을 확인합니다. [G3] 셀이 선택된 상태에서 채우기 핸들( )을 이용하여 [G13] 셀까지 드래그합니다.

※ 함수의 결과 및 [셀 서식] 대화상자의 [표시 형식] 탭-[구분]-[사용자 정의]에서 지정한 '#"위"'자가 표시되는지 확인합니다.

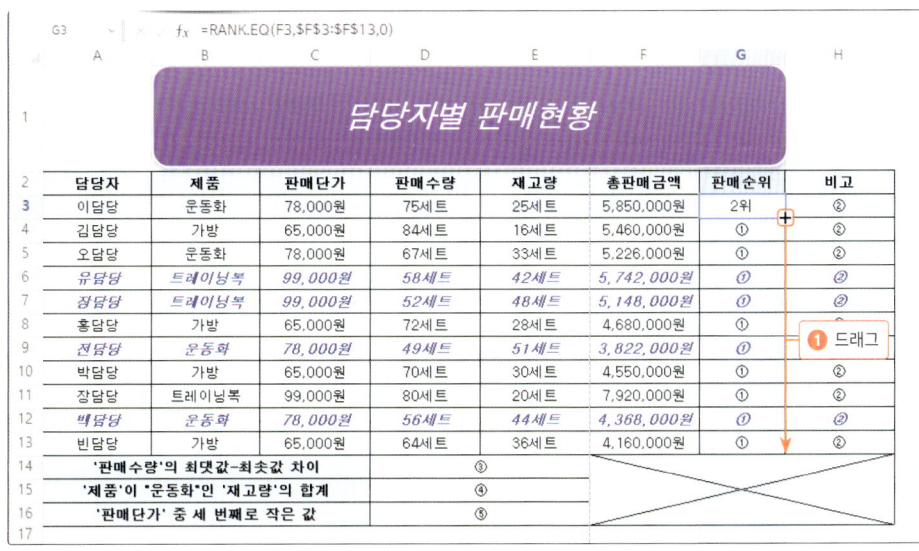

재고량이 20 이하이면 "판매우수", 그렇지 않으면 공백으로 비고([H3:H13]) 구하기

② 비고[H3:H13] : '재고량'이 20 이하이면 "판매우수" 그렇지 않으면 공백으로 구하시오. (IF 함수)

■ **IF 함수**

특정 조건을 지정하여 해당 조건에 만족하면 '참(TRUE)'에 해당하는 값을, 그렇지 않으면 '거짓(FALSE)'에 해당하는 값을 표시하는 함수

① [H3] 셀을 클릭한 후 [수식] 탭에서 '함수($f_{(x)}$)'를 클릭합니다.

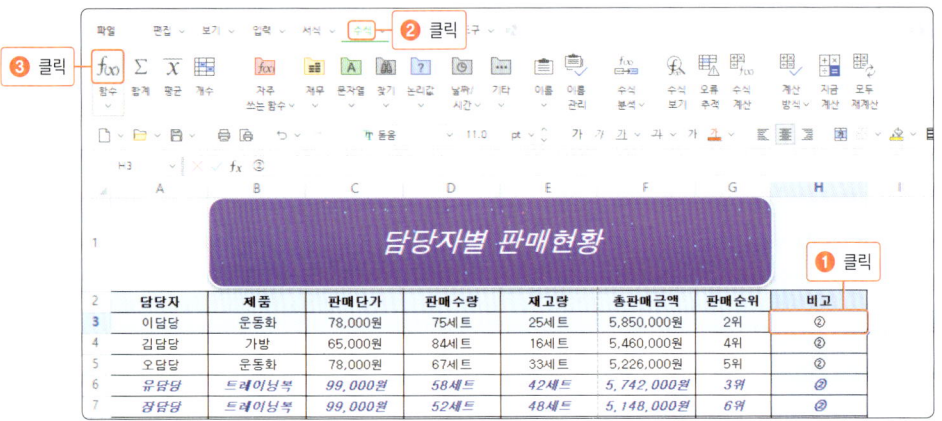

② [함수 마법사] 대화상자가 나오면 [함수 분류]-'논리값'을 선택한 후 [함수 이름]-'IF'를 클릭합니다.

③ IF 함수의 [함수 인수]가 나오면 아래와 같이 각각의 인수 값을 입력한 후 〈확인〉 단추를 클릭합니다.
 - 'logical_test' 입력 칸을 클릭하여 [E3] 셀을 클릭한 후 '<=20'을 입력합니다.
   ※ logical_test 인수는 참 또는 거짓이 판정될 값이나 식을 입력합니다.
 - 'value_if_true' 입력 칸을 클릭하여 "판매우수"를 입력합니다.
   ※ value_if_true 인수는 참일 때 표시하는 값입니다.
 - 'value_if_false' 입력 칸을 클릭하여 ""을 입력합니다.
   ※ value_if_false 인수는 거짓일 때 표시하는 값입니다. 함수식에서 공백을 구하기 위해서는 ""를 입력합니다.

④ 함수가 계산되면 결과 값을 확인합니다. [H3] 셀이 선택된 상태에서 채우기 핸들(+)을 이용하여 [H13] 셀까지 드래그합니다.

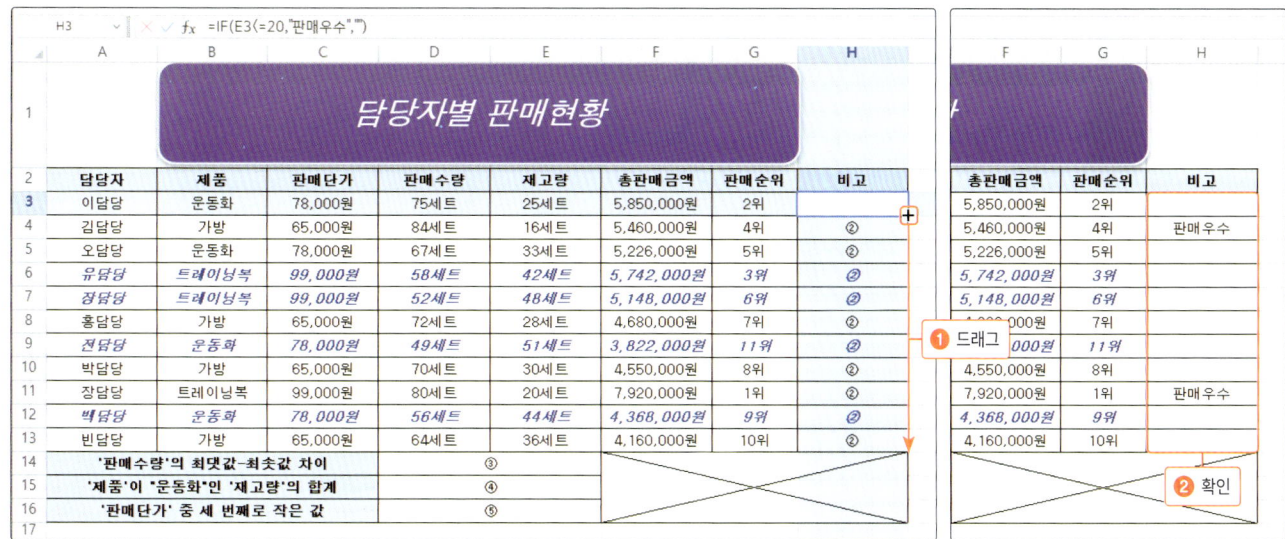

06 '판매수량'의 최댓값과 최솟값([D14:E14])의 차이 구하기

③ 최댓값-최솟값[D14:E14] : '판매수량'의 최댓값과 최솟값의 차이를 구하시오. (MAX, MIN 함수)

■ MAX 함수

최댓값을 구하는 함수

■ MIN 함수

최솟값을 구하는 함수

① [D14] 셀을 클릭한 후 [수식] 탭에서 '함수(f_∞)'를 클릭합니다.

② [함수 마법사] 대화상자기 니오면 [함수 분류]-'동계'를 선택한 후 [함수 이름]-'MAX'를 클릭합니다.

③ MAX 함수의 [함수 인수]가 나오면 'number1' 입력 칸을 클릭한 후 최댓값을 구할 **셀 범위** ([D3:D13])의 영역을 드래그한 다음 〈확인〉 단추 를 클릭합니다.

※ number1 인수는 최댓값을 구할 숫자, 수식 또는 셀 범위를 포함합니다.

출제유형 03 **61** 함수식 작성하기

④ 수식 입력줄에서 '=MAX(D3:D13)' 뒤에 "-"를 입력한 후 [수식] 탭에서 '함수(fx)'를 클릭합니다.

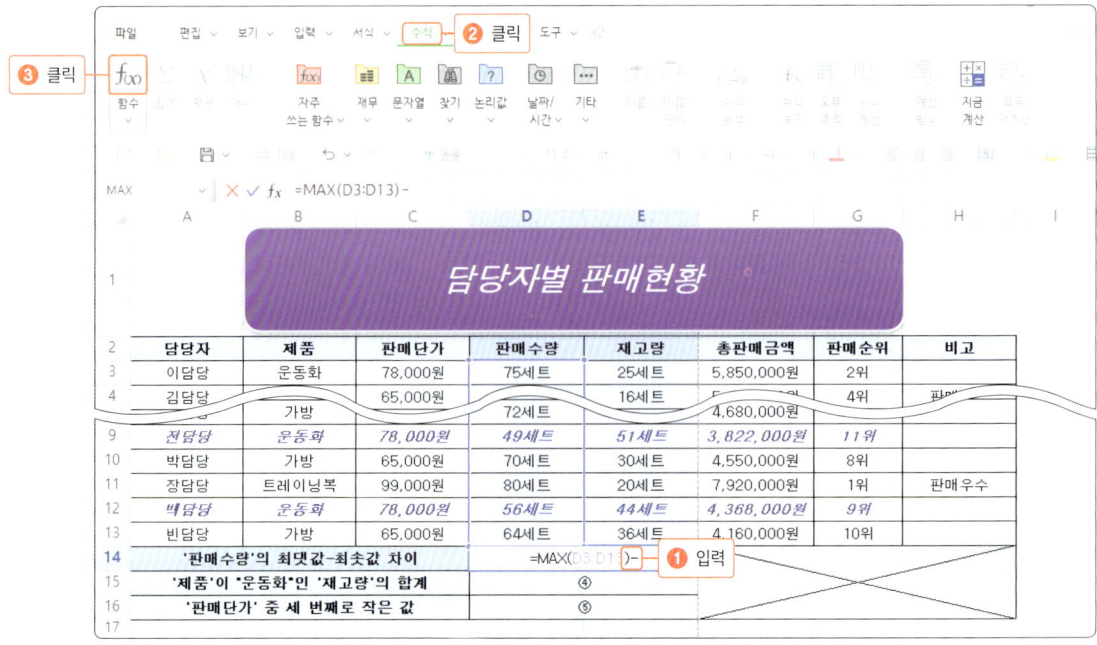

⑤ [함수 마법사] 대화상자가 나오면 [함수 분류]-'통계'를 선택한 후 [함수 이름]-'MIN'을 클릭합니다.

⑥ MIN 함수의 [함수 인수]가 나오면 'number1' 입력 칸을 클릭한 후 최솟값을 구할 **셀 범위([D3:D13])의 영역**을 드래그한 다음 〈확인〉 단추를 클릭합니다.

※ number1 인수는 최솟값을 구할 숫자, 수식 또는 셀 범위를 포함합니다.

⑦ 함수가 계산되면 결과 값을 확인합니다.

07 '제품'이 '운동화'인 '재고량'의 합계([D15:F15]) 구하기

④ 합계[D15:E15] : '제품'이 "운동화"인 '재고량'의 합계를 구하시오. (DSUM 함수)

■ DSUM 함수

데이터베이스에서 지정한 조건에 맞는 필드(열) 값들의 합계를 구하는 함수

❶ [D15] 셀을 클릭한 후 [수식] 탭에서 '함수(fx)'를 클릭합니다.

❷ [함수 마법사] 대화상자가 나오면 [함수 분류]-'데이터베이스'를 선택한 후 [함수 이름]-'DSUM'을 클릭합니다.

❸ DSUM 함수의 [함수 인수]가 나오면 아래와 같이 각각의 인수 값을 입력한 후 〈확인〉 단추를 클릭합니다.

– 'Database' 입력 칸을 클릭한 후 [A2:H13] 영역을 드래그합니다.

※ Database 인수는 데이터베이스나 목록으로 지정할 셀 범위를 지정합니다.

– 'Field' 입력 칸을 클릭한 후 [E2] 셀을 클릭합니다.

※ Field 인수는 목록(데이터베이스)에서 조건(Criteria 인수에서 지정)에 맞는 합계를 구할 열의 위치를 선택하거나 입력합니다.

– 'Criteria' 입력 칸을 클릭한 후 [B2:B3] 영역을 드래그합니다.

※ Criteria 인수는 찾을 조건이 있는 셀 범위로 열 레이블과 조건 레이블이 포함되어야 합니다.

❹ 함수가 계산되면 결과 값을 확인합니다.

	A	B	C	D	E	F	G	H	I
10	박담당	가방	65,000원	70세트	30세트	4,550,000원	8위		
11	장담당	트레이닝복	99,000원	80세트	20세트	7,920,000원	1위	판매 우수	
12	*백담당*	*운동화*	*78,000원*	*56세트*	*44세트*	*4,368,000원*	*9위*		
13	빈담당	가방	65,000원	64세트	36세트	4,160,000원	10위		
14	'판매수량'의 최댓값-최솟값 차이			35세트					
15	'제품'이 "운동화"인 '재고량'의 합계			153세트		확인			
16	'판매단가' 중 세 번째로 작은 값			⑤					
17									

'판매단가' 중 세 번째로 작은 값([D16:E16]) 구하기

⑤ 순위[D16:E16] : '판매단가' 중 세 번째로 작은 값을 구하시오. (SMALL 함수)

■ SMALL 함수

지정된 셀 범위에서 입력한 숫자 중 몇 번째로 작은 값을 구하는 함수

❶ [D16] 셀을 클릭한 후 [수식] 탭에서 '함수(fx)'를 클릭합니다.

❷ [함수 마법사] 대화상자가 나오면 [함수 분류]-'통계'를 선택한 후 [함수 이름]-'SMALL'을 클릭합니다.

❸ SMALL 함수의 [함수 인수] 대화상자가 나오면 아래와 같이 각각의 인수 값을 입력한 후 〈확인〉 단추를 클릭합니다.

- 'array' 입력 칸을 클릭한 후 작은 값을 구할 셀 범위([C3:C13])의 영역을 드래그합니다.

  ※ array 인수는 세 번째 작은 값을 구하기 위한 숫자 데이터 범위를 지정합니다.

- 'k' 입력 칸을 클릭한 후 세 번째로 작은 값을 구하기 위해 '3'을 입력합니다.

  ※ k 인수는 몇 번째로 작은 값을 구할 것인지를 입력합니다.

❹ 함수가 계산되면 결과 값을 확인합니다.

	A	B	C	D	E	F	G	H	I
10	박담당	가방	65,000원	70세트	30세트	4,550,000원	8위		
11	장담당	트레이닝복	99,000원	80세트	20세트	7,920,000원	1위	판매우수	
12	백담당	운동화	78,000원	56세트	44세트	4,368,000원	9위		
13	빈담당	가방	65,000원	64세트	36세트	4,160,000원	10위		
14	'판매수량'의 최댓값-최솟값 차이			35세트					
15	'제품'이 "운동화"인 '재고량'의 합계			153세트					
16	'판매단가' 중 세 번째로 작은 값			65,000원		확인			
17									

❺ 모든 작업이 끝나면 [파일]-[저장하기](Ctrl+S) 또는 [서식] 도구 상자에서 '저장하기(💾)'를 클릭합니다.

※ 실제 시험을 볼 때 작업 도중에 수시로(10분에 한 번 정도) 저장을 하는 것이 좋습니다.

함수식 작성하기

 01 "가입현황" 시트를 참조하여 다음 《처리조건》에 맞도록 작업하시오. (50점)

· 소스 파일 : [출제유형 03]-정복03_문제01.cell   · 정답 파일 : [출제유형 03]-정복03_정답01.cell

《출력형태》

	A	B	C	D	E	F	G	H
1			자동차보험 가입현황					
2	고객명	보험사	대물	대인	차량	합계	순위	비고
3	이고객	안전보험	236,000	175,000	195,000	606,000	7위	
4	김고객	행복보험	185,400	186,000	193,000	564,400	11위	
5	허고객	행복보험	265,000	192,000	182,000	639,000	4위	
6	진고객	가족보험	287,000	176,000	210,000	673,000	1위	고급차량
7	설고객	안전보험	285,000	181,000	205,000	671,000	2위	고급차량
8	박고객	가족보험	217,000	187,000	199,000	603,000	8위	
9	최고객	행복보험	243,000	179,000	215,000	637,000	5위	고급차량
10	장고객	안전보험	198,000	191,000	200,000	589,000	9위	고급차량
11	오고객	가족보험	205,000	170,000	197,000	572,000	10위	
12	변고객	안전보험	267,000	185,000	189,000	641,000	3위	
13	심고객	행복보험	243,000	180,000	185,000	608,000	6위	
14	'대물'의 최댓값-최솟값 차이			₩101,600				
15	'보험사'가 "안전보험"인 '합계'의 평균			₩626,750				
16	'차량' 중 두 번째로 큰 값			₩210,000				

《처리조건》

▶ ① 순위[G3:G13] : '합계'를 기준으로 큰 순으로 '순위'를 구하시오. (RANK.EQ 함수)

▶ ② 비고[H3:H13] : '차량'이 200000 이상이면 "고급차량" 그렇지 않으면 공백으로 구하시오. (IF 함수)

▶ ③ 최댓값-최솟값[D14:E14] : '대물'의 최댓값과 최솟값의 차이를 구하시오. (MAX, MIN 함수)

▶ ④ 평균[D15:E15] : '보험사'가 "안전보험"인 '합계'의 평균을 구하시오. (DAVERAGE 함수)

▶ ⑤ 개수[D16:E16] : '차량' 중 두 번째로 큰 값을 구하시오. (LARGE 함수)

02 "지급현황" 시트를 참조하여 다음 《처리조건》에 맞도록 작업하시오. (50점)

· 소스 파일 : [출제유형 03]-정복03_문제02.cell   · 정답 파일 : [출제유형 03]-정복03_정답02.cell

《출력형태》

	A	B	C	D	E	F	G	H
1				연말 상여금 지급 현황				
2	부서명	직원명	직급	급여	연말상여금	상여금지급율	순위	비고
3	영업부	임과장	과장	3,525,000	2,643,750	75%	2위	
4	자재부	김대리	대리	2,737,000	1,642,200	60%	6위	
5	총무부	오사원	사원	2,623,000	1,311,500	50%	8위	
6	총무부	정대리	대리	2,829,000	1,697,400	60%	5위	
7	자재부	박과장	과장	3,746,000	2,809,500	75%	1위	
8	경리부	이대리	대리	2,590,000	1,554,000	60%	7위	
9	경리부	정사원	사원	2,510,000	1,255,000	50%	9위	
10	영업부	염사원	사원	2,405,000	1,202,500	50%	11위	인상필요
11	총무부	변과장	과장	3,360,000	2,520,000	75%	3위	
12	자재부	윤사원	사원	2,424,000	1,212,000	50%	10위	인상필요
13	영업부	유대리	대리	2,855,000	1,713,000	60%	4위	
14	'급여'의 최댓값과 최솟값 차이				1,341,000			
15	'직급'이 "과장"인 '년말상여금' 평균				2,657,750			
16	'년말상여금' 중 세 번째로 작은 값				1,255,000			
17								

《처리조건》

▶ ① 순위[G3:G13] : '연말상여금'을 기준으로 큰 순으로 '순위'를 구하시오. (RANK 함수)

▶ ② 비고[H3:H13] : '급여'가 2500000 이하이면 "인상필요" 그렇지 않으면 공백으로 구하시오. (IF 함수)

▶ ③ 최댓값-최솟값[E14:F14] : '급여'의 최댓값과 최솟값의 차이를 구하시오. (MAX, MIN 함수)

▶ ④ 평균[E15:F15] : '직급'이 "과장"인 '연말상여금'의 평균을 구하시오. (DAVERAGE 함수)

▶ ⑤ 순위[E16:F16] : '연말상여금' 중 세 번째로 작은 값을 구하시오. (SMALL함수)

03 "성적 평가표" 시트를 참조하여 다음 《처리조건》에 맞도록 작업하시오. (50점)

• 소스 파일 : [출제유형 03]-정복03_문제03.cell　　• 정답 파일 : [출제유형 03]-정복03_정답03.cell

《출력형태》

	A	B	C	D	E	F	G	H
1				2학기 성적 평가표				
2	학번	학생	선택과목	국어	영어	수학	순위	비고
3	2019009	박학생(복학)	컴퓨터	85점	90점	88점	6위	
4	2019008	김학생(복학)	과학	96점	89점	90점	5위	
5	2019015	정학생(복학)	컴퓨터	88점	90점	75점	11위	
6	2019030	최학생(복학)	체육	75점	88점	77점	10위	
7	2019025	장학생(복학)	체육	94점	76점	91점	4위	재시험
8	2019001	온학생(복학)	컴퓨터	78점	84점	86점	8위	
9	2019005	전학생(복학)	과학	93점	91점	87점	7위	
10	2019016	조학생(복학)	과학	87점	77점	94점	2위	재시험
11	2019020	이학생(복학)	컴퓨터	76점	86점	96점	1위	
12	2019011	홍학생(복학)	체육	77점	85점	81점	9위	
13	2019005	선학생(복학)	과학	92점	87점	92점	3위	
14	'국어'의 최댓값-최솟값 차이			21점				
15	'선택과목'이 "컴퓨터"인 '영어'의 평균			88점				
16	'국어' 중 두 번째로 작은 값			76점				
17								

《처리조건》

▶ ① 순위[G3:G13] : '수학'을 기준으로 큰 순으로 '순위'를 구하시오. (RANK.EQ 함수)

▶ ② 비고[H3:H13] : '영어'가 80 미만이면 "재시험", 그렇지 않으면 공백으로 구하시오. (IF 함수)

▶ ③ 최댓값-최솟값[D14:E14] : '국어'의 최댓값과 최솟값의 차이를 구하시오. (MAX, MIN 함수)

▶ ④ 평균[D15:E15] : '선택과목'이 "컴퓨터"인 '영어'의 평균을 구하시오. (DAVERAGE 함수)

▶ ⑤ 순위[D16:E16] : '국어' 중 두 번째로 작은 값을 구하시오. (SMALL 함수)

04 "매출현황" 시트를 참조하여 다음 《처리조건》에 맞도록 작업하시오. (50점)

숏츠(Shorts)

• 소스 파일 : [출제유형 03]-정복03_문제04.cell • 정답 파일 : [출제유형 03]-정복03_정답04.cell

《출력형태》

	A	B	C	D	E	F	G	H
1				스포츠 매장 신발 매출 현황				
2	상품코드	분류	제조국	단가	판매량	매출액	순위	비고
3	RU-001	런닝화	한국	₩135,000	548켤레	₩73,980,000	5위	
4	HI-003	하이킹화	베트남	₩125,000	652켤레	₩81,500,000	2위	
5	TR-004	등산화	중국	₩136,000	475켤레	₩64,600,000	11위	
6	RU-004	런닝화	베트남	₩125,000	612켤레	₩76,500,000	3위	
7	HI-002	하이킹화	한국	₩142,000	516켤레	₩73,272,000	6위	고가상품
8	TR-001	등산화	한국	₩154,000	489켤레	₩75,306,000	4위	고가상품
9	TR-002	등산화	베트남	₩131,000	513켤레	₩67,203,000	10위	
10	HI-001	하이킹화	중국	₩124,000	575켤레	₩71,300,000	8위	
11	RU-002	런닝화	중국	₩111,000	620켤레	₩68,820,000	9위	
12	RU-003	런닝화	베트남	₩120,000	597켤레	₩71,640,000	7위	
13	HI-004	하이킹화	한국	₩147,000	555켤레	₩81,585,000	1위	고가상품
14	'매출액'의 최댓값-최솟값 차이			₩16,985,000				
15	'제조국'이 "한국"인 '매출액'의 평균			₩76,035,750				
16	'판매량' 중 두 번째로 큰 값			620켤레				

《처리조건》

▶ ① 순위[G3:G13] : '매출액'을 기준으로 큰 순으로 '순위'를 구하시오. (RANK 함수)

▶ ② 비고[H3:H13] : '단가'가 140000 이상이면 "고가상품" 그렇지 않으면 공백으로 구하시오. (IF 함수)

▶ ③ 최댓값-최솟값[D14:E14] : '매출액'의 최댓값과 최솟값의 차이를 구하시오. (MAX, MIN 함수)

▶ ④ 평균[D15:E15] : '제조국'이 "한국"인 '매출액'의 평균을 구하시오. (DAVERAGE 함수)

▶ ⑤ 순위[D16:E16] : '판매량' 중 두 번째로 큰 값을 구하시오. (LARGE 함수)

05 "판매현황" 시트를 참조하여 다음 《처리조건》에 맞도록 작업하시오. (50점)

- 소스 파일 : [출제유형 03]-정복03_문제05.cell
- 정답 파일 : [출제유형 03]-정복03_정답05.cell

《출력형태》

	A	B	C	D	E	F	G	H
1			아이스크림 판매현황					
2	제품명	가맹점지점	구분	제품단가	판매수량	총판매금액	순위	비고
3	우리끼리	강남구	아이스크림	4,000원	5,450개	21,800,000원	10위	
4	오레오쉐이크	강북구	음료	4,500원	6,780개	30,510,000원	4위	
5	허니치즈트랩	강동구	아이스크림	4,300원	7,650개	32,895,000원	2위	인기제품
6	낄버블모찌	강서구	디저트	3,500원	4,650개	16,275,000원	11위	
7	밀크쉐이크	강서구	음료	4,300원	7,200개	30,960,000원	3위	인기제품
8	슈퍼버스데이	강북구	아이스크림	3,200원	6,980개	22,336,000원	9위	
9	요커트쉐이크	강남구	음료	4,600원	5,670개	26,082,000원	8위	
10	아이스버블밤	강북구	디저트	4,100원	6,660개	27,306,000원	6위	
11	아이스크림롤	강동구	디저트	4,900원	7,890개	38,661,000원	1위	인기제품
12	쿠키앤크림	강동구	아이스크림	4,800원	5,950개	28,560,000원	5위	
13	허니레몬티	강남구	음료	4,300원	6,350개	27,305,000원	7위	
14	'판매수량'의 최댓값-최솟값 차이			3,240개				
15	'구분'이 "아이스크림"인 '총판매금액'의 평균			26,397,750원				
16	'제품단가' 중 세 번째로 작은 값			4,000원				

《처리조건》

▶ ① 순위[G3:G13] : '총판매금액'을 기준으로 큰 순으로 '순위'를 구하시오. (RANK.EQ 함수)

▶ ② 비고[H3:H13] : '판매수량'이 7000 이상이면 "인기제품" 그렇지 않으면 공백으로 구하시오. (IF 함수)

▶ ③ 최댓값-최솟값[D14:E14] : '판매수량'의 최댓값과 최솟값의 차이를 구하시오. (MAX, MIN 함수)

▶ ④ 평균[D15:E15] : '구분'이 "아이스크림"인 '총판매금액'의 평균을 구하시오. (DAVERAGE 함수)

▶ ⑤ 순위[D16:E16] : '제품단가' 중 세 번째로 작은 값을 구하시오. (SMALL 함수)

★ 함수 부록 정리 ★

1 날짜/시간 함수

* 소스 파일 : [출제유형 03]-함수부록_01.cell

DATE
- 기능 : 특정한 날짜를 표시하기 위한 함수
- 형식 : =DATE(년, 월, 일)

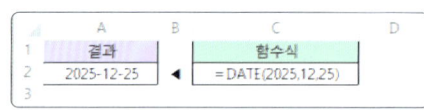

YEAR
- 기능 : 특정 날짜나 날짜 일련번호(숫자)에서 연도만 추출해내는 함수
- 형식 : =YEAR("날짜" or 셀 주소)

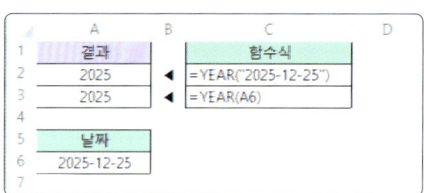

MONTH
- 기능 : 특정 날짜나 날짜 일련번호(숫자)에서 월만 추출해내는 함수
- 형식 : =MONTH("날짜" or 셀 주소)

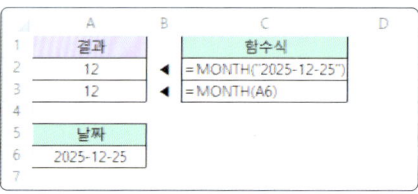

TODAY
- 기능 : 현재의 날짜를 표시하기 위한 함수
- 형식 : =TODAY( )

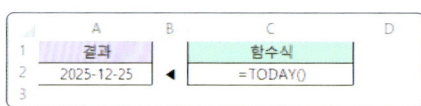

DAY
- 기능 : 특정 날짜나 날짜 일련번호(숫자)에서 일 단위(1~31)의 숫자만 추출하는 함수
- 형식 : =DAY("날짜" or 셀 주소)

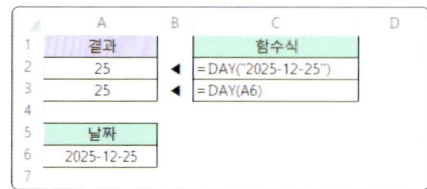

TIME
- 기능 : 특정한 시간을 표시하기 위한 함수
- 형식 : =TIME(시, 분, 초)

HOUR

- 기능 : '시간(시/분/초)'에서 '시'에 해당하는 값을 구하는 함수
- 형식 : =HOUR("시간" or 셀 주소)

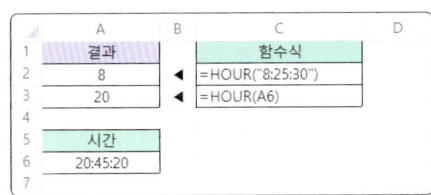

MINUTE

- 기능 : '시간(시/분/초)'에서 '분'에 해당하는 값을 구하는 함수
- 형식 : =MINUTE("시간" or 셀 주소)

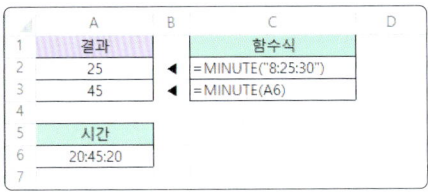

SECOND

- 기능 : '시간(시/분/초)'에서 '초'에 해당하는 값을 구하는 함수
- 형식 : =SECOND("시간" or 셀 주소)

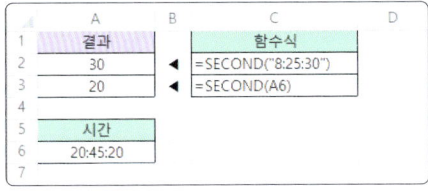

2 수학/삼각 함수

* 소스 파일 : [출제유형 03]-함수부록_02.cell

ROUND

- 기능 : 수를 지정한 자릿수로 반올림하는 함수
- 형식 : =ROUND(반올림할 수, 반올림할 자릿수)

반올림할 자릿수	의미	함수식
1	소수 둘째 자리에서 반올림하여 소수 첫째 자리를 구함	=ROUND(12345.123,1) = 12345.1
2	소수 셋째 자리에서 반올림하여 소수 둘째 자리를 구함	=ROUND(12345.123,2) = 12345.12
3	소수 넷째 자리에서 반올림하여 소수 셋째 자리를 구함	=ROUND(12345.1234,3) =12345.123
0	소수 첫째 자리에서 반올림하여 일의 자리를 구함	=ROUND(12345.123,0) = 12345
-1	정수 첫째 자리에서 반올림하여 십의 자리를 구함	=ROUND(12345,-1) = 12350
-2	정수 둘째 자리에서 반올림하여 백의 자리를 구함	=ROUND(12345,-2) = 12300
-3	정수 셋째 자리에서 반올림하여 천의 자리를 구함	=ROUND(12345,-3) = 12000

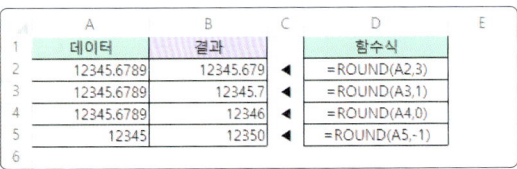

ROUNDUP

- 기능 : 숫자를 지정한 자릿수로 올림하는 함수
- 형식 : =ROUNDUP(올림할 수, 올림할 자릿수)

	A	B	C	D	E
1	데이터	결과		함수식	
2	12345.6789	12345.679	◀	=ROUNDUP(A2,3)	
3	12345.6789	12345.7	◀	=ROUNDUP(A3,1)	
4	12345.6789	12346	◀	=ROUNDUP(A4,0)	
5	12345	12350	◀	=ROUNDUP(A5,-1)	
6					

ROUNDDOWN

- 기능 : 숫자를 지정한 자릿수로 내림하는 함수
- 형식 : =ROUNDDOWN(내림할 수, 내림할 자릿수)

	A	B	C	D	E
1	데이터	결과		함수식	
2	12345.6789	12345.678	◀	=ROUNDDOWN(A2,3)	
3	12345.6789	12345.6	◀	=ROUNDDOWN(A3,1)	
4	12345.6789	12345	◀	=ROUNDDOWN(A4,0)	
5	12345	12340	◀	=ROUNDDOWN(A5,-1)	
6					

SUM

- 기능 : 특정 범위(인수)의 합계를 구하는 함수
- 형식 : =SUM(셀 범위)
- 사용 예 : 국어, 영어, 수학 점수의 합계를 표시

	A	B	C	D	E	F	G	H
1	이름	국어	영어	수학	합계		함수식	
2	최자두	85	75	80	240	◀	=SUM(B2:D2)	
3	노진구	70	75	60	205	◀	=SUM(B3:D3)	
4	홍길동	80	90	100	270	◀	=SUM(B4:D4)	
5								

ABS

- 기능 : 주어진 인수의 절대값을 구하는 함수
- 형식 : =ABS(인수)

※ 플러스(+)와 마이너스(-) 부호에 관계없이 그 수의 크기를 표시한 것으로 +10과 -10은 같은 절대값(10)을 갖습니다.

	A	B	C	D	E
1	데이터	결과		함수식	
2	-555	555	◀	=ABS(A3)	
3	-777	777	◀	=ABS(A4)	
4					

INT

- 기능 : 소수점 아래를 버리고 가장 가까운 정수로 내림하는 함수
- 형식 : =INT(수치)

	A	B	C	D	E
1	데이터	결과		함수식	
2	55.55	55	◀	=INT(A3)	
3	-55.55	-56	◀	=INT(A4)	
4					

3 통계 함수

*소스 파일 : [출제유형 03]-함수부록_03.cell

AVERAGE

- 기능 : 특정 범위(인수)의 평균을 구하는 함수
- 형식 : =AVERAGE(셀 범위)
- 사용 예 : 국어, 영어, 수학 점수의 평균을 표시

	A	B	C	D	E	F	G	H
1	이름	국어	영어	수학	평균		함수식	
2	최자두	85	75	80	80	◀	=AVERAGE(B2:D2)	
3	노진구	70	75	65	70	◀	=AVERAGE(B3:D3)	
4	홍길동	80	90	100	90	◀	=AVERAGE(B4:D4)	
5								

COUNT

- 기능 : 지정된 셀 범위에서 숫자(날짜 포함)가 입력된 셀의 개수를 구하는 함수
- 형식 : =COUNT(셀 범위)
- 사용 예 : [B2:E4] 영역에서 숫자가 입력된 셀의 개수를 표시

	A	B	C	D	E	F	G	H
1	이름	국어	영어	수학	과제제출			
2	최자두	85	75	80	제출			
3	노진구	70	75	65	미제출			
4	홍길동	80	90	100	제출		함수식	
5	숫자가 입력된 셀의 개수				9	◀	=COUNT(B2:E4)	
6								

COUNTA

- 기능 : 지정된 셀 범위에서 공백을 제외한 모든(문자, 숫자, 논리값 등) 셀의 개수를 구하는 함수
- 형식 : =COUNTA(셀 범위)
- 사용 예 : [B2:E4] 영역에서 공백을 제외한 모든 셀의 개수를 표시

	A	B	C	D	E	F	G	H
1	이름	국어	영어	수학	기타			
2	최자두	85	75	80				
3	노진구				결석			
4	홍길동	80	90	100			함수식	
5	공백을 제외한 셀의 개수				7	◀	=COUNTA(B2:E4)	
6								

MEDIAN

- 기능 : 지정된 셀 범위에서 숭간에 위치한 값을 구하는 함수
- 형식 : =MEDIAN(셀 범위)
- 사용 예 : 국어, 영어, 수학, 수행평가 점수의 중간값을 표시

	A	B	C	D	E	F	G	H
1	이름	국어	영어	수학	수행평가	중간값		함수식
2	최자두	85	75	80	80	80	◀	=MEDIAN(B2:E2)
3	노진구	70	75	65	80	72.5	◀	=MEDIAN(B3:E3)
4	홍길동	80	90	100	60	85	◀	=MEDIAN(B4:E4)
5								

MODE

- 기능 : 가장 많이 나오는(빈도수가 높은) 값을 구하는 함수
- 형식 : =MODE(셀 범위)
- 사용 예 : 국어, 영어, 수학, 수행평가 점수에서 가장 자주 발생하는 값(최빈값) 표시

	A	B	C	D	E	F	G	H	I
1	이름	국어	영어	수학	수행평가	최빈값		함수식	
2	최자두	85	75	80	80	80	◀	=MODE(B2:E2)	
3	노진구	70	75	75	80	75	◀	=MODE(B3:E3)	
4	홍길동	80	90	100	100	100	◀	=MODE(B4:E4)	
5									

4 찾기/참조 함수

* 소스 파일 : [출제유형 03]-함수부록_04.cell

INDEX

- 기능 : 셀 범위에서 행 번호와 열 번호가 교차하는 값을 구해주는 함수
- 형식 : =INDEX(셀 범위, 행 번호, 열 번호)
- 사용 예 : 학년과 봉사 횟수를 찾아서 해당하는 가산점을 표시

	A	B	C	D	E	F	G
1	이름	학년	봉사횟수	가산점		함수식	
2	최자두	1	2	2점	◀	=INDEX($B$10:$D$12,B2,C2)	
3	노진구	2	3	4점	◀	=INDEX($B$10:$D$12,B3,C3)	
4	홍길동	3	3	5점	◀	=INDEX($B$10:$D$12,B4,C4)	
5	유재석	2	2	3점	◀	=INDEX($B$10:$D$12,B5,C5)	
6	김종민	1	1	1점	◀	=INDEX($B$10:$D$12,B6,C6)	
7							
8			가산점				
9	구분	1회	2회	3회			
10	1학년	1점	2점	3점			
11	2학년	2점	3점	4점			
12	3학년	3점	4점	5점			
13							

MATCH

- 기능 : 배열에서 지정된 값과 일치하는 항목의 상대 위치를 표시하는 함수
- 형식 : =MATCH(찾을 값, 찾을 범위, 찾을 방법)
- 사용 예 : 점수를 기준으로 상대 위치를 표시

	A	B	C	D	E	F	G
1	이름	봉사횟수	점수	위치		함수식	
2	최자두	1	10점	3	◀	=MATCH(C2,$B$8:$B$10,0)	
3	노진구	2	20점	2	◀	=MATCH(C3,$B$8:$B$10,0)	
4	홍길동	3	30점	1	◀	=MATCH(C4,$B$8:$B$10,0)	
5							
6		가산점					
7	구분	점수					
8	3회	30점					
9	2회	20점					
10	1회	10점					
11							

5 데이터베이스 함수

*소스 파일 : [출제유형 03]-함수부록_05.cell

DCOUNT

- 기능 : 데이터베이스 필드(열)에서 조건에 만족하는 숫자가 들어있는 셀의 개수를 구하는 함수
- 형식 : =DCOUNT(데이터베이스, 필드(열) 제목, 조건범위)
- 사용 예 : 총점이 '250'점 이상인 학생의 인원을 계산

	A	B	C	D	E
1	이름	국어	영어	수학	총점
2	최자두	85	75	80	240
3	노진구	70	75	60	205
4	홍길동	80	90	100	270
5	유재석	90	90	80	260
6	김종민	75	65	65	205

총점	인원		함수식
>=250	2	◀	=DCOUNT(A1:E6,E1,D8:D9)

DCOUNTA

- 기능 : 데이터베이스 필드(열)에서 조건에 만족하는 셀 중 공백을 제외한 셀의 개수를 구하는 함수
- 형식 : =DCOUNTA(데이터베이스, 필드(열) 제목, 조건범위)
- 사용 예 : 평가가 '우수'인 학생의 인원수를 계산

	A	B	C	D	E	F
1	이름	국어	영어	수학	총점	평가
2	최자두	85	75	80	240	우수
3	노진구	70	75	60	205	보통
4	홍길동	80	90	100	270	우수
5	유재석	90	90	80	260	우수
6	김종민	75	65	65	205	보통

평가	인원		함수식
우수	3	◀	=DCOUNTA(A1:F6,E1,D8:D9)

DMAX

- 기능 : 데이터베이스 필드(열)에서 조건에 만족하는 값 중 최고값을 구하는 함수
- 형식 : =DMAX(데이터베이스, 필드(열) 제목, 조건범위)
- 사용 예 : 학년이 '4학년'인 학생 중 최고 총점을 표시

	A	B	C	D	E	F
1	학년	이름	국어	영어	수학	총점
2	3학년	최지두	85	75	80	240
3	4학년	노진구	70	75	60	205
4	3학년	홍길동	80	90	100	270
5	4학년	유재석	90	90	80	260
6	4학년	김종민	75	65	65	205

학년	최고 총점		함수식
4학년	260	◀	=DMAX(A1:F6,F1,E8:E9)

DMIN

- 기능 : 데이터베이스 필드(열)에서 조건에 만족하는 값 중 최저값을 구하는 함수
- 형식 : =DMIN(데이터베이스, 필드(열) 제목, 조건범위)
- 사용 예 : 학년이 '4학년'인 학생 중 최저 총점을 표시

6 문자열 함수

* 소스 파일 : [출제유형 03]-함수부록_06.cell

LEFT

- 기능 : 문자열의 왼쪽에서 원하는 수만큼의 문자를 표시해 주는 함수
- 형식 : =LEFT(문자열, 추출할 문자수)
- 사용 예 : 왼쪽부터 3개의 문자열을 추출하여 표시

	A	B	C	D	E
1	데이터	결과		함수식	
2	노진구&도라에몽	노진구	◀	=LEFT(A2,3)	
3					

RIGHT

- 기능 : 문자열의 오른쪽에서 원하는 수만큼의 문자를 표시해 주는 함수
- 형식 : =RIGHT(문자열, 추출할 문자수)
- 사용 예 : 오른쪽부터 4개의 문자열을 추출하여 표시

	A	B	C	D	E
1	데이터	결과		함수식	
2	노진구&도라에몽	도라에몽	◀	=RIGHT(A2,4)	
3					

MID

- 기능 : 문자열의 시작 위치와 추출할 문자의 수를 지정하여 문자를 표시해 주는 함수
- 형식 : =MID(문자열, 시작 위치, 추출할 문자의 수)
- 사용 예 : 왼쪽 5번째부터 2개의 문자를 추출하여 표시

	A	B	C	D	E
1	데이터	결과		함수식	
2	노진구&도라에몽	도라	◀	=MID(A2,5,2)	
3					

7 논리 함수

*소스 파일 : [출제유형 03]-함수부록_07.cell

중첩IF

- 기능 : IF 함수의 조건이 2개 이상일 때 2개 이상의 IF 함수를 사용하여 '참(TRUE)'과 '거짓(FALSE)'의 값을 표시하는 함수
- 형식 : =IF(조건, 참일 때, IF(조건, 참일 때, 거짓일 때) ⋯)
- 사용 예 : 평균이 90 이상이면 '최우수', 80 이상이면 '우수', 나머지는 '보통'으로 표시

	A	B	C	D	E	F	G	H
1	이름	국어	영어	수학	평균	결과		함수식
2	최자두	85	75	80	80	우수	◄	=IF(E2>=90,"최우수",IF(E2>=80,"우수","보통"))
3	노진구	70	75	60	68	보통	◄	=IF(E3>=90,"최우수",IF(E3>=80,"우수","보통"))
4	홍길동	80	90	100	90	최우수	◄	=IF(E4>=90,"최우수",IF(E4>=80,"우수","보통"))
5	유재석	90	90	80	87	우수	◄	=IF(E5>=90,"최우수",IF(E5>=80,"우수","보통"))
6	김종민	75	65	65	68	보통	◄	=IF(E6>=90,"최우수",IF(E6>=80,"우수","보통"))

AND

- 기능 : 모든 조건을 만족하면 '참'을 그렇지 않으면 '거짓'을 표시하는 함수
- 형식 : =AND(조건1, 조건2, ⋯ 조건30)
- 사용 예 : 국어, 영어, 수학 점수가 모두 80 이상일 경우 '우수', 그렇지 않을 경우 '보통'으로 표시

	A	B	C	D	E	F	G	H
1	이름	국어	영어	수학	평균	결과		함수식
2	최자두	85	75	80	80	보통	◄	=IF(AND(B2>=80,C2>=80,D2>=80),"우수","보통")
3	노진구	70	75	60	68	보통	◄	=IF(AND(B3>=80,C3>=80,D3>=80),"우수","보통")
4	홍길동	80	90	100	90	우수	◄	=IF(AND(B4>=80,C4>=80,D4>=80),"우수","보통")
5	유재석	90	90	80	87	우수	◄	=IF(AND(B5>=80,C5>=80,D5>=80),"우수","보통")
6	김종민	75	65	65	68	보통	◄	=IF(AND(B6>=80,C6>=80,D6>=80),"우수","보통")

OR

- 기능 : 한 개의 조건이라도 만족하면 '참'을 그렇지 않으면 '거짓'을 표시하는 함수
- 형식 : =OR(조건1, 조건2, ⋯ 조건30)
- 사용 예 : 국어, 영어, 수학 점수 중 하나라도 100 이상일 경우 '최우수', 그렇지 않을 경우 '빈칸'으로 표시

	A	B	C	D	E	F	G	H
1	이름	국어	영어	수학	평균	결과		함수식
2	최자두	85	75	80	80		◄	=IF(OR(B2>=100,C2>=100,D2>=100),"최우수","")
3	노진구	70	75	60	68		◄	=IF(OR(B3>=100,C3>=100,D3>=100),"최우수","")
4	홍길동	80	90	100	90	최우수	◄	=IF(OR(B4>=100,C4>=100,D4>=100),"최우수","")
5	유재석	90	90	80	87		◄	=IF(OR(B5>=100,C5>=100,D5>=100),"최우수","")
6	김종민	75	65	65	68		◄	=IF(OR(B6>=100,C6>=100,D6>=100),"최우수","")

NOT

- 기능 : 조건식의 결과 값을 반대로 표시하는 함수
- 형식 : =NOT(조건)
- 사용 예 : 평균이 80 이상이면 '합격' 그렇지 않으면 '불합격'을 표시

	A	B	C	D	E	F	G	H
1	이름	국어	영어	수학	평균	결과		함수식
2	최자두	85	75	80	80	합격	◄	=IF(NOT(E2>=80),"불합격","합격")
3	노진구	70	75	60	68	불합격	◄	=IF(NOT(E3>=80),"불합격","합격")
4	홍길동	80	90	100	90	합격	◄	=IF(NOT(E4>=80),"불합격","합격")
5	유재석	90	90	80	87	합격	◄	=IF(NOT(E5>=80),"불합격","합격")
6	김종민	75	65	65	68	불합격	◄	=IF(NOT(E6>=80),"불합격","합격")

출제유형 04 데이터 정렬과 부분합

PART 02 출제유형 완전정복

문제 풀이

- ☑ 데이터 정렬하기
- ☑ 부분합 및 그룹 설정하기

문제 미리보기

소스 파일 : [출제유형 04]-유형04_문제.cell   정답 파일 : [출제유형 04]-유형04_정답.cell

부분합 작성

【문제 2】 "부분합" 시트를 참조하여 다음 《처리조건》에 맞도록 작업하시오. (30점)

《출력형태》

	A	B	C	D	E	F
2	담당자	제품	판매단가	판매수량	재고량	총판매금액
3	김담당	가방	65,000원	84	16	5,460,000원
4	홍담당	가방	65,000원	72	28	4,680,000원
5	박담당	가방	65,000원	70	30	4,550,000원
6	빈담당	가방	65,000원	64	36	4,160,000원
7		가방 최댓값		84	36	
8		가방 합계		290	110	
9	이담당	운동화	78,000원	75	25	5,850,000원
10	오담당	운동화	78,000원	67	33	5,226,000원
11	전담당	운동화	78,000원	49	51	3,822,000원
12	백담당	운동화	78,000원	56	44	4,368,000원
13		운동화 최댓값		75	51	
14		운동화 합계		247	153	
15	유담당	트레이닝복	99,000원	58	42	5,742,000원
16	장담당	트레이닝복	99,000원	52	48	5,148,000원
17	장담당	트레이닝복	99,000원	80	20	7,920,000원
18		트레이닝복 최댓값		80	48	
19		트레이닝복 합계		190	110	
20		전체 최댓값		84	51	
21		총 합계		727	373	

《처리조건》

▶ 데이터를 '제품' 기준으로 오름차순 정렬하시오.

▶ 아래 조건에 맞는 부분합을 작성하시오.
  - '제품'으로 그룹화하여 '판매수량', '재고량'의 합계를 구하는 부분합을 만드시오.
  - '제품'으로 그룹화하여 '판매수량', '재고량'의 최댓값을 구하는 부분합을 만드시오.(새로운 값으로 대치하지 말 것)
  - [C3:C17], [F3:F17] 영역에 셀 서식의 표시형식-사용자 정의를 이용하여 #,##0"원"자를 추가하시오.

▶ [C2:F21] 영역에 '그룹 묶기'(대상 : 열)를 설정하시오.

▶ 합계와 최댓값의 부분합 순서는 《출력형태》와 다를 수 있음

▶ 지시사항이 없는 경우는 기본 값을 적용하시오.

데이터 정렬하기

▶ 데이터를 '제품' 기준으로 오름차순 정렬하시오.

① [파일]-[불러오기](Ctrl+O)를 클릭한 후 [불러오기] 대화상자가 나오면 '유형04_문제.cell' 파일을 불러와 "부분합" 시트를 클릭합니다.

② [B2] 셀을 클릭한 후 [데이터] 탭에서 '오름차순( )'을 클릭합니다.

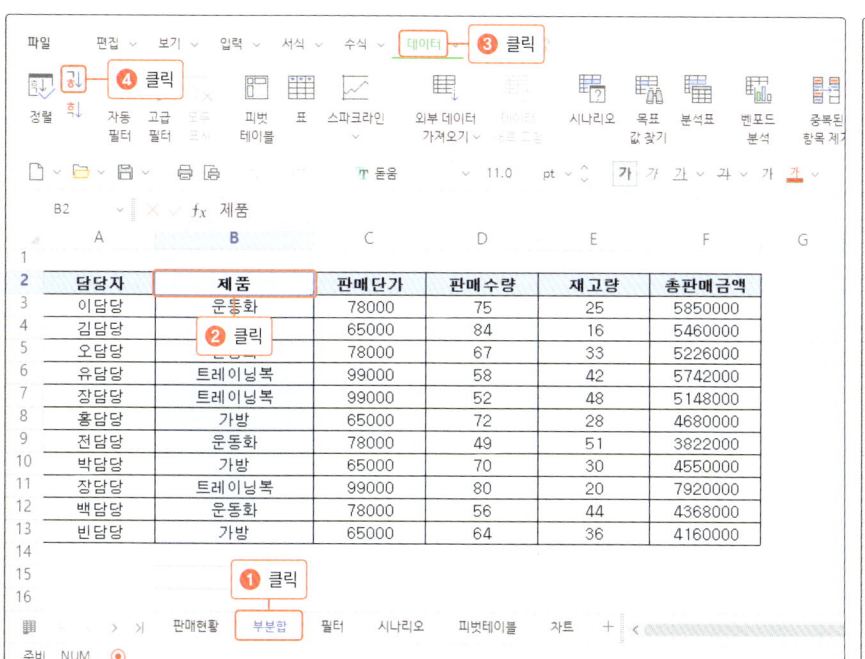
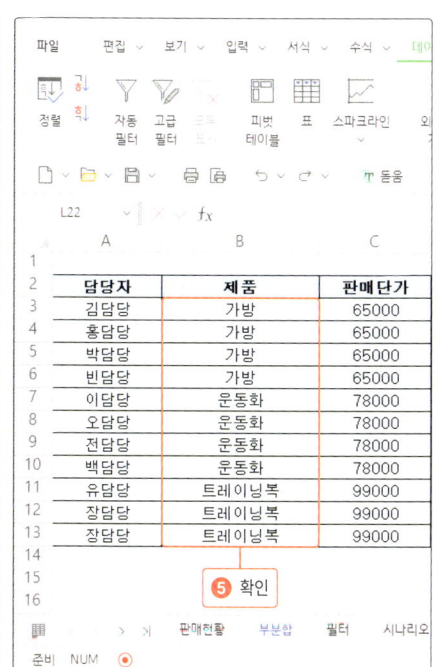

오름차순 정렬과 내림차순 정렬

오름차순 정렬 순서(내림차순은 반대)

숫자(1,2,3 … 순) → 특수문자 → 영문(A → Z 순) → 한글(ㄱ → ㅎ 순) → 논리값 → 오류값 → 공백 셀(빈 셀)

※ 공백 셀(빈 셀)은 오름/내림차순에 상관없이 항상 마지막에 정렬

정렬 기준이 하나인 경우

정렬 기준이 하나인 경우 셀 포인터를 정렬하고자 하는 셀에 위치시키고 [데이터] 탭에서 '오름차순( )' 또는 '내림차순( )'을 이용합니다.

정렬 기준이 하나 이상인 경우

정렬 기준이 하나 이상인 경우 [데이터] 탭에서 '정렬( )'을 이용합니다.

부분합 만들기

▶ 아래 조건에 맞는 부분합을 작성하시오.
- '제품'으로 그룹화하여 '판매수량', '재고량'의 합계를 구하는 부분합을 만드시오.
- '제품'으로 그룹화하여 '판매수량', '재고량'의 최댓값을 구하는 부분합을 만드시오.(새로운 값으로 대치하지 말 것)
- [C3:C17], [F3:F17] 영역에 셀 서식의 표시형식-사용자 정의를 이용하여 #,##0"원"자를 추가하시오.

❶ [B2] 셀이 선택된 상태에서 [데이터] 탭에서 '부분합( )'을 클릭합니다.

※ 부분합 작성시 데이터 범위([A2:F13])를 드래그하거나, [A2:F13] 영역 안에 한 개의 셀만 선택한 후 작업해야 합니다.

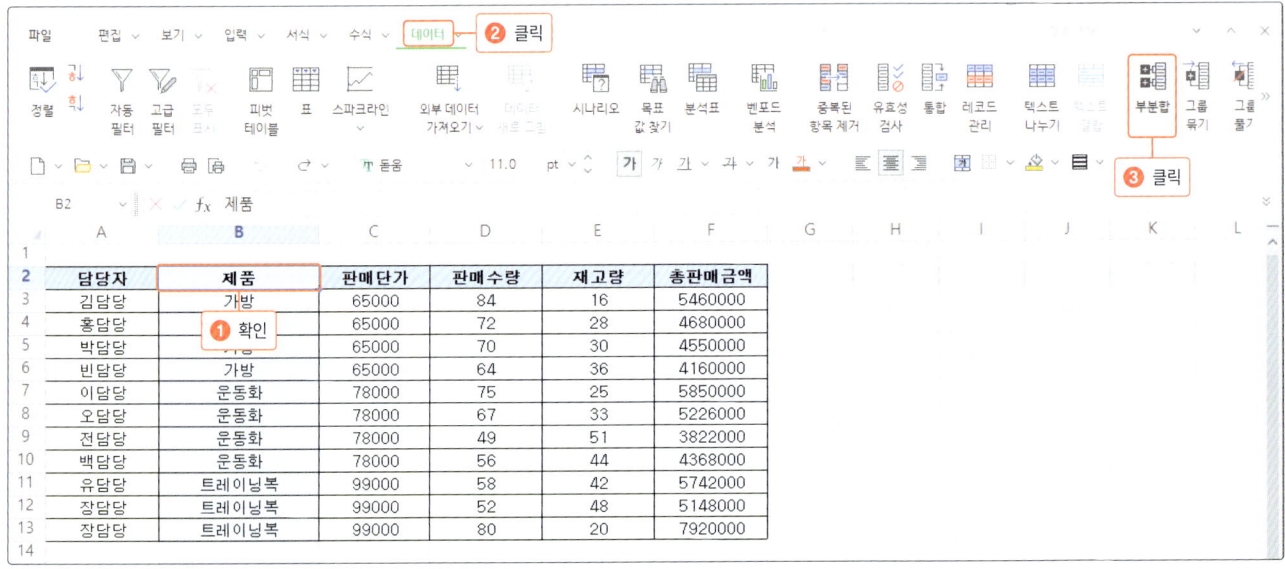

❷ [부분합] 대화상자가 나오면 《처리조건》과 《출력형태》를 참고하여 [그룹화할 항목]-'제품', [사용할 함수]-'합계', [부분합 계산 항목]-'판매수량, 재고량'을 선택한 후 〈실행〉 단추를 클릭합니다.

※ 만약, '부분합 계산 항목'에 이미 선택된 계산 항목(예: 합계)이 있을 경우 《처리조건》에 상관없이 불필요하다면 반드시 클릭하여 선택을 해제합니다.

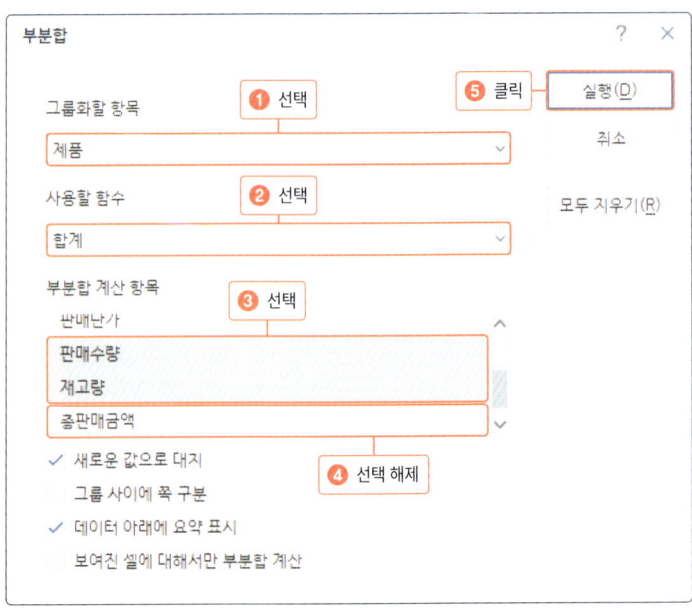

③ 이어서, 2차 부분합을 생성하기 위해 [데이터] 탭에서 '부분합(　)'을 클릭합니다.

④ [부분합] 대화상자가 나오면 [그룹화할 항목]–'제품', [사용할 함수]–'최댓값', [부분합 계산 항목]–'판매수량, 재고량'을 선택합니다. 이어서, '새로운 값으로 대치' 항목을 클릭하여 체크 표시를 반드시 해제하고 〈실행〉 단추를 클릭합니다.

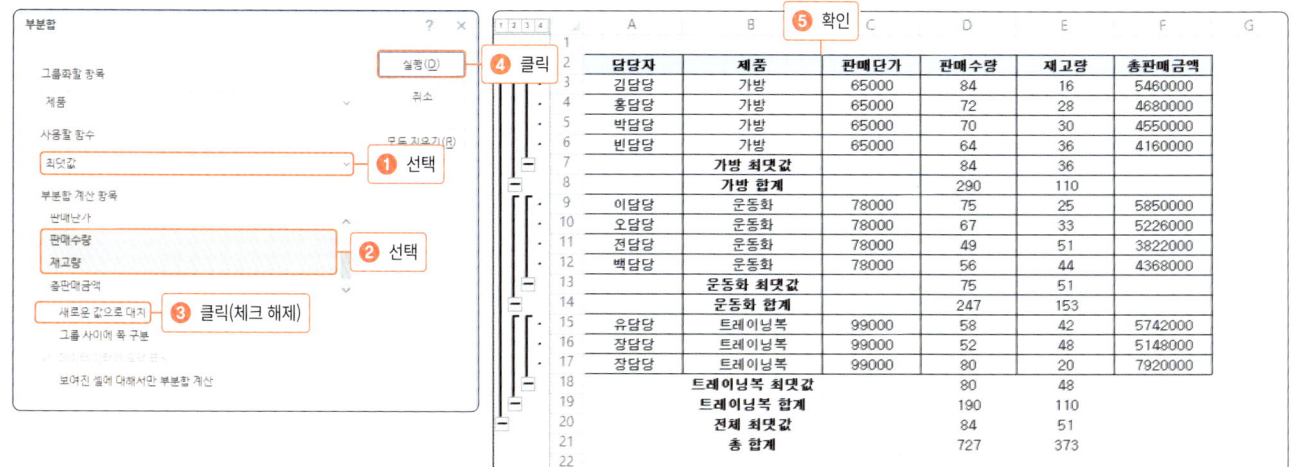

⑤ [C3:C17] 영역을 드래그한 후 Ctrl 키를 누른 상태에서 [F3:F17] 영역을 드래그하여 셀 범위를 지정한 다음 [서식] 탭에서 '셀 서식'을 클릭합니다.(셀 서식 바로 가기 키 : Ctrl + 1)

※ 부분합의 순서(합계 – 최댓값 / 최댓값 – 합계)는 《출력형태》와 다를 수 있습니다.

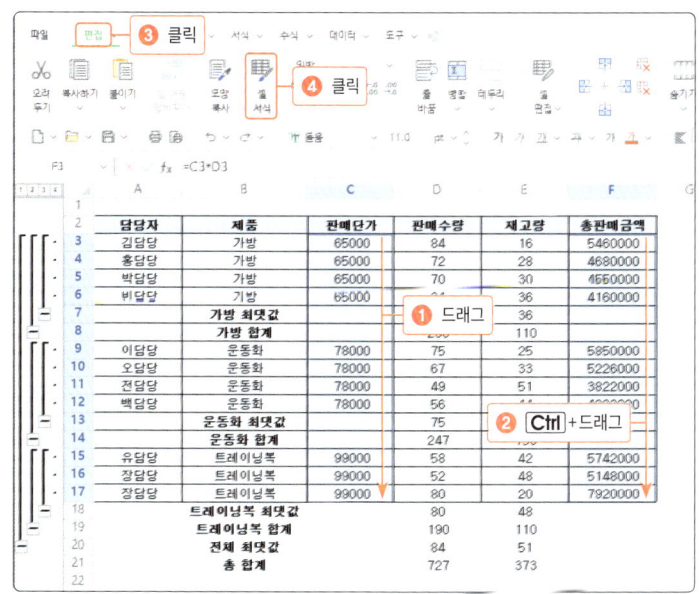

⑥ [셀 서식] 대화 상자가 나오면 [표시 형식] 탭의 [구분]–'사용자 정의'를 선택한 후 [유형]–'#,##0"원"'을 입력한 다음 〈설정〉 단추를 클릭합니다.

03 그룹 설정하기

① 《처리조건》을 참고하여 [C2:F21] 영역을 드래그하여 범위를 지정한 후 [데이터] 탭에서 '그룹 묶기( )'를 클릭합니다.

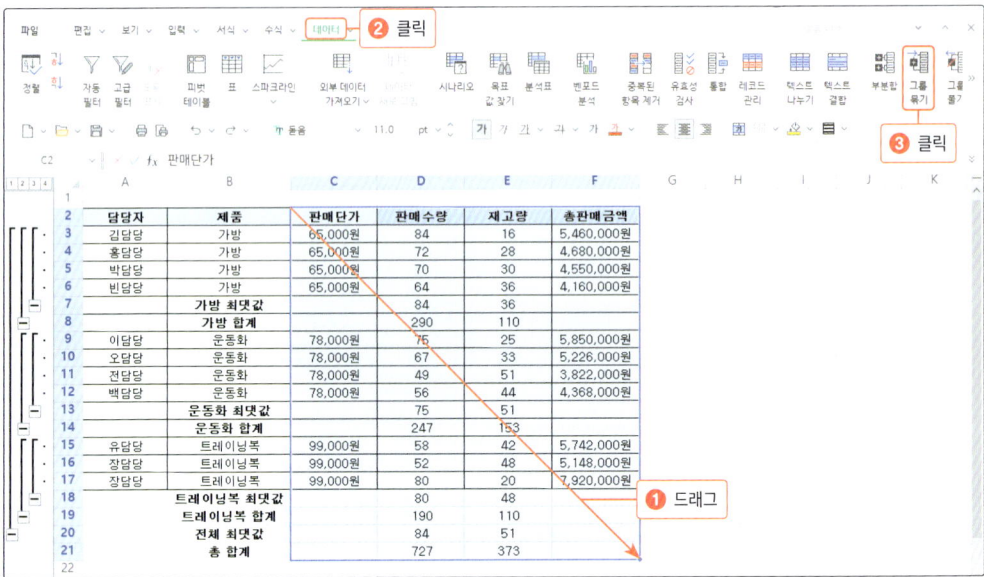

② [그룹] 대화 상자가 나오면 '열'을 클릭한 후 〈설정〉 단추를 클릭합니다.

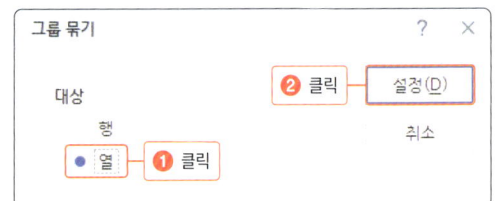

③ 임의의 셀을 클릭하여 그룹이 설정된 것을 확인합니다. 부분합이 완성되면 《출력형태》와 동일한지 확인합니다.

  ※ 합계와 최댓값의 부분합 순서는 《출력형태》와 다를 수 있습니다.

④ 모든 작업이 끝나면 [파일]-[저장하기](Ctrl+S) 또는 [서식] 도구 상자에서 '저장하기( )'를 클릭합니다.

  ※ 실제 시험을 볼 때 작업 도중에 수시로(10분에 한 번 정도) 저장을 하는 것이 좋습니다.

데이터 정렬과 부분합

01 "부분합" 시트를 참조하여 다음 《처리조건》에 맞도록 작업하시오. (30점)

- 소스 파일 : [출제유형 04]-정복04_문제01.cell
- 정답 파일 : [출제유형 04]-정복04_정답01.cell

《출력형태》

고객명	보험사	대물	대인	차량	합계
진고객	가족보험	₩287,000	₩176,000	₩210,000	₩673,000
박고객	가족보험	₩217,000	₩187,000	₩199,000	₩603,000
오고객	가족보험	₩205,000	₩170,000	₩197,000	₩572,000
3	가족보험 개수				
	가족보험 평균	₩236,333	₩177,667	₩202,000	
이고객	안전보험	₩236,000	₩175,000	₩195,000	₩606,000
설고객	안전보험	₩285,000	₩181,000	₩205,000	₩671,000
장고객	안전보험	₩198,000	₩191,000	₩200,000	₩589,000
변고객	안전보험	₩267,000	₩185,000	₩189,000	₩641,000
4	안전보험 개수				
	안전보험 평균	₩246,500	₩183,000	₩197,250	
김고객	행복보험	₩185,400	₩186,000	₩193,000	₩564,400
허고객	행복보험	₩265,000	₩192,000	₩182,000	₩639,000
최고객	행복보험	₩243,000	₩179,000	₩215,000	₩637,000
심고객	행복보험	₩243,000	₩180,000	₩185,000	₩608,000
4	행복보험 개수				
	행복보험 평균	₩234,100	₩184,250	₩193,750	
11	전체 개수				
	전체 평균	₩239,218	₩182,000	₩197,273	

《처리조건》

▶ 데이터를 '보험사' 기준으로 오름차순 정렬하시오.

▶ 아래 조건에 맞는 부분합을 작성하시오.
  - '보험사'로 그룹화하여 '대물', '대인', '차량'의 평균을 구하는 부분합을 만드시오.
  - '보험사'로 그룹화하여 '고객명'의 개수를 구하는 부분합을 만드시오.
    (새로운 값으로 대치하지 말 것)
  - [C3:F21] 영역에 셀 서식의 표시형식-통화를 이용하여 기호(₩)를 표시하시오.

▶ [C2:E21] 영역에 '그룹 묶기'(대상 : 열)를 설정하시오.

▶ 평균과 개수의 부분합 순서는 《출력형태》와 다를 수 있음

▶ 지시사항이 없는 경우는 기본 값을 적용하시오.

02 "부분합" 시트를 참조하여 다음 《처리조건》에 맞도록 작업하시오. (30점)

· 소스 파일 : [출제유형 04]-정복04_문제02.cell   · 정답 파일 : [출제유형 04]-정복04_정답02.cell

《출력형태》

부서명	직원명	직급	급여	연말상여금	상여금지급율
총무부	오사원	사원	2,623,000	1,311,500	50%
경리부	정사원	사원	2,510,000	1,255,000	50%
영업부	염사원	사원	2,405,000	1,202,500	50%
자재부	윤사원	사원	2,424,000	1,212,000	50%
	4	사원 개수			
		사원 평균	2,490,500	1,245,250	
자재부	김대리	대리	2,737,000	1,642,200	60%
총무부	정대리	대리	2,829,000	1,697,400	60%
경리부	이대리	대리	2,590,000	1,554,000	60%
영업부	유대리	대리	2,855,000	1,713,000	60%
	4	대리 개수			
		대리 평균	2,752,750	1,651,650	
영업부	임과장	과장	3,525,000	2,643,750	75%
자재부	박과장	과장	3,746,000	2,809,500	75%
총무부	변과장	과장	3,360,000	2,520,000	75%
	3	과장 개수			
		과장 평균	3,543,667	2,657,750	
	11	전체 개수			
		전체 평균	2,873,091	1,778,259	

《처리조건》

▶ 데이터를 '직급' 기준으로 내림차순 정렬하시오.

▶ 아래 조건에 맞는 부분합을 작성하시오.
  - '직급'으로 그룹화하여 '급여', '연말상여금'의 평균을 구하는 부분합을 만드시오.
  - '직급'으로 그룹화하여 '직원명'의 개수를 구하는 부분합을 만드시오.
    (새로운 값으로 대치하지 말 것)
  - [D3:E21] 영역에 셀 서식의 표시형식-숫자를 이용하여 1000단위 구분기호를 표시하시오.

▶ [C2:E21] 영역에 '그룹 묶기'(대상 : 열)를 설정하시오.

▶ 평균과 개수의 부분합 순서는 《출력형태》와 다를 수 있음

▶ 지시사항이 없는 경우는 기본 값을 적용하시오.

03 "부분합" 시트를 참조하여 다음 《처리조건》에 맞도록 작업하시오. (30점)

· 소스 파일 : [출제유형 04]-정복04_문제03.cell   · 정답 파일 : [출제유형 04]-정복04_정답03.cell

《출력형태》

학번	학생	선택과목	국어	영어	수학
2019009	박학생	컴퓨터	85.0	90.0	88.0
2019015	정학생	컴퓨터	88.0	90.0	75.0
2019001	온학생	컴퓨터	78.0	84.0	86.0
2019020	이학생	컴퓨터	76.0	86.0	96.0
4		컴퓨터 개수			
		컴퓨터 평균	81.8	87.5	86.3
2019030	최학생	체육	75.0	88.0	77.0
2019025	장학생	체육	94.0	76.0	91.0
2019011	홍학생	체육	77.0	85.0	81.0
3		체육 개수			
		체육 평균	82.0	83.0	83.0
2019008	김학생	과학	96.0	89.0	90.0
2019005	전학생	과학	93.0	91.0	87.0
2019016	조학생	과학	87.0	77.0	94.0
2019005	선학생	과학	92.0	87.0	92.0
4		과학 개수			
		과학 평균	92.0	86.0	90.8
11		전체 개수			
		전체 평균	85.5	85.7	87.0

《처리조건》

▶ 데이터를 '선택과목' 기준으로 내림차순 정렬하시오.

▶ 아래 조건에 맞는 부분합을 작성하시오.
– '선택과목'으로 그룹화하여 '국어', '영어', '수학'의 평균을 구하는 부분합을 만드시오.
– '선택과목'으로 그룹화하여 '학번'의 개수를 구하는 부분합을 만드시오.
  (새로운 값으로 대치하지 말 것)
– [D3:F21] 영역에 셀 서식의 표시형식-숫자를 이용하여 소수점 첫째 자리까지 표시하시오.

▶ [C2:F21] 영역에 '그룹 묶기'(대상 : 열)를 설정하시오.

▶ 평균과 개수의 부분합 순서는《출력형태》와 다를 수 있음

▶ 지시사항이 없는 경우는 기본 값을 적용하시오.

04 "부분합" 시트를 참조하여 다음 《처리조건》에 맞도록 작업하시오. (30점)

· 소스 파일 : [출제유형 04]-정복04_문제04.cell   · 정답 파일 : [출제유형 04]-정복04_정답04.cell04.xlsx

《출력형태》

상품코드	분류	제조국	단가	판매량	매출액
HI-003	하이킹화	베트남	125,000원	652	81,500,000원
RU-004	런닝화	베트남	125,000원	612	76,500,000원
TR-002	등산화	베트남	131,000원	513	67,203,000원
RU-003	런닝화	베트남	120,000원	597	71,640,000원
		베트남 합계		2374	296,843,000원
		베트남 최댓값	131,000원	652	81,500,000원
TR-004	등산화	중국	136,000원	475	64,600,000원
HI-001	하이킹화	중국	124,000원	575	71,300,000원
RU-002	런닝화	중국	111,000원	620	68,820,000원
		중국 합계		1670	204,720,000원
		중국 최댓값	136,000원	620	71,300,000원
RU-001	런닝화	한국	135,000원	548	73,980,000원
HI-002	하이킹화	한국	142,000원	516	73,272,000원
TR-001	등산화	한국	154,000원	489	75,306,000원
HI-004	하이킹화	한국	147,000원	555	81,585,000원
		한국 합계		2108	304,143,000원
		한국 최댓값	154,000원	555	81,585,000원
		총 합계		6152	805,706,000원
		전체 최댓값	154,000원	652	81,585,000원

《처리조건》

▶ 데이터를 '제조국' 기준으로 오름차순 정렬하시오.

▶ 아래 조건에 맞는 부분합을 작성하시오.
 - '제조국'으로 그룹화하여 '단가', '판매량', '매출액'의 최댓값을 구하는 부분합을 만드시오.
 - '제조국'으로 그룹화하여 '판매량', '매출액'의 합계를 구하는 부분합을 만드시오.
  (새로운 값으로 대치하지 말 것)
 - [D3:D21], [F3:F21] 영역에 셀 서식의 표시형식-사용자 정의를 이용하여 #,##0"원"자를 추가하시오.

▶ [D2:F21] 영역에 '그룹 묶기'(대상 : 열)를 설정하시오.

▶ 최댓값과 합계의 부분합 순서는《출력형태》와 다를 수 있음

▶ 지시사항이 없는 경우는 기본 값을 적용하시오.

05 "부분합" 시트를 참조하여 다음 《처리조건》에 맞도록 작업하시오. (30점)

· 소스 파일 : [출제유형 04]-정복04_문제05.cell   · 정답 파일 : [출제유형 04]-정복04_정답05.cell

《출력형태》

	A	B	C	D	E	F
2	제품명	가맹점지점	구분	제품단가	판매수량	총판매금액
3	우리끼리	강남구	아이스크림	4,000	5,450	21,800,000
4	요커트쉐이크	강남구	음료	4,600	5,670	26,082,000
5	허니레몬티	강남구	음료	4,300	6,350	27,305,000
6		강남구 합계			17,470	
7		강남구 평균		4,300		25,062,333
8	허니치즈트랩	강동구	아이스크림	4,300	7,650	32,895,000
9	아이스크림롤	강동구	디저트	4,900	7,890	38,661,000
10	쿠키앤크림	강동구	아이스크림	4,800	5,950	28,560,000
11		강동구 합계			21,490	
12		강동구 평균		4,667		33,372,000
13	오레오쉐이크	강북구	음료	4,500	6,780	30,510,000
14	슈퍼버스데이	강북구	아이스크림	3,200	6,980	22,336,000
15	아이스버블밤	강북구	디저트	4,100	6,660	27,306,000
16		강북구 합계			20,420	
17		강북구 평균		3,933		26,717,333
18	낄버블모찌	강서구	디저트	3,500	4,650	16,275,000
19	밀크쉐이크	강서구	음료	4,300	7,200	30,960,000
20		강서구 합계			11,850	
21		강서구 평균		3,900		23,617,500
22		총 합계			71,230	
23		전체 평균		4,227		27,517,273

《처리조건》

▶ 데이터를 '가맹점지점' 기준으로 오름차순 정렬하시오.

▶ 아래 조건에 맞는 부분합을 작성하시오.

  '가맹점지점'으로 그룹화하여 '제품단가', '총판매금액'의 평균을 구하는 부분합을 만드시오.
- '가맹점지점'으로 그룹화하여 '판매수량'의 합계를 구하는 부분합을 만드시오.
  (새로운 값으로 대치하지 말 것)
- [D3:F23] 영역에 셀 서식의 표시형식-숫자를 이용하여 1000단위 구분 기호를 표시하시오.

▶ [C2:E23] 영역에 '그룹 묶기'(대상 : 열)를 설정하시오.

▶ 평균과 합계의 부분합 순서는 《출력형태》와 다를 수 있음

▶ 지시사항이 없는 경우는 기본 값을 적용하시오.

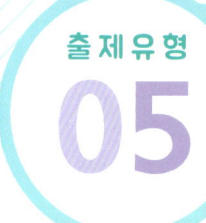

출제유형 05 · 고급 필터

PART 02 출제유형 완전정복

- ☑ 조건식 지정과 필드명 복사하기
- ☑ 고급 필터 지정하기

문제 풀이

문제 미리보기

소스 파일 : [출제유형 05]-유형05_문제.cell   정답 파일 : [출제유형 05]-유형05_정답.cell

필터 작성

【문제 3】 "필터"와 "시나리오" 시트를 참조하여 다음 《처리조건》에 맞도록 작업하시오. (60점)

(1) 필터

《출력형태》

	A	B	C	D	E	F	G
1							
2	담당자	제품	판매단가	판매수량	재고량	총판매금액	
3	이담당	운동화	78,000	75	25	5,850,000	
4	김담당	가방	65,000	84	16	5,460,000	
5	오담당	운동화	78,000	67	33	5,226,000	
6	유담당	트레이닝복	99,000	58	42	5,742,000	
7	장담당	트레이닝복	99,000	52	48	5,148,000	
8	홍담당	가방	65,000	72	28	4,680,000	
9	전담당	운동화	78,000	49	51	3,822,000	
10	박담당	가방	65,000	70	30	4,550,000	
11	장담당	트레이닝복	99,000	80	20	7,920,000	
12	백담당	운동화	78,000	56	44	4,368,000	
13	빈담당	가방	65,000	64	36	4,160,000	
14							
15	조건						
16	FALSE						
17							
18	담당자	제품	판매수량	재고량			
19	김담당	가방	84	16			
20	유담당	트레이닝복	58	42			
21	장담당	트레이닝복	52	48			
22	장담당	트레이닝복	80	20			
23							
24							

《처리조건》

▶ "필터" 시트의 [A2:F13]을 아래 조건에 맞게 고급필터를 사용하여 작성하시오.
  – '제품'이 "트레이닝복" 이거나 '재고량'이 20 이하인 데이터를 '담당자', '제품', '판매수량', '재고량'의 데이터만 필터링하시오.
  – 조건 위치 : 조건 함수는 [A16] 한 셀에 작성(OR 함수 이용)
  – 결과 위치 : [A18]부터 출력
▶ 지시사항이 없는 경우는 《출력형태 – 필터》와 동일하게 작성하시오.

조건식 작성 및 고급 필터 지정하기

▶ "필터" 시트의 [A2:F13]을 아래 조건에 맞게 고급필터를 사용하여 작성하시오.
 – '제품'이 "트레이닝복"이거나 '재고량'이 20 이하인 데이터를 '담당자', '제품', '판매수량', '재고량'의 데이터만 필터링하시오.
 – 조건 위치 : 조건 함수는 [A16] 한 셀에 작성(OR 함수 이용)
 – 결과 위치 : [A18]부터 출력

❶ [파일]-[불러오기](Ctrl + O)를 클릭한 후 [불러오기] 대화상자가 나오면 '유형05_문제.cell' 파일을 불러와 "필터" 시트를 선택합니다.

❷ [A16] 셀에 《처리조건》을 참고하여 조건식 '=OR(B3="트레이닝복",E3<=20)'을 입력한 후 Enter 키를 누릅니다.

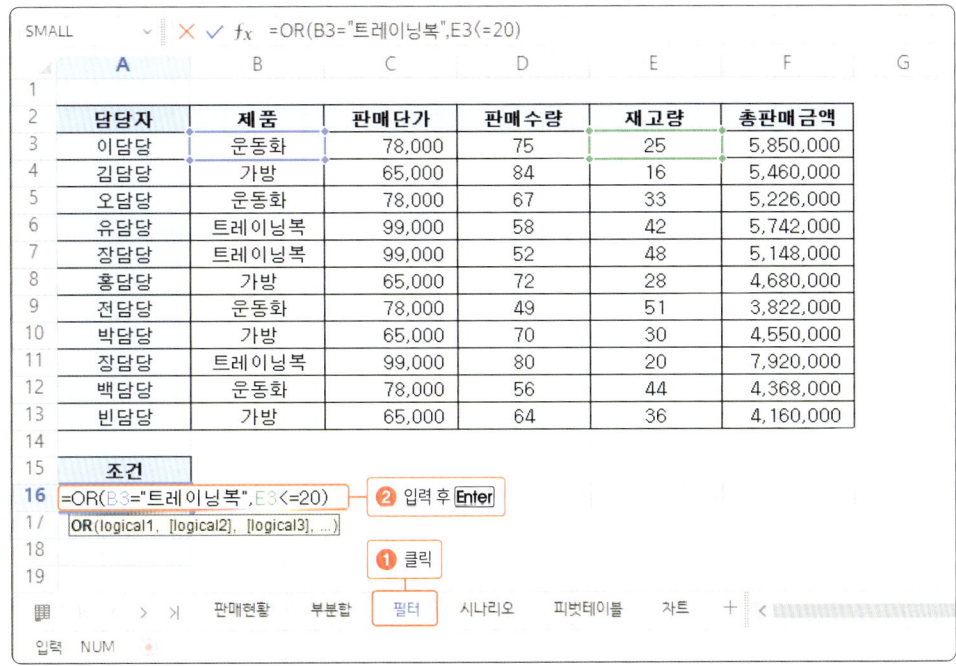

❸ [A2:B2] 영역을 드래그한 후 Ctrl 키를 누른 상태에서 [D2:E2] 영역을 드래그하여 셀 범위를 지정합니다.

❹ 영역으로 지정된 셀 범위 위에서 마우스 오른쪽 단추를 눌러 바로 가기 메뉴가 나오면 [복사하기]를 클릭합니다.(복사하기 바로 가기 키 : Ctrl + C)

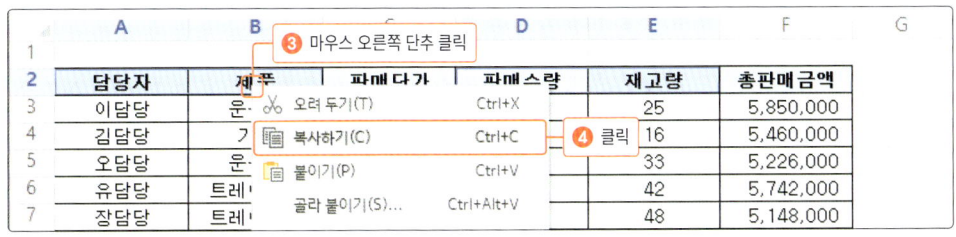

⑤ [A18] 셀을 클릭한 후 마우스 오른쪽 단추를 눌러 바로 가기 메뉴가 나오면 [붙이기]를 클릭합니다.(붙이기 바로 가기 키 : Ctrl+V)

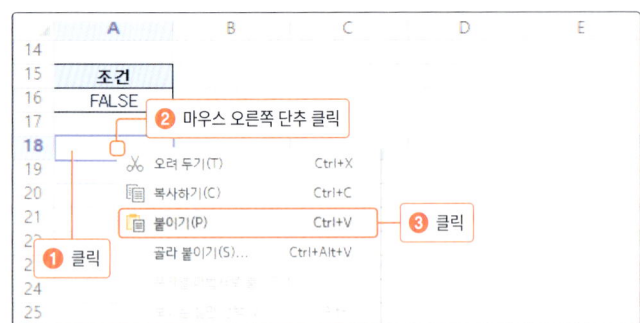
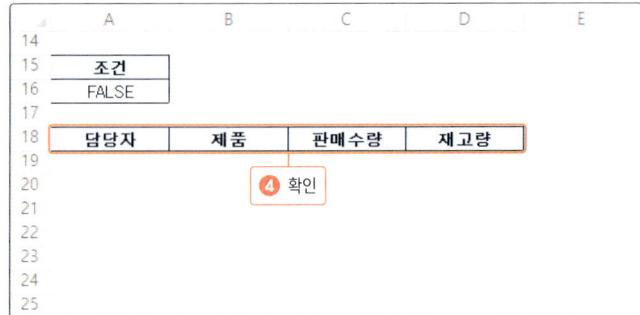

⑥ [A3] 셀을 클릭한 후 [데이터] 탭에서 '고급 필터( )'를 클릭합니다.

⑦ [고급 필터] 대화상자가 나오면 '다른 장소에 복사'를 클릭한 후 데이터 범위([A2:F13]), 찾을 조건 범위([A15:A16]), 복사 위치([A18:D18])를 다음과 같이 지정한 다음 〈설정〉 단추를 클릭합니다.

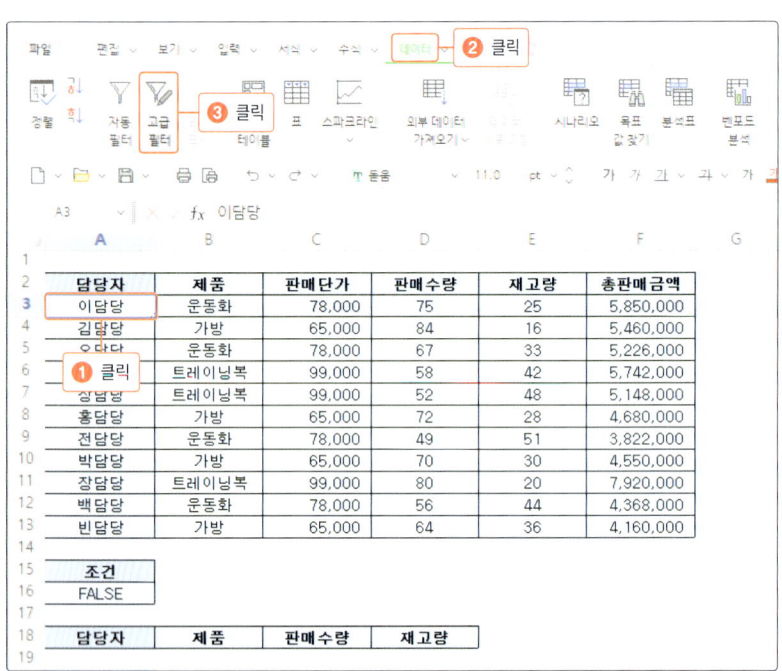
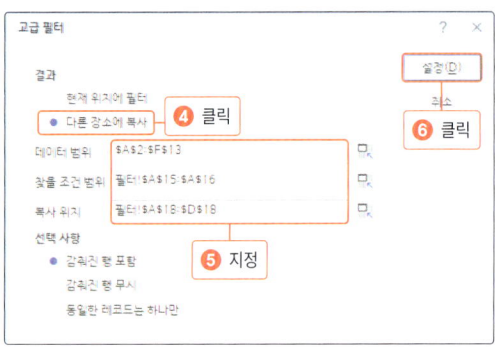

⑧ 고급 필터가 완성되면 《출력형태》와 동일한지 확인합니다.

⑨ 모든 작업이 끝나면 [파일]-[저장하기](Ctrl+S) 또는 [서식] 도구 상자에서 '저장하기( )'를 클릭합니다.

※ 실제 시험을 볼 때 작업 도중에 수시로(10분에 한 번 정도) 저장을 하는 것이 좋습니다.

고급 필터

 01 "필터"와 "시나리오" 시트를 참조하여 다음 《처리조건》에 맞도록 작업하시오. (60점)

• 소스 파일 : [출제유형 05]-정복05_문제01.cell   • 정답 파일 : [출제유형 05]-정복05_정답01.cell

《출력형태 - 필터》

	A	B	C	D	E	F
1						
2	고객명	보험사	대물	대인	차량	합계
3	이고객	안전보험	236,000	175,000	195,000	606,000
4	김고객	행복보험	185,400	186,000	193,000	564,400
5	허고객	행복보험	265,000	192,000	182,000	639,000
6	진고객	가족보험	287,000	176,000	210,000	673,000
7	설고객	안전보험	285,000	181,000	205,000	671,000
8	박고객	가족보험	217,000	187,000	199,000	603,000
9	최고객	행복보험	243,000	179,000	215,000	637,000
10	장고객	안전보험	198,000	191,000	200,000	589,000
11	오고객	가족보험	205,000	170,000	197,000	572,000
12	변고객	안전보험	267,000	185,000	189,000	641,000
13	심고객	행복보험	243,000	180,000	185,000	608,000
14						
15	조건					
16	FALSE					
17						
18	고객명	대물	대인	차량		
19	허고객	265,000	192,000	182,000		
20	진고객	287,000	176,000	210,000		
21	박고객	217,000	187,000	199,000		
22	장고객	198,000	191,000	200,000		
23	오고객	205,000	170,000	197,000		
24						

《처리조건》

▶ "필터" 시트의 [A2:F13]을 아래 조건에 맞게 고급필터를 사용하여 작성하시오.
  - '보험사'가 "가족보험"이거나 '대인'이 190000 이상인 데이터를 '고객명', '대물', '대인', '차량'의 데이터만 필터링 하시오.
  - 조건 위치 : 조건 함수는 [A16] 한 셀에 작성(OR 함수 이용)
  - 결과 위치 : [A18]부터 출력

▶ 지시사항이 없는 경우는 《출력형태 - 필터》와 동일하게 작성하시오.

02 "필터"와 "시나리오" 시트를 참조하여 다음 《처리조건》에 맞도록 작업하시오. (60점)

• 소스 파일 : [출제유형 05]-정복05_문제02.cell • 정답 파일 : [출제유형 05]-정복05_정답02.cell

《출력형태 - 필터》

	A	B	C	D	E	F
2	부서명	직원명	직급	급여	연말상여금	상여금지급율
3	영업부	임과장	과장	3,525,000	2,643,750	75%
4	자재부	김대리	대리	2,737,000	1,642,200	60%
5	총무부	오사원	사원	2,623,000	1,311,500	50%
6	총무부	정대리	대리	2,829,000	1,697,400	60%
7	자재부	박과장	과장	3,746,000	2,809,500	75%
8	경리부	이대리	대리	2,590,000	1,554,000	60%
9	경리부	정사원	사원	2,510,000	1,255,000	50%
10	영업부	염사원	사원	2,405,000	1,202,500	50%
11	총무부	변과장	과장	3,360,000	2,520,000	75%
12	자재부	윤사원	사원	2,424,000	1,212,000	50%
13	영업부	유대리	대리	2,855,000	1,713,000	60%
14						
15	조건					
16	TRUE					
17						
18	직원명	직급	급여	연말상여금	상여금지급율	
19	임과장	과장	3,525,000	2,643,750	75%	
20	김대리	대리	2,737,000	1,642,200	60%	
21	박과장	과장	3,746,000	2,809,500	75%	
22	변과장	과장	3,360,000	2,520,000	75%	
23	윤사원	사원	2,424,000	1,212,000	50%	

《처리조건》

▶ "필터" 시트의 [A2:F13]을 아래 조건에 맞게 고급필터를 사용하여 작성하시오.
 - '부서명'이 "자재부"이거나 '연말상여금'이 2000000 이상인 데이터를 '직원명', '직급', '급여', '연말상여금', '상여금지급율' 데이터만 필터링 하시오.
 - 조건 위치 : 조건 함수는 [A16] 한 셀에 작성(OR 함수 이용)
 - 결과 위치 : [A18]부터 출력

▶ 지시사항이 없는 경우는 《출력형태 - 필터》와 동일하게 작성하시오.

03 "필터"와 "시나리오" 시트를 참조하여 다음 《처리조건》에 맞도록 작업하시오. (60점)

· 소스 파일 : [출제유형 05]-정복05_문제03.cell   · 정답 파일 : [출제유형 05]-정복05_정답03.cell

《출력형태 - 필터》

	A	B	C	D	E	F	G
1							
2	학번	학생	선택과목	국어	영어	수학	
3	2019009	박학생	컴퓨터	85	90	88	
4	2019008	김학생	과학	96	89	90	
5	2019015	정학생	컴퓨터	88	90	75	
6	2019030	최학생	체육	75	88	77	
7	2019025	장학생	체육	94	76	91	
8	2019001	온학생	컴퓨터	78	84	86	
9	2019005	전학생	과학	93	91	87	
10	2019016	조학생	과학	87	77	94	
11	2019020	이학생	컴퓨터	76	86	96	
12	2019011	홍학생	체육	77	85	81	
13	2019005	선학생	과학	92	87	92	
14							
15	조건						
16	TRUE						
17							
18	학번	학생	국어	영어			
19	2019009	박학생	85	90			
20	2019001	온학생	78	84			
21	2019020	이학생	76	86			
22							

《처리조건》

▶ "필터" 시트의 [A2:F13]을 아래 조건에 맞게 고급필터를 사용하여 작성하시오.

- '선택과목'이 "컴퓨터"이고 '수학'이 80 이상인 데이터를 '학번', '학생', '국어', '영어' 데이터만 필터링 하시오.
- 조건 위치 : 조건 함수는 [A16] 한 셀에 작성(AND 함수 이용)
- 결과 위치 : [A18]부터 출력

▶ 지시사항이 없는 경우는 《출력형태 - 필터》와 동일하게 작성하시오.

04 "필터"와 "시나리오" 시트를 참조하여 다음 《처리조건》에 맞도록 작업하시오. (60점)

· 소스 파일 : [출제유형 05]-정복05_문제04.cell   · 정답 파일 : [출제유형 05]-정복05_정답04.cell

《출력형태 - 필터》

	A	B	C	D	E	F
2	상품코드	분류	제조국	단가	판매량	매출액
3	RU-001	런닝화	한국	₩135,000	548	₩73,980,000
4	HI-003	하이킹화	베트남	₩125,000	652	₩81,500,000
5	TR-004	등산화	중국	₩136,000	475	₩64,600,000
6	RU-004	런닝화	베트남	₩125,000	612	₩76,500,000
7	HI-002	하이킹화	한국	₩142,000	516	₩73,272,000
8	TR-001	등산화	한국	₩154,000	489	₩75,306,000
9	TR-002	등산화	베트남	₩131,000	513	₩67,203,000
10	HI-001	하이킹화	중국	₩124,000	575	₩71,300,000
11	RU-002	런닝화	중국	₩111,000	620	₩68,820,000
12	RU-003	런닝화	베트남	₩120,000	597	₩71,640,000
13	HI-004	하이킹화	한국	₩147,000	555	₩81,585,000
14						
15	조건					
16	FALSE					
17						
18	상품코드	제조국	단가	판매량	매출액	
19	HI-002	한국	₩142,000	516	₩73,272,000	
20	HI-004	한국	₩147,000	555	₩81,585,000	

《처리조건》

▶ "필터" 시트의 [A2:F13]을 아래 조건에 맞게 고급필터를 사용하여 작성하시오.
  – '분류'가 "하이킹화"이고 '단가'가 130000 이상인 데이터를 '상품코드', '제조국', '단가', '판매량', '매출액' 데이터만 필터링 하시오.
  – 조건 위치 : 조건 함수는 [A16] 한 셀에 작성(AND 함수 이용)
  – 결과 위치 : [A18]부터 출력

▶ 지시사항이 없는 경우는 《출력형태 – 필터》와 동일하게 작성하시오.

05 "필터"와 "시나리오" 시트를 참조하여 다음 《처리조건》에 맞도록 작업하시오. (60점)

• 소스 파일 : [출제유형 05]-정복05_문제05.cell   • 정답 파일 : [출제유형 05]-정복05_정답05.cell

숏츠(Shorts)

《출력형태 - 필터》

	A	B	C	D	E	F
1						
2	제품명	가맹점지점	구분	제품단가	판매수량	총판매금액
3	우리끼리	강남구	아이스크림	4,000	5,450	21,800,000
4	오레오쉐이크	강북구	음료	4,500	6,780	30,510,000
5	허니치즈트랩	강동구	아이스크림	4,300	7,650	32,895,000
6	낄버블모찌	강서구	디저트	3,500	4,650	16,275,000
7	밀크쉐이크	강서구	음료	4,300	7,200	30,960,000
8	슈퍼버스데이	강북구	아이스크림	3,200	6,980	22,336,000
9	요커트쉐이크	강남구	음료	4,600	5,670	26,082,000
10	아이스버블밤	강북구	디저트	4,100	6,660	27,306,000
11	아이스크림롤	강동구	디저트	4,900	7,890	38,661,000
12	쿠키앤크림	강동구	아이스크림	4,800	5,950	28,560,000
13	허니레몬티	강남구	음료	4,300	6,350	27,305,000
14						
15	조건					
16	TRUE					
17						
18	제품명	제품단가	판매수량	총판매금액		
19	우리끼리	4,000	5,450	21,800,000		
20	허니치즈트랩	4,300	7,650	32,895,000		
21	슈퍼버스데이	3,200	6,980	22,336,000		
22	요커트쉐이크	4,600	5,670	26,082,000		
23	쿠키앤크림	4,800	5,950	28,560,000		
24	허니레몬티	4,300	6,350	27,305,000		
25						

《처리조건》

▶ "필터" 시트의 [A2:F13]을 아래 조건에 맞게 고급필터를 사용하여 작성하시오.
 – '가맹점지점'이 "강남구" 이거나 '구분'이 "아이스크림"인 데이터를 '제품명', '제품단가', '판매수량', '총판매금액' 데이터만 필터링 하시오.
 – 조건 위치 : 조건 함수는 [A16] 한 셀에 작성(OR 함수 이용)
 – 결과 위치 : [A18]부터 출력

▶ 지시사항이 없는 경우는 《출력형태 - 필터》와 동일하게 작성하시오.

출제유형 06 시나리오 작성

문제 풀이

☑ 시나리오 작성하기
☑ '시나리오 요약' 시트 작성하기

문제 미리보기

소스 파일 : [출제유형 06]-유형06_문제.cell   정답 파일 : [출제유형 06]-유형06_정답.cell

시나리오 작성

【문제 3】 "필터"와 "시나리오" 시트를 참조하여 다음 《처리조건》에 맞도록 작업하시오.

(2) 시나리오

《출력형태 - 시나리오》

	A	B	C	D	E	F	G
1							
2		시나리오 요약					
3				현재 값:	판매수량 10 증가	판매수량 20 감소	
4		변경 셀:					
5			$D$3	84	94	64	
6			$D$4	72	82	52	
7			$D$5	70	80	50	
8			$D$6	64	74	44	
9		결과 셀:					
10			$F$3	5460000	6110000	4160000	
11			$F$4	4680000	5330000	3380000	
12			$F$5	4550000	5200000	3250000	
13			$F$6	4160000	4810000	2860000	
14		참고: 현재 값 열은 시나리오 요약 보고서가 작성될 때의					
15		변경 셀 값을 나타냅니다. 각 시나리오의 변경 셀들은					
16		회색으로 표시됩니다.					
17							
18							

《처리조건》

▶ "시나리오" 시트의 [A2:F13]을 이용하여 '제품'이 "가방"인 경우, '판매수량'이 변동할 때 '총판매금액'이 변동하는 가상분석(시나리오)을 작성하시오.

    - 시나리오1 : 시나리오 이름은 "판매수량 10 증가", '판매수량'에 10을 증가시킨 값 설정.

    - 시나리오2 : 시나리오 이름은 "판매수량 20 감소", '판매수량'에 20을 감소시킨 값 설정.

    - "시나리오 요약" 시트를 작성하시오.

▶ 지시사항이 없는 경우는 《출력형태 - 시나리오》와 동일하게 작성하시오.

'시나리오1' 작성하기

▶ "시나리오" 시트의 [A2:F13]을 이용하여 '제품'이 "가방"인 경우, '판매수량'이 변동할 때 '총판매금액'이 변동하는 가상분석(시나리오)을 작성하시오.
  – 시나리오1 : 시나리오 이름은 "판매수량 10 증가", '판매수량'에 10을 증가시킨 값 설정.

① [파일]-[불러오기](Ctrl+O)를 클릭한 후 [불러오기] 대화상자가 나오면 '유형06_문제.cell' 파일을 불러와 "시나리오" 시트를 선택합니다.

② [데이터] 탭에서 '시나리오( )'를 클릭합니다.

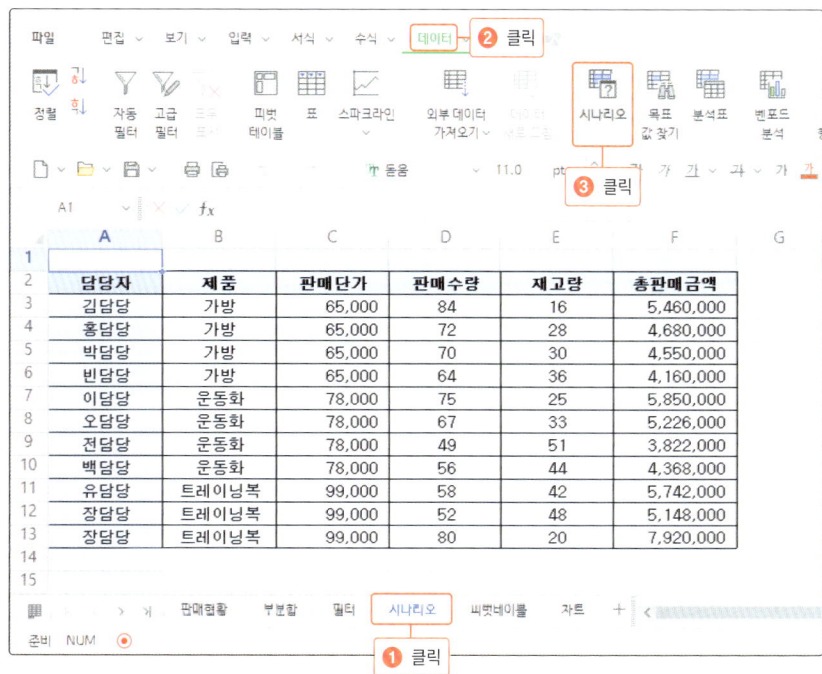

③ [시나리오 관리자] 대화상자가 나오면 '추가(+)'를 클릭합니다.

④ [시나리오 추가] 대화상자가 나오면 [시나리오 이름]에 '판매수량 10 증가'를 입력합니다. 《출력형태》를 확인하여 '변경 셀'에 셀 범위인 [D3:D6] 영역을 드래그한 후 〈확인〉 단추를 클릭합니다.

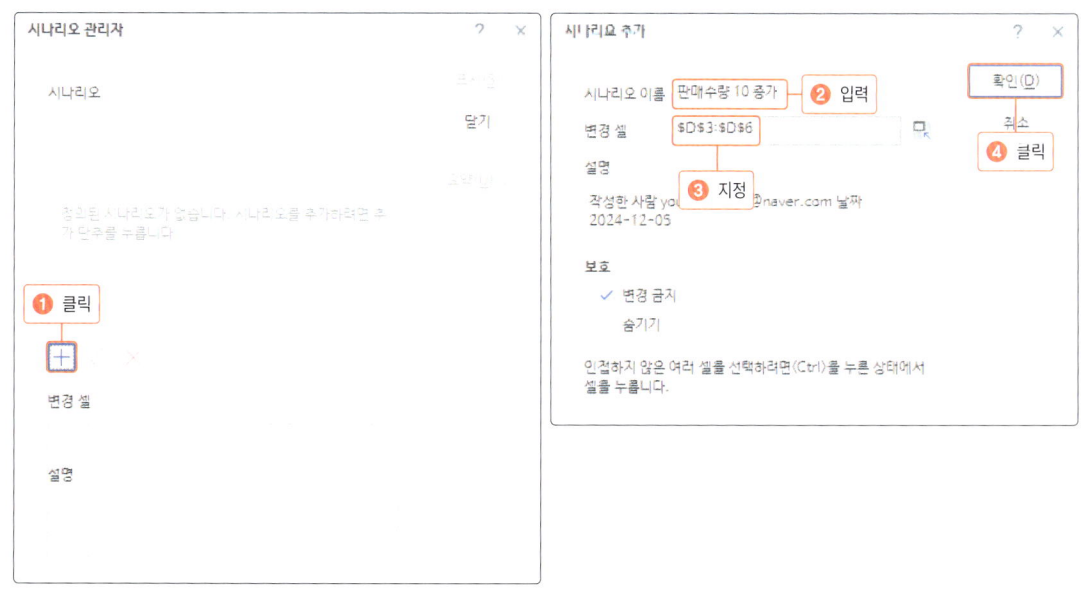

❺ [시나리오 값] 대화상자가 나오면 각 셀(D3:D6)의 값에 '10'을 더한 값을 입력합니다.

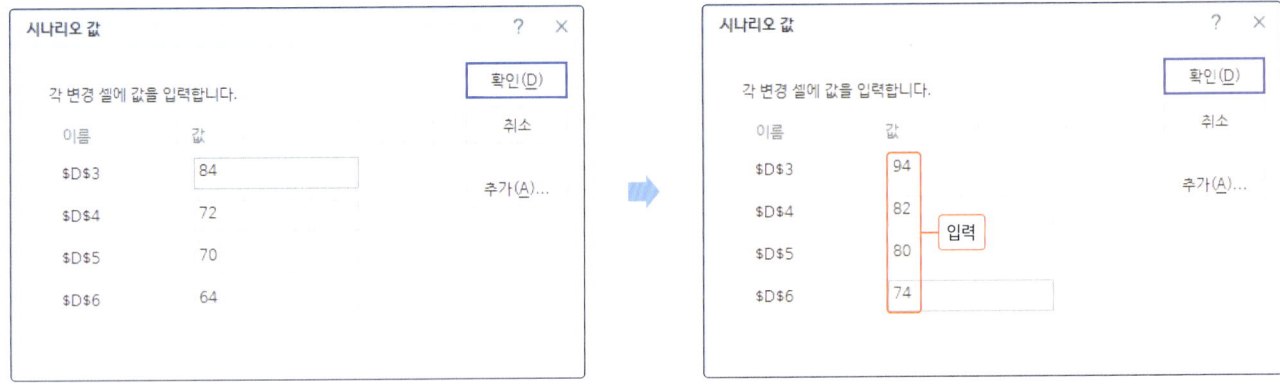

02 '시나리오2' 작성하기

– 시나리오2 : 시나리오 이름은 "판매수량 20 감소", '판매수량'에 20을 감소시킨 값 설정.

❶ '판매수량 20 감소' 시나리오를 작성하기 위해 〈추가〉 단추를 클릭합니다.

❷ [시나리오 추가] 대화상자가 나오면 [시나리오 이름]에 **판매수량 20 감소**를 입력합니다. ≪출력형태≫를 확인하여 '변경 셀'에 셀 범위인 '$D$3:$D$6'를 확인한 후 〈확인〉 단추를 클릭합니다.

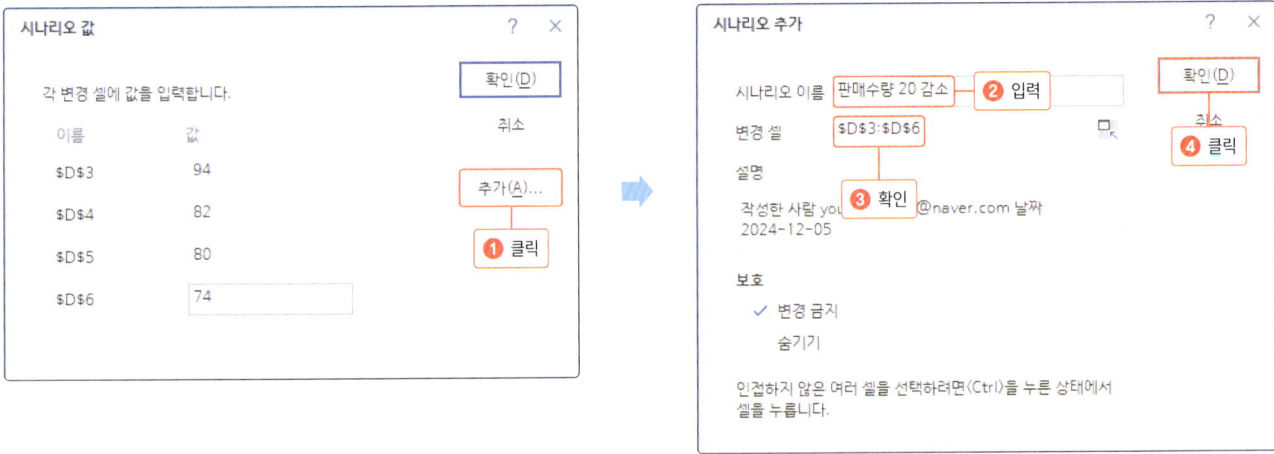

❸ [시나리오 값] 대화상자가 나오면 각 셀(D3:D6)의 값에서 '20'을 뺀 값을 입력한 후 〈확인〉 단추를 클릭합니다.

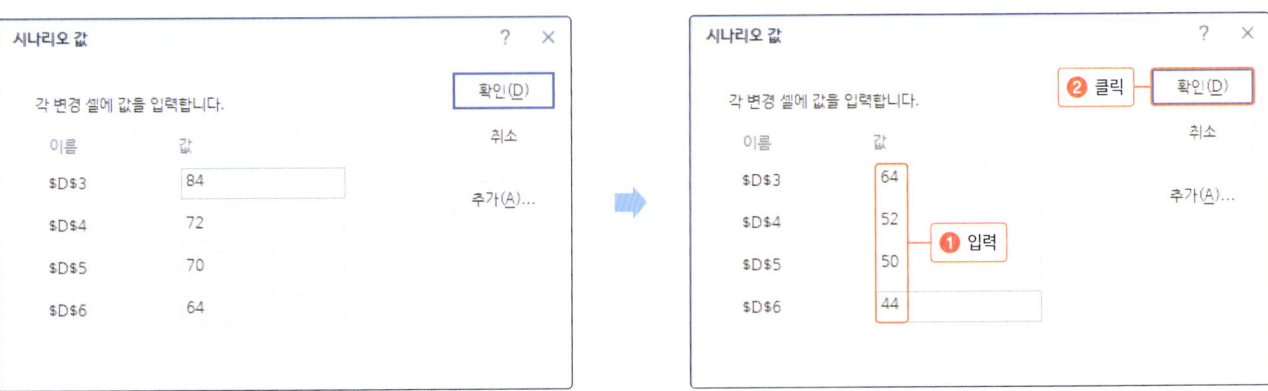

03 '시나리오 요약' 시트 작성

– "시나리오 요약" 시트를 작성하시오.

① [시나리오 관리자] 대화상자가 다시 나오면 〈요약〉 단추를 클릭합니다.

② [시나리오 요약] 대화상자가 나오면 결과 셀에 셀 범위인 [F3:F6] 영역을 드래그한 후 〈확인〉 단추를 클릭합니다.

③ 다음과 같이 "시나리오 요약" 시트가 만들어지며 '제품'이 "가방"인 경우 '판매수량'이 변동할 때 '총판매금액'이 변동을 표시하는 시나리오가 작성된 것을 확인합니다.

※ D열 머리글에서 F열 머리글까지 드래그한 후 마우스 포인터를 G열과 F열 머리글 사이에 위치시킨 다음 더블클릭합니다.

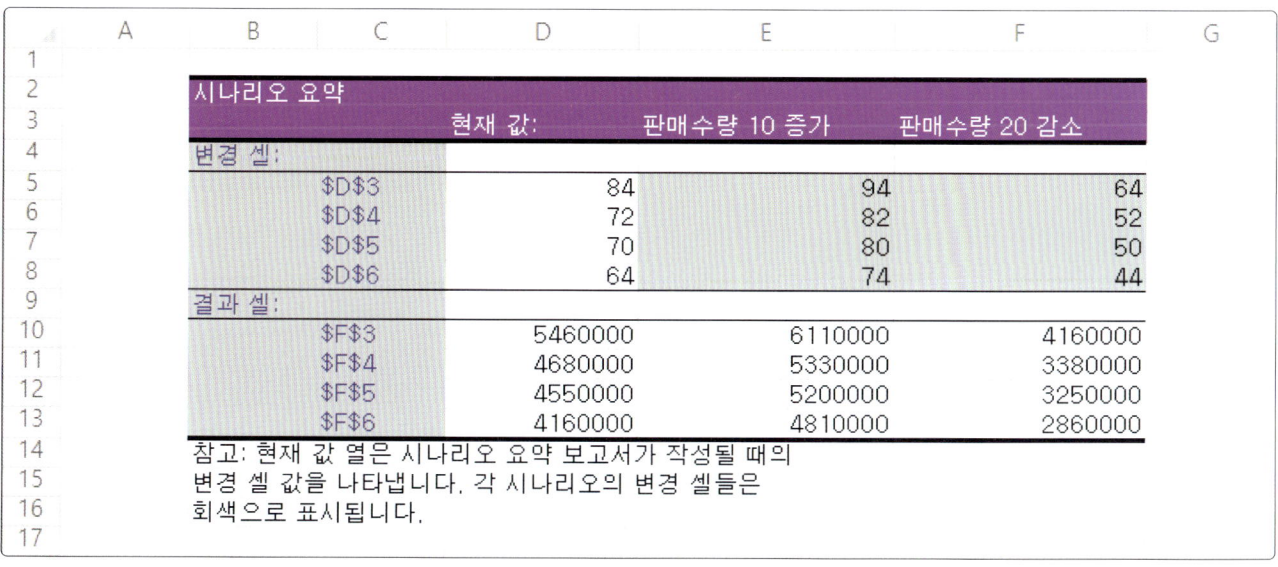

④ 모든 작업이 끝나면 [파일]-[저장하기](Ctrl+S) 또는 [서식] 도구 상자에서 '저장하기(📁)'를 클릭합니다.

※ 실제 시험을 볼 때 작업 도중에 수시로(10분에 한 번 정도) 저장을 하는 것이 좋습니다.

시나리오 작성

  "필터"와 "시나리오" 시트를 참조하여 다음 《처리조건》에 맞도록 작업하시오.

· 소스 파일 : [출제유형 06]-정복06_문제01.cell   · 정답 파일 : [출제유형 06]-정복06_정답01.cell

《출력형태 - 시나리오》

	A	B	C	D	E	F	G
1							
2		시나리오 요약					
3				현재 값:	대인 15470원 인상	대인 12480원 인하	
4		변경 셀:					
5			$D$10	186,000	201470	173520	
6			$D$11	192,000	207470	179520	
7			$D$12	179,000	194470	166520	
8			$D$13	180,000	195470	167520	
9		결과 셀:					
10			$F$10	564400	579870	551920	
11			$F$11	639000	654470	626520	
12			$F$12	637000	652470	624520	
13			$F$13	608000	623470	595520	
14		참고: 현재 값 열은 시나리오 요약 보고서가 작성될 때의					
15		변경 셀 값을 나타냅니다. 각 시나리오의 변경 셀들은					
16		회색으로 표시됩니다.					
17							

《처리조건》

▶ "시나리오" 시트의 [A2:F13]을 이용하여 '보험사'가 "행복보험"인 경우, '대인'이 변동할 때 '합계'가 변동하는 가상분석(시나리오)을 작성하시오.
  - 시나리오1 : 시나리오 이름은 "대인 15470원 인상", '대인'에 15470을 증가시킨 값 설정.
  - 시나리오2 : 시나리오 이름은 "대인 12480원 인하", '대인'에 12480을 감소시킨 값 설정.
  - "시나리오 요약" 시트를 작성하시오.

▶ 지시사항이 없는 경우는 《출력형태 - 시나리오》와 동일하게 작성하시오.

"필터"와 "시나리오" 시트를 참조하여 다음 《처리조건》에 맞도록 작업하시오.

• 소스 파일 : [출제유형 06]-정복06_문제02.cell   • 정답 파일 : [출제유형 06]-정복06_정답02.cell

《출력형태 - 시나리오》

	A	B	C	D	E	F	G
1							
2		시나리오 요약					
3				현재 값:	급여 150000 증가	급여 80000 감소	
4		변경 셀:					
5			$D$10	2,623,000	2773000	2543000	
6			$D$11	2,510,000	2660000	2430000	
7			$D$12	2,405,000	2555000	2325000	
8			$D$13	2,424,000	2574000	2344000	
9		결과 셀:					
10			$G$10	3934500	4084500	3854500	
11			$G$11	3765000	3915000	3685000	
12			$G$12	3607500	3757500	3527500	
13			$G$13	3636000	3786000	3556000	
14		참고: 현재 값 열은 시나리오 요약 보고서가 작성될 때의					
15		변경 셀 값을 나타냅니다. 각 시나리오의 변경 셀들은					
16		회색으로 표시됩니다.					
17							

《처리조건》

▶ "시나리오" 시트의 [A2:G13]를 이용하여 '직급'이 "사원"인 경우, '급여'가 변동할 때 '총급여액'이 변동하는 가상분석(시나리오)을 작성하시오.

– 시나리오1 : 시나리오 이름은 "급여 150000 증가", '급여'에 150000을 증가시킨 값 설정.

– 시나리오2 : 시나리오 이름은 "급여 80000 감소", '급여'에 80000을 감소시킨 값 설정.

– "시나리오 요약" 시트를 작성하시오.

▶ 지시사항이 없는 경우는 《출력형태 – 시나리오》와 동일하게 작성하시오.

03 "필터"와 "시나리오" 시트를 참조하여 다음 《처리조건》에 맞도록 작업하시오.

• 소스 파일 : [출제유형 06]-정복06_문제03.cell   • 정답 파일 : [출제유형 06]-정복06_정답03.cell

《출력형태 - 시나리오》

	A	B	C	D	E	F	G
1							
2		시나리오 요약					
3				현재 값:	국어 10점 증가	국어 7점 감소	
4		변경 셀:					
5			$D$10	85	95	78	
6			$D$11	88	98	81	
7			$D$12	78	88	71	
8			$D$13	76	86	69	
9		결과 셀:					
10			$G$10	87.66666667	91	85.33333333	
11			$G$11	84.33333333	87.66666667	82	
12			$G$12	82.66666667	86	80.33333333	
13			$G$13	86	89.33333333	83.66666667	
14		참고: 현재 값 열은 시나리오 요약 보고서가 작성될 때의					
15		변경 셀 값을 나타냅니다. 각 시나리오의 변경 셀들은					
16		회색으로 표시됩니다.					
17							

《처리조건》

▶ "시나리오" 시트의 [A2:G13]을 이용하여 '선택과목'이 "컴퓨터"인 경우, '국어'가 변동할 때 '평균'이 변동하는 가상분석(시나리오)을 작성하시오.

  - 시나리오1 : 시나리오 이름은 "국어 10점 증가", '국어'에 10을 증가시킨 값 설정.

  - 시나리오2 : 시나리오 이름은 "국어 7점 감소", '국어'에 7을 감소시킨 값 설정.

  - "시나리오 요약" 시트를 작성하시오.

▶ 지시사항이 없는 경우는 《출력형태 - 시나리오》와 동일하게 작성하시오.

04 "필터"와 "시나리오" 시트를 참조하여 다음 《처리조건》에 맞도록 작업하시오.

• 소스 파일 : [출제유형 06]-정복06_문제04.cell   • 정답 파일 : [출제유형 06]-정복06_정답04.cell

《출력형태 - 시나리오》

	시나리오 요약			
		현재 값:	단가 6320원 증가	단가 8570원 감소
변경 셀:				
	$D$10	135,000	141320	126430
	$D$11	142,000	148320	133430
	$D$12	154,000	160320	145430
	$D$13	147,000	153320	138430
결과 셀:				
	$F$10	73980000	77443360	69283640
	$F$11	73272000	76533120	68849880
	$F$12	75306000	78396480	71115270
	$F$13	81585000	85092600	76828650

참고: 현재 값 열은 시나리오 요약 보고서가 작성될 때의 변경 셀 값을 나타냅니다. 각 시나리오의 변경 셀들은 회색으로 표시됩니다.

《처리조건》

▶ "시나리오" 시트의 [A2:F13]를 이용하여 '제조국'이 "한국"인 경우, '단가'가 변동할 때 '매출액'이 변동하는 가상분석(시나리오)을 작성하시오.

- 시나리오1 : 시나리오 이름은 "단가 6320원 증가", '단가'에 6320을 증가시킨 값 설정.
- 시나리오2 : 시나리오 이름은 "단가 8570원 감소", '단가'에 8570을 감소시킨 값 설정.
- "시나리오 요약" 시트를 작성하시오.

▶ 지시사항이 없는 경우는 《출력형태 - 시나리오》와 동일하게 작성하시오.

출제유형 07 매크로

PART 02 출제유형 완전정복

문제 풀이

최근 몇 년간 매크로 문제가 출제되지는 않았지만 작업 방법은 알고 있어야 하기 때문에 학습에 참고하시기 바랍니다. 작업 방법을 간략화하여 설명하였기 때문에 한 번에 이해가 되지 않을 경우 다시 한 번 확인하시기 바랍니다.

문제 미리보기

소스 파일 : [출제유형 07]-유형07_문제.cell   정답 파일 : [출제유형 07]-유형07_정답.cell

매크로 작성

【문제 3】 "매크로" 시트를 참조하여 다음 《처리조건》에 맞도록 작업하시오.   (30점)

《출력형태 - 매크로》

담당자	제품	판매단가	판매수량	재고량	총판매금액
이담당	운동화	78,000원	75	25	5,850,000원
김담당	가방	65,000원	84	16	5,460,000원
오담당	운동화	78,000원	67	33	5,226,000원
유담당	트레이닝복	99,000원	58	42	5,742,000원
장담당	트레이닝복	99,000원	52	48	5,148,000원
홍담당	가방	65,000원	72	28	4,680,000원
전담당	운동화	78,000원	49	51	3,822,000원
박담당	가방	65,000원	70	30	4,550,000원
장담당	트레이닝복	99,000원	80	20	7,920,000원
백담당	운동화	78,000원	56	44	4,368,000원
빈담당	가방	65,000원	64	36	4,160,000원

[매크로]

《처리조건》

▶ "매크로" 시트의 [A2:F13] 영역에 가운데 맞춤, 테두리(안쪽, 윤곽선 모두 실선), [A2:F2] 영역에 채우기(하늘색 80% 밝게), 글꼴(진하게), [C3:C13], [F3:F13] 영역에 셀 서식의 표시 형식-사용자 지정을 이용하여 #,##0"원"을 표시하는 매크로를 기록하고 작성한 도형에 매크로를 지정하시오.

- 도형 : 기본 도형의 "배지"를 [C15:D17]에 위치
- 도형 서식 : 도형 채우기(강조 2 주황), 선 색(검은 군청), 선 굵기 : 3pt, 텍스트 맞춤(가로 : 가운데 정렬, 세로 : 중간)
- 도형 글꼴 : 텍스트 입력("매크로"), 글꼴(HY견고딕, 22pt, 기울임), 글자 색(하양)
- 매크로 이름 : "매크로"

▶ 지시사항이 없는 경우는 《출력형태 - 매크로》와 동일하게 작성하시오.

 **도형 삽입하기**

– 도형 : 기본 도형의 "배지"를 [C15:D17]에 위치

① [파일]-[불러오기](Ctrl + O)를 클릭한 후 [불러오기] 대화상자가 나오면 '유형07_문제.cell' 파일을 불러와 "매크로" 시트를 선택합니다.

② [입력] 탭에서 '도형'의 자세히(⌵) 단추를 클릭합니다. 이어서, [기본 도형]-'배지(◯)'을 클릭합니다.

③ [C15] 셀에서 [D17] 셀까지 드래그하여 '배지(◯)' 도형을 삽입합니다.

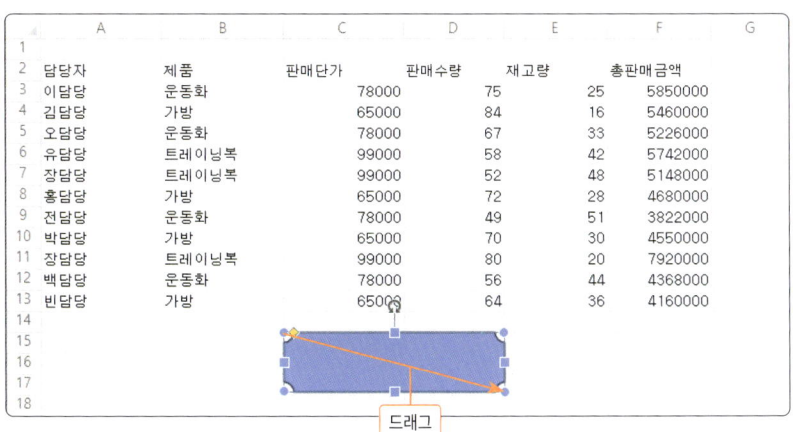

 도형 서식 지정하기

– 도형 서식 : 도형 채우기(강조 2 주황), 선 색(검은 군청), 선 굵기 : 3pt, 텍스트 맞춤(가로 : 가운데 정렬, 세로 : 중간)

① 도형을 선택한 후 '**매크로**'를 입력합니다.

② 도형 위에서 마우스 오른쪽 단추를 눌러 바로 가기 메뉴가 나오면 [개체 속성]을 클릭합니다.

③ [개체 속성] 작업 창이 나오면 [채우기] 탭에서 '**채우기(강조 2 주황)**'을 선택합니다.

④ [선] 탭에서 '선 색(검은 군청), 선 굵기 : 3pt'을 지정한 후 '작업 창 닫기(☒)'를 클릭합니다.

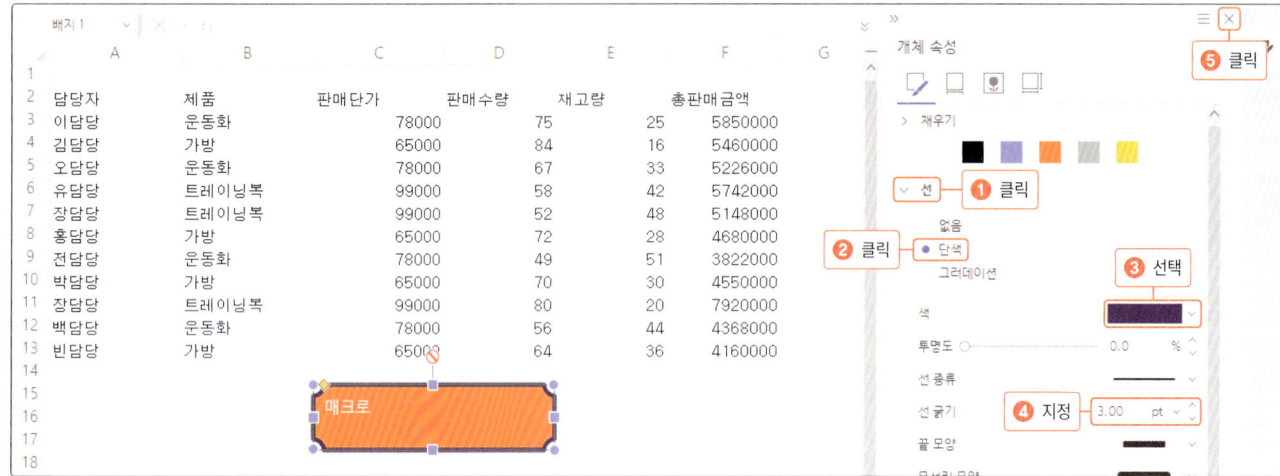

⑤ [서식] 탭에서 가운데 정렬(≡), 중간 맞춤(▤)을 클릭합니다.

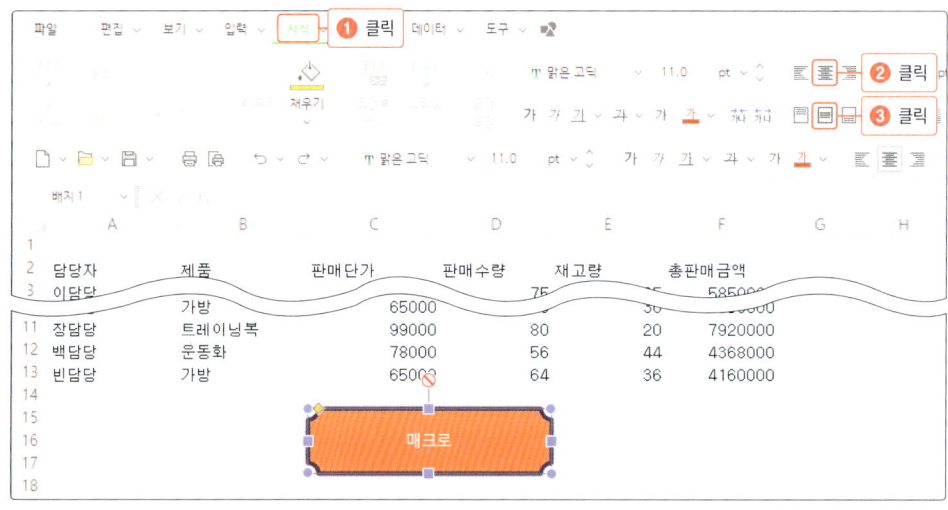

03 글꼴 서식 지정하기

- 도형 글꼴 : 텍스트 입력("매크로"), 글꼴(HY견고딕, 22pt, 기울임꼴), 글자 색(하양)

① [서식] 탭에서 '글꼴(HY견고딕), 글자 크기(22pt), 기울임(가), 글자 색(하양)'을 지정합니다.

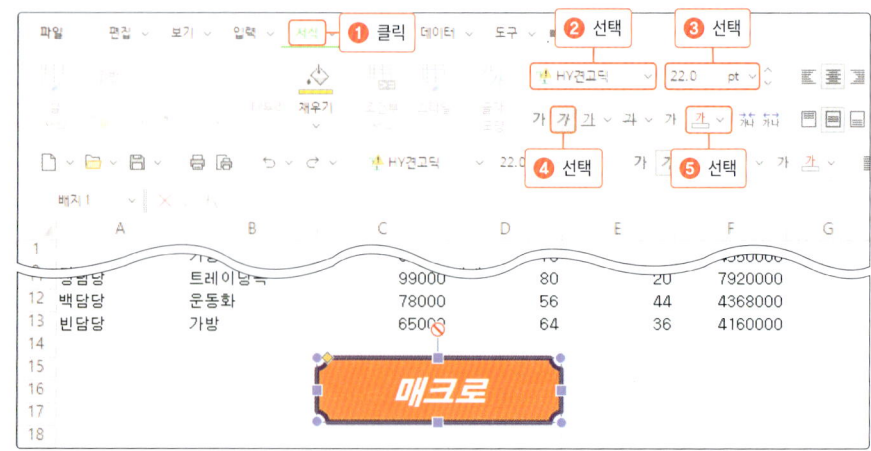

04 매크로 기록하기

▶ "매크로" 시트의 [A2:F13] 영역에 가운데 맞춤, 테두리(안쪽, 윤곽선 모두 실선), [A2:F2] 영역에 채우기(하늘색 80% 밝게), 글꼴(진하게), [C3:C13], [F3:F13] 영역에 셀 서식의 표시 형식-사용자 지정을 이용하여 #,##0"원"을 표시하는 매크로를 기록하고 작성한 도형에 매크로를 지정하시오.
— 매크로 이름 : "매크로"

① [A1] 셀을 클릭한 후 [도구] 탭에서 '매크로 기록( )'을 클릭합니다.

② [매크로 기록] 대화상자가 나오면 [매크로 이름]-'매크로'를 입력한 후 〈확인〉 단추를 클릭합니다.

※ 지금부터 매크로 기록이 시작되면 사용자가 작업하는 모든 과정이 기록되므로 처리 조건 이외의 행동은 하지 않도록 주의해야 합니다.

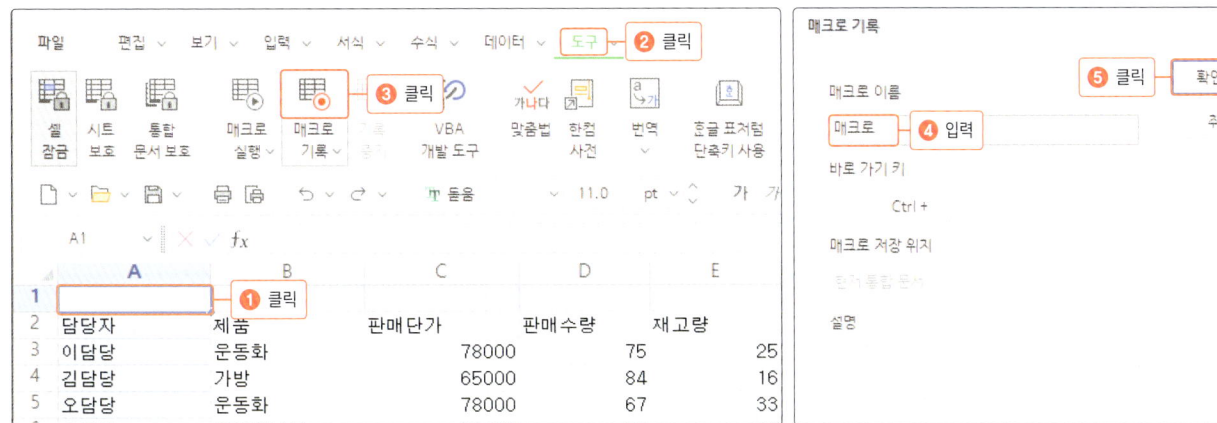

③ 매크로 기록 상태가 되면 [A2:F13] 영역을 드래그한 후 [서식] 탭에서 '가운데 정렬( )'을 클릭한 다음 [테두리]의 목록( ) 단추를 클릭하고 '모두 적용( )'을 클릭합니다.

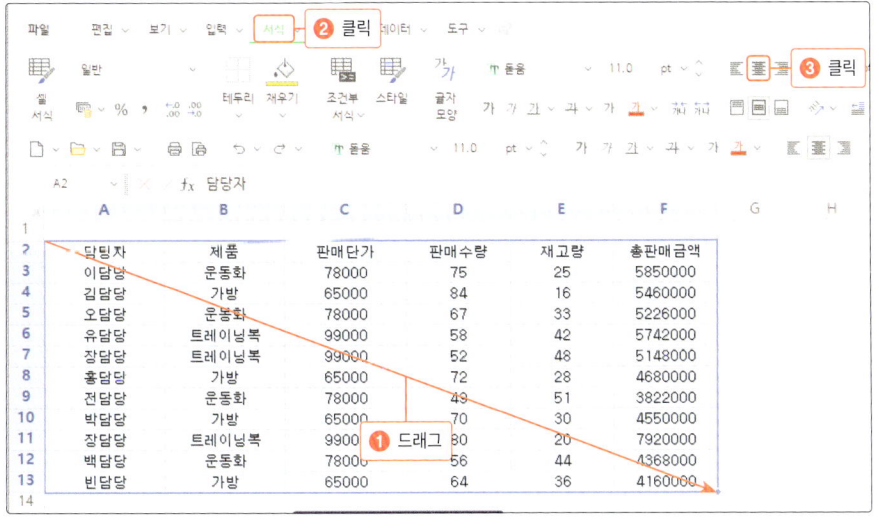
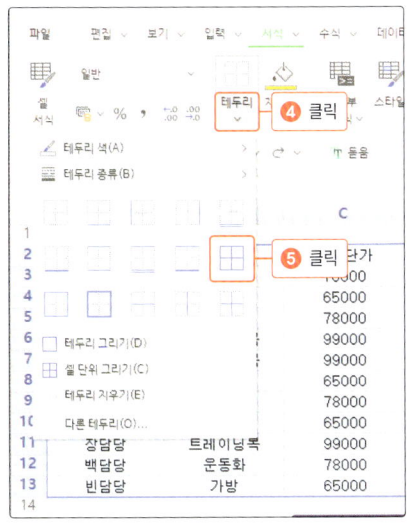

④ [A2:F2] 영역을 드래그한 후 [서식] 탭에서 '진하게(가)', [채우기]–'하늘색 80% 밝게'를 클릭합니다.

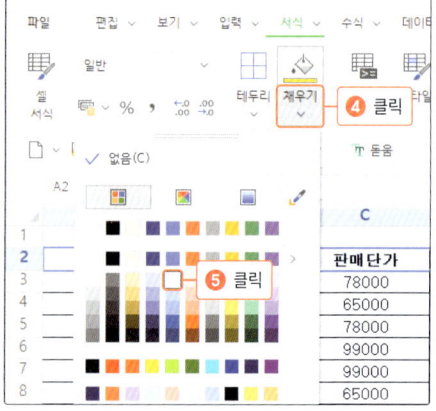

⑤ [C3:C13], [F3:F13] 영역을 드래그한 후 [편집] 탭 또는 [서식] 탭에서 '셀 서식'을 클릭합니다.(셀 서식 바로 가기 키 : Ctrl + 1)

※ [편집] 탭에서 [셀 서식]을 클릭해도 됩니다.

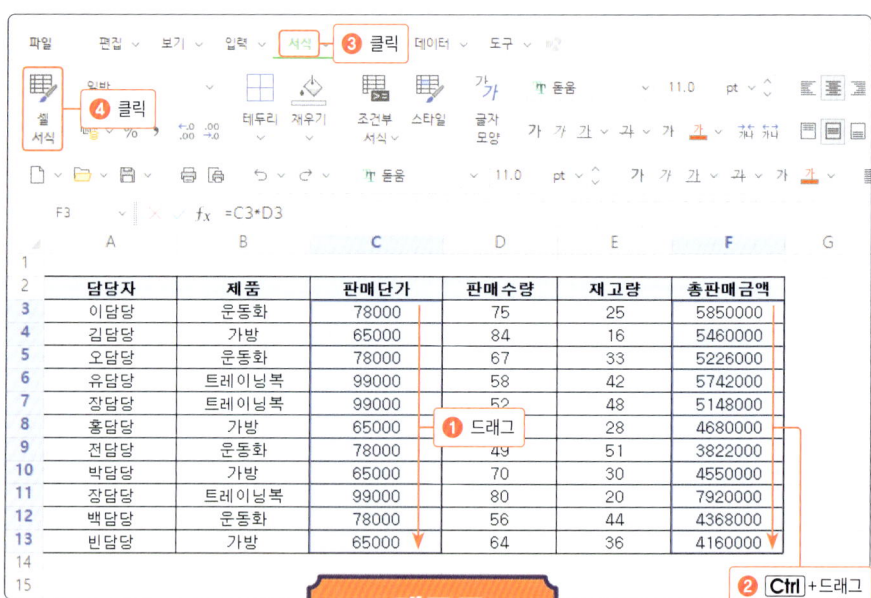

⑥ [셀 서식] 대화상자가 나오면 [표시 형식] 탭의 [구분]–'사용자 정의'를 클릭한 후 [유형]–'#,##0"원"'을 입력한 다음 〈설정〉 단추를 클릭합니다.

⑦ 빈 셀 아무곳을 클릭하여 범위 지정을 해제한 후 [도구] 탭에서 '기록 중지(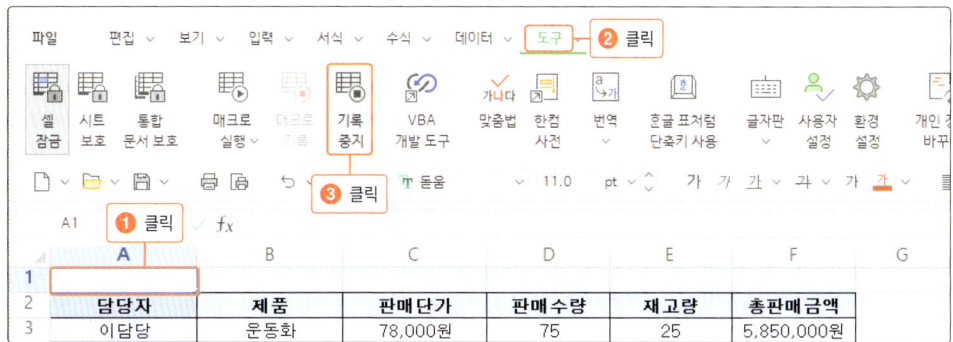)'를 클릭하여 매크로 기록을 중지합니다.

05 매크로 지정하기

① 도형을 선택한 후 도형 위에서 마우스 오른쪽 단추를 눌러 바로 가기 메뉴가 나오면 [매크로 지정]을 클릭합니다.

② [매크로 지정] 대화상자가 나오면 [매크로 이름]-'매크로'를 클릭한 후 〈확인〉 단추를 클릭합니다.

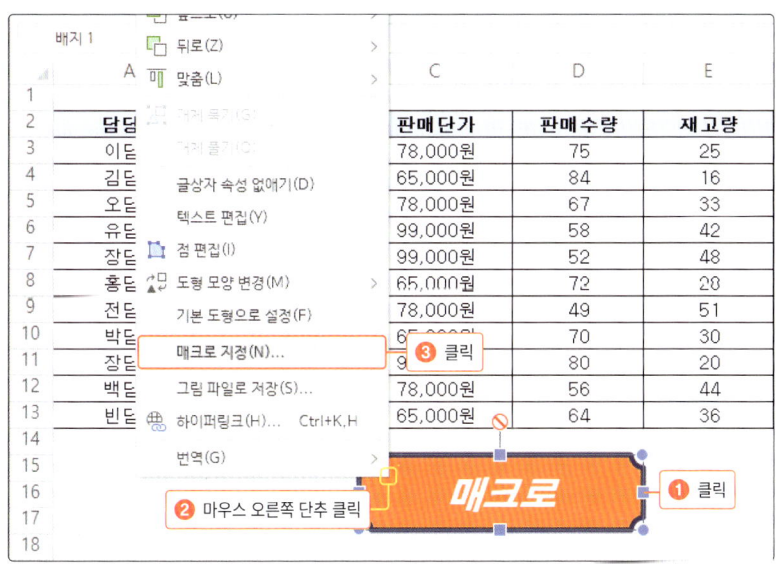
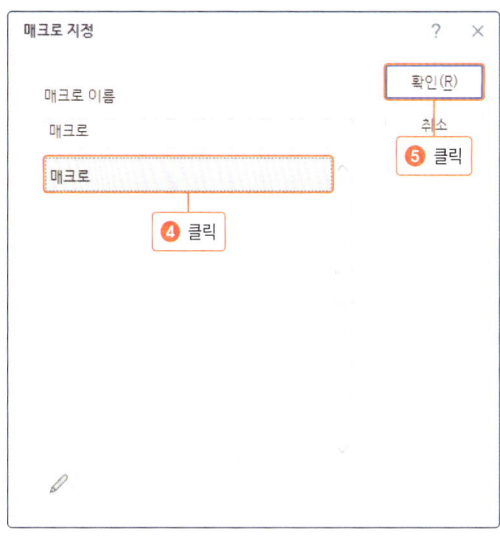

③ 도형을 클릭하면 매크로가 작동합니다.

> **TIP** 매크로 보안 설정하기 : 도구 – 매크로 실행 – 보안 설정 – 보통 혹은 낮음으로 설정하여야 한셀에서 매크로가 실행됩니다.

④ 모든 작업이 끝나면 [파일]-[저장하기](Ctrl+S) 또는 [서식] 도구 상자에서 '저장하기( )'를 클릭합니다.
   ※ 실제 시험을 볼 때 작업 도중에 수시로(10분에 한 번 정도) 저장을 하는 것이 좋습니다.

매크로 작성

 01 "매크로" 시트를 참조하여 다음 《처리조건》에 맞도록 작업하시오. (30점)

• 소스 파일 : [출제유형 07]-정복07_문제01.cell   • 정답 파일 : [출제유형 07]-정복07_정답01.cell

《출력형태 - 매크로》

	A	B	C	D	E	F
2	고객명	보험사	대물	대인	차량	합계
3	이고객	안전보험	236,000	175,000	195,000	606,000
4	김고객	행복보험	185,400	186,000	193,000	564,400
5	허고객	행복보험	265,000	192,000	182,000	639,000
6	진고객	가족보험	287,000	176,000	210,000	673,000
7	설고객	안전보험	285,000	181,000	205,000	671,000
8	박고객	가족보험	217,000	187,000	199,000	603,000
9	최고객	행복보험	243,000	179,000	215,000	637,000
10	장고객	안전보험	198,000	191,000	200,000	589,000
11	오고객	가족보험	205,000	170,000	197,000	572,000
12	변고객	안전보험	267,000	185,000	189,000	641,000
13	심고객	행복보험	243,000	180,000	185,000	608,000

[C15:D17] 영역에 "매크로" 도형

《처리조건》

▶ "매크로" 시트의 [A2:F13] 영역에 가운데 맞춤, 테두리(안쪽, 윤곽선 모두 실선), [A2:F2] 영역에 채우기(초록 60% 밝게), 글꼴(진하게), [C3:F13] 영역에 셀 서식의 표시 형식-숫자를 이용하여 1000단위 구분 기호를 표시하는 매크로를 기록하고 작성한 도형에 매크로를 지정하시오.

  - 도형 : 사각형의 "모서리가 둥근 직사각형"을 [C15:D17]에 위치
  - 도형 서식 : 도형 채우기(강조 5 초록), 선 색(강조 6 보라), 선 굵기 : 3.5pt, 텍스트 맞춤(가로 : 가운데 정렬, 세로 : 중간)
  - 도형 글꼴 : 텍스트 입력("매크로"), 글꼴(궁서체, 24pt, 기울임), 글자 색(하양)
  - 매크로 이름 : "매크로"

▶ 지시사항이 없는 경우는 《출력형태 - 매크로》와 동일하게 작성하시오.

02 "매크로" 시트를 참조하여 다음《처리조건》에 맞도록 작업하시오. (30점)

• 소스 파일 : [출제유형 07]-정복07_문제02.cell   • 정답 파일 : [출제유형 07]-정복07_정답02.cell

《출력형태 - 매크로》

부서명	직원명	직급	급여	연말상여금	상여금지급율
영업부	임과장	과장	3,525,000	2,643,750	0.75
자재부	김대리	대리	2,737,000	1,642,200	0.6
총무부	오사원	사원	2,623,000	1,311,500	0.5
총무부	정대리	대리	2,829,000	1,697,400	0.6
자재부	박과장	과장	3,746,000	2,809,500	0.75
경리부	이대리	대리	2,590,000	1,554,000	0.6
경리부	정사원	사원	2,510,000	1,255,000	0.5
영업부	염사원	사원	2,405,000	1,202,500	0.5
총무부	변과장	과장	3,360,000	2,520,000	0.75
자재부	윤사원	사원	2,424,000	1,212,000	0.5
영업부	유대리	대리	2,855,000	1,713,000	0.6

[도형: 매크로]

《처리조건》

▶ "매크로" 시트의 [A2:F13] 영역에 가운데 맞춤, 테두리(안쪽, 윤곽선 모두 실선), [A2:F2] 영역에 채우기(노랑 40% 밝게), 글꼴(신하게), [D3:E13] 영역에 셀 서식의 표시 형식-숫자를 이용하여 1000단위 구분 기호를 표시하는 매크로를 기록하고 작성한 도형에 매크로를 지정하시오.

  - 도형 : 기본 도형의 "육각형"을 [C15:D17]에 위치
  - 도형 서식 : 도형 스타일(보통 효과 – 강조 4), 텍스트 맞춤(가로 : 가운데 정렬, 세로 : 중간)
  - 도형 글꼴 : 텍스트 입력("매크로"), 글꼴(돋움체, 22pt, 진하게, 기울임), 글자 색(검정)
  - 매크로 이름 : "매크로"

▶ 지시사항이 없는 경우는《출력형태 – 매크로》와 동일하게 작성하시오.

출제유형 08 피벗 테이블

- ☑ 피벗 테이블 작성하기
- ☑ 피벗 테이블 보고서 레이아웃 및 서식 지정하기

문제 미리보기

소스 파일 : [출제유형 08]-유형08_문제.cell   정답 파일 : [출제유형 08]-유형08_정답.cell

피벗 테이블 작성

【문제 4】 "피벗테이블" 시트를 참조하여 다음 《처리조건》에 맞도록 작업하시오. (30점)

《출력형태》

	A	B	C	D	E
1					
2					
3			제품 ▼		
4	담당자 ▼	데이터 ▼	가방	운동화	트레이닝복
5	박담당	평균 : 판매수량	70세트	***	***
6		평균 : 재고량	30세트	***	***
7	유담당	평균 : 판매수량	***	***	58세트
8		평균 : 재고량	***	***	42세트
9	이담당	평균 : 판매수량	***	75세트	***
10		평균 : 재고량	***	25세트	***
11	홍담당	평균 : 판매수량	72세트	***	***
12		평균 : 재고량	28세트	***	***
13	전체 평균 : 판매수량		71세트	75세트	58세트
14	전체 평균 : 재고량		29세트	25세트	42세트
15					
16					

《처리조건》

▶ "피벗테이블" 시트의 [A2:F13]을 이용하여 새로운 시트에 《출력형태》와 같이 피벗테이블을 작성 후 시트명을 "피벗 테이블 정답"으로 수정하시오.

▶ 담당자(행)와 제품(열)을 기준으로 하여 출력형태와 같이 구하시오.
 - '판매수량', '재고량'의 평균을 구하시오.
 - 피벗 테이블 설정을 이용하여 빈 셀을 "***"로 표시하고, 행의 총합계를 감추기 하시오.
 - 피벗 테이블 디자인에서 보고서 레이아웃은 '테이블 형식으로 표시'로 표시하시오.
 - 담당자(행)은 "박담당", "유담당", "이담당", "홍담당"만 출력되도록 표시하시오.
 - [C5:E14] 데이터는 셀 서식의 표시형식-사용자 정의를 이용하여 #"세트"자를 추가하고, 텍스트는 오른쪽으로 맞춤 하시오.

▶ 담당자의 순서는 《출력형태》와 다를 수 있음

▶ 지시사항이 없는 경우는 《출력형태》와 동일하게 작성하시오.

01 피벗 테이블 만들기

▶ 담당자(행)와 제품(열)을 기준으로 하여 출력형태와 같이 구하시오.
- '판매수량', '재고량'의 평균을 구하시오.

① [파일]-[불러오기](Ctrl+O)를 클릭한 후 [불러오기] 대화상자가 나오면 '유형08_문제.cell' 파일을 불러와 **"피벗테이블"** 시트를 선택합니다.

② [A2] 셀을 클릭한 후 [데이터] 탭에서 '피벗 테이블( )'을 클릭합니다.

③ [피벗 테이블] 대화상자가 나오면 [범위]-'피벗테이블!$A$2:$F$13'을 확인합니다. [피벗 테이블 넣을 위치 선택]-[새 워크시트]-[이름]-**'피벗테이블 정답'**을 입력한 후 〈실행〉 단추를 클릭합니다.

④ 새로운 워크시트가 삽입되면 워크시트 오른쪽의 [피벗 테이블 필드 목록] 창에서 [보고서에 추가할 필드 선택 :] 항목 중 '담당자' 필드를 [행 영역]으로 드래그합니다.

⑤ '제품' 필드를 [열 영역]으로 드래그한 후 '판매수량', '재고량' 필드를 [N 데이터 영역]으로 드래그합니다.

⑥ [열 영역]의 'N 데이터'를 [행 영역]으로 드래그합니다.

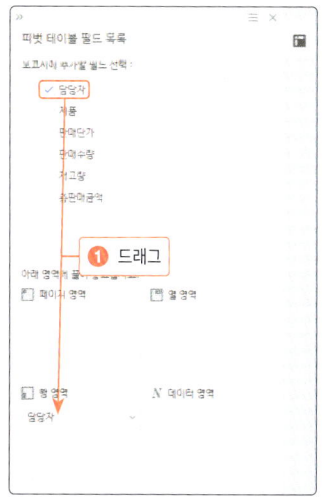
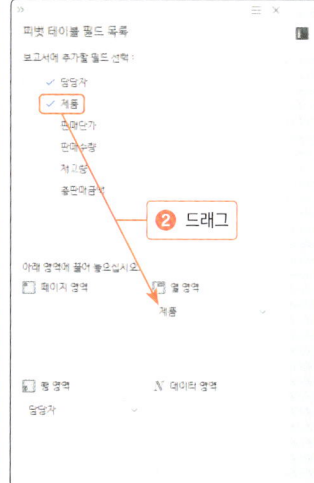
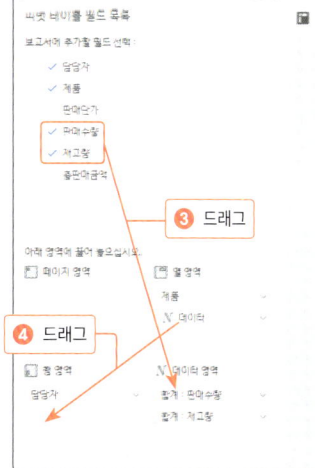
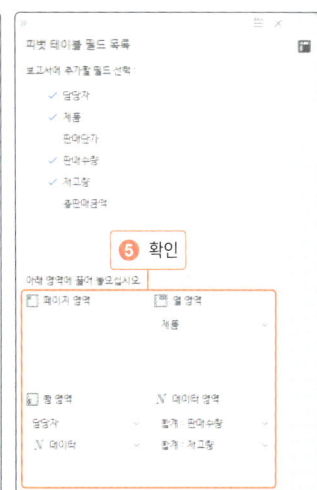

❼ [N 데이터 영역]의 '합계 : 판매수량'을 클릭한 후 [필드 설정]을 클릭합니다.

❽ [피벗 테이블 필드] 대화상자가 나오면 [사용할 함수]–'평균'을 클릭한 후 〈확인〉 단추를 클릭합니다.

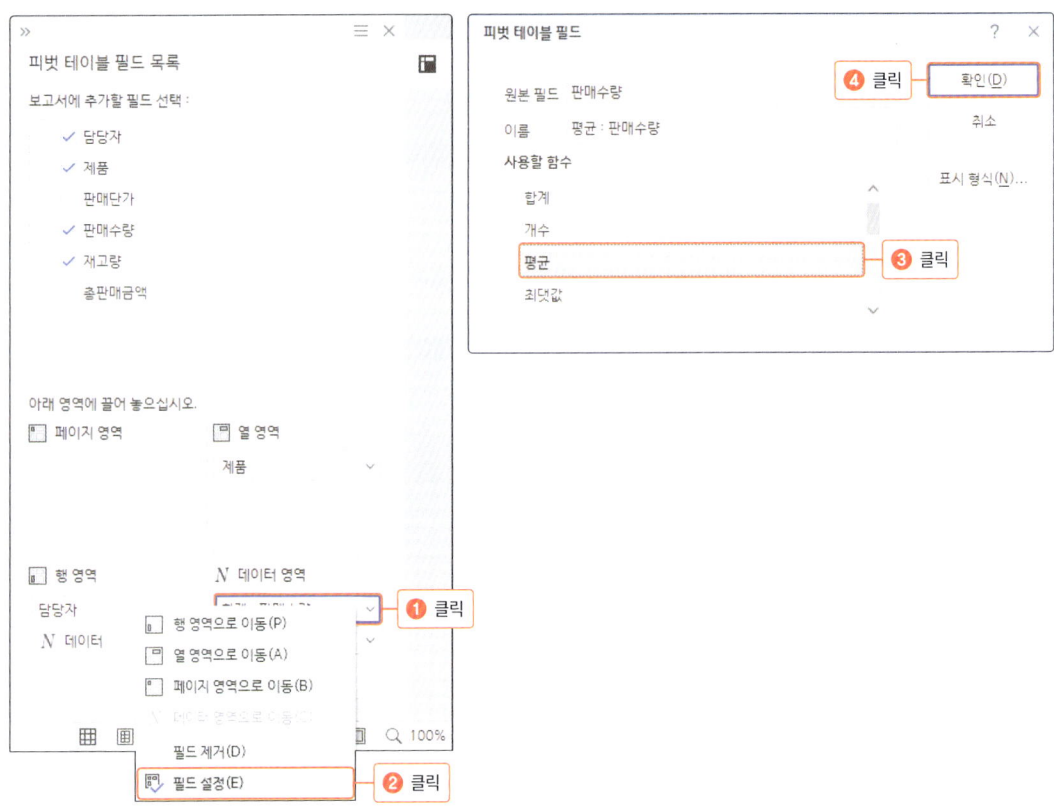

❾ 같은 방법으로 '재고량' 필드도 '피벗 테이블 필드'에서 사용할 함수에 '평균'을 선택합니다.

❿ 다음과 같이 피벗 테이블이 작성된 것을 확인합니다.

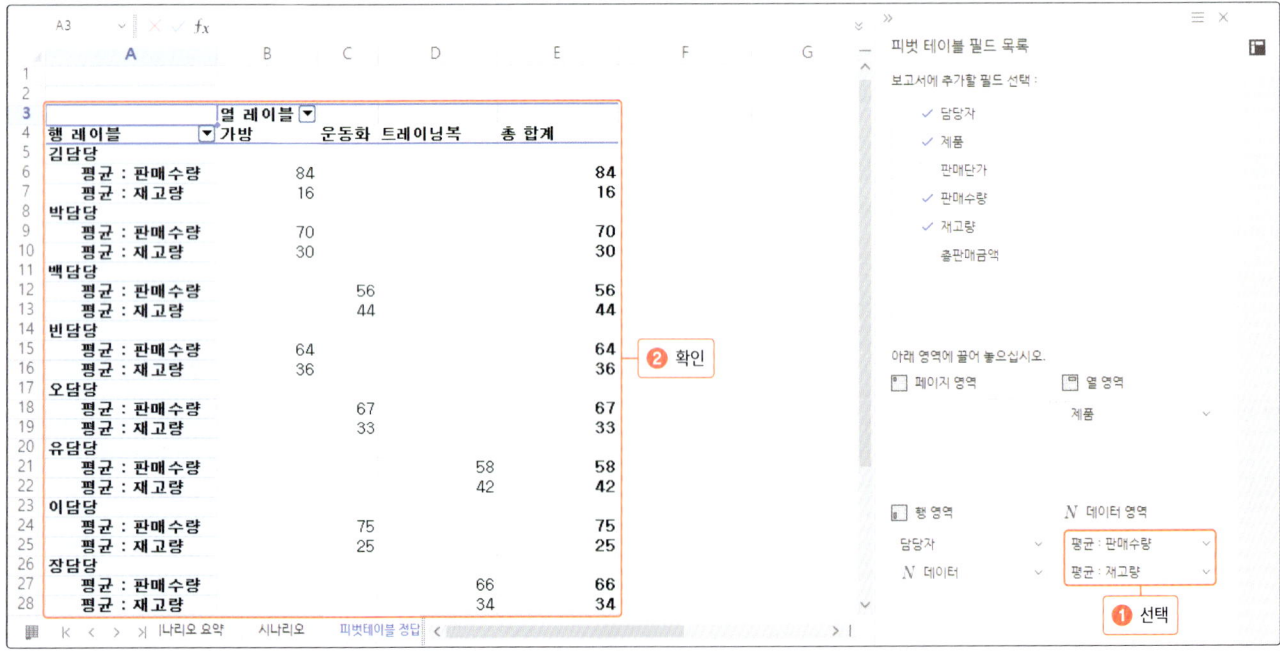

피벗 테이블 설정하기

- 피벗 테이블 설정을 이용하여 빈 셀을 "***"로 표시하고, 행의 총합계를 감추기 하시오.
- 피벗 테이블 디자인에서 보고서 레이아웃은 '테이블 형식으로 표시'로 표시하시오.
- 담당자(행)은 "박담당", "유담당", "이담당", "홍담당"만 출력되도록 표시하시오.

① 작성된 피벗 테이블 내에 특정 셀이 선택된 상태에서 [피벗 테이블] 탭에서 '피벗 테이블 설정'을 클릭합니다.

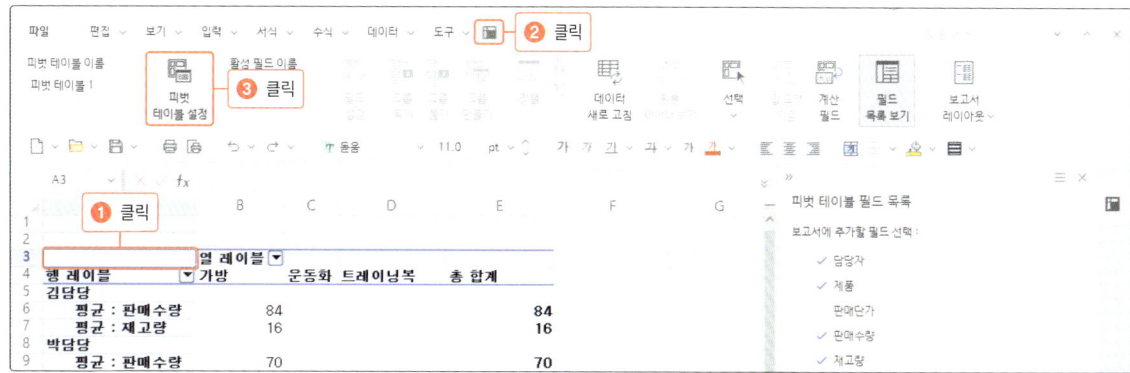

② [피벗 테이블 설정] 대화상자가 나오면 [레이아웃 및 서식] 탭에서 [서식]-[빈 셀 표시]-'***'을 입력한 후 [표시] 탭에서 [총 합계]-'행의 총 합계'를 클릭하여 체크 표시를 해제한 다음 〈확인〉 단추를 클릭합니다.

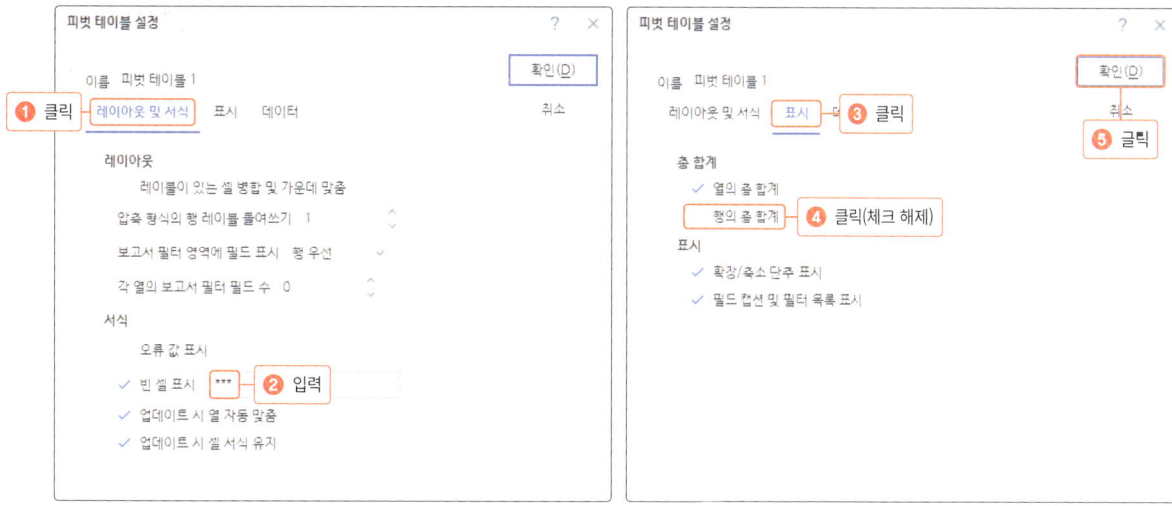

③ [피벗 테이블] 탭에서 [보고서 레이아웃]-'테이블 형식으로 표시'를 클릭합니다.

④ 피벗 테이블의 [행 영역]에서 '담당자' 필드의 목록(▼) 단추를 클릭합니다. 이어서 '(모두 표시)'를 마우스로 클릭하여 체크 표시를 취소하고 '**박담당**', '**유담당**', '**이담당**', '**홍담당**'만 선택한 후 〈설정〉 단추를 클릭합니다.

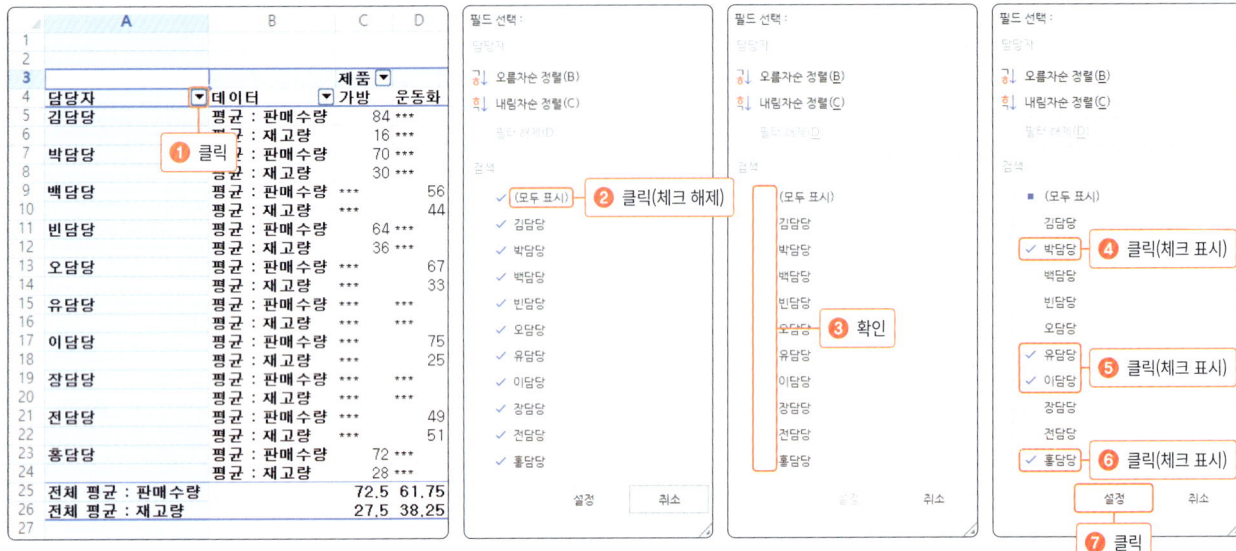

⑤ 다음과 같이 [행 영역]에 선택한 필드만 표시됩니다.

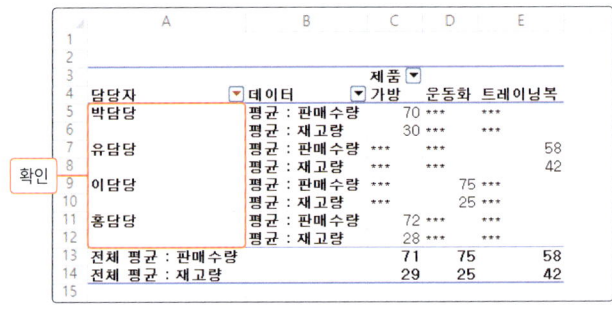

03 서식 지정하기

- [C5:E14] 데이터는 셀 서식의 표시형식-사용자 정의를 이용하여 #"세트"자를 추가하고, 텍스트는 오른쪽으로 맞춤하시오.

① [C5:E14] 영역을 드래그한 후 [편집] 탭에서 '**셀 서식**'을 클릭합니다.(셀 서식 바로 가기 키 : Ctrl + 1)

② [셀 서식] 대화상자가 나오면 [표시 형식] 탭에서 [구분]-'**사용자 정의**'를 클릭한 후 [유형]-'**#"세트"**'를 입력합니다.

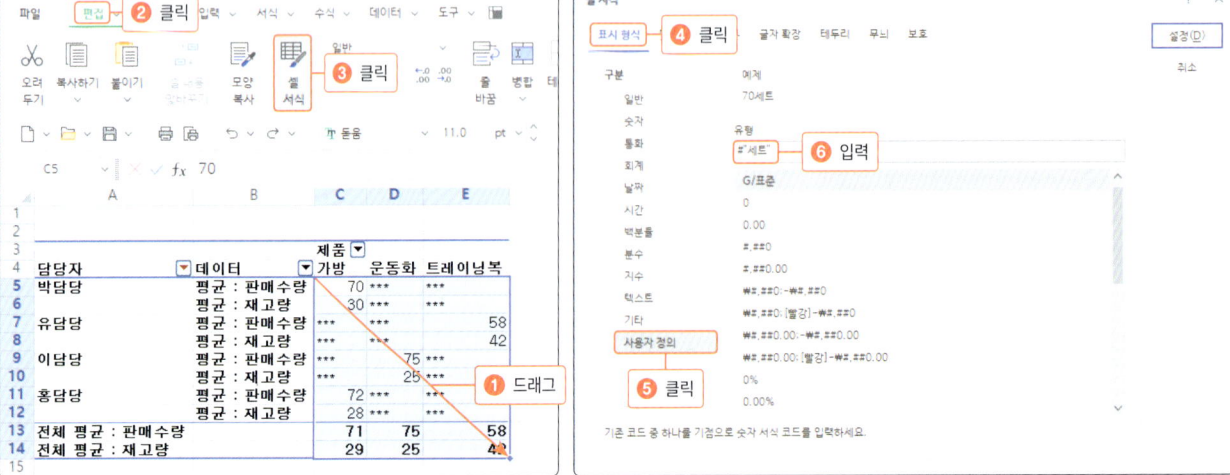

출제유형 08　116　피벗 테이블

❸ [셀 서식] 대화상자의 [맞춤] 탭에서 [텍스트 맞춤]-[가로]-'오른쪽'을 선택한 후 〈설정〉 단추를 클릭합니다.

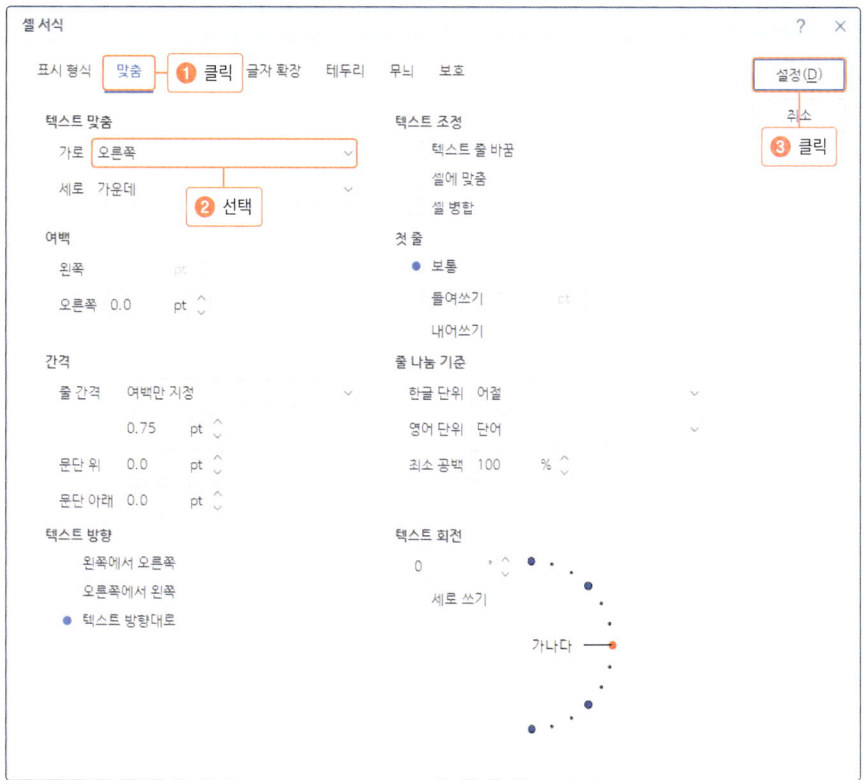

❹ 피벗 테이블이 완성되면 《출력형태》를 참조하여 열 너비를 조절합니다.

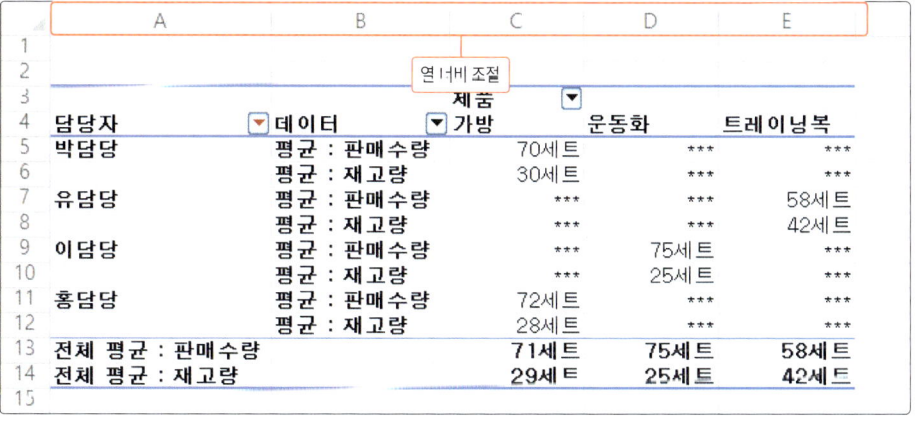

❺ 모든 작업이 끝나면 [파일]-[저장하기](Ctrl + S) 또는 [서식] 도구 상자에서 '저장하기(🖫)'를 클릭합니다.

※ 실제 시험을 볼 때 작업 도중에 수시로(10분에 한 번 정도) 저장을 하는 것이 좋습니다.

피벗 테이블

  "피벗테이블" 시트를 참조하여 다음 《처리조건》에 맞도록 작업하시오. (30점)

· 소스 파일 : [출제유형 08]-정복08_문제01.cell   · 정답 파일 : [출제유형 08]-정복08_정답01.cell

《출력형태》

	A	B	C	D	E
3			보험사		
4	고객명	데이터	가족보험	안전보험	행복보험
5	김고객	평균 : 대물	***	***	₩185,400
6		평균 : 대인	***	***	₩186,000
7		평균 : 차량	***	***	₩193,000
8	변고객	평균 : 대물	***	₩267,000	***
9		평균 : 대인	***	₩185,000	***
10		평균 : 차량	***	₩189,000	***
11	오고객	평균 : 대물	₩205,000	***	***
12		평균 : 대인	₩170,000	***	***
13		평균 : 차량	₩197,000	***	***
14	이고객	평균 : 대물	***	₩236,000	***
15		평균 : 대인	***	₩175,000	***
16		평균 : 차량	***	₩195,000	***
17	허고객	평균 : 대물	***	***	₩265,000
18		평균 : 대인	***	***	₩192,000
19		평균 : 차량	***	***	₩182,000
20	전체 평균 : 대물		₩205,000	₩251,500	₩225,200
21	전체 평균 : 대인		₩170,000	₩180,000	₩189,000
22	전체 평균 : 차량		₩197,000	₩192,000	₩187,500

《처리조건》

▶ "피벗테이블" 시트의 [A2:F13]을 이용하여 새로운 시트에 《출력형태》와 같이 피벗테이블을 작성 후 시트명을 "피벗테이블 정답"으로 수정하시오.

▶ 고객명(행)과 보험사(열)를 기준으로 하여 출력형태와 같이 구하시오.
- '대물', '대인', '차량'의 평균을 구하시오.
- 피벗 테이블 설정을 이용하여 행의 총 합계를 표시하지 않게 설정하고, 빈 셀을 "***"로 설정하시오.
- 피벗 테이블 디자인에서 보고서 레이아웃은 '테이블 형식으로 표시'로 표시하시오.
- 고객명(행)은 "김고객", "변고객", "오고객", "이고객", "허고객"만 출력되도록 표시하시오.
- [C5:E22] 데이터는 셀 서식의 표시형식-통화를 이용하여 기호(₩)를 표시하고, 텍스트는 오른쪽 맞춤하시오.

▶ 고객명 항목의 순서는 《출력형태》와 다를 수 있음

▶ 지시사항이 없는 경우는 《출력형태》와 동일하게 작성하시오.

02 "피벗테이블" 시트를 참조하여 다음 《처리조건》에 맞도록 작업하시오. (30점)

• 소스 파일 : [출제유형 08]-정복08_문제02.cell　　• 정답 파일 : [출제유형 08]-정복08_정답02.cell

《출력형태》

	A	B	C	D	E	F
1						
2			부서명 ▼			
3	직원명 ▼	데이터 ▼	경리부	영업부	자재부	총무부
4	변과장	평균 : 급여	***	***	***	₩3,360,000
5		평균 : 연말상여금	***	***	***	₩2,520,000
6	오사원	평균 : 급여	***	***	***	₩2,623,000
7		평균 : 연말상여금	***	***	***	₩1,311,500
8	윤사원	평균 : 급여	***	***	₩2,424,000	***
9		평균 : 연말상여금	***	***	₩1,212,000	***
10	임과장	평균 : 급여	***	₩3,525,000	***	***
11		평균 : 연말상여금	***	₩2,643,750	***	***
12	정사원	평균 : 급여	₩2,510,000	***	***	***
13		평균 : 연말상여금	₩1,255,000	***	***	***
14	전체 평균 : 급여		₩2,510,000	₩3,525,000	₩2,424,000	₩2,991,500
15	전체 평균 : 연말상여금		₩1,255,000	₩2,643,750	₩1,212,000	₩1,915,750

《처리조건》

▶ "피벗테이블" 시트의 [A2:F13]을 이용하여 새로운 시트에 《출력형태》와 같이 피벗테이블을 작성 후 시트명을 "피벗테이블 정답"으로 수정하시오.

▶ 직원명(행)과 부서명(열)을 기준으로 하여 출력형태와 같이 구하시오.
　- '급여', '연말상여금'의 평균을 구하시오.
　- 피벗 테이블 설정을 이용하여 행의 총 합계를 표시하지 않게 설정하고, 빈 셀을 "***"로 설정하시오.
　- 피벗 테이블 디자인에서 보고서 레이아웃은 '테이블 형식으로 표시'으로 표시하시오.
　- 직원명(행)은 "변과장", "오사원", "윤사원", "임과정", "정사원"만 출력되도록 표시하시오.
　- [C5:F16] 데이터는 셀 서식의 표시형식-통화를 이용하여 기호(₩)를 표시하고, 텍스트는 오른쪽으로 맞춤하시오.

▶ 직원명 항목의 순서는 《출력형태》와 다를 수 있음

▶ 지시사항이 없는 경우는 《출력형태》와 동일하게 작성하시오.

03 "피벗테이블" 시트를 참조하여 다음 《처리조건》에 맞도록 작업하시오. (30점)

• 소스 파일 : [출제유형 08]-정복08_문제03.cell   • 정답 파일 : [출제유형 08]-정복08_정답03.cell

《출력형태》

	A	B	C	D	E	F
1						
2						
3			선택과목 ▼			
4	학생 ▼	데이터 ▼	과학	체육	컴퓨터	
5	김학생	평균 : 국어	96.00	---	---	
6		평균 : 영어	89.00	---	---	
7		평균 : 수학	90.00	---	---	
8	선학생	평균 : 국어	92.00	---	---	
9		평균 : 영어	87.00	---	---	
10		평균 : 수학	92.00	---	---	
11	장학생	평균 : 국어	---	94.00	---	
12		평균 : 영어	---	76.00	---	
13		평균 : 수학	---	91.00	---	
14	정학생	평균 : 국어	---	---	88.00	
15		평균 : 영어	---	---	90.00	
16		평균 : 수학	---	---	75.00	
17	홍학생	평균 : 국어	---	77.00	---	
18		평균 : 영어	---	85.00	---	
19		평균 : 수학	---	81.00	---	
20	전체 평균 : 국어		94.00	85.50	88.00	
21	전체 평균 : 영어		88.00	80.50	90.00	
22	전체 평균 : 수학		91.00	86.00	75.00	
23						

《처리조건》

▶ "피벗테이블" 시트의 [A2:F13]을 이용하여 새로운 시트에 《출력형태》와 같이 피벗테이블을 작성 후 시트명을 "피벗테이블 정답"으로 수정하시오.

▶ 학생(행)과 선택과목(열)을 기준으로 하여 출력형태와 같이 구하시오.
 – '국어', '영어', '수학'의 평균을 구하시오.
 – 피벗 테이블 설정을 이용하여 행의 총 합계를 표시하지 않게 설정하고, 빈 셀을 "---"로 설정하시오.
 – 피벗 테이블 디자인에서 보고서 레이아웃은 '테이블 형식으로 표시'로 표시하시오.
 – 학생(행)은 "김학생", "선학생", "장학생", "정학생", "홍학생"만 출력되도록 표시하시오.
 – [C5:E22] 데이터는 셀 서식의 표시형식-숫자를 이용하여 소수 둘째 자리까지 표시하고, 텍스트는 오른쪽 맞춤하시오.

▶ 학생의 순서는 《출력형태》와 다를 수 있음

▶ 지시사항이 없는 경우는 《출력형태》와 동일하게 작성하시오.

04 "피벗테이블" 시트를 참조하여 다음《처리조건》에 맞도록 작업하시오. (30점)

• 소스 파일 : [출제유형 08]-정복08_문제04.cell   • 정답 파일 : [출제유형 08]-정복08_정답04.cell

《출력형태》

	A	B	C	D	E
1					
2					
3			제조국		
4	상품코드	데이터	베트남	중국	한국
5	HI-003	평균 : 단가	₩125,000	***	***
6		평균 : 매출액	₩81,500,000	***	***
7	RU-001	평균 : 단가	***	***	₩135,000
8		평균 : 매출액	***	***	₩73,980,000
9	RU-004	평균 : 단가	₩125,000	***	***
10		평균 : 매출액	₩76,500,000	***	***
11	TR-001	평균 : 단가	***	***	₩154,000
12		평균 : 매출액	***	***	₩75,306,000
13	TR-004	평균 : 단가	***	₩136,000	***
14		평균 : 매출액	***	₩64,600,000	***
15	전체 평균 : 단가		₩125,000	₩136,000	₩144,500
16	전체 평균 : 매출액		₩79,000,000	₩64,600,000	₩74,643,000
17					

《처리조건》

▶ "피벗테이블" 시트의 [A2:F13]을 이용하여 새로운 시트에《출력형태》와 같이 피벗테이블을 작성 후 시트명을 "피벗테이블 정답"으로 수정하시오.

▶ 상품코드(행)와 제조국(열)을 기준으로 하여 출력형태와 같이 구하시오.
  – '단가', '매출액'의 평균을 구하시오.
  – 피벗 테이블 설정을 이용하여 행의 총 합계를 표시하지 않게 설정하고, 빈 셀을 '***'로 설정하시오.
  – 피벗 테이블 디자인에서 보고서 레이아웃은 '테이블 형식으로 표시'으로 표시하시오.
  – 상품코드(행)은 "HI-003", "RU-001", "RU-004", "TR-001", "TR-004"만 출력되도록 표시하시오.
  – [C5:E16] 데이터는 셀 서식의 표시형식-통화를 이용하여 기호(₩)를 표시하고, 텍스트는 오른쪽으로 맞춤하시오.

▶ 상품코드의 순서는《출력형태》와 다를 수 있음

▶ 지시사항이 없는 경우는《출력형태》와 동일하게 작성하시오.

출제유형 09 차트 작성

PART 02 출제유형 완전정복

문제 풀이

- ☑ 차트 만들고 이동하기
- ☑ 차트 서식 지정하기
- ☑ 데이터 레이블 추가하기

문제 미리보기

소스 파일 : [출제유형 09]-유형09_문제.cell   정답 파일 : [출제유형 09]-유형09_정답.cell

차트 작성

【문제 5】 "차트" 시트를 참조하여 다음 《처리조건》에 맞도록 작업하시오. (30점)

《출력형태》

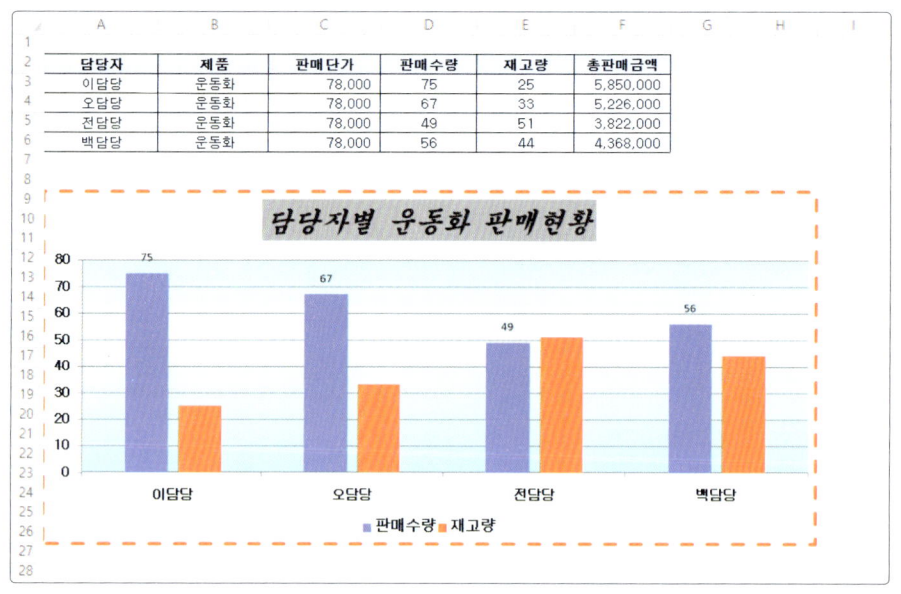

《처리조건》

▶ "차트" 시트에 주어진 표를 이용하여 '묶은 세로 막대형' 차트를 작성하시오.
  – 데이터 범위 : 현재 시트 [A2:A6], [D2:E6]의 데이터를 이용하여 작성하고, 행/열 전환은 '열'로 지정
  – 차트 위치 : 현재 시트에 [A9:H26] 크기에 정확하게 맞추시오.
  – 차트 스타일 : 색1 – 스타일6
  – 제목 위치 : 위쪽 표시
  – 범례 위치 : 아래쪽 표시
  – 축 이름표 모양 : 가로 항목 축 및 세로 값 축 글꼴(굴림, 11pt, 진하게)
  – 범례 모양 : 글꼴(돋움, 12pt, 진하게)
  – 차트 배경 : 선 종류 : 파선, 끝 모양 : 원형, 굵기 : 3pt, 모서리 모양 : 곡선형, 겹선 종류 : 단순형, 선 색 : 강조 2 주황
  – 제목 모양 : 차트 제목("담당자별 운동화 판매현황"), 글꼴(궁서체, 22pt, 진하게, 기울임),
             채우기(단색– 색 : 강조 3 시멘트색)
  – 그림 영역 속성 : 채우기 : 그러데이션(유형 : 솜사탕 2, 종류 : 선형, 방향 : 선형 – 아래쪽에서)
  – 데이터 레이블 추가 : '판매수량' 계열에 "값" 표시

▶ 지시사항이 없는 경우는 《출력형태》와 동일하게 작성하시오.

차트 만들기

▶ "차트" 시트에 주어진 표를 이용하여 '묶은 세로 막대형' 차트를 작성하시오.
– 데이터 범위 : 현재 시트 [A2:A6], [D2:E6]의 데이터를 이용하여 작성하고, 행/열 전환은 '열'로 지정
– 차트 위치 : 현재 시트에 [A9:H26] 크기에 정확하게 맞추시오.

❶ [파일]–[불러오기](Ctrl+O)를 클릭한 후 [불러오기] 대화상자가 나오면 '유형09_문제.cell' 파일을 불러와 "차트" 시트를 선택합니다.

❷ [A2:A6] 영역을 드래그한 후 Ctrl 키를 누른 상태에서 [D2:E6] 영역을 드래그합니다.

❸ [입력] 탭에서 [세로 막대형]–[2차원 세로 막대형]–'묶은 세로 막대형'을 클릭합니다.

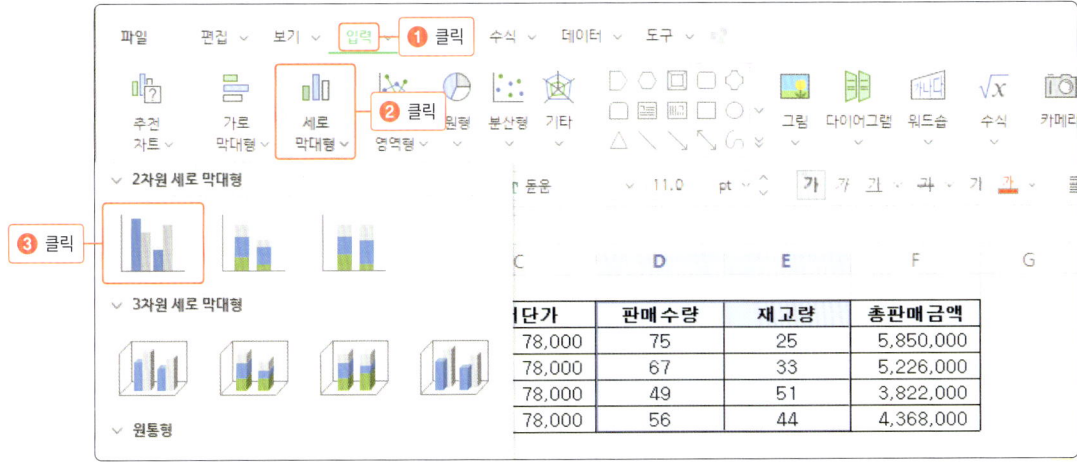

❹ 차트가 삽입되면 차트를 [A9:H26] 영역에 맞게 크기를 조절하기 위해서 [차트 서식( )] 탭에서 [맞춤( )]–[자석 효과]–'눈금에 맞춤'을 클릭합니다.

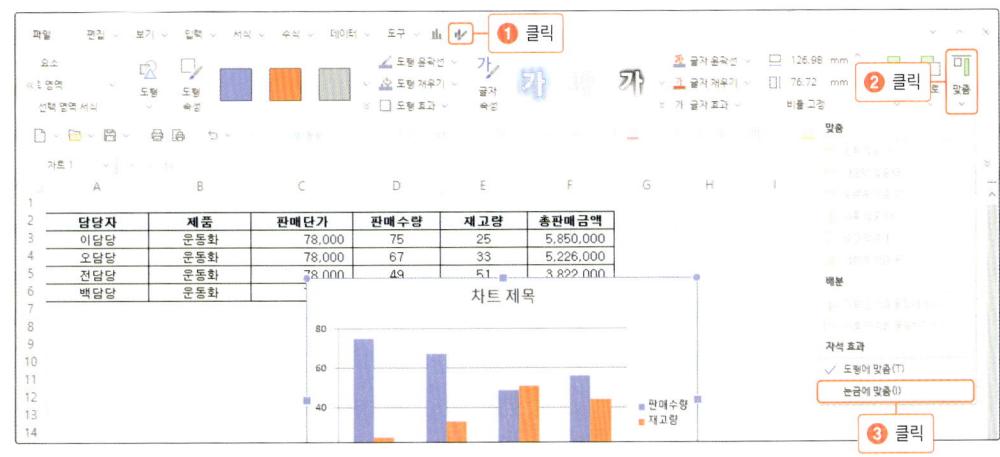

⑤ 차트를 [A10:G25] 영역에 맞게 위치와 크기를 조절합니다.

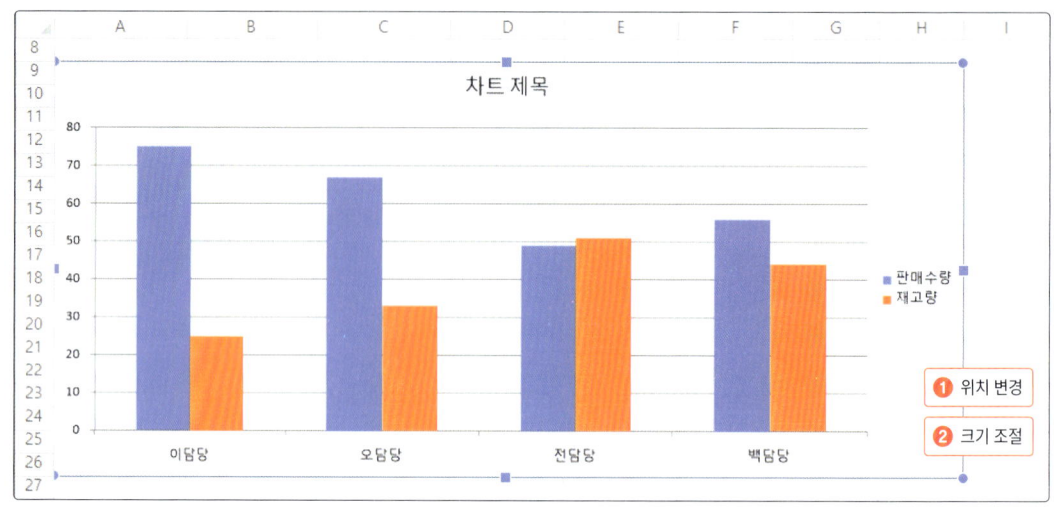

TIP 차트의 구성 요소

① 차트 배경
② 차트 제목
③ 세로 값 축
④ 세로 값 축 제목
⑤ 가로 항목 축
⑥ 가로 항목 축 제목
⑦ 범례
⑧ 계열
⑨ 데이터 레이블

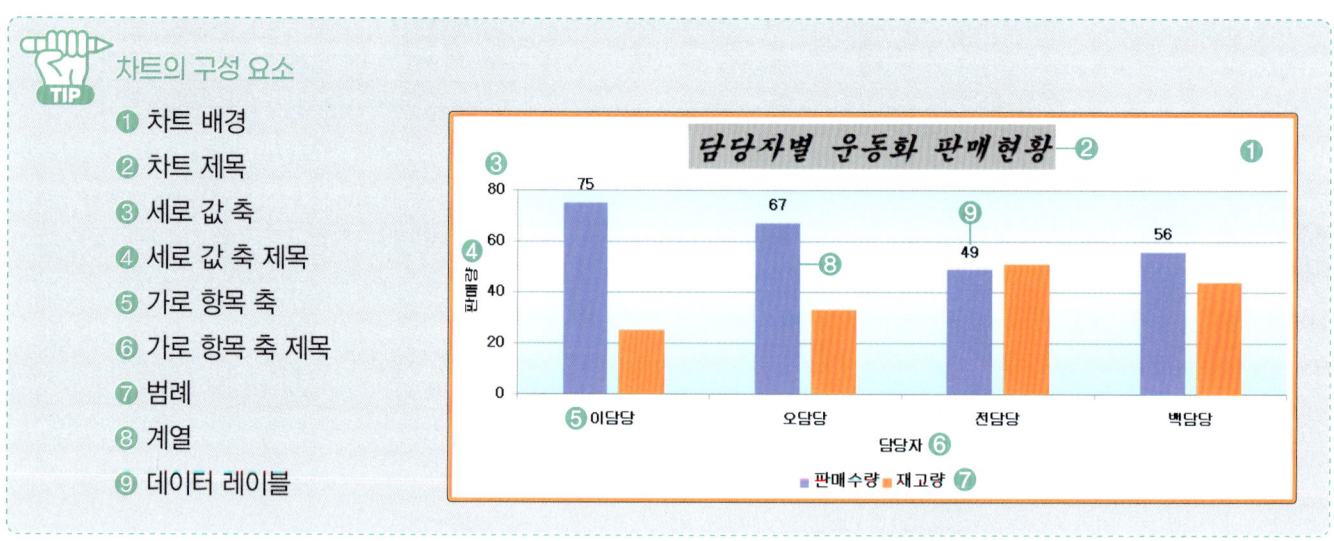

02 차트 스타일 및 제목 위치, 범례 위치 지정하기

- 차트 스타일 : 색1 – 스타일 6
- 제목 위치 : 위쪽 표시
- 범례 위치 : 아래쪽 표시

① 차트를 선택한 상태에서 [차트 디자인(📊)] 탭에서 [차트 계열식 바꾸기]-[색상 조합]-'색1'을 클릭합니다.

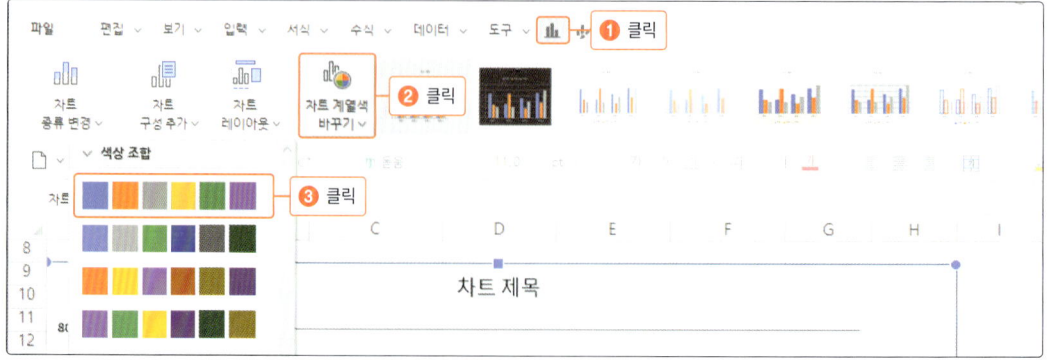

❷ 차트를 선택한 상태에서 [차트 디자인( )] 탭에서 [차트 스타일]-'스타일6( )'을 클릭합니다.

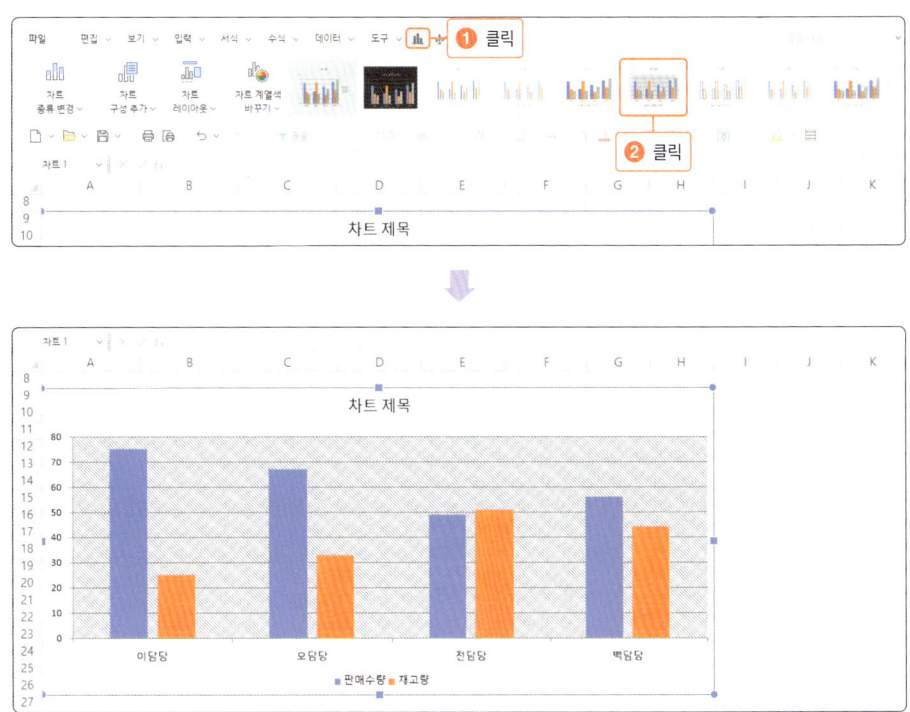

❸ 차트 스타일을 지정한 후 차트 제목 및 범례 위치를 확인합니다.

※ 차트 제목 및 범례의 위치가 다를 경우 [차트 디자인( )] 탭에서 [차트 구성 추가]-[차트 제목] 및 [범례]에서 위치를 지정합니다.

03 축 이름표 모양 및 범례 모양 변경하기

- 축 이름표 모양 : 가로 항목 축 및 세로 값 축 글꼴(굴림, 11pt, 진하게)
- 범례 모양 : 글꼴(돋움, 12pt, 진하게)

❶ 차트의 '세로 값 축'을 클릭한 후 마우스 오른쪽 단추를 눌러 바로 가기 메뉴가 나오면 [글자 모양 편집]을 클릭합니다. 이어서, [차트 글자 모양] 대화상자가 나오면 '한글 글꼴(굴림), 영문 글꼴(굴림), 크기(11pt), 진하게( )'를 지정한 후 〈설정〉 단추를 클릭합니다.

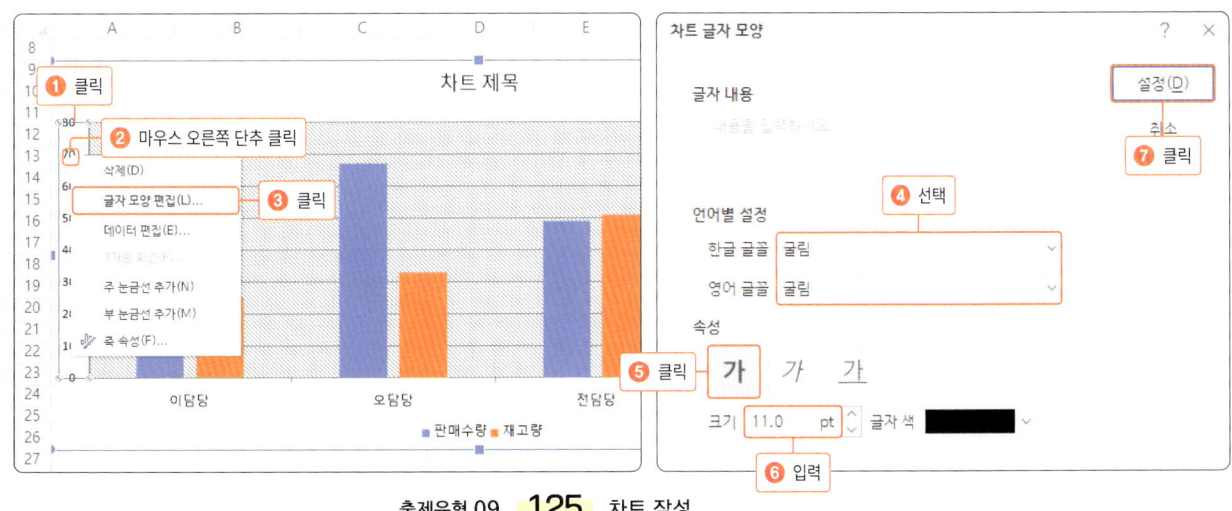

② 차트의 '**가로 축 항목**'를 클릭한 후 마우스 오른쪽 단추를 눌러 바로 가기 메뉴가 나오면 [**글자 모양 편집**]을 클릭합니다. 이어서, [차트 글자 모양] 대화상자가 나오면 '**한글 글꼴(굴림), 영문 글꼴(굴림), 크기(11pt), 진하게(가)**'를 지정한 후 〈설정〉 단추를 클릭합니다.

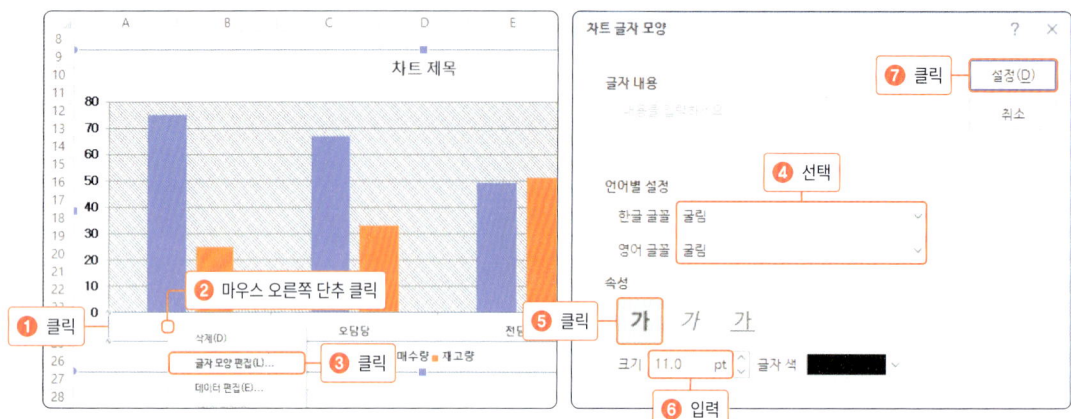

③ 차트의 '**범례**'를 클릭한 후 마우스 오른쪽 단추를 눌러 바로 가기 메뉴가 나오면 [**글자 모양 편집**]을 클릭합니다. 이어서, [차트 글자 모양] 대화상자가 나오면 '**한글 글꼴(돋움), 영문 글꼴(돋움), 크기(12pt), 진하게(가)**'를 지정한 후 〈설정〉 단추를 클릭합니다.

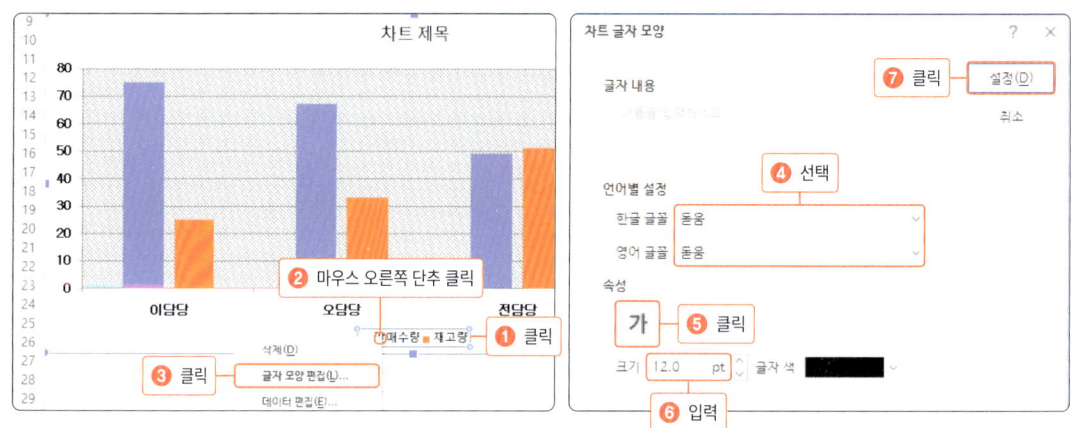

04 차트 배경 및 제목 모양 지정하기

- 차트 배경 : 선 종류 : 파선, 끝 모양 : 원형, 굵기 : 3pt, 모서리 모양 : 곡선형, 겹선 종류 : 단순형, 선 색 : 강조 2 주황
- 제목 모양 : 차트 제목("담당자별 운동화 판매현황"), 글꼴(궁서체, 22pt, 진하게, 기울임), 채우기(단색- 색 : 강조 3 시멘트색)

① 차트 위에서 마우스 오른쪽 단추를 눌러 바로 가기 메뉴가 나오면 [**차트 영역 속성**]을 클릭합니다.

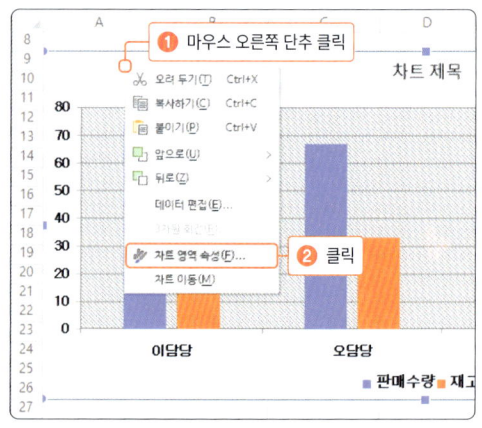

❷ [개체 속성] 작업 창이 나오면 [선] 탭에서 '단색'을 클릭한 후 '선 종류 : 파선, 끝 모양 : 원형, 선 굵기 : 3pt, 모서리 모양 : 곡선형, 겹선 종류 : 단순형, 색 : 강조 2 주황'을 지정합니다.

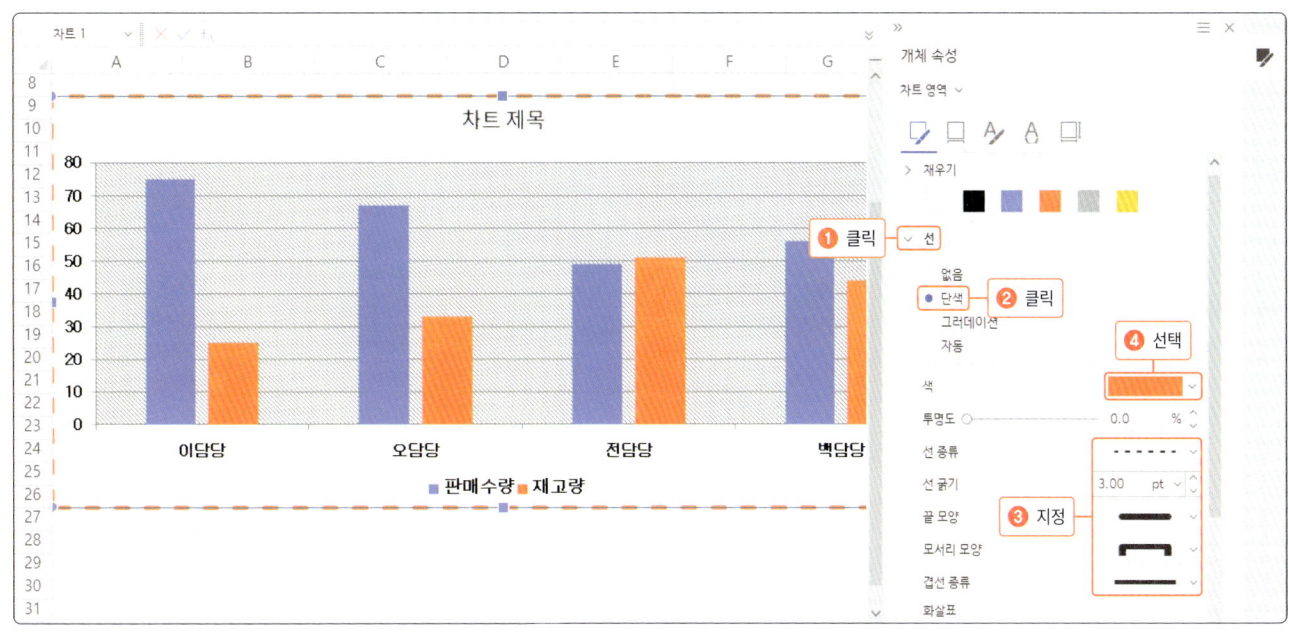

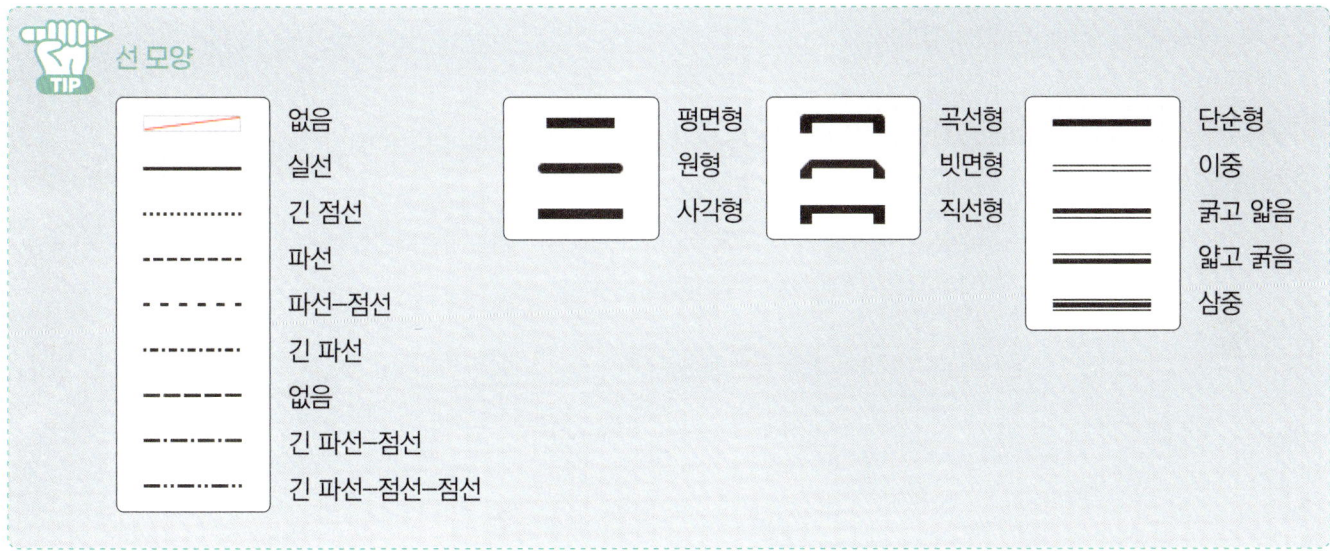

❸ 차트의 '**차트 제목**'을 클릭한 후 마우스 오른쪽 단추를 눌러 바로 가기 메뉴가 나오면 [**글자 모양 편집**]을 클릭합니다. 이어서, [차트 글자 모양] 대화상자가 나오면 [**글자 내용**]-'**담당자별 운동화 판매현황**'을 입력한 후 '**한글 글꼴(굴림), 영문 글꼴(굴림), 크기(11pt), 진하게(가), 기울임(가)**'을 지정한 다음 〈설정〉 단추를 클릭합니다.

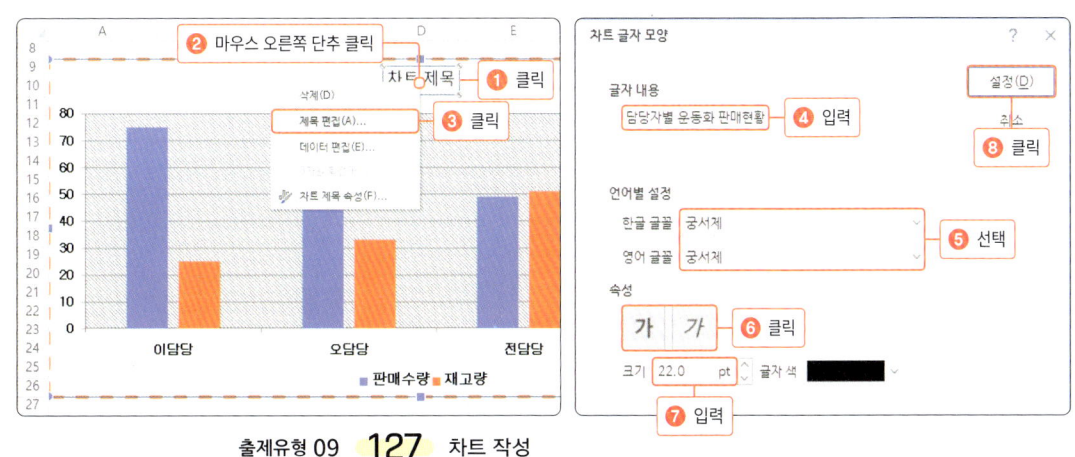

④ 차트 제목에 채우기 색을 지정하기 위해 [개체 속성] 작업 창의 **[채우기] 탭**에서 '단색'을 클릭한 후 **'색 : 강조 3 시멘트색'**을 선택합니다.

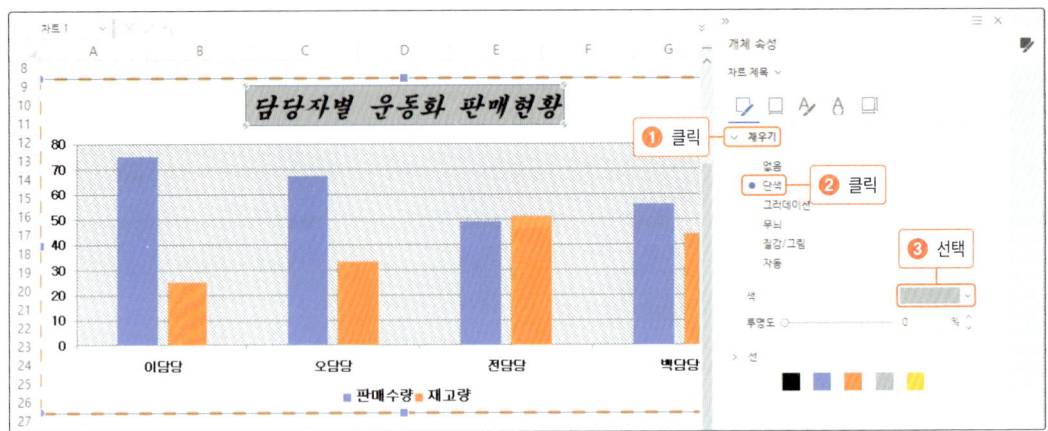

05 그림 영역과 데이터 레이블 추가 지정하기

– 그림 영역 속성 : 채우기 : 그러데이션(유형 : 솜사탕 2, 종류 : 선형, 방향 : 선형 – 아래쪽에서)
– 데이터 레이블 추가 : '판매수량' 계열에 "값" 표시

① 차트의 그림 영역을 선택하기 위해 **[차트 서식( )] 탭**에서 [차트 요소]의 목록( ) 단추를 클릭한 후 **'그림 영역'**을 클릭합니다.

※ 차트에서 '그림 영역'을 선택하기 쉽지 않기 때문에 [차트 서식( )] 탭에서 선택합니다.

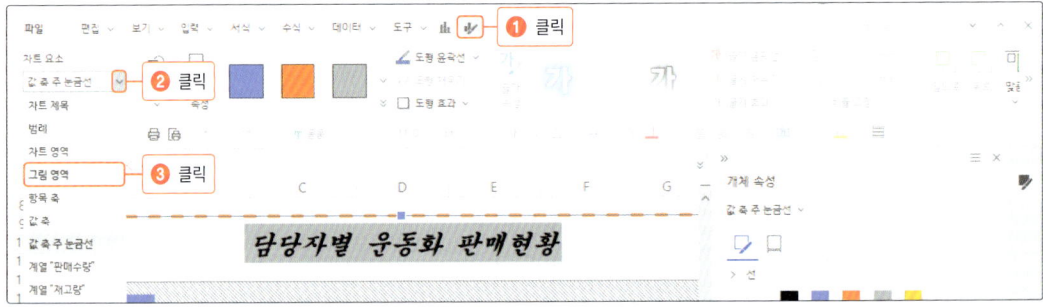

② 그림 영역이 선택되면 [개체 속성] 작업 창의 **[채우기] 탭**에서 '그러데이션'을 클릭한 후 **'미리 설정 : 솜사탕 2( ), 종류 : 선형( ), 방향 : 선형 – 아래쪽에서( )'**를 지정한 다음 '작업 창 닫기( )'를 클릭합니다.

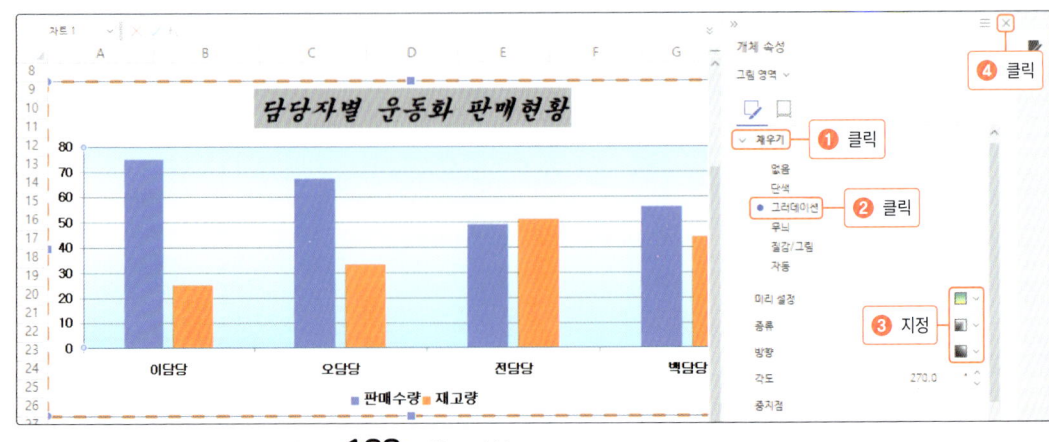

③ 차트 영역을 선택한 후 [차트 디자인(   )] 탭에서 [차트 구성 추가]-[데이터 레이블]-'표시'를 클릭합니다.

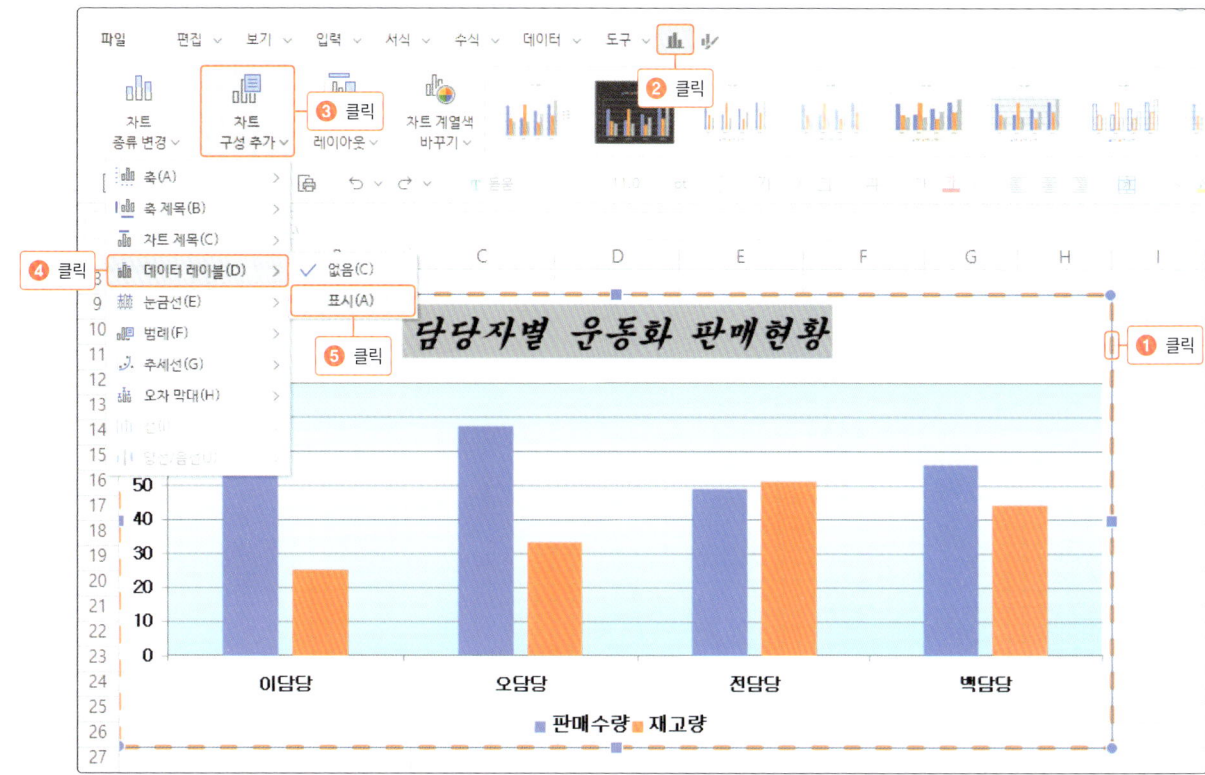

④ 데이터 레이블이 표시되면 [재고량] 계열의 데이터 레이블을 클릭한 후 Delete 키를 눌러 삭제합니다.

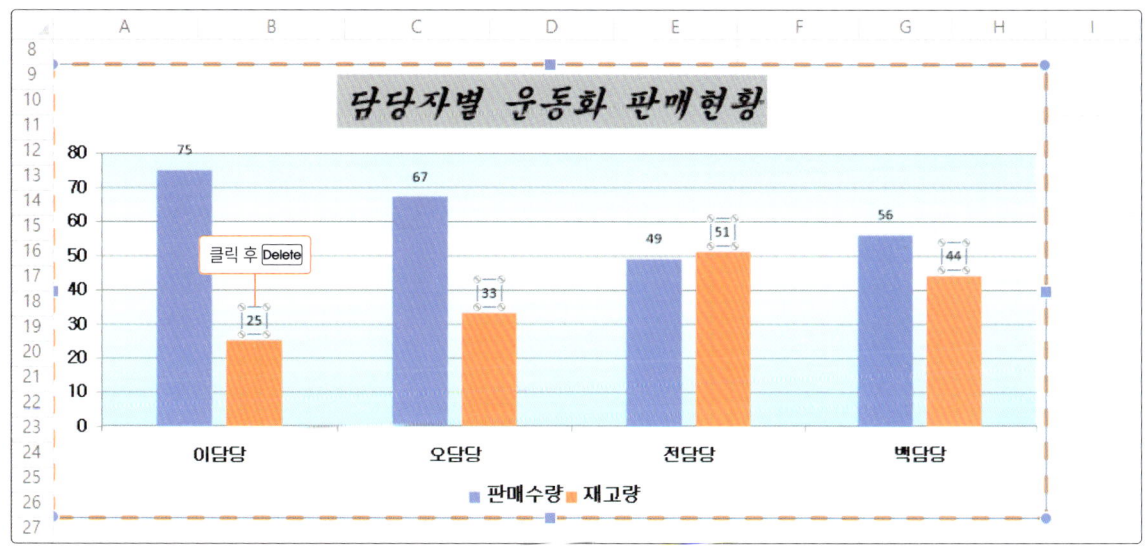

④ 모든 작업이 끝나면 [파일]-[저장하기](Ctrl + S) 또는 [서식] 도구 상자에서 '저장하기(   )'를 클릭합니다.

※ 실제 시험을 볼 때 작업 도중에 수시로(10분에 한 번 정도) 저장을 하는 것이 좋습니다.

차트 작성

01 "차트" 시트를 참조하여 다음 《처리조건》에 맞도록 작업하시오. (30점)

- 소스 파일 : [출제유형 09]-정복09_문제01.cell
- 정답 파일 : [출제유형 09]-정복09_정답01.cell

《출력형태》

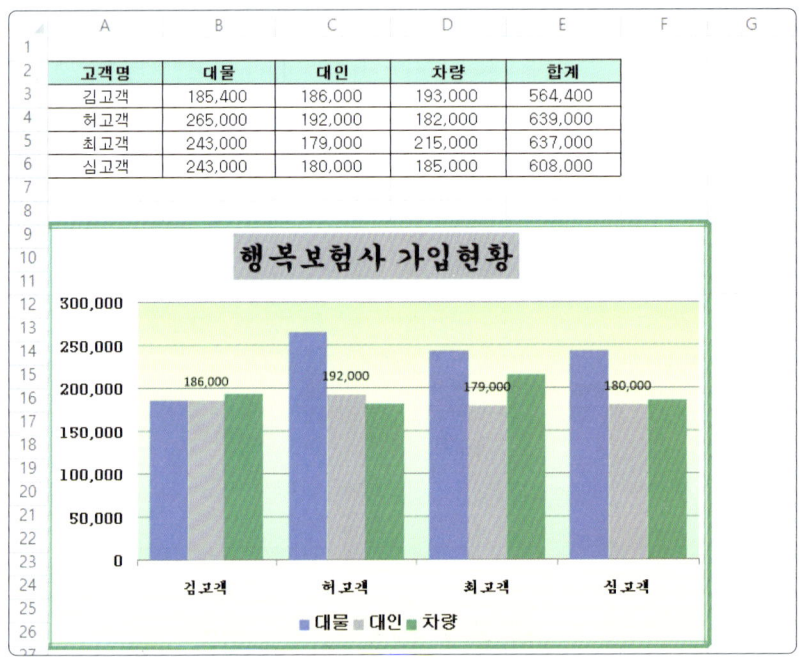

《처리조건》

▶ "차트" 시트에 주어진 표를 이용하여 '묶은 세로 막대형' 차트를 작성하시오.
- 데이터 범위 : 현재 시트 [A2:D6]의 데이터를 이용하여 작성하고, 행/열 전환은 '열'로 지정
- 차트 위치 : 현재 시트에 [A9:F26] 크기에 정확하게 맞추시오.
- 차트 스타일 : 색2 – 스타일5
- 제목 위치 : 위쪽 표시
- 범례 위치 : 아래쪽 표시
- 축 이름표 모양 : 가로 항목 축 및 세로 값 축 글꼴(궁서, 11pt, 진하게)
- 범례 모양 : 글꼴(굴림, 12pt, 진하게)
- 차트 배경 : 선 종류 : 실선, 끝 모양 : 원형, 굵기 : 5pt, 모서리 모양 : 빗면형,
  겹선 종류 : 굵고 얇음, 선 색 : 강조 5 초록
- 제목 모양 : 차트 제목("행복보험사 가입현황"), 글꼴(궁서체, 22pt, 진하게, 기울임),
  채우기(단색– 색 : 강조 3 시멘트색)
- 그림 영역 속성 : 채우기 : 그러데이션(유형 : 솜사탕 3, 종류 : 선형, 방향 : 선형 – 아래쪽에서)
- 데이터 레이블 추가 : '대인' 계열에 "값" 표시

▶ 지시사항이 없는 경우는 《출력형태》와 동일하게 작성하시오.

02 "차트" 시트를 참조하여 다음 《처리조건》에 맞도록 작업하시오. (30점)

• 소스 파일 : [출제유형 09]-정복09_문제02.cell   • 정답 파일 : [출제유형 09]-정복09_정답02.cell

《출력형태》

《처리조건》

▶ "차트" 시트에 주어진 표를 이용하여 '묶은 세로 막대형' 차트를 작성하시오.

– 데이터 범위 : 현재 시트 [B2:D6]의 데이터를 이용하여 작성하고, 행/열 전환은 '열'로 지정

– 차트 위치 : 현재 시트에 [A9:G24] 크기에 정확하게 맞추시오.

– 차트 스타일 : 색3 – 스타일6

– 제목 위치 : 위쪽 표시

– 범례 위치 : 아래쪽 표시

– 축 이름표 모양 : 가로 항목 축 및 세로 값 축 글꼴(굴림, 10pt, 진하게)

– 범례 모양 : 글꼴(궁서, 12pt, 진하게)

– 차트 배경 : 선 종류 : 점선, 끝 모양 : 원형, 굵기 : 3pt, 모서리 모양 : 곡선형,
    겹선 종류 : 단순형, 선 색 : 강조 2 주황

– 제목 모양 : 차트 제목("사원 상여금 지급 현황"), 글꼴(궁서체, 24pt, 진하게, 기울임),
    채우기(단색– 색 : 강조 4 노랑)

– 그림 영역 속성 : 채우기 : 그러데이션(유형 : 옥, 종류 : 선형, 방향 : 선형 – 아래쪽에서)

– 데이터 레이블 추가 : '연말상여금' 계열에 "값" 표시

▶ 지시사항이 없는 경우는 《출력형태》와 동일하게 작성하시오.

03 "차트" 시트를 참조하여 다음 《처리조건》에 맞도록 작업하시오. (30점)

· 소스 파일 : [출제유형 09]-정복09_문제03.cell   · 정답 파일 : [출제유형 09]-정복09_정답03.cell

《출력형태》

《처리조건》

▶ "차트" 시트에 주어진 표를 이용하여 '묶은 세로 막대형' 차트를 작성하시오.

- 데이터 범위 : 현재 시트 [A2:A6], [C2:E6]의 데이터를 이용하여 작성하고, 행/열 전환은 '열'로 지정
- 차트 위치 : 현재 시트에 [A9:G25] 크기에 정확하게 맞추시오.
- 차트 스타일 : 색1 - 스타일9
- 제목 위치 : 위쪽 표시
- 범례 위치 : 아래쪽 표시
- 축 이름표 모양 : 가로 항목 축 및 세로 값 축 글꼴(굴림, 11pt, 진하게)
- 범례 모양 : 글꼴(궁서, 11pt, 진하게)
- 차트 배경 : 선 종류 : 파선, 끝 모양 : 사각형, 굵기 : 3pt, 모서리 모양 : 곡선형,
  겹선 종류 : 단순형, 선 색 : 강조 5 초록
- 제목 모양 : 차트 제목("과학 선택과목 학생 성적"), 글꼴(궁서체, 20pt, 진하게),
  채우기(단색- 색 : 초록 60% 밝게)
- 그림 영역 속성 : 채우기 : 그러데이션(유형 : 보라, 종류 : 선형, 방향 : 선형 - 위쪽에서)
- 데이터 레이블 추가 : '영어' 계열에 "값" 표시

▶ 지시사항이 없는 경우는 《출력형태》와 동일하게 작성하시오.

04 "차트" 시트를 참조하여 다음 《처리조건》에 맞도록 작업하시오. (30점)

• 소스 파일 : [출제유형 09]-정복09_문제04.cell   • 정답 파일 : [출제유형 09]-정복09_정답04.cell

《출력형태》

《처리조건》

▶ "차트" 시트에 주어진 표를 이용하여 '묶은 가로 막대형' 차트를 작성하시오.

- 데이터 범위 : 현재 시트 [A2:A6], [E2:F6]의 데이터를 이용하여 작성하고, 행/열 전환은 '열'로 지정
- 차트 위치 : 현재 시트에 [A9:G25] 크기에 정확하게 맞추시오.
- 차트 스타일 : 색1 - 스타일6
- 제목 위치 : 위쪽 표시
- 범례 위치 : 아래쪽 표시
- 축 이름표 모양 : 가로 항목 축 및 세로 값 축 글꼴(굴림, 10pt, 진하게)
- 범례 모양 : 글꼴(돋움, 11pt, 진하게)
- 차트 배경 : 선 종류 : 실선, 끝 모양 : 원형, 굵기 : 4pt, 모서리 모양 : 곡선형,
              겹선 종류 : 굵고 얇음, 선 색 : 강조 6 보라
- 제목 모양 : 차트 제목("런닝화 매출 현황"), 글꼴(굴림체, 24pt, 진하게, 기울임),
              채우기(단색- 색 : 강조 4 노랑)
- 그림 영역 속성 : 채우기 : 그러데이션(유형 : 솜사탕 2, 종류 : 선형, 방향 : 선형 - 왼쪽에서)
- 데이터 레이블 추가 : '할인매출액' 계열에 "값" 표시

▶ 지시사항이 없는 경우는 《출력형태》와 동일하게 작성하시오.

05 "차트" 시트를 참조하여 다음 《처리조건》에 맞도록 작업하시오. (30점)

· 소스 파일 : [출제유형 09]-정복09_문제05.cell   · 정답 파일 : [출제유형 09]-정복09_정답05.cell

《출력형태》

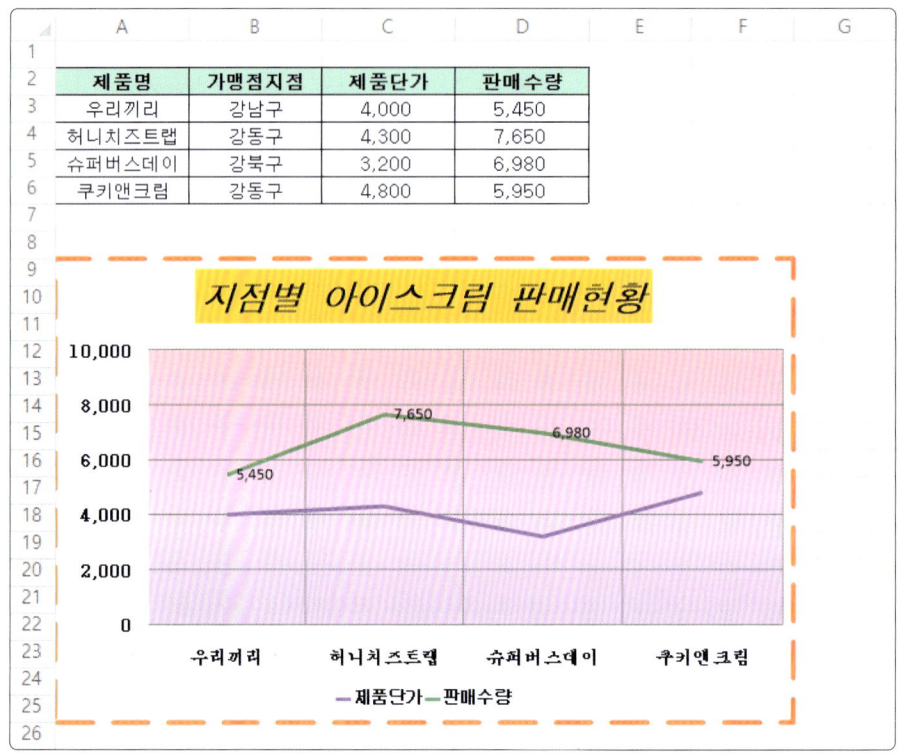

《처리조건》

▶ "차트" 시트에 주어진 표를 이용하여 '꺾은선형' 차트를 작성하시오.

- 데이터 범위 : 현재 시트 [A2:A6], [C2:D6]의 데이터를 이용하여 작성하고, 행/열 전환은 '열'로 지정
- 차트 위치 : 현재 시트에 [A9:F25] 크기에 정확하게 맞추시오.
- 차트 스타일 : 색4 - 스타일5
- 제목 위치 : 위쪽 표시
- 범례 위치 : 아래쪽 표시
- 축 이름표 모양 : 가로 항목 축 및 세로 값 축 글꼴(궁서, 11pt, 진하게)
- 범례 모양 : 글꼴(굴림, 10pt, 진하게)
- 차트 배경 : 선 종류 : 긴 파선, 끝 모양 : 원형, 굵기 : 3pt, 모서리 모양 : 곡선형,
  겹선 종류 : 단순형, 선 색 : 강조 2 주황
- 제목 모양 : 차트 제목("지점별 아이스크림 판매현황"), 글꼴(돋움체, 20pt, 진하게, 기울임),
  채우기(단색- 색 : 강조 4 노랑)
- 그림 영역 속성 : 채우기 : 그러데이션(유형 : 솜사탕 1, 종류 : 선형, 방향 : 선형 - 아래쪽에서)
- 데이터 레이블 추가 : '판매수량' 계열에 "값" 표시

▶ 지시사항이 없는 경우는 《출력형태》와 동일하게 작성하시오.

제 01 회 디지털정보활용능력 출제예상 모의고사

☑ 시험과목 : 스프레드시트(한셀)
☑ 시험일자 : 20XX. XX. XX. (X)
☑ 응시자 기재사항 및 감독위원 확인

한컴오피스 한셀 2022 버전용

수 검 번 호	DIL - XXXX -	감독위원 확인
성 명		

·응시자 유의사항·

1. 응시자는 신분증을 지참하여야 시험에 응시할 수 있으며, 시험이 종료될 때까지 신분증을 제시하지 못 할 경우 해당 시험은 0점 처리됩니다.
2. 시스템(PC작동여부, 네트워크 상태 등)의 이상여부를 반드시 확인하여야 하며, 시스템이상이 있을 시 감독위원에게 조치를 받으셔야 합니다.
3. 시험 중 부주의 또는 고의로 시스템을 파손한 경우는 응시자 부담으로 합니다.
4. 답안 전송 프로그램을 통해 다운로드 받은 파일을 이용하여 답안파일을 작성하시기 바랍니다.
5. 작성한 답안 파일은 답안 전송 프로그램을 통하여 전송됩니다. 감독위원의 지시에 따라 주시기바랍니다.
6. 다음 사항의 경우 실격(0점) 혹은 부정행위 처리됩니다.
    1) 답안파일을 저장하지 않았거나, 저장한 파일이 손상되었을 경우
    2) 답안파일을 지정된 폴더(바탕화면 "KAIT" 폴더)에 저장하지 않았을 경우
        ※ 답안 전송 프로그램 로그인 시 바탕화면에 자동 생성됨
    3) 답안파일을 다른 보조기억장치(USB) 혹은 네트워크(메신저, 게시판 등)로 전송할 경우
    4) 휴대용 전화기 등 통신기기를 사용할 경우
7. 슬라이드는 반드시 순서대로 작성해야 하며, 순서가 다를 경우 "0"점 처리됩니다.
8. 시험지에 제시된 글꼴이 응시 프로그램에 없는 경우, 반드시 감독위원에게 해당 내용을통보한 뒤 조치를 받아야 합니다.
9. 슬라이드 작성 시 도형의 그룹설정을 사용하는 경우, 채점에서 감점 처리됩니다.
10. 시험의 완료는 작성이 완료된 답안을 저장하고, 답안전송이 완료된 상태를 확인한 것으로합니다. 답안전송 확인 후 문제지는 감독위원에게 제출한 후 퇴실하여야 합니다.
11. 답안전송을 완료한 경우는 수정 또는 정정이 불가합니다.
12. 시험 시행 후 합격자 발표는 홈페이지(www.ihd.or.kr)에서 확인하시기를 바랍니다.
    ※ 합격자 발표 : 20XX. XX. XX.(X)

디지털정보활용능력 스프레드시트(한셀) (시험시간 : 40분) 1/6

【문제 1】 "**실적현황**" 시트를 참조하여 다음 《처리조건》에 맞도록 작업하시오. (50점)

《출력형태》

	A	B	C	D	E	F	G	H
1				지점별 판매 실적 현황				
2	제품코드	지점	담당자	판매수량	판매단가	판매금액	순위	비고
3	P5545	서울	김사원	240개	₩15,000	₩3,600,000	9위	
4	*T6654*	*대전*	*오사원*	*391개*	*₩14,500*	*₩5,669,500*	*1위*	*포상대상*
5	S4892	부산	정사원	250개	₩16,500	₩4,125,000	7위	
6	T6624	대전	황사원	290개	₩15,500	₩4,495,000	6위	
7	*P6610*	*서울*	*이사원*	*378개*	*₩14,800*	*₩5,594,400*	*2위*	*포상대상*
8	*T5555*	*부산*	*박사원*	*333개*	*₩14,000*	*₩4,662,000*	*5위*	
9	S4444	부산	장사원	220개	₩16,000	₩3,520,000	10위	
10	P5555	서울	홍사원	250개	₩15,300	₩3,825,000	8위	
11	*S5467*	*대전*	*노사원*	*310개*	*₩16,100*	*₩4,991,000*	*4위*	
12	*T7777*	*서울*	*유사원*	*365개*	*₩14,700*	*₩5,365,500*	*3위*	*포상대상*
13	'판매수량'의 최댓값-최솟값 차이				171개			
14	'지점'이 "서울"인 '판매단가'의 합계				₩59,800			
15	'판매금액' 중 네 번째로 큰 값				₩4,991,000			

《처리조건》

▶ 1행의 행 높이를 '70'으로 설정하고, 2행~15행의 행 높이를 '17'로 설정하시오.
▶ 제목("지점별 판매 실적 현황") : 사각형의 '양쪽 모서리가 둥근 사각형'을 이용하여 입력하시오.
  - 도형 : 위치([B1:G1]), 도형 스타일('보통 효과 – 강조 6')
  - 글꼴 : 굴림체, 26pt, 진하게, 기울임, 글자 색(하양)
  - 도형 서식 : 텍스트 맞춤(가로 : 가운데 정렬, 세로 : 중간)

▶ 셀 서식을 아래 조건에 맞게 작성하시오.
  - [A2:H15] : 테두리(안쪽, 바깥쪽 모두 실선, 검정, 텍스트 맞춤(가로 : 가운데)
  - [A13:D13], [A14:D14], [A15:D15] : 각각 병합하고 가운데 맞춤
  - [A2:H2], [A13:D15] : 채우기(하늘색 60% 밝게), 글꼴(진하게)
  - [D3:D12], [E13:F13] : 셀 서식의 표시형식-사용자 정의를 이용하여 #"개"자를 추가
  - [E3:F12], [E14:F15] : 셀 서식의 표시형식-통화를 이용하여 통화 기호(₩)를 표시
  - [G3:G12] : 셀 서식의 표시형식-사용자 정의를 이용하여 #"위"자를 추가
  - 조건부 서식[A3:H12] : '판매수량'이 300 이상인 경우 레코드 전체에 글꼴 (주황, 진하게, 기울임) 적용
  - 지시사항이 없는 경우는 주어진 문제파일의 서식을 그대로 사용하시오.

▶ ① 순위[G3:G12] : '판매금액'을 기준으로 큰 순으로 순위를 구하시오. (RANK.EQ 함수)
▶ ② 비고[H3:H12] : '판매금액'이 5000000 이상이면 "포상대상", 그렇지 않으면 공백으로 구하시오. (IF 함수)
▶ ③ 최댓값-최솟값[E13:F13] : '판매수량'의 최댓값과 최솟값의 차이를 구하시오. (MAX, MIN 함수)
▶ ④ 합계[E14:F14] : '지점'이 "서울"인 '판매단가'의 합계를 구하시오. (DSUM 함수)
▶ ⑤ 순위[E15:F15] : '판매금액' 중 네 번째로 큰 값을 구하시오. (LARGE 함수)

디지털정보활용능력 스프레드시트(한셀) (시험시간 : 40분)

【문제 2】 "**부분합**" 시트를 참조하여 다음 《처리조건》에 맞도록 작업하시오. (30점)

《출력형태》

	A	B	C	D	E	F
2	제품코드	지점	담당자	판매수량	판매단가	판매금액
3	T6654	대전	오사원	391	₩14,500	₩5,669,500
4	T6624	대전	황사원	290	₩15,500	₩4,495,000
5	S5467	대전	노사원	310	₩16,100	₩4,991,000
6		대전 평균			₩15,367	₩5,051,833
7		대전 최솟값		290	₩14,500	
8	S4892	부산	정사원	250	₩16,500	₩4,125,000
9	T5555	부산	박사원	333	₩14,000	₩4,662,000
10	S4444	부산	장사원	220	₩16,000	₩3,520,000
11		부산 평균			₩15,500	₩4,102,333
12		부산 최솟값		220	₩14,000	
13	P5545	서울	김사원	240	₩15,000	₩3,600,000
14	P6610	서울	이사원	378	₩14,800	₩5,594,400
15	P5555	서울	홍사원	250	₩15,300	₩3,825,000
16	T7777	서울	유사원	365	₩14,700	₩5,365,500
17		서울 평균			₩14,950	₩4,596,225
18		서울 최솟값		240	₩14,700	
19		전체 평균			₩15,240	₩4,584,740
20		전체 최솟값		220	₩14,000	

《처리조건》

▶ 데이터를 '지점' 기준으로 오름차순 정렬하시오.

▶ 아래 조건에 맞는 부분합을 작성하시오.
 - '지점'으로 그룹화하여 '판매수량', '판매단가'의 최솟값을 구하는 부분합을 만드시오.
 - '지점'으로 그룹화하여 '판매단가', '판매금액'의 평균을 구하는 부분합을 만드시오.(새로운 값으로 대치하지 말 것)
 - [E3:F20] 영역에 셀 서식의 표시형식-통화를 이용하여 통화 기호(₩)를 표시하시오.

▶ [D2:F20] 영역에 '그룹 묶기'(대상 : 열)를 설정하시오.

▶ 최솟값과 평균의 부분합 순서는《출력형태》와 다를 수 있음

▶ 지시사항이 없는 경우는 기본 값을 적용하시오.

[문제 3] "필터"와 "시나리오" 시트를 참조하여 다음《처리조건》에 맞도록 작업하시오. (60점)

(1) 필터

《출력형태 - 필터》

	A	B	C	D	E	F
2	제품코드	지점	담당자	판매수량	판매단가	판매금액
3	P5545	서울	김사원	240	₩15,000	₩3,600,000
4	T6654	대전	오사원	391	₩14,500	₩5,669,500
5	S4892	부산	정사원	250	₩16,500	₩4,125,000
6	T6624	대전	황사원	290	₩15,500	₩4,495,000
7	P6610	서울	이사원	378	₩14,800	₩5,594,400
8	T5555	부산	박사원	333	₩14,000	₩4,662,000
9	S4444	부산	장사원	220	₩16,000	₩3,520,000
10	P5555	서울	홍사원	250	₩15,300	₩3,825,000
11	S5467	대전	노사원	310	₩16,100	₩4,991,000
12	T7777	서울	유사원	365	₩14,700	₩5,365,500
13						
14	조건					
15	FALSE					
16						
17						
18	제품코드	지점	판매수량	판매단가	판매금액	
19	T6654	대전	391	₩14,500	₩5,669,500	
20	P6610	서울	378	₩14,800	₩5,594,400	
21	T5555	부산	333	₩14,000	₩4,662,000	
22	T7777	서울	365	₩14,700	₩5,365,500	

《처리조건》

▶ "필터" 시트의 [A2:F12]를 아래 조건에 맞게 고급필터를 사용하여 작성하시오.
  - '판매수량'이 300 이상이고 '판매단가'가 15000 이하인 데이터를 '제품코드', '지점', '판매수량', '판매단가', '판매금액'의 데이터만 필터링하시오.
  - 조건 위치 : 조건 함수는 [A15] 한 셀에 작성(AND 함수 이용)
  - 결과 위치 : [A18]부터 출력

▶ 지시사항이 없는 경우는《출력형태 - 필터》와 동일하게 작성하시오.

(2) 시나리오

《출력형태 - 시나리오》

	A	B	C	D	E	F	G
1							
2		시나리오 요약					
3				현재 값:	판매단가 1000 증가	판매단가 500 감소	
4		변경 셀:					
5			$E$9	15,000	16000	14500	
6			$E$10	14,800	15800	14300	
7			$E$11	15,300	16300	14800	
8			$E$12	14,700	15700	14200	
9		결과 셀:					
10			$F$9	3600000	3840000	3480000	
11			$F$10	5594400	5972400	5405400	
12			$F$11	3825000	4075000	3700000	
13			$F$12	5365500	5730500	5183000	
14		참고: 현재 값 열은 시나리오 요약 보고서가 작성될 때의					
15		변경 셀 값을 나타냅니다. 각 시나리오의 변경 셀들은					
16		회색으로 표시됩니다.					
17							

《처리조건》

▶ "시나리오" 시트의 [A2:F12]를 이용하여 '지점'이 "서울"인 경우, '판매단가'가 변동할 때 '판매금액'이 변동하는 가상분석(시나리오)을 작성하시오.
  - 시나리오1 : 시나리오 이름은 "판매단가 1000 증가", 판매단가에 1000을 증가시킨 값 설정.
  - 시나리오2 : 시나리오 이름은 "판매단가 500 감소", 판매단가에 500을 감소시킨 값 설정.
  - "시나리오 요약" 시트를 작성하시오.

▶ 지시사항이 없는 경우는《출력형태 - 시나리오》와 동일하게 작성하시오.

【문제 4】 "피벗테이블" 시트를 참조하여 다음《처리조건》에 맞도록 작업하시오. (30점)

《출력형태》

	A	B	C	D	E	F
1						
2						
3			제품코드			
4	지점	데이터	T5555	T6624	T6654	T7777
5	대전	합계 : 판매수량	***	290	391	***
6		합계 : 판매금액	***	4,495,000	5,669,500	***
7	부산	합계 : 판매수량	333	***	***	***
8		합계 : 판매금액	4,662,000	***	***	***
9	서울	합계 : 판매수량	***	***	***	365
10		합계 : 판매금액	***	***	***	5,365,500
11	전체 합계 : 판매수량		333	290	391	365
12	전체 합계 : 판매금액		4,662,000	4,495,000	5,669,500	5,365,500
13						

《처리조건》

▶ "피벗테이블" 시트의 [A2:F12]를 이용하여 새로운 시트에《출력형태》와 같이 피벗테이블을 작성 후 시트명을 "피벗테이블 정답"으로 수정하시오.

▶ 지점(행)과 제품코드(열)를 기준으로 하여 출력형태와 같이 구하시오.
  - '판매수량', '판매금액'의 합계를 구하시오.
  - 피벗 테이블 설정을 이용하여 행의 총 합계를 표시하지 않게 설정하고, 빈 셀을 "***"로 설정하시오.
  - 피벗 테이블 디자인에서 보고서 레이아웃은 '테이블 형식으로 표시'로 표시하시오.
  - 제품코드(열)는 "T5555", "T6624", "T6654", "T7777"만 출력되도록 표시하시오.
  - [C5:F12] 데이터는 셀 서식의 표시형식-숫자를 이용하여 1000단위 구분 기호를 표시하고,
    텍스트는 가운데 맞춤하시오.

▶ 지점의 순서는《출력형태》와 다를 수 있음

▶ 지시사항이 없는 경우는《출력형태》와 동일하게 작성하시오.

【문제 5】 "**차트**" 시트를 참조하여 다음 《처리조건》에 맞도록 작업하시오. (30점)

《출력형태》

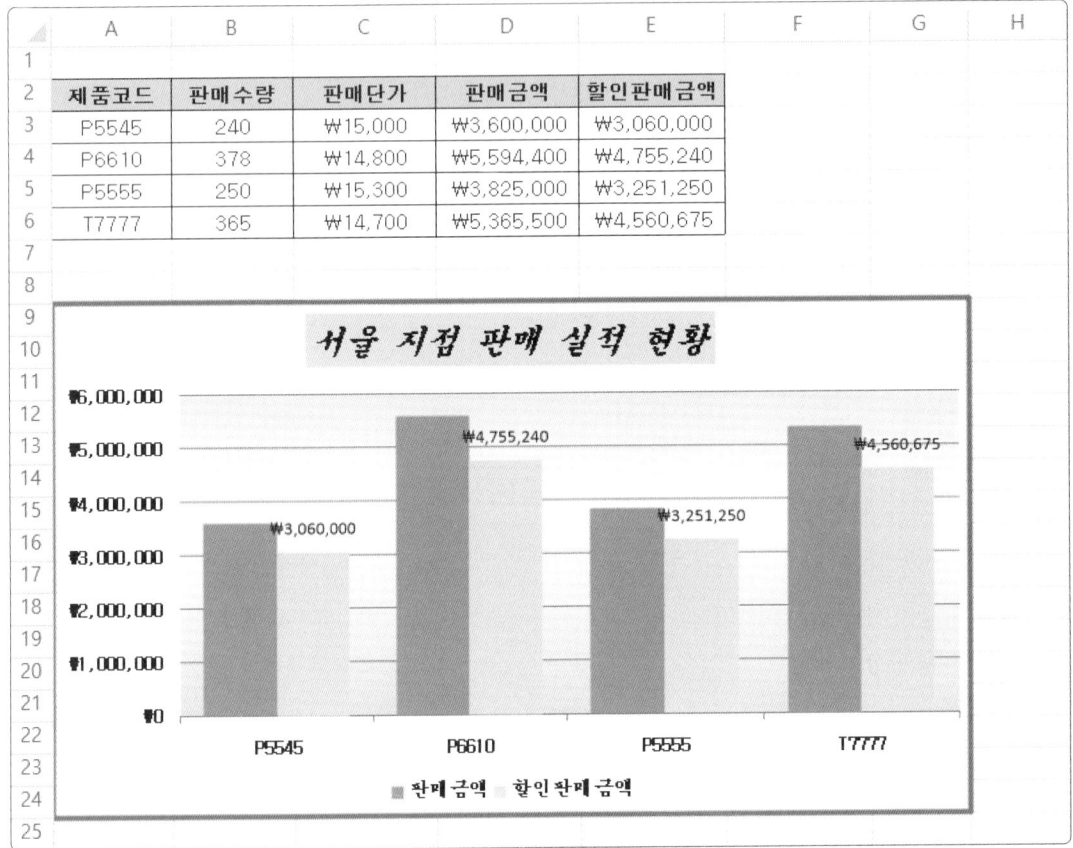

《처리조건》

▶ "차트" 시트에 주어진 표를 이용하여 '묶은 세로 막대형' 차트를 작성하시오.
 – 데이터 범위 : 현재 시트 [A2:A6], [D2:E6]의 데이터를 이용하여 작성하고, 행/열 전환은 '열'로 지정
 – 차트 위치 : 현재 시트에 [A9:G24] 크기에 정확하게 맞추시오.
 – 차트 스타일 : 색3 – 스타일5
 – 제목 위치 : 위쪽 표시
 – 범례 위치 : 아래쪽 표시
 – 축 이름표 모양 : 가로 항목 축 및 세로 값 축 글꼴(굴림체, 10pt, 진하게)
 – 범례 모양 : 글꼴(궁서, 11pt, 진하게)
 – 차트 배경 : 선 종류 : 실선, 끝 모양 : 원형, 굵기 : 3pt, 모서리 모양 : 곡선형, 겹선 종류 : 단순형, 선 색 : 강조 1 하늘색
 – 차트 제목 : 내용("서울 지점 판매 실적 현황"), 글꼴(궁서체, 18pt, 진하게, 기울임), 채우기(단색 – 색 : 강조 4 노랑)
 – 그림 영역 속성 : 채우기 : 그러데이션(유형 : 솜사탕 2, 종류 : 선형, 방향 : 선형 – 아래쪽에서)
 – 데이터 레이블 추가 : '할인판매금액' 계열에 "값" 표시

▶ 지시사항이 없는 경우는《출력형태》와 동일하게 작성하시오.

제 02 회 디지털정보활용능력 출제예상 모의고사

- ☑ 시험과목 : 스프레드시트(한셀)
- ☑ 시험일자 : 20XX. XX. XX. (X)
- ☑ 응시자 기재사항 및 감독위원 확인

한컴오피스 한셀 2022 버전용

수 검 번 호	DIL - XXXX -	감독위원 확인
성 명		

·응시자 유의사항·

1. 응시자는 신분증을 지참하여야 시험에 응시할 수 있으며, 시험이 종료될 때까지 신분증을 제시하지 못 할 경우 해당 시험은 0점 처리됩니다.
2. 시스템(PC작동여부, 네트워크 상태 등)의 이상여부를 반드시 확인하여야 하며, 시스템이상이 있을 시 감독위원에게 조치를 받으셔야 합니다.
3. 시험 중 부주의 또는 고의로 시스템을 파손한 경우는 응시자 부담으로 합니다.
4. 답안 전송 프로그램을 통해 다운로드 받은 파일을 이용하여 답안파일을 작성하시기 바랍니다.
5. 작성한 답안 파일은 답안 전송 프로그램을 통하여 전송됩니다. 감독위원의 지시에 따라 주시기바랍니다.
6. 다음 사항의 경우 실격(0점) 혹은 부정행위 처리됩니다.
    1) 답안파일을 저장하지 않았거나, 저장한 파일이 손상되었을 경우
    2) 답안파일을 지정된 폴더(바탕화면 "KAIT" 폴더)에 저장하지 않았을 경우
        ※ 답안 전송 프로그램 로그인 시 바탕화면에 자동 생성됨
    3) 답안파일을 다른 보조기억장치(USB) 혹은 네트워크(메신저, 게시판 등)로 전송할 경우
    4) 휴대용 전화기 등 통신기기를 사용할 경우
7. 슬라이드는 반드시 순서대로 작성해야 하며, 순서가 다를 경우 "0"점 처리됩니다.
8. 시험지에 제시된 글꼴이 응시 프로그램에 없는 경우, 반드시 감독위원에게 해당 내용을 통보한 뒤 조치를 받아야 합니다.
9. 슬라이드 작성 시 도형의 그룹설정을 사용하는 경우, 채점에서 감점 처리됩니다.
10. 시험의 완료는 작성이 완료된 답안을 저장하고, 답안전송이 완료된 상태를 확인한 것으로합니다. 답안전송 확인 후 문제지는 감독위원에게 제출한 후 퇴실하여야 합니다.
11. 답안전송을 완료한 경우는 수정 또는 정정이 불가합니다.
12. 시험 시행 후 합격자 발표는 홈페이지(www.ihd.or.kr)에서 확인하시기를 바랍니다.
    ※ 합격자 발표 : 20XX. XX. XX.(X)

디지털정보활용능력 스프레드시트(한셀)　　　(시험시간 : 40분)

【문제 1】 "구매현황" 시트를 참조하여 다음 《처리조건》에 맞도록 작업하시오. (50점)

《출력형태》

	A	B	C	D	E	F	G	H
1				친환경 제품 구매현황				
2	제품명	분류	구매량	제품단가	친환경구매량	친환경구매액	순위	비고
3	복사기	사무기기	20건	750,000	15건	11,250,000	4위	
4	데스크탑	컴퓨터	24건	880,000	13건	11,440,000	3위	
5	노트북	컴퓨터	15건	990,000	18건	17,820,000	1위	
6	복합기	사무기기	14건	770,000	10건	7,700,000	7위	
7	공기청정기	가전제품	10건	550,000	15건	8,250,000	6위	
8	세탁기	가전제품	16건	900,000	12건	10,800,000	5위	
9	칸막이	사무기기	35건	110,000	25건	2,750,000	10위	초과구매
10	프린터	컴퓨터	11건	440,000	15건	6,600,000	8위	
11	책상	사무기기	30건	250,000	20건	5,000,000	9위	초과구매
12	에어컨	가전제품	15건	980,000	12건	11,760,000	2위	
13	'제품단가'의 최댓값-최솟값 차이				880,000			
14	'분류'가 "사무기기"인 '친환경구매액'의 평균				6,675,000			
15	'친환경구매량' 중 세 번째로 큰 값				18건			

《처리조건》

▶ 1행의 행 높이를 '70'으로 설정하고, 2행~15행의 행 높이를 '18'로 설정하시오.

▶ 제목("친환경 제품 구매현황") : 기본 도형의 '배지'를 이용하여 입력하시오.
　- 도형 : 위치([B1:G1]), 도형 스타일('보통 효과 – 강조 5')
　- 글꼴 : 궁서체, 24pt, 진하게, 기울임, 글자 색(하양)
　- 도형 서식 : 텍스트 맞춤(가로 : 가운데 정렬, 세로 : 중간)

▶ 셀 서식을 아래 조건에 맞게 작성하시오.
　- [A2:H15] : 테두리(안쪽, 바깥쪽 모두 실선, 검정, 텍스트 맞춤(가로 : 가운데)
　- [A13:D13], [A14:D14], [A15:D15] : 각각 병합하고 가운데 맞춤
　- [A2:H2], [A13:D15] : 채우기(초록 80% 밝게), 글꼴(진하게)
　- [D3:D12], [F3:F12], [E13:F14] : 셀 서식의 표시형식-숫자를 이용하여 1000단위 구분 기호 표시
　- [C3:C12], [E3:E12], [E15:F15] : 셀 서식의 표시형식-사용자 정의를 이용하여 #"건"자를 추가
　- [G3:G12] : 셀 서식의 표시형식-사용자 정의를 이용하여 #"위"자를 추가
　- 조건부 서식[A3:H12] : '구매량'이 20 이상인 경우 레코드 전체에 글꼴(보라, 진하게, 기울임) 적용
　- 지시사항이 없는 경우는 주어진 문제파일의 서식을 그대로 사용하시오.

▶ ① 순위[G3:G12] : '친환경구매액'을 기준으로 큰 순으로 순위를 구하시오. (RANK.EQ 함수)
▶ ② 비고[H3:H12] : '구매량'이 30 이상이면 "초과구매", 그렇지 않으면 공백으로 구하시오. (IF 함수)
▶ ③ 최댓값-최솟값[E13:F13] : '제품단가'의 최댓값과 최솟값의 차이를 구하시오. (MAX, MIN 함수)
▶ ④ 평균[E14:F14] : '분류'가 "사무기기"인 '친환경구매액'의 평균을 구하시오. (DAVERAGE 함수)
▶ ⑤ 순위[E15:F15] : '친환경구매량' 중 세 번째로 큰 값을 구하시오. (LARGE 함수)

【문제 2】 "부분합" 시트를 참조하여 다음 《처리조건》에 맞도록 작업하시오. (30점)

《출력형태》

	A	B	C	D	E	F
2	제품명	분류	구매량	제품단가	친환경구매량	친환경구매액
3	공기청정기	가전제품	10	550,000	15	8,250,000
4	세탁기	가전제품	16	900,000	12	10,800,000
5	에어컨	가전제품	15	980,000	12	11,760,000
6		가전제품 평균		810,000		10,270,000
7		가전제품 최댓값	16		15	
8	복사기	사무기기	20	750,000	15	11,250,000
9	복합기	사무기기	14	770,000	10	7,700,000
10	칸막이	사무기기	35	110,000	25	2,750,000
11	책상	사무기기	30	250,000	20	5,000,000
12		사무기기 평균		470,000		6,675,000
13		사무기기 최댓값	35		25	
14	데스크탑	컴퓨터	24	880,000	13	11,440,000
15	노트북	컴퓨터	15	990,000	18	17,820,000
16	프린터	컴퓨터	11	440,000	15	6,600,000
17		컴퓨터 평균		770,000		11,953,333
18		컴퓨터 최댓값	24		18	
19		전체 평균		662,000		9,337,000
20		전체 최댓값	35		25	
21						

《처리조건》

▶ 데이터를 '분류' 기준으로 오름차순 정렬하시오.

▶ 아래 조건에 맞는 부분합을 작성하시오.
  - '분류'로 그룹화하여 '구매량', '친환경구매량'의 최댓값을 구하는 부분합을 만드시오.
  - '분류'로 그룹화하여 '제품단가', '친환경구매액'의 평균을 구하는 부분합을 만드시오.
    (새로운 값으로 대치하지 말 것)
  - [D3:D20], [F3:F20] 영역에 셀 서식의 표시형식-숫자를 이용하여 1000단위 구분 기호를 표시하시오.

▶ [D2:E20] 영역에 '그룹 묶기'(대상 : 열)를 설정하시오.

▶ 최댓값과 평균의 부분합 순서는 《출력형태》와 다를 수 있음

▶ 지시사항이 없는 경우는 기본 값을 적용하시오.

디지털정보활용능력 스프레드시트(한셀) (시험시간 : 40분)

【문제 3】 "필터"와 "시나리오" 시트를 참조하여 다음 《처리조건》에 맞도록 작업하시오. (60점)

(1) 필터

《출력형태 - 필터》

	A	B	C	D	E	F
1						
2	제품명	분류	구매량	제품단가	친환경구매량	친환경구매액
3	복사기	사무기기	20	750,000	15	11,250,000
4	데스크탑	컴퓨터	24	880,000	13	11,440,000
5	노트북	컴퓨터	15	990,000	18	17,820,000
6	복합기	사무기기	14	770,000	10	7,700,000
7	공기청정기	가전제품	10	550,000	15	8,250,000
8	세탁기	가전제품	16	900,000	12	10,800,000
9	칸막이	사무기기	35	110,000	25	2,750,000
10	프린터	컴퓨터	11	440,000	15	6,600,000
11	책상	사무기기	30	250,000	20	5,000,000
12	에어컨	가전제품	15	980,000	12	11,760,000
13						
14	조건					
15	TRUE					
16						
17						
18	제품명	구매량	제품단가	친환경구매량	친환경구매액	
19	복사기	20	750,000	15	11,250,000	
20	칸막이	35	110,000	25	2,750,000	
21	책상	30	250,000	20	5,000,000	
22						

《처리조건》

▶ "필터" 시트의 [A2:F12]를 아래 조건에 맞게 고급필터를 사용하여 작성하시오.
  - '구매량'이 20 이상이고 '친환경구매량'이 15 이상인 데이터를 '제품명', '구매량', '제품단가', '친환경구매량', '친환경구매액'의 데이터만 필터링하시오.
  - 조건 위치 : 조건 함수는 [A15] 한 셀에 작성(AND 함수 이용)
  - 결과 위치 : [A18]부터 출력

▶ 지시사항이 없는 경우는 《출력형태 - 필터》와 동일하게 작성하시오.

(2) 시나리오

《출력형태 - 시나리오》

	A	B	C	D	E	F	G
1							
2		시나리오 요약					
3				현재 값:	제품단가 15000 증가	제품단가 12000 감소	
4		변경 셀:					
5			$D$6	750,000	765000	738000	
6			$D$7	770,000	785000	758000	
7			$D$8	110,000	125000	98000	
8			$D$9	250,000	265000	238000	
9		결과 셀:					
10			$F$6	11250000	11475000	11070000	
11			$F$7	7700000	7850000	7580000	
12			$F$8	2750000	3125000	2450000	
13			$F$9	5000000	5300000	4760000	
14		참고: 현재 값 열은 시나리오 요약 보고서가 작성될 때의					
15		변경 셀 값을 나타냅니다. 각 시나리오의 변경 셀들은					
16		회색으로 표시됩니다.					
17							

《처리조건》

▶ "시나리오" 시트의 [A2:F12]를 이용하여 '분류'가 "사무기기"인 경우, '제품단가'가 변동할 때 '친환경구매액'이 변동하는 가상분석(시나리오)을 작성하시오.
  – 시나리오1 : 시나리오 이름은 "제품단가 15000 증가", 제품단가에 15000을 증가시킨 값 설정.
  – 시나리오2 : 시나리오 이름은 "제품단가 12000 감소", 제품단가에 12000을 감소시킨 값 설정.
  – "시나리오 요약" 시트를 작성하시오.

▶ 지시사항이 없는 경우는 《출력형태 – 시나리오》와 동일하게 작성하시오.

【문제 4】 "피벗테이블" 시트를 참조하여 다음《처리조건》에 맞도록 작업하시오. (30점)

《출력형태》

	A	B	C	D	E	F	G
1							
2							
3			제품명 ▼				
4	분류 ▼	데이터 ▼	공기청정기	노트북	에어컨	프린터	
5	가전제품	평균 : 친환경구매량	15	***	12	***	
6		평균 : 친환경구매액	8,250,000	***	11,760,000	***	
7	컴퓨터	평균 : 친환경구매량	***	18	***	15	
8		평균 : 친환경구매액	***	17,820,000	***	6,600,000	
9	전체 평균 : 친환경구매량		15	18	12	15	
10	전체 평균 : 친환경구매액		8,250,000	17,820,000	11,760,000	6,600,000	
11							

《처리조건》

▶ "피벗테이블" 시트의 [A2:F12]를 이용하여 새로운 시트에《출력형태》와 같이 피벗테이블을 작성 후 시트명을 "피벗테이블 정답"으로 수정하시오.

▶ 분류(행)와 제품명(열)을 기준으로 하여 출력형태와 같이 구하시오.
  - '친환경구매량', '친환경구매액'의 평균을 구하시오.
  - 피벗 테이블 설정을 이용하여 행의 총 합계를 표시하지 않게 설정하고, 빈 셀을 "***"로 설정하시오.
  - 피벗 테이블 디자인에서 보고서 레이아웃은 '테이블 형식으로 표시'로 표시하시오.
  - 제품명(열)은 "공기청정기", "노트북", "에어컨", "프린터"만 출력되도록 표시하시오.
  - [C5:F10] 데이터는 셀 서식의 표시형식-숫자를 이용하여 1000단위 구분 기호를 표시하고, 텍스트는 가운데 맞춤하시오.

▶ 분류의 순서는《출력형태》와 다를 수 있음

▶ 지시사항이 없는 경우는《출력형태》와 동일하게 작성하시오.

【문제 5】 **"차트"** 시트를 참조하여 다음《처리조건》에 맞도록 작업하시오. (30점)

《출력형태》

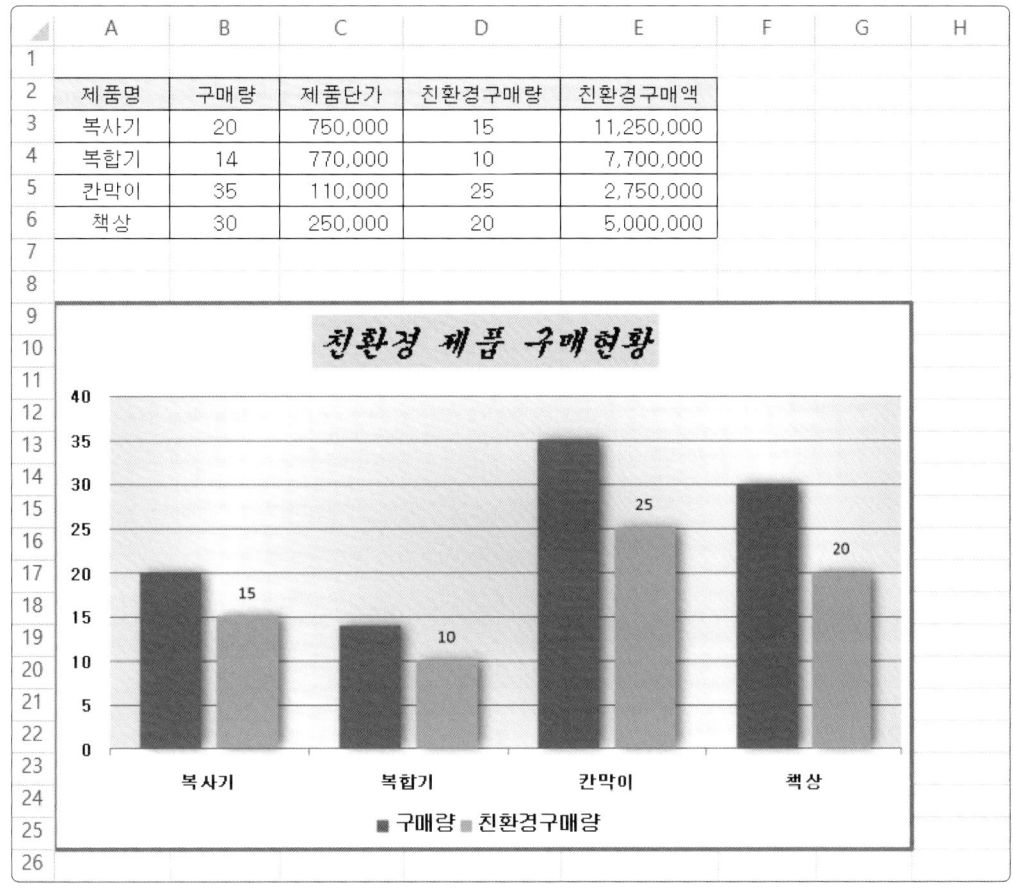

《처리조건》

▶ "차트" 시트에 주어진 표를 이용하여 '묶은 세로 막대형' 차트를 작성하시오.
- 데이터 범위 : 현재 시트 [A2:B6], [D2:D6]의 데이터를 이용하여 작성하고, 행/열 전환은 '열'로 지정
- 차트 위치 : 현재 시트에 [A9:G25] 크기에 정확하게 맞추시오.
- 차트 스타일 : 색2 – 스타일9
- 제목 위치 : 위쪽 표시
- 범례 위치 : 아래쪽 표시
- 축 이름표 모양 : 가로 항목 축 및 세로 값 축 글꼴(돋움, 10pt, 진하게)
- 범례 모양 : 글꼴(굴림, 11pt, 진하게)
- 차트 배경 : 선 종류 : 실선, 끝 모양 : 원형, 굵기 : 2.5pt, 모서리 모양 : 곡선형, 겹선 종류 : 단순형, 선 색 : 강조 5 초록)
- 차트 제목 : 내용("친환경 제품 구매현황"), 글꼴(궁서체, 18pt, 진하게, 기울임), 채우기(단색 – 색 : 강조 4 노랑)
- 그림 영역 속성 : 채우기 : 그러데이션(유형 : 솜사탕 3, 종류 : 방사형, 방향 : 방사형 – 가운데에서)
- 데이터 레이블 추가 : '친환경구매량' 계열에 "값" 표시

▶ 지시사항이 없는 경우는《출력형태》와 동일하게 작성하시오.

제 03 회 디지털정보활용능력 출제예상 모의고사

- 시험과목 : 스프레드시트(한셀)
- 시험일자 : 20XX. XX. XX. (X)
- 응시자 기재사항 및 감독위원 확인

한컴오피스 한셀 2022 버전용

수 검 번 호	DIL - XXXX -	감독위원 확인
성 명		

·응시자 유의사항·

1. 응시자는 신분증을 지참하여야 시험에 응시할 수 있으며, 시험이 종료될 때까지 신분증을제시하지 못 할 경우 해당 시험은 0점 처리됩니다.
2. 시스템(PC작동여부, 네트워크 상태 등)의 이상여부를 반드시 확인하여야 하며, 시스템이상이 있을 시 감독위원에게 조치를 받으셔야 합니다.
3. 시험 중 부주의 또는 고의로 시스템을 파손한 경우는 응시자 부담으로 합니다.
4. 답안 전송 프로그램을 통해 다운로드 받은 파일을 이용하여 답안파일을 작성하시기 바랍니다.
5. 작성한 답안 파일은 답안 전송 프로그램을 통하여 전송됩니다. 감독위원의 지시에 따라 주시기바랍니다.
6. 다음 사항의 경우 실격(0점) 혹은 부정행위 처리됩니다.
    1) 답안파일을 저장하지 않았거나, 저장한 파일이 손상되었을 경우
    2) 답안파일을 지정된 폴더(바탕화면 "KAIT" 폴더)에 저장하지 않았을 경우
        ※ 답안 전송 프로그램 로그인 시 바탕화면에 자동 생성됨
    3) 답안파일을 다른 보조기억장치(USB) 혹은 네트워크(메신저, 게시판 등)로 전송할 경우
    4) 휴대용 전화기 등 통신기기를 사용할 경우
7. 슬라이드는 반드시 순서대로 작성해야 하며, 순서가 다를 경우 "0"점 처리됩니다.
8. 시험지에 제시된 글꼴이 응시 프로그램에 없는 경우, 반드시 감독위원에게 해당 내용을통보한 뒤 조치를 받아야 합니다.
9. 슬라이드 작성 시 도형의 그룹설정을 사용하는 경우, 채점에서 감점 처리됩니다.
10. 시험의 완료는 작성이 완료된 답안을 저장하고, 답안전송이 완료된 상태를 확인한 것으로합니다. 답안전송 확인 후 문제지는 감독위원에게 제출한 후 퇴실하여야 합니다.
11. 답안전송을 완료한 경우는 수정 또는 정정이 불가합니다.
12. 시험 시행 후 합격자 발표는 홈페이지(www.ihd.or.kr)에서 확인하시기를 바랍니다.
    ※ 합격자 발표 : 20XX. XX. XX.(X)

【문제 1】 "**매출현황**" 시트를 참조하여 다음 《처리조건》에 맞도록 작업하시오. (50점)

《출력형태》

	A	B	C	D	E	F	G	H
1				가전제품 매출현황				
2	제품종류	제품구분	지역	2022년	2023년	2024년	순위	비고
3	냉장고	주방가전	수도권	2,242	3,341	4,562	1위	인기제품
4	에어컨	계절가전	남부권	1,321	1,241	1,120	10위	
5	청소기	소형가전	중부권	1,420	1,576	1,752	6위	
6	프로젝터	영상가전	수도권	930	1,049	1,320	9위	
7	세탁기	주방가전	남부권	2,140	2,590	3,120	5위	인기제품
8	김치냉장고	주방가전	중부권	3,120	3,428	3,720	4위	인기제품
9	헤어드라이어	소형가전	수도권	1,003	1,013	1,102	11위	
10	제습기	계절가전	수도권	1,230	1,508	1,730	7위	
11	식기세척기	주방가전	중부권	3,752	3,889	4,120	3위	인기제품
12	텔레비전	영상가전	남부권	3,420	3,529	4,135	2위	인기제품
13	커피머신	주방가전	수도권	1,257	1,339	1,450	8위	
14	'2022년'의 최댓값-최솟값의 차이			2,822건				
15	'지역'이 "수도권"인 '2023년'의 평균			1,650건				
16	'2024년' 중 두 번째로 작은 값			1,120건				

《처리조건》

▶ 1행의 행 높이를 '60'으로 설정하고, 2행~16행의 행 높이를 '16'으로 설정하시오.
▶ 제목("가전제품 매출현황") : 사각형의 '모서리가 둥근 직사각형'을 이용하여 입력하시오.
　– 도형 : 위치([B1:G1]), 도형 스타일('밝은 계열 – 강조 2')
　– 글꼴 : 굴림체, 24pt, 진하게, 기울임, 글자 색(검정)
　– 도형 서식 : 텍스트 맞춤(가로 : 가운데 정렬, 세로 : 중간)

▶ 셀 서식을 아래 조건에 맞게 작성하시오.
　– [A2:H16] : 테두리(안쪽, 바깥쪽 모두 실선, 검정), 텍스트 맞춤(가로 : 가운데)
　– [A14:C14], [A15:C15], [A16:C16] : 각각 병합하고 가운데 맞춤
　– [A2:H2], [A14:C16] : 채우기(주황 40% 밝게), 글꼴(진하게)
　– [D3:F13] : 셀 서식의 표시형식–숫자를 이용하여 1000단위 구분 기호 표시
　– [G3:G13] : 셀 서식의 표시형식–사용자 정의를 이용하여 #"위"자를 추가
　– [D14:E16] : 셀 서식의 표시형식–사용자 정의를 이용하여 #,##0"건"자를 추가
　– 조건부 서식[A3:H13] : '제품구분'이 "주방가전"인 경우 레코드 전체에 글꼴(주황, 진하게, 기울임) 적용
　– 지시사항이 없는 경우는 주어진 문제파일의 서식을 그대로 사용하시오.

▶ ① 순위[G3:G13] : '2024년'을 기준으로 큰 순으로 '순위'를 구하시오. (RANK 함수)
▶ ② 비고[H3:H13] : '2024년'이 3000 이상이면 "인기제품", 그렇지 않으면 공백으로 구하시오. (IF 함수)
▶ ③ 최댓값-최솟값[D14:E14] : '2022년'의 최댓값과 최솟값의 차이를 구하시오. (MAX, MIN 함수)
▶ ④ 평균[D15:E15] : '지역'이 "수도권"인 '2023년'의 평균을 구하시오. (DAVERAGE 함수)
▶ ⑤ 순위[D16:E16] : '2024년' 중, 두 번째로 작은 값을 구하시오. (SMALL 함수)

【문제 2】 "**부분합**" 시트를 참조하여 다음 《처리조건》에 맞도록 작업하시오. (30점)

《출력형태》

	A	B	C	D	E	F
2	제품종류	제품구분	지역	2022년	2023년	2024년
3	에어컨	계절가전	남부권	1,321	1,241	1,120
4	제습기	계절가전	수도권	1,230	1,508	1,730
5			계절가전 최솟값		1,241	1,120
6			계절가전 평균	1,276	1,375	
7	청소기	소형가전	중부권	1,420	1,576	1,752
8	헤어드라이어	소형가전	수도권	1,003	1,013	1,102
9			소형가전 최솟값		1,013	1,102
10			소형가전 평균	1,212	1,295	
11	프로젝터	영상가전	수도권	930	1,049	1,320
12	텔레비전	영상가전	남부권	3,420	3,529	4,135
13			영상가전 최솟값		1,049	1,320
14			영상가전 평균	2,175	2,289	
15	냉장고	주방가전	수도권	2,242	3,341	4,562
16	세탁기	주방가전	남부권	2,140	2,590	3,120
17	김치냉장고	주방가전	중부권	3,120	3,428	3,720
18	식기세척기	주방가전	중부권	3,752	3,889	4,120
19	커피머신	주방가전	수도권	1,257	1,339	1,450
20			주방가전 최솟값		1,339	1,450
21			주방가전 평균	2,502	2,917	
22			전체 최솟값		1,013	1,102
23			전체 평균	1,985	2,228	

《처리조건》

▶ 데이터를 '제품구분' 기준으로 오름차순 정렬하시오.

▶ 아래 조건에 맞는 부분합을 작성하시오.
 – '제품구분'으로 그룹화하여 '2022년', '2023년'의 평균을 구하는 부분합을 만드시오.
 – '제품구분'으로 그룹화하여 '2023년', '2024년'의 최솟값을 구하는 부분합을 만드시오.
  (새로운 값으로 대치하지 말 것)
 – [D3:F23] 영역에 셀 서식의 표시형식-숫자를 이용하여 1000단위 구분 기호를 표시하시오.

▶ [D2:F23] 영역에 '그룹 묶기'(대상 : 열)를 설정하시오.

▶ 평균과 최솟값의 부분합 순서는 《출력형태》와 다를 수 있음

▶ 지시사항이 없는 경우는 기본 값을 적용하시오.

디지털정보활용능력 — 스프레드시트(한셀) (시험시간: 40분)

【문제 3】 "필터"와 "시나리오" 시트를 참조하여 다음 《처리조건》에 맞도록 작업하시오. (60점)

(1) 필터

《출력형태 - 필터》

	A	B	C	D	E	F
1						
2	제품종류	제품구분	지역	2022년	2023년	2024년
3	냉장고	주방가전	수도권	2,242	3,341	4,562
4	에어컨	계절가전	남부권	1,321	1,241	1,120
5	청소기	소형가전	중부권	1,420	1,576	1,752
6	프로젝터	영상가전	수도권	930	1,049	1,320
7	세탁기	주방가전	남부권	2,140	2,590	3,120
8	김치냉장고	주방가전	중부권	3,120	3,428	3,720
9	헤어드라이어	소형가전	수도권	1,003	1,013	1,102
10	제습기	계절가전	수도권	1,230	1,508	1,730
11	식기세척기	주방가전	중부권	3,752	3,889	4,120
12	텔레비전	영상가전	남부권	3,420	3,529	4,135
13	커피머신	주방가전	수도권	1,257	1,339	1,450
14						
15	조건					
16	FALSE					
17						
18	제품종류	제품구분	2023년	2024년		
19	프로젝터	영상가전	1,049	1,320		
20	헤어드라이어	소형가전	1,013	1,102		
21	제습기	계절가전	1,508	1,730		
22	커피머신	주방가전	1,339	1,450		

《처리조건》

▶ "필터" 시트의 [A2:F13]을 아래 조건에 맞게 고급필터를 사용하여 작성하시오.
  - '지역'이 "수도권"이고 '2024년'이 2000 이하인 데이터를 '제품종류', '제품구분', '2023년', '2024년'의 데이터만 필터링하시오.
  - 조건 위치 : 조건 함수는 [A16] 한 셀에 작성(AND 함수 이용)
  - 결과 위치 : [A18]부터 출력

▶ 지시사항이 없는 경우는 《출력형태 - 필터》와 동일하게 작성하시오.

디지털정보활용능력 스프레드시트(한셀) (시험시간 : 40분)

(2) 시나리오

《출력형태 - 시나리오》

	A	B	C	D	E	F	G
1							
2		시나리오 요약					
3				현재 값:	2024년 500 증가	2024년 400 감소	
4		변경 셀:					
5			$F$11	1,752	2252	1352	
6			$F$12	3,720	4220	3320	
7			$F$13	4,120	4620	3720	
8		결과 셀:					
9			$G$11	1582.666667	1749.333333	1449.333333	
10			$G$12	3422.666667	3589.333333	3289.333333	
11			$G$13	3920.333333	4087	3787	
12		참고: 현재 값 열은 시나리오 요약 보고서가 작성될 때의					
13		변경 셀 값을 나타냅니다. 각 시나리오의 변경 셀들은					
14		회색으로 표시됩니다.					
15							

《처리조건》

▶ "시나리오" 시트의 [A2:G13]을 이용하여 '지역'이 "중부권"인 경우, '2024년'이 변동할 때 '평균'이 변동하는 가상분석(시나리오)을 작성하시오.
  – 시나리오1 : 시나리오 이름은 "2024년 500 증가", 2024년에 500을 증가시킨 값 설정.
  – 시나리오2 : 시나리오 이름은 "2024년 400 감소", 2024년에 400을 감소시킨 값 설정.
  – "시나리오 요약" 시트를 작성하시오.

▶ 지시사항이 없는 경우는《출력형태 – 시나리오》와 동일하게 작성하시오.

디지털정보활용능력 스프레드시트(한셀) (시험시간 : 40분)

【문제 4】 "피벗테이블" 시트를 참조하여 다음《처리조건》에 맞도록 작업하시오. (30점)

《출력형태》

	A	B	C	D	E	F
1						
2						
3			지역 ▼			
4	제품구분 ▼	데이터 ▼	남부권	수도권	중부권	
5	소형가전	평균 : 2023년	***	1,013	1,576	
6		평균 : 2024년	***	1,102	1,752	
7	영상가전	평균 : 2023년	3,529	1,049	***	
8		평균 : 2024년	4,135	1,320	***	
9	주방가전	평균 : 2023년	2,590	2,340	3,659	
10		평균 : 2024년	3,120	3,006	3,920	
11	전체 평균 : 2023년		3,060	1,686	2,964	
12	전체 평균 : 2024년		3,628	2,109	3,197	
13						

《처리조건》

▶ "피벗테이블" 시트의 [A2:F13]을 이용하여 새로운 시트에《출력형태》와 같이 피벗테이블을 작성 후 시트명을 "피벗테이블 정답"으로 수정하시오.

▶ 제품구분(행)과 지역(열)을 기준으로 하여 출력형태와 같이 구하시오.
  - '2023년', '2024년'의 평균을 구하시오.
  - 피벗 테이블 설정을 이용하여 행의 총 합계를 표시하지 않게 설정하고, 빈 셀을 "***"로 설정하시오.
  - 피벗 테이블 디자인에서 보고서 레이아웃은 '테이블 형식으로 표시'로 표시하시오.
  - 제품구분(행)은 "소형가전", "영상가전", "주방가전"만 출력되도록 표시하시오.
  - [C5:E12] 데이터는 셀 서식의 표시형식-숫자를 이용하여 1000단위 구분 기호를 표시하고, 텍스트는 오른쪽으로 맞춤하시오.

▶ 제품구분의 순서는《출력형태》와 다를 수 있음

▶ 지시사항이 없는 경우는《출력형태》와 동일하게 작성하시오.

【문제 5】 "**차트**" 시트를 참조하여 다음《처리조건》에 맞도록 작업하시오. (30점)

《출력형태》

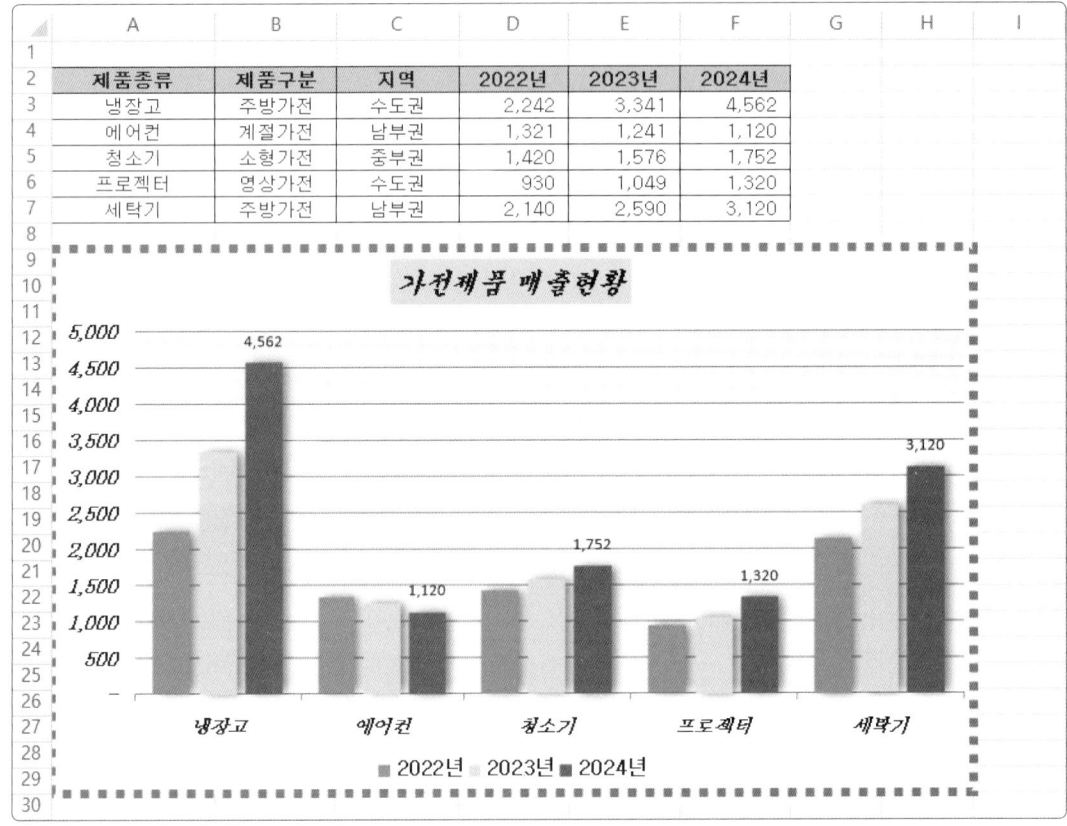

《처리조건》

▶ "차트" 시트에 주어진 표를 이용하여 '묶은 세로 막대형' 차트를 작성하시오.
  - 데이터 범위 : 현재 시트 [A2:A7], [D2:F7]의 데이터를 이용하여 작성하고, 행/열 전환은 '열'로 지정
  - 차트 위치 : 현재 시트에 [A9:H29] 크기에 정확하게 맞추시오.
  - 차트 스타일 : 색3 - 스타일9
  - 제목 위치 : 위쪽 표시
  - 범례 위치 : 아래쪽 표시
  - 축 이름표 모양 : 가로 항목 축 및 세로 값 축 글꼴(바탕, 11pt, 진하게, 기울임)
  - 범례 모양 : 글꼴(돋움, 12pt, 진하게)
  - 차트 배경 : 선 종류 : 점선, 끝 모양 : 사각형, 굵기 : 5.25pt, 모서리 모양 : 직선형,
              겹선 종류 : 단순형, 선 색 : 강조 5 초록)
  - 차트 제목 : 내용("가전제품 매출현황"), 글꼴(궁서, 16pt, 진하게, 기울임), 채우기(단색 - 색 : 강조 4 노랑)
  - 그림 영역 속성 : 채우기 : 그러데이션(유형 : 레몬, 종류 : 선형, 방향 : 선형 - 아래쪽에서)
  - 데이터 레이블 추가 : '2024년' 계열에 "값" 표시

▶ 지시사항이 없는 경우는《출력형태》와 동일하게 작성하시오.

제 04 회 디지털정보활용능력 출제예상 모의고사

☑ 시험과목 : 스프레드시트(한셀)
☑ 시험일자 : 20XX. XX. XX. (X)
☑ 응시자 기재사항 및 감독위원 확인

한컴오피스 한셀 2022 버전용

수검번호	DIL - XXXX -	감독위원 확인
성 명		

·응시자 유의사항·

1. 응시자는 신분증을 지참하여야 시험에 응시할 수 있으며, 시험이 종료될 때까지 신분증을 제시하지 못 할 경우 해당 시험은 0점 처리됩니다.
2. 시스템(PC작동여부, 네트워크 상태 등)의 이상여부를 반드시 확인하여야 하며, 시스템이상이 있을 시 감독위원에게 조치를 받으셔야 합니다.
3. 시험 중 부주의 또는 고의로 시스템을 파손한 경우는 응시자 부담으로 합니다.
4. 답안 전송 프로그램을 통해 다운로드 받은 파일을 이용하여 답안파일을 작성하시기 바랍니다.
5. 작성한 답안 파일은 답안 전송 프로그램을 통하여 전송됩니다. 감독위원의 지시에 따라 주시기바랍니다.
6. 다음 사항의 경우 실격(0점) 혹은 부정행위 처리됩니다.
    1) 답안파일을 저장하지 않았거나, 저장한 파일이 손상되었을 경우
    2) 답안파일을 지정된 폴더(바탕화면 "KAIT" 폴더)에 저장하지 않았을 경우
        ※ 답안 전송 프로그램 로그인 시 바탕화면에 자동 생성됨
    3) 답안파일을 다른 보조기억장치(USB) 혹은 네트워크(메신저, 게시판 등)로 전송할 경우
    4) 휴대용 전화기 등 통신기기를 사용할 경우
7. 슬라이드는 반드시 순서대로 작성해야 하며, 순서가 다를 경우 "0"점 처리됩니다.
8. 시험지에 제시된 글꼴이 응시 프로그램에 없는 경우, 반드시 감독위원에게 해당 내용을 통보한 뒤 조치를 받아야 합니다.
9. 슬라이드 작성 시 도형의 그룹설정을 사용하는 경우, 채점에서 감점 처리됩니다.
10. 시험의 완료는 작성이 완료된 답안을 저장하고, 답안전송이 완료된 상태를 확인한 것으로합니다. 답안전송 확인 후 문제지는 감독위원에게 제출한 후 퇴실하여야 합니다.
11. 답안전송을 완료한 경우는 수정 또는 정정이 불가합니다.
12. 시험 시행 후 합격자 발표는 홈페이지(www.ihd.or.kr)에서 확인하시기를 바랍니다.
    ※ 합격자 발표 : 20XX. XX. XX.(X)

디지털정보활용능력 **스프레드시트(한셀)** **(시험시간 : 40분)**

【문제 1】 "매출현황" 시트를 참조하여 다음 《처리조건》에 맞도록 작업하시오. (50점)

《출력형태》

제품명	구분	크기	2021년	2022년	2023년	순위	비고
세이프마스크	덴탈마스크	대형	111,770	238,920	298,700	1위	
닥터제로	KF94	대형	112,680	213,950	236,350	9위	
먼지차단	KF80	중형	119,640	245,710	245,570	6위	매출우수
황사제로	KFAD	소형	100,920	237,150	240,290	7위	
순면마스크	면마스크	소형	118,820	194,410	212,210	10위	
안심일회용	덴탈마스크	중형	111,260	196,260	199,260	11위	
황사안심	KF94	중형	129,720	249,720	256,720	5위	매출우수
라이트핏	KFAD	소형	109,690	267,570	264,600	3위	매출우수
편안한마스크	면마스크	중형	112,110	225,550	237,770	8위	
비말차단	KF80	소형	111,810	272,170	268,600	2위	매출우수
새부리마스크	KF94	대형	130,280	242,370	259,420	4위	매출우수
'2023년'의 최댓값-최솟값의 차이			99,440개				
'크기'가 '대형'인 '2022년'의 평균			231,747개				
'2021년' 중 두 번째로 큰 값			129,720개				

제목: 마스크 매출현황

《처리조건》

▶ 1행의 행 높이를 '80'으로 설정하고, 2행~16행의 행 높이를 '18'로 설정하시오.
▶ 제목("마스크 매출현황") : 기본 도형의 '배지'를 이용하여 입력하시오.
  - 도형 : 위치([B1:G1]), 도형 스타일('채우기 - 강조 2')
  - 글꼴 : 굴림체, 26pt, 글자 색(검정)
  - 도형 서식 : 텍스트 맞춤(가로 : 가운데 정렬, 세로 : 중간)

▶ 셀 서식을 아래 조건에 맞게 작성하시오.
  - [A2:H16] : 테두리(안쪽, 바깥쪽 모두 실선, 검정), 텍스트 맞춤(가로 : 가운데)
  - [A14:C14], [A15:C15], [A16:C16] : 각각 병합하고 가운데 맞춤
  - [A2:H2], [A14:C16] : 채우기(노랑 40% 밝게), 글꼴(진하게)
  - [D3:F13] : 셀 서식의 표시형식-숫자를 이용하여 1000단위 구분 기호 표시
  - [G3:G13] : 셀 서식의 표시형식-사용자 정의를 이용하여 #"위"자를 추가
  - [D14:E16] : 셀 서식의 표시형식-사용자 정의를 이용하여 #,##0"개"자를 추가
  - 조건부 서식[A3:H13] : '구분'이 "KF94"인 경우 레코드 전체에 글꼴(보라, 진하게, 기울임) 적용
  - 지시사항이 없는 경우는 주어진 문제파일의 서식을 그대로 사용하시오.

▶ ① 순위[G3:G13] : '2023년'을 기준으로 큰 순으로 '순위'를 구하시오. (RANK.EQ 함수)
▶ ② 비고[H3:H13] : '2022년'이 240000 이상이면 "매출우수", 그렇지 않으면 공백으로 구하시오. (IF 함수)
▶ ③ 최댓값-최솟값[D14:E14] : '2023년'의 최댓값과 최솟값의 차이를 구하시오. (MAX, MIN 함수)
▶ ④ 평균[D15:E15] : '크기'가 "대형"인 '2022년'의 평균을 구하시오. (DAVERAGE 함수)
▶ ⑤ 순위[D16:E16] : '2021년' 중, 두 번째로 큰 값을 구하시오. (LARGE 함수)

【문제 2】 "**부분합**" 시트를 참조하여 다음 《처리조건》에 맞도록 작업하시오. (30점)

《출력형태》

	A	B	C	D	E	F
1						
2	제품명	구분	크기	2021년	2022년	2023년
3	세이프마스크	덴탈마스크	대형	111,770	238,920	298,700
4	닥터제로	KF94	대형	112,680	213,950	236,350
5	새부리마스크	KF94	대형	130,280	242,370	259,420
6			대형 최댓값		242,370	298,700
7			대형 평균	118,243		264,823
8	황사제로	KFAD	소형	100,920	237,150	240,290
9	순면마스크	면마스크	소형	118,820	194,410	212,210
10	라이트핏	KFAD	소형	109,690	267,570	264,600
11	비말차단	KF80	소형	111,810	272,170	268,600
12			소형 최댓값		272,170	268,600
13			소형 평균	110,310		246,425
14	먼지차단	KF80	중형	119,640	245,710	245,570
15	안심일회용	덴탈마스크	중형	111,260	196,260	199,260
16	황사안심	KF94	중형	129,720	249,720	256,720
17	편안한마스크	면마스크	중형	112,110	225,550	237,770
18			중형 최댓값		249,720	256,720
19			중형 평균	118,183		234,830
20			전체 최댓값		272,170	298,700
21			전체 평균	115,336		247,226
22						

《처리조건》

▶ 데이터를 '크기' 기준으로 오름차순 정렬하시오.

▶ 아래 조건에 맞는 부분합을 작성하시오.
 - '크기'로 그룹화하여 '2021년', '2023년'의 평균을 구하는 부분합을 만드시오.
 - '크기'로 그룹화하여 '2022년', '2023년'의 최댓값을 구하는 부분합을 만드시오.
  (새로운 값으로 대치하지 말 것)
 - [D3:F21] 영역에 셀 서식의 표시형식-숫자를 이용하여 1000단위 구분 기호를 표시하시오.

▶ [D2:F21] 영역에 '그룹 묶기'(대상 : 열)를 설정하시오.

▶ 평균과 최댓값의 부분합 순서는 《출력형태》와 다를 수 있음

▶ 지시사항이 없는 경우는 기본 값을 적용하시오.

【문제 3】 "필터"와 "시나리오" 시트를 참조하여 다음 《처리조건》에 맞도록 작업하시오. (60점)

(1) 필터

《출력형태 - 필터》

	A	B	C	D	E	F
1						
2	제품명	구분	크기	2021년	2022년	2023년
3	세이프마스크	덴탈마스크	대형	111770	238920	298700
4	닥터제로	KF94	대형	112680	213950	236350
5	먼지차단	KF80	중형	119640	245710	245570
6	황사제로	KFAD	소형	100920	237150	240290
7	순면마스크	면마스크	소형	118820	194410	212210
8	안심일회용	덴탈마스크	중형	111260	196260	199260
9	황사안심	KF94	중형	129720	249720	256720
10	라이트핏	KFAD	소형	109690	267570	264600
11	편안한마스크	면마스크	중형	112110	225550	237770
12	비말차단	KF80	소형	111810	272170	268600
13	새부리마스크	KF94	대형	130280	242370	259420
14						
15	조건					
16	FALSE					
17						
18	제품명	구분	2022년	2023년		
19	황사제로	KFAD	237150	240290		
20	라이트핏	KFAD	267570	264600		
21	비말차단	KF80	272170	268600		
22						

《처리조건》

▶ "필터" 시트의 [A2:F13]를 아래 조건에 맞게 고급필터를 사용하여 작성하시오.
  - '크기'가 "소형"이고 '2023년'이 240000 이상인 데이터를 '제품명', '구분', '2022년', '2023년'의 데이터만 필터링하시오.
  - 조건 위치 : 조건 함수는 [A16] 한 셀에 작성(AND 함수 이용)
  - 결과 위치 : [A18]부터 출력

▶ 지시사항이 없는 경우는 《출력형태 - 필터》와 동일하게 작성하시오.

(2) 시나리오

《출력형태 - 시나리오》

	A	B	C	D	E	F	G
1							
2		시나리오 요약					
3				현재 값:	2023년 20000 증가	2023년 19000 감소	
4		변경 셀:					
5			$F$3	298700	318700	279700	
6			$F$4	236350	256350	217350	
7			$F$5	259420	279420	240420	
8		결과 셀:					
9			$G$3	268810	278810	259310	
10			$G$4	225150	235150	215650	
11			$G$5	250895	260895	241395	
12		참고: 현재 값 열은 시나리오 요약 보고서가 작성될 때의					
13		변경 셀 값을 나타냅니다. 각 시나리오의 변경 셀들은					
14		회색으로 표시됩니다.					
15							

《처리조건》

▶ "시나리오" 시트의 [A2:G13]을 이용하여 '크기'가 "대형"인 경우, '2023년'이 변동할 때 '평균'이 변동하는 가상분석(시나리오)을 작성하시오.
  - 시나리오1 : 시나리오 이름은 "2023년 20000 증가", 2023년에 20000을 증가시킨 값 설정.
  - 시나리오2 : 시나리오 이름은 "2023년 19000 감소", 2023년에 19000을 감소시킨 값 설정.
  - "시나리오 요약" 시트를 작성하시오.

▶ 지시사항이 없는 경우는 《출력형태 - 시나리오》와 동일하게 작성하시오.

【문제 4】 "피벗테이블" 시트를 참조하여 다음 《처리조건》에 맞도록 작업하시오. (30점)

《출력형태》

	A	B	C	D	E
3			크기 ▼		
4	구분 ▼	데이터 ▼	대형	소형	중형
5	KF80	평균 : 2022년	**	272,170	245,710
6		평균 : 2023년	**	268,600	245,570
7	KF94	평균 : 2022년	228,160	**	249,720
8		평균 : 2023년	247,885	**	256,720
9	KFAD	평균 : 2022년	**	252,360	**
10		평균 : 2023년	**	252,445	**
11	전체 평균 : 2022년		228,160	258,963	247,715
12	전체 평균 : 2023년		247,885	257,830	251,145

《처리조건》

▶ "피벗테이블" 시트의 [A2:F13]를 이용하여 새로운 시트에 《출력형태》와 같이 피벗테이블을 작성 후 시트명을 "피벗테이블 정답"으로 수정하시오.

▶ 구분(행)과 크기(열)를 기준으로 하여 출력형태와 같이 구하시오.
　- '2022년', '2023년'의 평균을 구하시오.
　- 피벗 테이블 설정을 이용하여 행의 총 합계를 표시하지 않게 설정하고, 빈 셀을 "**"로 설정하시오.
　- 피벗 테이블 디자인에서 보고서 레이아웃은 '테이블 형식으로 표시'로 표시하시오.
　- 구분(행)은 "KF80", "KF94", "KFAD"만 출력되도록 표시하시오.
　- [C5:E12] 데이터는 셀 서식의 표시형식-숫자를 이용하여 1000단위 구분 기호를 표시하고, 텍스트는 오른쪽으로 맞춤하시오.

▶ 구분의 순서는 《출력형태》와 다를 수 있음

▶ 지시사항이 없는 경우는 《출력형태》와 동일하게 작성하시오.

【문제 5】 "차트" 시트를 참조하여 다음 《처리조건》에 맞도록 작업하시오. (30점)

《출력형태》

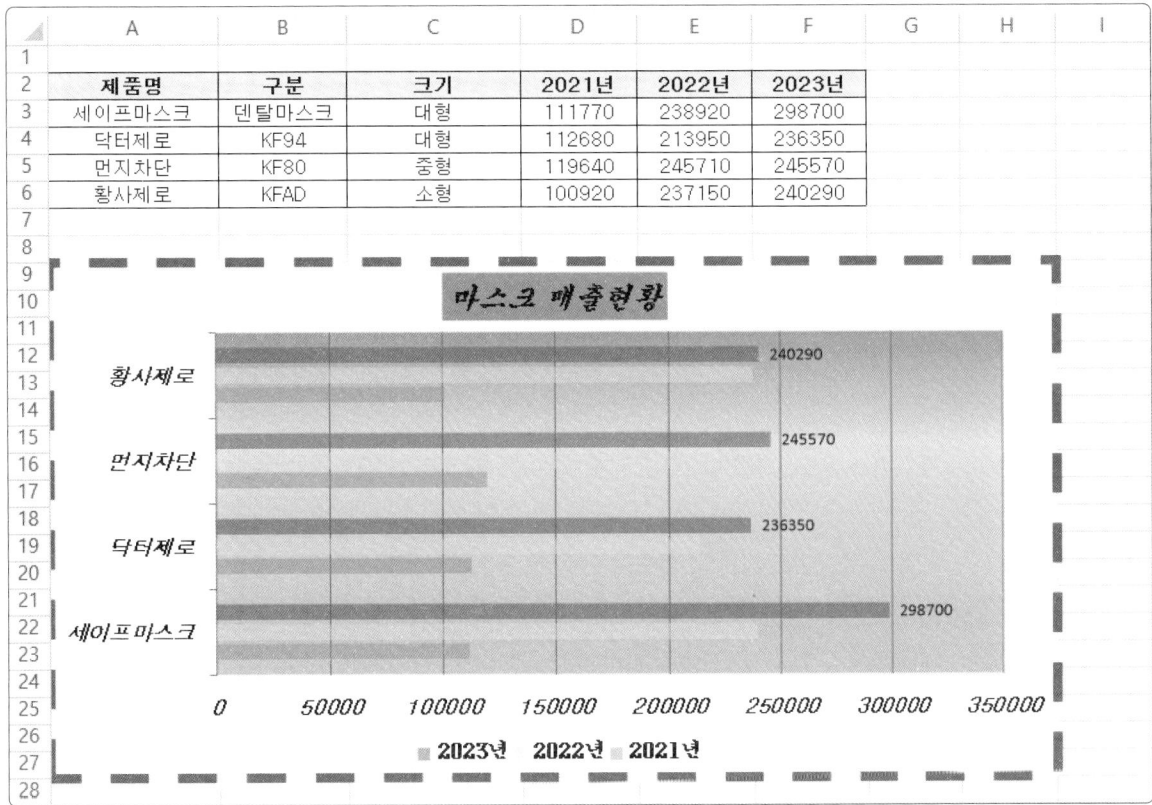

《처리조건》

▶ "차트" 시트에 주어진 표를 이용하여 '묶은 가로 막대형' 차트를 작성하시오.
  - 데이터 범위 : 현재 시트 [A2:A6], [D2:F6]의 데이터를 이용하여 작성하고, 행/열 전환은 '열'로 지정
  - 차트 위치 : 현재 시트에 [A9:H27] 크기에 정확하게 맞추시오.
  - 차트 스타일 : 색3 - 스타일8
    제목 위치 : 위쪽 표시
  - 범례 위치 : 아래쪽 표시
  - 축 이름표 모양 : 가로 항목 축 및 세로 값 축 글꼴(돋움, 12pt, 진하게, 기울임)
  - 범례 모양 : 글꼴(궁서, 12pt, 진하게)
  - 차트 배경 : 선 종류 : 파선, 끝 모양 : 사각형, 굵기 : 5.5pt, 모서리 모양 : 직선형,
            겹선 종류 : 단순형, 선 색 : 강조 1 하늘색
  - 차트 제목 : 내용("마스크 매출현황"), 글꼴(궁서, 16pt, 진하게, 기울임),
            채우기(단색 - 색 : 보라 40% 밝게)
  - 그림 영역 속성 : 채우기 : 그러데이션(유형 : 보라, 종류 : 선형, 방향 : 선형 - 아래쪽에서)
  - 데이터 레이블 추가 : '2023년' 계열에 "값" 표시

▶ 지시사항이 없는 경우는 《출력형태》와 동일하게 작성하시오.

제 05 회 디지털정보활용능력 출제예상 모의고사

- ☑ 시험과목 : 스프레드시트(한셀)
- ☑ 시험일자 : 20XX. XX. XX. (X)
- ☑ 응시자 기재사항 및 감독위원 확인

한컴오피스 한셀 2022 버전용

수검번호	DIL - XXXX -	감독위원 확인
성 명		

·응시자 유의사항·

1. 응시자는 신분증을 지참하여야 시험에 응시할 수 있으며, 시험이 종료될 때까지 신분증을 제시하지 못 할 경우 해당 시험은 0점 처리됩니다.
2. 시스템(PC작동여부, 네트워크 상태 등)의 이상여부를 반드시 확인하여야 하며, 시스템이상이 있을 시 감독위원에게 조치를 받으셔야 합니다.
3. 시험 중 부주의 또는 고의로 시스템을 파손한 경우는 응시자 부담으로 합니다.
4. 답안 전송 프로그램을 통해 다운로드 받은 파일을 이용하여 답안파일을 작성하시기 바랍니다.
5. 작성한 답안 파일은 답안 전송 프로그램을 통하여 전송됩니다. 감독위원의 지시에 따라 주시기바랍니다.
6. 다음 사항의 경우 실격(0점) 혹은 부정행위 처리됩니다.
    1) 답안파일을 저장하지 않았거나, 저장한 파일이 손상되었을 경우
    2) 답안파일을 지정된 폴더(바탕화면 "KAIT" 폴더)에 저장하지 않았을 경우
        ※ 답안 전송 프로그램 로그인 시 바탕화면에 자동 생성됨
    3) 답안파일을 다른 보조기억장치(USB) 혹은 네트워크(메신저, 게시판 등)로 전송할 경우
    4) 휴대용 전화기 등 통신기기를 사용할 경우
7. 슬라이드는 반드시 순서대로 작성해야 하며, 순서가 다를 경우 "0"점 처리됩니다.
8. 시험지에 제시된 글꼴이 응시 프로그램에 없는 경우, 반드시 감독위원에게 해당 내용을 통보한 뒤 조치를 받아야 합니다.
9. 슬라이드 작성 시 도형의 그룹설정을 사용하는 경우, 채점에서 감점 처리됩니다.
10. 시험의 완료는 작성이 완료된 답안을 저장하고, 답안전송이 완료된 상태를 확인한 것으로합니다. 답안전송 확인 후 문제지는 감독위원에게 제출한 후 퇴실하여야 합니다.
11. 답안전송을 완료한 경우는 수정 또는 정정이 불가합니다.
12. 시험 시행 후 합격자 발표는 홈페이지(www.ihd.or.kr)에서 확인하시기를 바랍니다.
    ※ 합격자 발표 : 20XX. XX. XX.(X)

디지털정보활용능력 스프레드시트(한셀) (시험시간 : 40분)

【문제 1】 "매출현황" 시트를 참조하여 다음 《처리조건》에 맞도록 작업하시오. (50점)

《출력형태》

	A	B	C	D	E	F	G	H
1			스마트 기기 매출현황					
2	제품코드	종류	거래처	2분기	3분기	4분기	순위	비고
3	SMT-900	스마트폰	온라인매장	13,870	13,150	13,770	7위	인기제품
4	SNT-1000	노트북	가전전문점	12,710	13,520	13,280	2위	
5	STB-500	태블릿	대리점	12,740	12,360	13,520	10위	
6	SWH-300	스마트워치	가전전문점	12,950	13,520	13,960	2위	인기제품
7	SNT-3100	노트북	대리점	13,680	13,520	13,310	2위	인기제품
8	SMT-950	스마트폰	가전전문점	13,590	13,980	14,260	1위	인기제품
9	SWH-330	스마트워치	온라인매장	12,330	12,420	13,150	9위	
10	STB-550	태블릿	가전전문점	12,760	12,840	13,160	8위	
11	SWH-350	스마트워치	대리점	12,560	11,950	12,530	11위	
12	STB-600	태블릿	가전전문점	12,630	13,260	13,840	5위	
13	SMT-970	스마트폰	대리점	12,460	13,250	13,540	6위	
14	'4분기'의 최댓값-최솟값의 차이				1,730건			
15	'종류'가 "스마트폰"인 '3분기'의 평균				13,460건			
16	'2분기' 중 세 번째로 큰 값				13,590건			

《처리조건》

▶ 1행의 행 높이를 '80'으로 설정하고, 2행~16행의 행 높이를 '18'로 설정하시오.
▶ 제목("스마트 기기 매출현황") : 기본 도형의 '빗면'을 이용하여 입력하시오.
  - 도형 : 위치([B1:G1]), 도형 스타일('강한 효과 - 강조 1')
  - 글꼴 : 굴림체, 24pt, 글자 색(하양)
  - 도형 서식 : 텍스트 맞춤(가로 : 가운데 정렬, 세로 : 가운데)

▶ 셀 서식을 아래 조건에 맞게 작성하시오.
  - [A2:H16] : 테두리(안쪽, 바깥쪽 모두 실선, 검정), 텍스트 맞춤(가로 : 가운데)
  - [A14:D14], [A15:D15], [A16:D16] : 각각 병합하고 가운데 맞춤
  - [A2:H2], [A14:D16] : 채우기(하늘색 60% 밝게), 글꼴(진하게)
  - [D3:F13] : 셀 서식의 표시형식-숫자를 이용하여 1000단위 구분 기호 표시
  - [G3:G13] : 셀 서식의 표시형식-사용자 정의를 이용하여 #"위"자를 추가
  - [E14:F16] : 셀 서식의 표시형식-사용자 정의를 이용하여 #,##0"건"자를 추가
  - 조건부 서식[A3:H13] : '거래처'가 "대리점"인 경우 레코드 전체에 글꼴(보라, 진하게, 기울임) 적용
  - 지시사항이 없는 경우는 주어진 문제파일의 서식을 그대로 사용하시오.

▶ ① 순위[G3:G13] : '3분기'를 기준으로 큰 순으로 '순위'를 구하시오. (RANK.EQ 함수)
▶ ② 비고[H3:H13] : '2분기'가 12900 이상이면 "인기제품", 그렇지 않으면 공백으로 구하시오. (IF 함수)
▶ ③ 최댓값-최솟값[D14:E14] : '4분기'의 최댓값과 최솟값의 차이를 구하시오. (MAX, MIN 함수)
▶ ④ 평균[D15:E15] : '종류'가 "스마트폰"인 '3분기'의 평균을 구하시오. (DAVERAGE 함수)
▶ ⑤ 순위[D16:E16] : '2분기' 중, 두 번째로 큰 값을 구하시오. (LARGE 함수)

【문제 2】 "부분합" 시트를 참조하여 다음 《처리조건》에 맞도록 작업하시오. (30점)

《출력형태》

	A	B	C	D	E	F
2	제품코드	종류	거래처	2분기	3분기	4분기
3	SNT-1000	노트북	가전전문점	12,710	13,520	13,280
4	SWH-300	스마트워치	가전전문점	12,950	13,520	13,960
5	SMT-950	스마트폰	가전전문점	13,590	13,980	14,260
6	STB-550	태블릿	가전전문점	12,760	12,840	13,160
7	STB-600	태블릿	가전전문점	12,630	13,260	13,840
8			가전전문점 최댓값		13,980	14,260
9			가전전문점 평균	12,928	13,424	
10	STB-500	태블릿	대리점	12,740	12,360	13,520
11	SNT-3100	노트북	대리점	13,680	13,520	13,310
12	SWH-350	스마트워치	대리점	12,560	11,950	12,530
13	SMT-970	스마트폰	대리점	12,460	13,250	13,540
14			대리점 최댓값		13,520	13,540
15			대리점 평균	12,860	12,770	
16	SMT-900	스마트폰	온라인매장	13,870	13,150	13,770
17	SWH-330	스마트워치	온라인매장	12,330	12,420	13,150
18			온라인매장 최댓값		13,150	13,770
19			온라인매장 평균	13,100	12,785	
20			전체 최댓값		13,980	14,260
21			전체 평균	12,935	13,070	

《처리조건》

▶ 데이터를 '거래처' 기준으로 오름차순 정렬하시오.

▶ 아래 조건에 맞는 부분합을 작성하시오.
  - '거래처'로 그룹화하여 '2분기', '3분기'의 평균을 구하는 부분합을 만드시오.
  - '거래처'로 그룹화하여 '3분기', '4분기'의 최댓값을 구하는 부분합을 만드시오.
    (새로운 값으로 대치하지 말 것)
  - [D3:F21] 영역에 셀 서식의 표시형식-숫자를 이용하여 1000단위 구분 기호를 표시하시오.

▶ [D2:F21] 영역에 '그룹 묶기'(대상 : 열)를 설정하시오.

▶ 평균과 최댓값의 부분합 순서는 《출력형태》와 다를 수 있음

▶ 지시사항이 없는 경우는 기본 값을 적용하시오.

【문제 3】 "필터"와 "시나리오" 시트를 참조하여 다음 《처리조건》에 맞도록 작업하시오. (60점)

(1) 필터

《출력형태 - 필터》

	A	B	C	D	E	F
1						
2	제품코드	종류	거래처	2분기	3분기	4분기
3	SMT-900	스마트폰	온라인매장	13,870	13,150	13,770
4	SNT-1000	노트북	가전전문점	12,710	13,520	13,280
5	STB-500	태블릿	대리점	12,740	12,360	13,520
6	SWH-300	스마트워치	가전전문점	12,950	13,520	13,960
7	SNT-3100	노트북	대리점	13,680	13,520	13,310
8	SMT-950	스마트폰	가전전문점	13,590	13,980	14,260
9	SWH-330	스마트워치	온라인매장	12,330	12,420	13,150
10	STB-550	태블릿	가전전문점	12,760	12,840	13,160
11	SWH-350	스마트워치	대리점	12,560	11,950	12,530
12	STB-600	태블릿	가전전문점	12,630	13,260	13,840
13	SMT-970	스마트폰	대리점	12,460	13,250	13,540
14						
15	조건					
16	FALSE					
17						
18	제품코드	종류	3분기	4분기		
19	SWH-300	스마트워치	13,520	13,960		
20	SMT-950	스마트폰	13,980	14,260		
21	STB-600	태블릿	13,260	13,840		
22						

《처리조건》

▶ "필터" 시트의 [A2:F13]를 아래 조건에 맞게 고급필터를 사용하여 작성하시오.
  - '거래처'가 "가전전문점"이고 '4분기'가 13500 이상인 데이터를 '제품코드', '종류', '3분기', '4분기'의 데이터만 필터링 하시오.
  - 조건 위치 : 조건 함수는 [A16] 한 셀에 작성(AND 함수 이용)
  - 결과 위치 : [A18]부터 출력

▶ 지시사항이 없는 경우는 《출력형태 – 필터》와 동일하게 작성하시오.

(2) 시나리오

《출력형태 - 시나리오》

	A	B	C	D	E	F	G
1							
2		시나리오 요약					
3				현재 값:	4분기 1200 증가	4분기 1100 감소	
4		변경 셀:					
5			$F$8	13,520	14720	12420	
6			$F$9	13,310	14510	12210	
7			$F$10	12,530	13730	11430	
8			$F$11	13,540	14740	12440	
9		결과 셀:					
10			$G$8	12873.33333	13273.33333	12506.66667	
11			$G$9	13503.33333	13903.33333	13136.66667	
12			$G$10	12346.66667	12746.66667	11980	
13			$G$11	13083.33333	13483.33333	12716.66667	
14		참고: 현재 값 열은 시나리오 요약 보고서가 작성될 때의					
15		변경 셀 값을 나타냅니다. 각 시나리오의 변경 셀들은					
16		회색으로 표시됩니다.					
17							

《처리조건》

▶ "시나리오" 시트의 [A2:G13]를 이용하여 '거래처'가 "대리점"인 경우, '4분기'가 변동할 때 '평균'이 변동하는 가상분석(시나리오)을 작성하시오.
  - 시나리오1 : 시나리오 이름은 "4분기 1200 증가", 4분기에 1200을 증가시킨 값 설정.
  - 시나리오2 : 시나리오 이름은 "4분기 1100 감소", 4분기에 1100을 감소시킨 값 설정.
  - "시나리오 요약" 시트를 작성하시오.

▶ 지시사항이 없는 경우는《출력형태 - 시나리오》와 동일하게 작성하시오.

【문제 4】 "피벗테이블" 시트를 참조하여 다음 《처리조건》에 맞도록 작업하시오. (30점)

《출력형태》

	A	B	C	D	E	F
1						
2						
3			거래처 ▼			
4	종류 ▼	데이터 ▼	가전전문점	대리점	온라인매장	
5	스마트워치	평균 : 3분기	13,520	11,950	12,420	
6		평균 : 4분기	13,960	12,530	13,150	
7	스마트폰	평균 : 3분기	13,980	13,250	13,150	
8		평균 : 4분기	14,260	13,540	13,770	
9	태블릿	평균 : 3분기	13,050	12,360	###	
10		평균 : 4분기	13,500	13,520	###	
11	전체 평균 : 3분기		13,400	12,520	12,785	
12	전체 평균 : 4분기		13,805	13,197	13,460	
13						

《처리조건》

▶ "피벗테이블" 시트의 [A2:F13]를 이용하여 새로운 시트에 《출력형태》와 같이 피벗테이블을 작성 후 시트명을 "피벗테이블 정답"으로 수정하시오.

▶ 종류(행)와 거래처(열)를 기준으로 하여 출력형태와 같이 구하시오.
 - '3분기', '4분기'의 평균을 구하시오.
 - 피벗 테이블 설정을 이용하여 행의 총 합계를 표시하지 않게 설정하고, 빈 셀을 "###"로 설정하시오.
 - 피벗 테이블 디자인에서 보고서 레이아웃은 '테이블 형식으로 표시'로 표시하시오.
 - 종류(행)는 "스마트워치", "스마트폰", "태블릿"만 출력되도록 표시하시오.
 - [C5:E12] 데이터는 셀 서식의 표시형식-숫자를 이용하여 1000단위 구분 기호를 표시하고, 텍스트는 오른쪽으로 맞춤하시오.

▶ 종류의 순서는 《출력형태》와 다를 수 있음

▶ 지시사항이 없는 경우는 《출력형태》와 동일하게 작성하시오.

【문제 5】 "차트" 시트를 참조하여 다음 《처리조건》에 맞도록 작업하시오. (30점)

《출력형태》

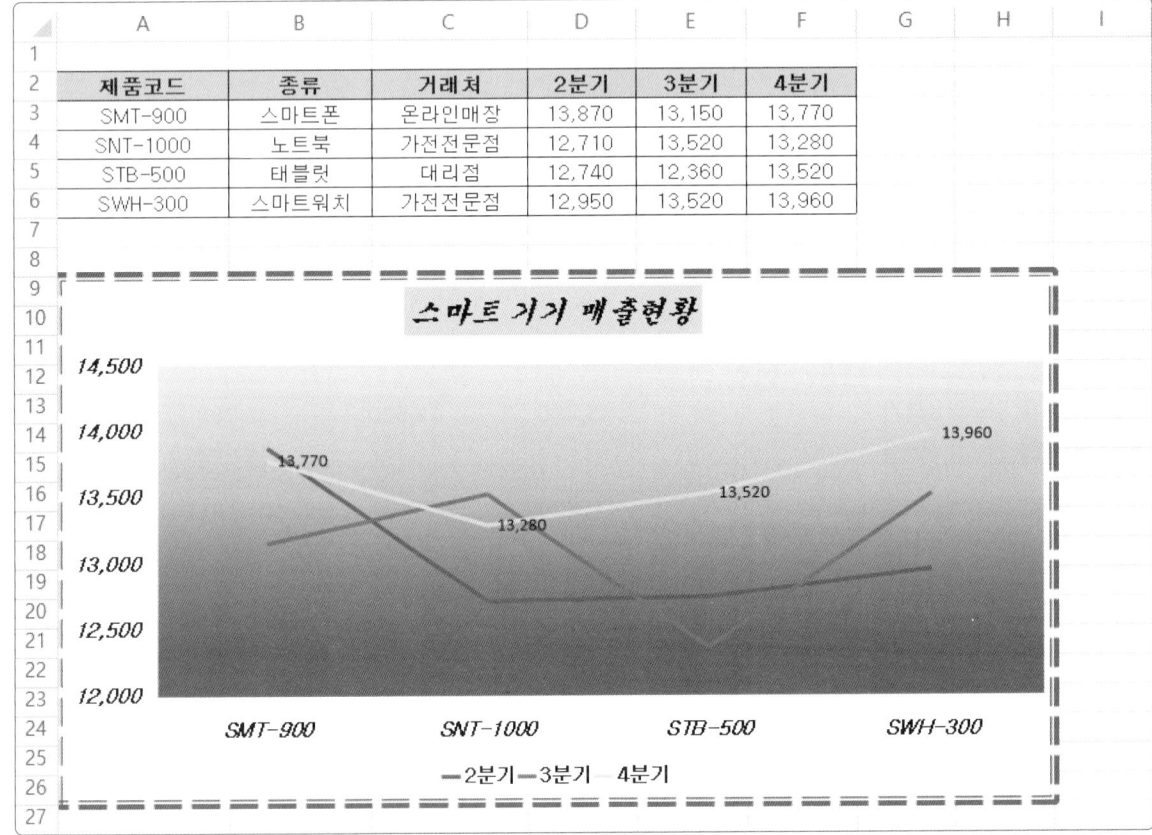

《처리조건》

▶ "차트" 시트에 주어진 표를 이용하여 '꺾은선형' 차트를 작성하시오.
- 데이터 범위 : 현재 시트 [A2:A6], [D2:F6]의 데이터를 이용하여 작성하고, 행/열 전환은 '열'로 지정
- 차트 위치 : 현재 시트에 [A9:H26] 크기에 정확하게 맞추시오.
- 차트 스타일 : 색4 - 스타일6
- 제목 위치 : 위쪽 표시
- 범례 위치 : 아래쪽 표시
- 축 이름표 모양 : 가로 항목 축 및 세로 값 축 글꼴(굴림, 11pt, 진하게, 기울임)
- 범례 모양 : 글꼴(돋움, 11pt, 진하게)
- 차트 배경 : 선 종류 : 긴 점선, 끝 모양 : 사각형, 굵기 : 5.25pt, 모서리 모양 : 곡선형, 겹선 종류 : 굵고 얇음, 선 색 : 강조 6 보라)
- 차트 제목 : 내용("스마트 기기 매출현황"), 글꼴(궁서, 16pt, 진하게, 기울임), 채우기(단색 - 색 : 강조 4 노랑)
- 그림 영역 속성 : 채우기 : 그러데이션(유형 : 옥, 종류 : 선형, 방향 : 선형 - 아래쪽에서)
- 데이터 레이블 추가 : '4분기' 계열에 "값" 표시

▶ 지시사항이 없는 경우는 《출력형태》와 동일하게 작성하시오.

제 06 회 디지털정보활용능력 출제예상 모의고사

한컴오피스 한셀 2022 버전용

☑ 시험과목 : 스프레드시트(한셀)
☑ 시험일자 : 20XX. XX. XX. (X)
☑ 응시자 기재사항 및 감독위원 확인

수검번호	DIL - XXXX -	감독위원 확인
성 명		

· 응시자 유의사항 ·

1. 응시자는 신분증을 지참하여야 시험에 응시할 수 있으며, 시험이 종료될 때까지 신분증을 제시하지 못 할 경우 해당 시험은 0점 처리됩니다.
2. 시스템(PC작동여부, 네트워크 상태 등)의 이상여부를 반드시 확인하여야 하며, 시스템이상이 있을 시 감독위원에게 조치를 받으셔야 합니다.
3. 시험 중 부주의 또는 고의로 시스템을 파손한 경우는 응시자 부담으로 합니다.
4. 답안 전송 프로그램을 통해 다운로드 받은 파일을 이용하여 답안파일을 작성하시기 바랍니다.
5. 작성한 답안 파일은 답안 전송 프로그램을 통하여 전송됩니다. 감독위원의 지시에 따라 주시기바랍니다.
6. 다음 사항의 경우 실격(0점) 혹은 부정행위 처리됩니다.
    1) 답안파일을 저장하지 않았거나, 저장한 파일이 손상되었을 경우
    2) 답안파일을 지정된 폴더(바탕화면 "KAIT" 폴더)에 저장하지 않았을 경우
        ※ 답안 전송 프로그램 로그인 시 바탕화면에 자동 생성됨
    3) 답안파일을 다른 보조기억장치(USB) 혹은 네트워크(메신저, 게시판 등)로 전송할 경우
    4) 휴대용 전화기 등 통신기기를 사용할 경우
7. 슬라이드는 반드시 순서대로 작성해야 하며, 순서가 다를 경우 "0"점 처리됩니다.
8. 시험지에 제시된 글꼴이 응시 프로그램에 없는 경우, 반드시 감독위원에게 해당 내용을 통보한 뒤 조치를 받아야 합니다.
9. 슬라이드 작성 시 도형의 그룹설정을 사용하는 경우, 채점에서 감점 처리됩니다.
10. 시험의 완료는 작성이 완료된 답안을 저장하고, 답안전송이 완료된 상태를 확인한 것으로합니다. 답안전송 확인 후 문제지는 감독위원에게 제출한 후 퇴실하여야 합니다.
11. 답안전송을 완료한 경우는 수정 또는 정정이 불가합니다.
12. 시험 시행 후 합격자 발표는 홈페이지(www.ihd.or.kr)에서 확인하시기를 바랍니다.
    ※ 합격자 발표 : 20XX. XX. XX.(X)

| 디지털정보활용능력 | 스프레드시트(한셀) | (시험시간 : 40분) |

【문제 1】 "판매현황" 시트를 참조하여 다음 《처리조건》에 맞도록 작업하시오. (50점)

《출력형태》

	A	B	C	D	E	F	G	H
1				골프용품 판매현황				
2	제품코드	구분	지역	2019년	2020년	2021년	순위	비고
3	BL-003	골프공	수도권	1,320	1,620	1,880	2위	인기상품
4	GS-200	골프화	중부권	1,170	1,460	1,730	7위	
5	AC-010	골프필드용품	남부권	1,190	1,360	1,940	6위	인기상품
6	PT-001	골프의류	수도권	1,450	1,560	1,630	1위	
7	GS-100	골프화	남부권	1,280	1,420	1,830	3위	인기상품
8	AC-070	골프필드용품	중부권	1,120	1,410	1,650	10위	
9	BL-001	골프공	중부권	1,230	1,450	1,570	5위	
10	AC-080	골프필드용품	수도권	1,110	1,430	1,650	11위	
11	SH-002	골프의류	수도권	1,170	1,510	1,890	7위	인기상품
12	BL-005	골프공	남부권	1,140	1,220	1,550	9위	
13	GS-500	골프화	수도권	1,260	1,380	1,430	4위	
14	'2021년'의 최댓값-최솟값의 차이			510개				
15	'구분'이 "골프공"인 '2019년'의 평균			1,230개				
16	'2020년' 중 두 번째로 작은 값			1,360개				

《처리조건》

▶ 1행의 행 높이를 '80'으로 설정하고, 2행~16행의 행 높이를 '17'로 설정하시오.
▶ 제목("골프용품 판매현황") : 기본 도형의 '배지'를 이용하여 입력하시오.
  - 도형 : 위치([B1:G1]), 도형 스타일('보통 효과 – 강조 4')
  - 글꼴 : 굴림체, 24pt, 진하게, 글자 색(검정)
  - 도형 서식 : 텍스트 맞춤(가로 : 가운데 정렬, 세로 : 중간)

▶ 셀 서식을 아래 조건에 맞게 작성하시오.
  - [A2:H16] : 테두리(안쪽, 바깥쪽 모두 실선, 검정), 텍스트 맞춤(가로 : 가운데)
  - [A14:C14], [A15:C15], [A16:C16] : 각각 병합하고 가운데 맞춤
  - [A2:H2], [A14:C16] : 채우기(노랑 40% 밝게), 글꼴(진하게)
  - [D3:F13] : 셀 서식의 표시형식-숫자를 이용하여 1000단위 구분 기호 표시
  - [G3:G13] : 셀 서식의 표시형식-사용자 정의를 이용하여 #"위"자를 추가
  - [D14:E16] : 셀 서식의 표시형식-사용자 정의를 이용하여 #,##0"개"자를 추가
  - 조건부 서식[A3:H13] : '지역'이 "수도권"인 경우 레코드 전체에 글꼴 (초록, 진하게, 기울임) 적용
  - 지시사항이 없는 경우는 주어진 문제파일의 서식을 그대로 사용하시오.

▶ ① 순위[G3:G13] : '2019년'을 기준으로 큰 순으로 '순위'를 구하시오. (RANK 함수)
▶ ② 비고[H3:H13] : '2021년'이 1800 이상이면 "인기상품", 그렇지 않으면 공백으로 구하시오. (IF 함수)
▶ ③ 최댓값-최솟값[D14:E14] : '2021년'의 최댓값과 최솟값의 차이를 구하시오. (MAX, MIN 함수)
▶ ④ 평균[D15:E15] : '구분'이 "골프공"인 '2019년'의 평균을 구하시오. (DAVERAGE 함수)
▶ ⑤ 순위[D16:E16] : '2020년' 중, 두 번째로 작은 값을 구하시오. (SMALL 함수)

【문제 2】 "부분합" 시트를 참조하여 다음 《처리조건》에 맞도록 작업하시오. (30점)

《출력형태》

	A	B	C	D	E	F
2	제품코드	구분	지역	2019년	2020년	2021년
3	BL-003	골프공	수도권	1,320	1,620	1,880
4	BL-001	골프공	중부권	1,230	1,450	1,570
5	BL-005	골프공	남부권	1,140	1,220	1,550
6		골프공 최댓값			1,620	1,880
7		골프공 합계		3,690	4,290	
8	PT-001	골프의류	수도권	1,450	1,560	1,630
9	SH-002	골프의류	수도권	1,170	1,510	1,890
10		골프의류 최댓값			1,560	1,890
11		골프의류 합계		2,620	3,070	
12	AC-010	골프필드용품	남부권	1,190	1,360	1,940
13	AC-070	골프필드용품	중부권	1,120	1,410	1,650
14	AC-080	골프필드용품	수도권	1,110	1,430	1,650
15		골프필드용품 최댓값			1,430	1,940
16		골프필드용품 합계		3,420	4,200	
17	GS-200	골프화	중부권	1,170	1,460	1,730
18	GS-100	골프화	남부권	1,280	1,420	1,830
19	GS-500	골프화	수도권	1,260	1,380	1,430
20		골프화 최댓값			1,460	1,830
21		골프화 합계		3,710	4,260	
22		전체 최댓값			1,620	1,940
23		총 합계		13,440	15,820	

《처리조건》

▶ 데이터를 '구분' 기준으로 오름차순 정렬하시오.

▶ 아래 조건에 맞는 부분합을 작성하시오.
  - '구분'으로 그룹화하여 '2019년', '2020년'의 합계를 구하는 부분합을 만드시오.
  - '구분'으로 그룹화하여 '2020년', '2021년'의 최댓값을 구하는 부분합을 만드시오.
    (새로운 값으로 대치하지 말 것)
  - [D3:F23] 영역에 셀 서식의 표시형식-숫자를 이용하여 1000단위 구분 기호를 표시하시오.

▶ [D2:F23] 영역에 '그룹 묶기'(대상 : 열)를 설정하시오.

▶ 합계와 최댓값의 부분합 순서는 《출력형태》와 다를 수 있음

▶ 지시사항이 없는 경우는 기본 값을 적용하시오.

【문제 3】 "필터"와 "시나리오" 시트를 참조하여 다음 《처리조건》에 맞도록 작업하시오. (60점)

(1) 필터

《출력형태 - 필터》

	A	B	C	D	E	F
1						
2	제품코드	구분	지역	2019년	2020년	2021년
3	BL-003	골프공	수도권	1,320	1,620	1,880
4	GS-200	골프화	중부권	1,170	1,460	1,730
5	AC-010	골프필드용품	남부권	1,190	1,360	1,940
6	PT-001	골프의류	수도권	1,450	1,560	1,630
7	GS-100	골프화	남부권	1,280	1,420	1,830
8	AC-070	골프필드용품	중부권	1,120	1,410	1,650
9	BL-001	골프공	중부권	1,230	1,450	1,570
10	AC-080	골프필드용품	수도권	1,110	1,430	1,650
11	SH-002	골프의류	수도권	1,170	1,510	1,890
12	BL-005	골프공	남부권	1,140	1,220	1,550
13	GS-500	골프화	수도권	1,260	1,380	1,430
14						
15	조건					
16	TRUE					
17						
18	제품코드	구분	2020년	2021년		
19	BL-003	골프공	1,620	1,880		
20	PT-001	골프의류	1,560	1,630		
21	AC-080	골프필드용품	1,430	1,650		
22	SH-002	골프의류	1,510	1,890		
23						

《처리조건》

▶ "필터" 시트의 [A2:F13]를 아래 조건에 맞게 고급필터를 사용하여 작성하시오.
   – 지역이 "수도권"이고 '2021년'이 1500 이상 인 데이터를 '제품코드', '구분', '2020년', '2021년'의 데이터만 필터링하시오.
   – 조건 위치 : 조건 함수는 [A16] 한 셀에 작성(AND 함수 이용)
   – 결과 위치 : [A18]부터 출력

▶ 지시사항이 없는 경우는 《출력형태 – 필터》와 동일하게 작성하시오.

(2) 시나리오

《출력형태 - 시나리오》

	A	B	C	D	E	F	G
1							
2		시나리오 요약					
3				현재 값:	2021년 700 증가	2021년 600 감소	
4		변경 셀:					
5			$F$3	1,880	2580	1280	
6			$F$4	1,570	2270	970	
7			$F$5	1,550	2250	950	
8		결과 셀:					
9			$G$3	1606.666667	1840	1406.666667	
10			$G$4	1416.666667	1650	1216.666667	
11			$G$5	1303.333333	1536.666667	1103.333333	
12		참고: 현재 값 열은 시나리오 요약 보고서가 작성될 때의					
13		변경 셀 값을 나타냅니다. 각 시나리오의 변경 셀들은					
14		회색으로 표시됩니다.					
15							

《처리조건》

▶ "시나리오" 시트의 [A2:G13]를 이용하여 구분이 "골프공"인 경우, '2021년'이 변동할 때 '평균'이 변동하는 가상분석(시나리오)을 작성하시오.
  - 시나리오1 : 시나리오 이름은 "2021년 700 증가", 2021년에 700을 증가시킨 값 설정.
  - 시나리오2 : 시나리오 이름은 "2021년 600 감소", 2021년에 600을 감소시킨 값 설정.
  - "시나리오 요약" 시트를 작성하시오.

▶ 지시사항이 없는 경우는 《출력형태 - 시나리오》와 동일하게 작성하시오.

【문제 4】 "피벗테이블" 시트를 참조하여 다음 《처리조건》에 맞도록 작업하시오. (30점)

《출력형태》

	A	B	C	D	E
1					
2					
3			지역		
4	구분	데이터	남부권	수도권	중부권
5	골프공	평균 : 2020년	1,220	1,620	1,450
6		평균 : 2021년	1,550	1,880	1,570
7	골프의류	평균 : 2020년	***	1,535	***
8		평균 : 2021년	***	1,760	***
9	골프필드용품	평균 : 2020년	1,360	1,430	1,410
10		평균 : 2021년	1,940	1,650	1,650
11	전체 평균 : 2020년		1,290	1,530	1,430
12	전체 평균 : 2021년		1,745	1,763	1,610
13					

《처리조건》

▶ "피벗테이블" 시트의 [A2:F13]를 이용하여 새로운 시트에 《출력형태》와 같이 피벗테이블을 작성 후 시트명을 "피벗테이블 정답"으로 수정하시오.

▶ 구분(행)과 지역(열)을 기준으로 하여 출력형태와 같이 구하시오.
  - '2020년', '2021년'의 평균을 구하시오.
  - 피벗 테이블 설정을 이용하여 행의 총 합계를 표시하지 않게 설정하고, 빈 셀을 "***"로 설정하시오.
  - 피벗 테이블 디자인에서 보고서 레이아웃은 '테이블 형식으로 표시'로 표시하시오.
  - 구분(행)은 "골프공", "골프의류", "골프필드용품"만 출력되도록 표시하시오.
  - [C5:E12] 데이터는 셀 서식의 표시형식-숫자를 이용하여 1000단위 구분 기호를 표시하고, 텍스트는 오른쪽으로 맞춤하시오.

▶ 구분의 순서는 《출력형태》와 다를 수 있음

▶ 지시사항이 없는 경우는 《출력형태》와 동일하게 작성하시오.

【문제 5】 "**차트**" 시트를 참조하여 다음 《처리조건》에 맞도록 작업하시오. (30점)

《출력형태》

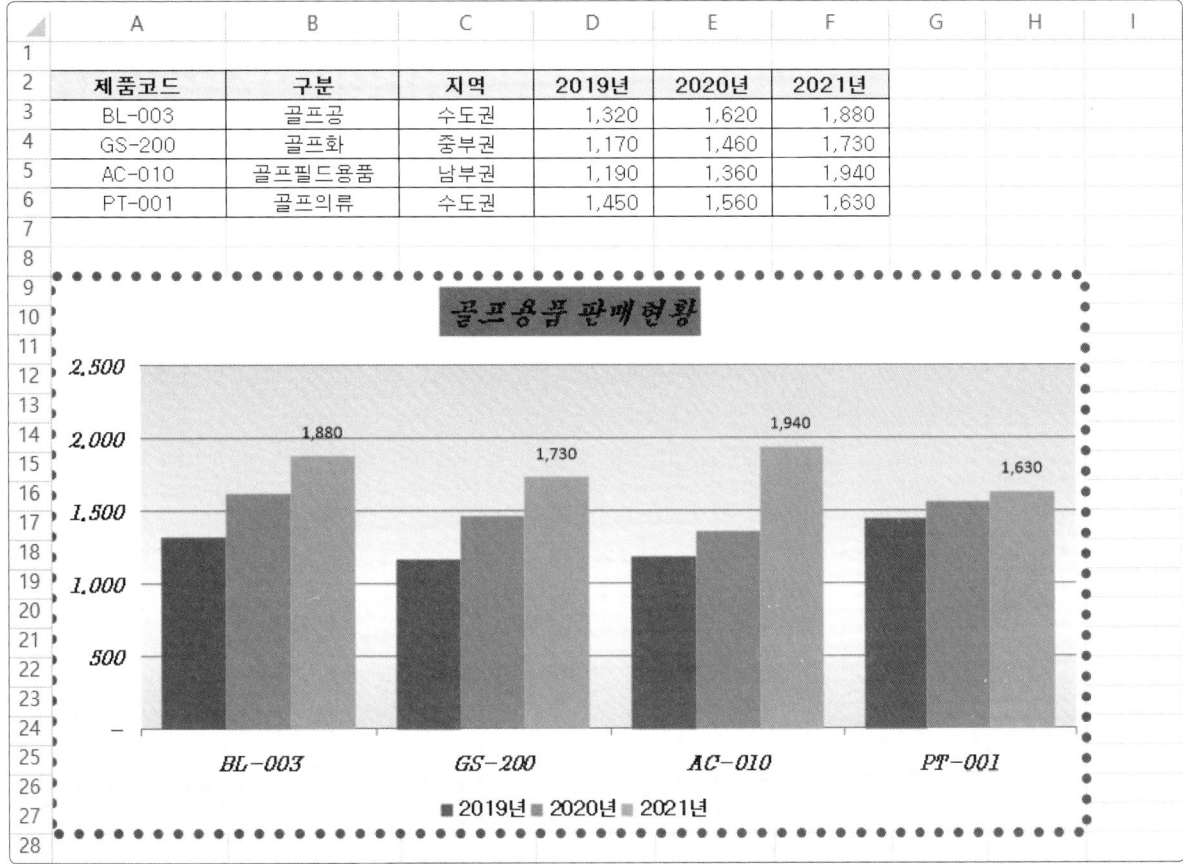

《처리조건》

▶ "차트" 시트에 주어진 표를 이용하여 '묶은 세로 막대형' 차트를 작성하시오.
  - 데이터 범위 : 현재 시트 [A2:A6], [D2:F6]의 데이터를 이용하여 작성하고, 행/열 전환은 '열'로 지정
  - 차트 위치 : 현재 시트에 [A9:I27] 크기에 정확하게 맞추시오.
  - 차트 스타일 : 색1 – 스타일5
  - 제목 위치 : 위쪽 표시
  - 범례 위치 : 아래쪽 표시
  - 축 이름표 모양 : 가로 항목 축 및 세로 값 축 글꼴(궁서, 11pt, 진하게, 기울임)
  - 범례 모양 : 글꼴(돋움, 11pt, 진하게)
  - 차트 배경 : 선 종류 : 점선, 끝 모양 : 원형, 굵기 : 5.5pt, 모서리 모양 : 빗면형, 겹선 종류 : 단순형, 선 색 : 강조 6 보라
  - 차트 제목 : 내용("골프용품 판매현황"), 글꼴(궁서, 16pt, 진하게, 기울임), 채우기(단색 – 색 : 강조 5 초록)
  - 그림 영역 속성 : 채우기 : 그러데이션(유형 : 솜사탕 2, 종류 : 선형, 방향 : 선형 – 위쪽에서)
  - 데이터 레이블 추가 : '2021년' 계열에 "값" 표시

▶ 지시사항이 없는 경우는 《출력형태》와 동일하게 작성하시오.

제 07 회 디지털정보활용능력 출제예상 모의고사

한컴오피스 한셀 2022 버전용

☑ 시험과목 : 스프레드시트(한셀)
☑ 시험일자 : 20XX. XX. XX. (X)
☑ 응시자 기재사항 및 감독위원 확인

수검번호	DIL - XXXX -	감독위원 확인
성 명		

응시자 유의사항

1. 응시자는 신분증을 지참하여야 시험에 응시할 수 있으며, 시험이 종료될 때까지 신분증을 제시하지 못 할 경우 해당 시험은 0점 처리됩니다.
2. 시스템(PC작동여부, 네트워크 상태 등)의 이상여부를 반드시 확인하여야 하며, 시스템이상이 있을 시 감독위원에게 조치를 받으셔야 합니다.
3. 시험 중 부주의 또는 고의로 시스템을 파손한 경우는 응시자 부담으로 합니다.
4. 답안 전송 프로그램을 통해 다운로드 받은 파일을 이용하여 답안파일을 작성하시기 바랍니다.
5. 작성한 답안 파일은 답안 전송 프로그램을 통하여 전송됩니다. 감독위원의 지시에 따라 주시기바랍니다.
6. 다음 사항의 경우 실격(0점) 혹은 부정행위 처리됩니다.
    1) 답안파일을 저장하지 않았거나, 저장한 파일이 손상되었을 경우
    2) 답안파일을 지정된 폴더(바탕화면 "KAIT" 폴더)에 저장하지 않았을 경우
        ※ 답안 전송 프로그램 로그인 시 바탕화면에 자동 생성됨
    3) 답안파일을 다른 보조기억장치(USB) 혹은 네트워크(메신저, 게시판 등)로 전송할 경우
    4) 휴대용 전화기 등 통신기기를 사용할 경우
7. 슬라이드는 반드시 순서대로 작성해야 하며, 순서가 다를 경우 "0"점 처리됩니다.
8. 시험지에 제시된 글꼴이 응시 프로그램에 없는 경우, 반드시 감독위원에게 해당 내용을 통보한 뒤 조치를 받아야 합니다.
9. 슬라이드 작성 시 도형의 그룹설정을 사용하는 경우, 채점에서 감점 처리됩니다.
10. 시험의 완료는 작성이 완료된 답안을 저장하고, 답안전송이 완료된 상태를 확인한 것으로합니다. 답안전송 확인 후 문제지는 감독위원에게 제출한 후 퇴실하여야 합니다.
11. 답안전송을 완료한 경우는 수정 또는 정정이 불가합니다.
12. 시험 시행 후 합격자 발표는 홈페이지(www.ihd.or.kr)에서 확인하시기를 바랍니다.
    ※ 합격자 발표 : 20XX. XX. XX.(X)

디지털정보활용능력 스프레드시트(한셀) (시험시간 : 40분)

【문제 1】 "판매현황" 시트를 참조하여 다음 《처리조건》에 맞도록 작업하시오. (50점)

《출력형태》

	A	B	C	D	E	F	G	H
1				매장별 신발 판매현황				
2	품번	구분	판매처	1분기	2분기	3분기	순위	비고
3	C-2573	아동용	백화점	15000	25000	29100	2위	매출우수
4	MS-3210	남성스포츠	마트	20000	21000	19750	4위	
5	WS-2100	여성스포츠	아울렛	18000	18000	13650	10위	
6	M-5270	남성패션	전문점	20000	21000	24100	4위	
7	W-1235	여성패션	마트	13000	19000	37650	8위	매출우수
8	MS-2525	남성스포츠	백화점	21000	18500	43600	9위	매출우수
9	C-2100	아동용	아울렛	17000	17000	26900	11위	매출우수
10	W-3470	여성패션	전문점	29000	19300	21250	7위	
11	M-7820	남성패션	백화점	17000	21500	10650	3위	
12	W-3210	여성패션	마트	15000	20500	31650	6위	매출우수
13	MS-3201	남성스포츠	전문점	22000	32500	41150	1위	매출우수
14	'3분기'의 최댓값-최솟값 차이			32,950개				
15	'판매처'가 "백화점"인 '2분기'의 평균			21,667개				
16	'1분기' 중 두 번째로 작은 값			15,000개				
17								

《처리조건》

▶ 1행의 행 높이를 '70'으로 설정하고, 2행~16행의 행 높이를 '16'으로 설정하시오.
▶ 제목("매장별 신발 판매현황") : 기본 도형의 '빗면'을 이용하여 입력하시오.
  - 도형 : 위치([B1:G1]), 도형 스타일('보통 효과 - 강조 5')
  - 글꼴 : 궁서체, 24pt, 기울임, 글자 색(하양)
  - 도형 서식 : 텍스트 맞춤(가로 : 가운데 정렬, 세로 : 중간)

▶ 셀 서식을 아래 조건에 맞게 작성하시오.
  - [A2:H15] : 테두리(안쪽, 바깥쪽 모두 실선, 검정, 텍스트 맞춤(가로 : 가운데)
  - [A14:C14], [A15:C15], [A16:C16] : 각각 병합하고 가운데 맞춤
  - [A2:H2], [A14:C16] : 채우기(보라 60% 밝게), 글꼴(진하게)
  - [G3:G13] : 셀 서식의 표시형식-사용자 정의를 이용하여 #"위"자를 추가
  - [D3:F13] : 셀 서식의 표시형식-숫자를 이용하여 1000단위 구분 기호 표시
  - [D14:E16] : 셀 서식의 표시형식-사용자 정의를 이용하여 #,##0"개"자를 추가
  - 조건부 서식[A3:H13] : '판매처'가 "백화점"인 경우 레코드 전체에 글꼴(보라, 진하게, 기울임) 적용
  - 지시사항이 없는 경우는 주어진 문제파일의 서식을 그대로 사용하시오.

▶ ① 순위[G3:G13] : '2분기'를 기준으로 큰 순으로 '순위'를 구하시오. (RANK.EQ 함수)
▶ ② 비고[H3:H13] : '3분기'가 25000 이상이면 "매출우수", 그렇지 않으면 공백으로 구하시오. (IF 함수)
▶ ③ 최댓값-최솟값[D14:E14] : '3분기'의 최댓값과 최솟값의 차이를 구하시오. (MAX, MIN 함수)
▶ ④ 평균[D15:E15] : '판매처'가 "백화점"인 '2분기'의 평균을 구하시오. (DAVERAGE 함수)
▶ ⑤ 순위[D16:E16] : '1분기' 중 두 번째로 작은 값을 구하시오. (SMALL 함수)

【문제 2】 "부분합" 시트를 참조하여 다음 《처리조건》에 맞도록 작업하시오. (30점)

《출력형태》

	A	B	C	D	E	F
2	품번	구분	판매처	1분기	2분기	3분기
3	MS-3210	남성스포츠	마트	20,000	21,000	19,750
4	W-1235	여성패션	마트	13,000	19,000	37,650
5	W-3210	여성패션	마트	15,000	20,500	31,650
6			마트 최댓값		21,000	37,650
7			마트 평균	16,000	20,167	
8	C-2573	아동용	백화점	15,000	25,000	29,100
9	MS-2525	남성스포츠	백화점	21,000	18,500	43,600
10	M-7820	남성패션	백화점	17,000	21,500	10,650
11			백화점 최댓값		25,000	43,600
12			백화점 평균	17,667	21,667	
13	WS-2100	여성스포츠	아울렛	18,000	18,000	13,650
14	C-2100	아동용	아울렛	17,000	17,000	26,900
15			아울렛 최댓값		18,000	26,900
16			아울렛 평균	17,500	17,500	
17	M-5270	남성패션	전문점	20,000	21,000	24,100
18	W-3470	여성패션	전문점	29,000	19,300	21,250
19	MS-3201	남성스포츠	전문점	22,000	32,500	41,150
20			전문점 최댓값		32,500	41,150
21			전문점 평균	23,667	24,267	
22			전체 최댓값		32,500	43,600
23			전체 평균	18,818	21,209	

《처리조건》

▶ 데이터를 '판매처' 기준으로 오름차순 정렬하시오.

▶ 아래 조건에 맞는 부분합을 작성하시오.
 - '판매처'로 그룹화하여 '1분기', '2분기'의 평균을 구하는 부분합을 만드시오.
 - '판매처'로 그룹화하여 '2분기', '3분기'의 최댓값을 구하는 부분합을 만드시오.
  (새로운 값으로 대치하지 말 것)
 - [D3:F23] 영역에 셀 서식의 표시형식-숫자를 이용하여 1000단위 구분 기호를 표시하시오.

▶ [D2:F23] 영역에 '그룹 묶기'(대상 : 열)를 설정하시오.

▶ 평균과 최댓값의 부분합 순서는《출력형태》와 다를 수 있음

▶ 지시사항이 없는 경우는 기본 값을 적용하시오.

디지털정보활용능력 스프레드시트(한셀)   (시험시간 : 40분)

【문제 3】 "필터"와 "시나리오" 시트를 참조하여 다음 《처리조건》에 맞도록 작업하시오. (60점)

(1) 필터

《출력형태 - 필터》

	A	B	C	D	E	F
1						
2	품번	구분	판매처	1분기	2분기	3분기
3	C-2573	아동용	백화점	15,000	25,000	29,100
4	MS-3210	남성스포츠	마트	20,000	21,000	19,750
5	WS-2100	여성스포츠	아울렛	18,000	18,000	13,650
6	M-5270	남성패션	전문점	20,000	21,000	24,100
7	W-1235	여성패션	마트	13,000	19,000	37,650
8	MS-2525	남성스포츠	백화점	21,000	18,500	43,600
9	C-2100	아동용	아울렛	17,000	17,000	26,900
10	W-3470	여성패션	전문점	29,000	19,300	21,250
11	M-7820	남성패션	백화점	17,000	21,500	10,650
12	W-3210	여성패션	마트	15,000	20,500	31,650
13	MS-3201	남성스포츠	전문점	22,000	32,500	41,150
14						
15	조건					
16	FALSE					
17						
18	품번	구분	1분기	2분기	3분기	
19	M-5270	남성패션	20,000	21,000	24,100	
20	MS-3201	남성스포츠	22,000	32,500	41,150	
21						

《처리조건》

▶ "필터" 시트의 [A2:F13]을 아래 조건에 맞게 고급필터를 사용하여 작성하시오.
  – '판매처'가 "전문점"이고 '3분기'가 22000 이상인 데이터만 필터링 하시오.
  – 조건 위치 : 조건 함수는 [A16] 한 셀에 작성(AND 함수 이용)
  – 결과 위치 : [A18]부터 출력

▶ 지시사항이 없는 경우는 《출력형태 – 필터》와 동일하게 작성하시오.

(2) 시나리오

《출력형태 - 시나리오》

	A	B	C	D	E	F	G
1							
2		시나리오 요약					
3				현재 값:	3분기 5000 증가	3분기 4000 감소	
4		변경 셀:					
5			$F$6	29,100	34100	25100	
6			$F$7	43,600	48600	39600	
7			$F$8	10,650	15650	6650	
8		결과 셀:					
9			$G$6	69100	74100	65100	
10			$G$7	83100	88100	79100	
11			$G$8	49150	54150	45150	
12		참고: 현재 값 열은 시나리오 요약 보고서가 작성될 때의					
13		변경 셀 값을 나타냅니다. 각 시나리오의 변경 셀들은					
14		회색으로 표시됩니다.					
15							

《처리조건》

▶ "시나리오" 시트의 [A2:G13]을 이용하여 '판매처'가 "백화점"인 경우, '3분기'가 변동할 때 '합계'가 변동하는 가상분석(시나리오)을 작성하시오.
  - 시나리오1 : 시나리오 이름은 "3분기 5000 증가", '3분기'에 5000을 증가시킨 값 설정.
  - 시나리오2 : 시나리오 이름은 "3분기 4000 감소", '3분기'에 4000을 감소시킨 값 설정.
  - "시나리오 요약" 시트를 작성하시오.

▶ 지시사항이 없는 경우는《출력형태 - 시나리오》와 동일하게 작성하시오.

【문제 4】 "**피벗테이블**" 시트를 참조하여 다음 《처리조건》에 맞도록 작업하시오. (30점)

《출력형태》

	A	B	C	D	E	F
1						
2						
3			판매처 ▼			
4	구분 ▼	데이터 ▼	마트	백화점	아울렛	전문점
5	남성스포츠	평균 : 1분기	20,000	21,000	***	22,000
6		평균 : 2분기	21,000	18,500	***	32,500
7		평균 : 3분기	19,750	43,600	***	41,150
8	남성패션	평균 : 1분기	***	17,000	***	20,000
9		평균 : 2분기	***	21,500	***	21,000
10		평균 : 3분기	***	10,650	***	24,100
11	여성스포츠	평균 : 1분기	***	***	18,000	***
12		평균 : 2분기	***	***	18,000	***
13		평균 : 3분기	***	***	13,650	***
14	여성패션	평균 : 1분기	14,000	***	***	29,000
15		평균 : 2분기	19,750	***	***	19,300
16		평균 : 3분기	34,650	***	***	21,250
17	전체 평균 : 1분기		16,000	19,000	18,000	23,667
18	전체 평균 : 2분기		20,167	20,000	18,000	24,267
19	전체 평균 : 3분기		29,683	27,125	13,650	28,833
20						

《처리조건》

▶ "피벗테이블" 시트의 [A2:F13]을 이용하여 새로운 시트에 《출력형태》와 같이 피벗테이블을 작성 후 시트명을 "피벗테이블 정답"으로 수정하시오.

▶ 구분(행)과 판매처(열)를 기준으로 하여 출력형태와 같이 구하시오.
   – '1분기', '2분기', '3분기'의 평균을 구하시오.
   – 피벗 테이블 설정을 이용하여 열의 총 합계를 표시하지 않게 설정하고, 빈 셀을 "***"로 설정하시오.
   – 피벗 테이블 디자인에서 보고서 레이아웃은 '테이블 형식으로 표시'로 표시하시오.
   – 구분(행)은 "남성스포츠", "남성패션", "여성스포츠", "여성패션"만 출력되도록 표시하시오.
   – [C5:G19] 데이터는 셀 서식의 표시형식-숫자를 이용하여 1000단위 구분 기호를 표시하고,
     텍스트는 오른쪽으로 맞춤하시오.

▶ 구분의 순서는 《출력형태》와 다를 수 있음

▶ 지시사항이 없는 경우는 《출력형태》와 동일하게 작성하시오.

【문제 5】 "**차트**" 시트를 참조하여 다음 《처리조건》에 맞도록 작업하시오. (30점)

《출력형태》

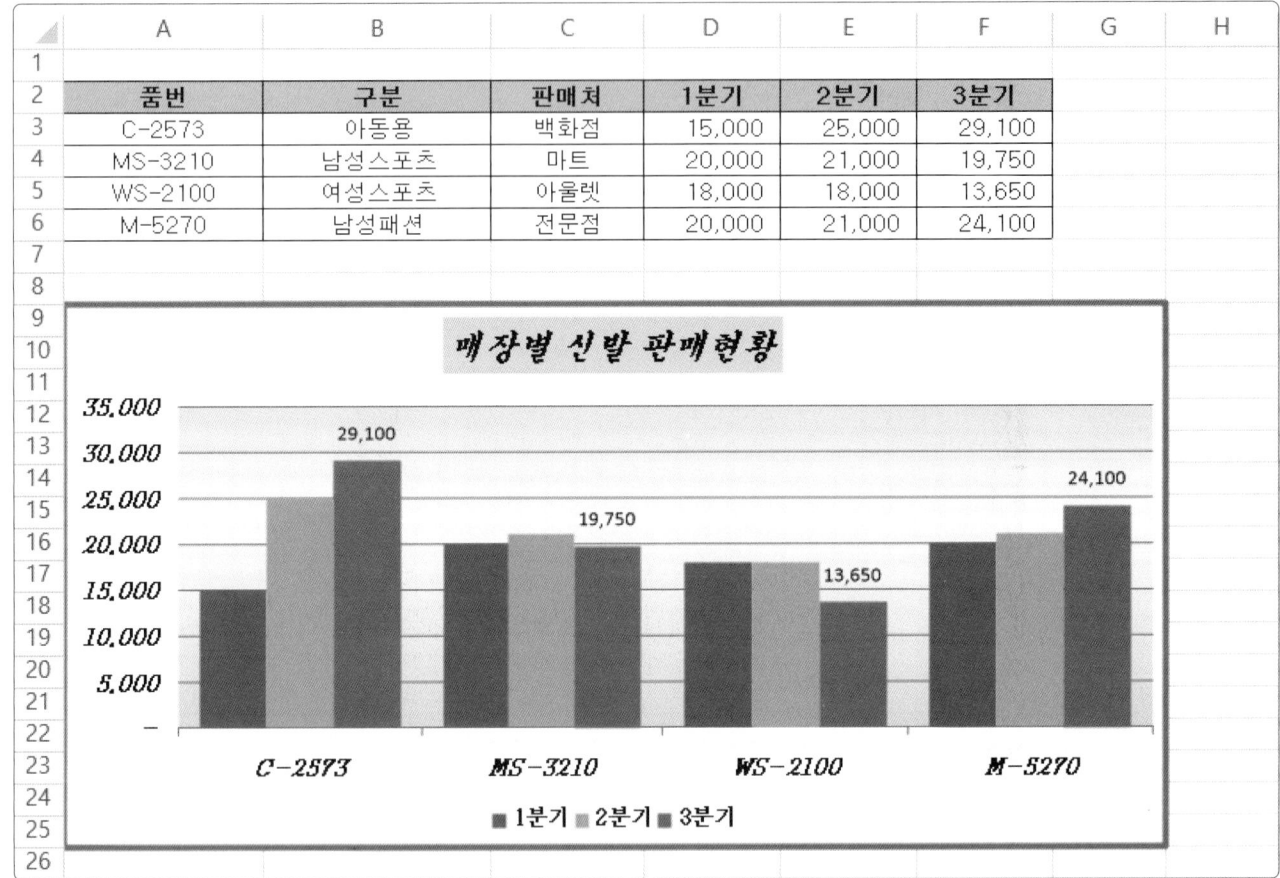

《처리조건》

▶ "차트" 시트에 주어진 표를 이용하여 '묶은 세로 막대형' 차트를 작성하시오.
  − 데이터 범위 : 현재 시트 [A2:A6], [D2:F6]의 데이터를 이용하여 작성하고, 행/열 전환은 '열'로 지정
  − 차트 위치 : 현재 시트에 [A9:G25] 크기에 정확하게 맞추시오.
  − 차트 스타일 : 색2 − 스타일5
  − 제목 위치 : 위쪽 표시
  − 범례 위치 : 아래쪽 표시
  − 축 이름표 모양 : 가로 항목 축 및 세로 값 축 글꼴(궁서, 11pt, 진하게, 기울임)
  − 범례 모양 : 글꼴(바탕체, 11pt, 진하게)
  − 차트 배경 : 선 종류 : 실선, 끝 모양 : 원형, 굵기 : 3pt, 모서리 모양 : 곡선형, 겹선 종류 : 단순형, 선 색 : 강조 5 초록)
  − 차트 제목 : 내용("매장별 신발 판매현황"), 글꼴(궁서, 16pt, 진하게, 기울임), 채우기(단색 − 색 : 강조 4 노랑)
  − 그림 영역 속성 : 채우기 : 그러데이션(유형 : 솜사탕 2, 종류 : 선형, 방향 : 선형 − 아래쪽에서)
  − 데이터 레이블 추가 : '3분기' 계열에 "값" 표시

▶ 지시사항이 없는 경우는《출력형태》와 동일하게 작성하시오.

제 08 회 디지털정보활용능력 출제예상 모의고사

☑ 시험과목 : 스프레드시트(한셀)
☑ 시험일자 : 20XX. XX. XX. (X)
☑ 응시자 기재사항 및 감독위원 확인

한컴오피스 한셀 2022 버전용

수검번호	DIL - XXXX -	감독위원 확인
성 명		

· 응시자 유의사항 ·

1. 응시자는 신분증을 지참하여야 시험에 응시할 수 있으며, 시험이 종료될 때까지 신분증을 제시하지 못 할 경우 해당 시험은 0점 처리됩니다.
2. 시스템(PC작동여부, 네트워크 상태 등)의 이상여부를 반드시 확인하여야 하며, 시스템이상이 있을 시 감독위원에게 조치를 받으셔야 합니다.
3. 시험 중 부주의 또는 고의로 시스템을 파손한 경우는 응시자 부담으로 합니다.
4. 답안 전송 프로그램을 통해 다운로드 받은 파일을 이용하여 답안파일을 작성하시기 바랍니다.
5. 작성한 답안 파일은 답안 전송 프로그램을 통하여 전송됩니다. 감독위원의 지시에 따라 주시기바랍니다.
6. 다음 사항의 경우 실격(0점) 혹은 부정행위 처리됩니다.
   1) 답안파일을 저장하지 않았거나, 저장한 파일이 손상되었을 경우
   2) 답안파일을 지정된 폴더(바탕화면 "KAIT" 폴더)에 저장하지 않았을 경우
      ※ 답안 전송 프로그램 로그인 시 바탕화면에 자동 생성됨
   3) 답안파일을 다른 보조기억장치(USB) 혹은 네트워크(메신저, 게시판 등)로 전송할 경우
   4) 휴대용 전화기 등 통신기기를 사용할 경우
7. 슬라이드는 반드시 순서대로 작성해야 하며, 순서가 다를 경우 "0"점 처리됩니다.
8. 시험지에 제시된 글꼴이 응시 프로그램에 없는 경우, 반드시 감독위원에게 해당 내용을 통보한 뒤 조치를 받아야 합니다.
9. 슬라이드 작성 시 도형의 그룹설정을 사용하는 경우, 채점에서 감점 처리됩니다.
10. 시험의 완료는 작성이 완료된 답안을 저장하고, 답안전송이 완료된 상태를 확인한 것으로합니다. 답안전송 확인 후 문제지는 감독위원에게 제출한 후 퇴실하여야 합니다.
11. 답안전송을 완료한 경우는 수정 또는 정정이 불가합니다.
12. 시험 시행 후 합격자 발표는 홈페이지(www.ihd.or.kr)에서 확인하시기를 바랍니다.
    ※ 합격자 발표 : 20XX. XX. XX.(X)

[문제 1] "**연봉현황**" 시트를 참조하여 다음 《처리조건》에 맞도록 작업하시오. (50점)

《출력형태》

	A	B	C	D	E	F	G	H
1				지역별 1인당 평균 연봉현황				
2	지역	직급	권역	2023년	2024년	2025년	순위	비고
3	울산	사원급	영남권	2,960	3,010	3,170	10위	
4	서울	과장급	수도권	3,070	3,230	3,520	5위	
5	경남	대리급	영남권	2,920	3,120	3,320	9위	
6	제주	부장급	제주권	3,450	3,620	3,750	2위	고액연봉
7	인천	사원급	수도권	2,830	3,140	3,420	7위	
8	대전	과장급	충청권	3,350	3,520	3,630	3위	고액연봉
9	광주	대리급	호남권	3,080	3,130	3,350	8위	
10	경기	차장급	수도권	3,250	3,530	3,610	4위	고액연봉
11	충남	과장급	충청권	3,140	3,320	3,450	6위	
12	전남	사원급	호남권	2,860	3,050	3,110	11위	
13	충북	부장급	충청권	3,520	3,710	3,840	1위	고액연봉
14	'2025년'의 최댓값-최솟값 차이			730만원				
15	'직급'이 "사원급"인 '2024년'의 평균			3,067만원				
16	'2023년' 중 두 번째로 큰 값			3,450만원				

《처리조건》

▶ 1행의 행 높이를 '70'으로 설정하고, 2행~16행의 행 높이를 '16'으로 설정하시오.
▶ 제목("지역별 1인당 평균 연봉현황") : 기본 도형의 '육각형'을 이용하여 입력하시오.
  – 도형 : 위치([B1:G1]), 도형 스타일('보통 효과 – 강조 6')
  – 글꼴 : 궁서체, 24pt, 진하게, 기울임, 글자 색(하양)
  – 도형 서식 : 텍스트 맞춤(가로 : 가운데 정렬, 세로 : 중간)

▶ 셀 서식을 아래 조건에 맞게 작성하시오.
  – [A2:H16] : 테두리(안쪽, 바깥쪽 모두 실선, 검정), 텍스트 맞춤(가로 : 가운데)
  – [A14:C14], [A15:C15], [A16:C16] : 각각 병합하고 가운데 맞춤
  – [A2:H2], [A14:C16] : 채우기 (초록 60% 밝게), 글꼴(진하게)
  – [G3:G13] : 셀 서식의 표시형식-사용자 정의를 이용하여 #"위"자를 추가
  – [D3:F13] : 셀 서식의 표시형식-숫자를 이용하여 1000단위 구분 기호 표시
  – [D14:E16] : 셀 서식의 표시형식-사용자 정의를 이용하여 #,##0"만원"자를 추가
  – 조건부 서식[A3:H13] : '직급'이 "사원급"인 경우 레코드 전체에 글꼴(보라, 진하게, 기울임) 적용
  – 지시사항이 없는 경우는 주어진 문제파일의 서식을 그대로 사용하시오.

▶ ① 순위[G3:G13] : '2025년'을 기준으로 큰 순으로 '순위'를 구하시오. (RANK.EQ 함수)
▶ ② 비고[H3:H13] : '2024년'이 3500 이상이면 "고액연봉", 그렇지 않으면 공백으로 구하시오. (IF 함수)
▶ ③ 최댓값-최솟값[D14:E14] : '2025년'의 최댓값과 최솟값의 차이를 구하시오. (MAX, MIN 함수)
▶ ④ 평균[D15:E15] : '직급'이 "사원급"인 '2024년'의 평균을 구하시오. (DAVERAGE 함수)
▶ ⑤ 순위[D16:E16] : '2023년' 중 두 번째로 큰 값을 구하시오. (LARGE 함수)

【문제 2】 "**부분합**" 시트를 참조하여 다음 《처리조건》에 맞도록 작업하시오. (30점)

《출력형태》

	A	B	C	D	E	F
2	지역	직급	권역	2023년	2024년	2025년
3	경기	차장급	수도권	3,250	3,530	3,610
4		차장급 최댓값			3,530	3,610
5		차장급 평균		3,250	3,530	
6	울산	사원급	영남권	2,960	3,010	3,170
7	인천	사원급	수도권	2,830	3,140	3,420
8	전남	사원급	호남권	2,860	3,050	3,110
9		사원급 최댓값			3,140	3,420
10		사원급 평균		2,883	3,067	
11	제주	부장급	제주권	3,450	3,620	3,750
12	충북	부장급	충청권	3,520	3,710	3,840
13		부장급 최댓값			3,710	3,840
14		부장급 평균		3,485	3,665	
15	경남	대리급	영남권	2,920	3,120	3,320
16	광주	대리급	호남권	3,080	3,130	3,350
17		대리급 최댓값			3,130	3,350
18		대리급 평균		3,000	3,125	
19	서울	과장급	수도권	3,070	3,230	3,520
20	대전	과장급	충청권	3,350	3,520	3,630
21	충남	과장급	충청권	3,140	3,320	3,450
22		과장급 최댓값			3,520	3,630
23		과장급 평균		3,187	3,357	
24		전체 최댓값			3,710	3,840
25		전체 평균		3,130	3,307	

《처리조건》

▶ 데이터를 '직급' 기준으로 내림차순 정렬하시오.

▶ 아래 조건에 맞는 부분합을 작성하시오.
 - '직급'으로 그룹화하여 '2023년', '2024년'의 평균을 구하는 부분합을 만드시오.
 - '직급'으로 그룹화하여 '2024년', '2025년'의 최댓값을 구하는 부분합을 만드시오.
  (새로운 값으로 대치하지 말 것)
 - [D3:F25] 영역에 셀 서식의 표시형식-숫자를 이용하여 1000단위 구분 기호를 표시하시오.

▶ [D2:F25] 영역에 '그룹 묶기'(대상 : 열)를 설정하시오.

▶ 최솟값과 평균의 부분합 순서는《출력형태》와 다를 수 있음

▶ 지시사항이 없는 경우는 기본 값을 적용하시오.

【문제 3】 "**필터**"와 "**시나리오**" 시트를 참조하여 다음 《처리조건》에 맞도록 작업하시오. (60점)

(1) 필터

《출력형태 - 필터》

	A	B	C	D	E	F
1						
2	지역	직급	권역	2023년	2024년	2025년
3	울산	사원급	영남권	2,960	3,010	3,170
4	서울	과장급	수도권	3,070	3,230	3,520
5	경남	대리급	영남권	2,920	3,120	3,320
6	제주	부장급	제주권	3,450	3,620	3,750
7	인천	사원급	수도권	2,830	3,140	3,420
8	대전	과장급	충청권	3,350	3,520	3,630
9	광주	대리급	호남권	3,080	3,130	3,350
10	경기	차장급	수도권	3,250	3,530	3,610
11	충남	과장급	충청권	3,140	3,320	3,450
12	전남	사원급	호남권	2,860	3,050	3,110
13	충북	부장급	충청권	3,520	3,710	3,840
14						
15	조건					
16	FALSE					
17						
18	지역	권역	2023년	2024년	2025년	
19	서울	수도권	3,070	3,230	3,520	
20	대전	충청권	3,350	3,520	3,630	
21						

《처리조건》

▶ "필터" 시트의 [A2:F13]을 아래 조건에 맞게 고급필터를 사용하여 작성하시오.
 - '직급'이 "과장급"이고 '2025년'이 3500 이상인 데이터를 '지역', '권역', '2023년', '2024년', '2025년'의 데이터만 필터링하시오.
 - 조건 위치 : 조건 함수는 [A16] 한 셀에 작성(AND 함수 이용)
 - 결과 위치 : [A18]부터 출력

▶ 지시사항이 없는 경우는 《출력형태 - 필터》와 동일하게 작성하시오.

(2) 시나리오

《출력형태 - 시나리오》

	A	B	C	D	E	F	G
1							
2		시나리오 요약					
3				현재 값:	2025년 200 증가	2025년 180 감소	
4		변경 셀:					
5			$F$10	3,170	3370	2990	
6			$F$11	3,420	3620	3240	
7			$F$12	3,110	3310	2930	
8		결과 셀:					
9			$G$10	3046.666667	3113.333333	2986.666667	
10			$G$11	3130	3196.666667	3070	
11			$G$12	3006.666667	3073.333333	2946.666667	
12		참고: 현재 값 열은 시나리오 요약 보고서가 작성될 때의					
13		변경 셀 값을 나타냅니다. 각 시나리오의 변경 셀들은					
14		회색으로 표시됩니다.					
15							

《처리조건》

▶ "시나리오" 시트의 [A2:G13]을 이용하여 '직급'이 "사원급"인 경우, '2025년'이 변동할 때 '평균'이 변동하는 가상분석(시나리오)을 작성하시오.
 - 시나리오1 : 시나리오 이름은 "2025년 200 증가", '2025년'에 200을 증가시킨 값 설정.
 - 시나리오2 : 시나리오 이름은 "2025년 180 감소", '2025년'에 180을 감소시킨 값 설정.
 - "시나리오 요약" 시트를 작성하시오.

▶ 지시사항이 없는 경우는 《출력형태 - 시나리오》와 동일하게 작성하시오.

【문제 4】 "피벗테이블" 시트를 참조하여 다음 《처리조건》에 맞도록 작업하시오. (30점)

《출력형태》

	A	B	C	D	E	F	G
1							
2							
3			권역 ▼				
4	직급 ▼	데이터 ▼	수도권	영남권	충청권	호남권	
5	과장급	평균 : 2023년	3,070	***	3,245	***	
6		평균 : 2024년	3,230	***	3,420	***	
7		평균 : 2025년	3,520	***	3,540	***	
8	대리급	평균 : 2023년	***	2,920	***	3,080	
9		평균 : 2024년	***	3,120	***	3,130	
10		평균 : 2025년	***	3,320	***	3,350	
11	사원급	평균 : 2023년	2,830	2,960	***	2,860	
12		평균 : 2024년	3,140	3,010	***	3,050	
13		평균 : 2025년	3,420	3,170	***	3,110	
14	전체 평균 : 2023년		2,950	2,940	3,245	2,970	
15	전체 평균 : 2024년		3,185	3,065	3,420	3,090	
16	전체 평균 : 2025년		3,470	3,245	3,540	3,230	
17							

《처리조건》

▶ "피벗테이블" 시트의 [A2:F13]을 이용하여 새로운 시트에 《출력형태》와 같이 피벗테이블을 작성 후 시트명을 "피벗테이블 정답"으로 수정하시오.

▶ 직급(행)과 권역(열)을 기준으로 하여 출력형태와 같이 구하시오.
 - '2023년', '2024년', '2025년'의 평균을 구하시오.
 - 피벗 테이블 설정을 이용하여 행의 총 합계를 표시하지 않게 설정하고, 빈 셀을 "***"로 설정하시오.
 - 피벗 테이블 디자인에서 보고서 레이아웃은 '테이블 형식으로 표시'로 표시하시오.
 - 직급(행)은 "과장급", "대리급", "사원급"만 출력되도록 표시하시오.
 - [C5:F16] 데이터는 셀 서식의 표시형식-숫자를 이용하여 1000단위 구분 기호를 표시하고, 텍스트는 오른쪽으로 맞춤하시오.

▶ 직급의 순서는 《출력형태》와 다를 수 있음

▶ 지시사항이 없는 경우는 《출력형태》와 동일하게 작성하시오.

【문제 5】 "**차트**" 시트를 참조하여 다음 《처리조건》에 맞도록 작업하시오. (30점)

《출력형태》

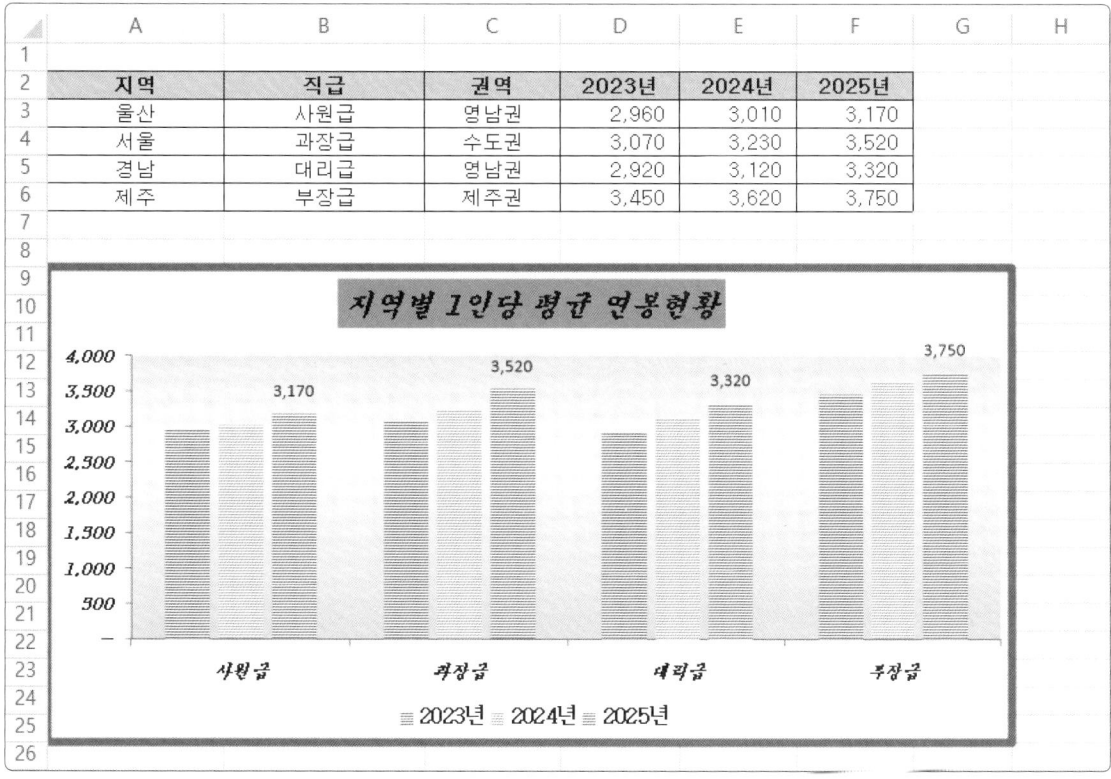

《처리조건》

▶ "차트" 시트에 주어진 표를 이용하여 '묶은 세로 막대형' 차트를 작성하시오.
- 데이터 범위 : 현재 시트 [B2:B6], [D2:F6]의 데이터를 이용하여 작성하고, 행/열 전환은 '열'로 지정
- 차트 위치 : 현재 시트에 [A9:G25] 크기에 정확하게 맞추시오.
- 차트 스타일 : 색2 – 스타일4
- 제목 위치 : 위쪽 표시
- 범례 위치 : 아래쪽 표시
- 축 이름표 모양 : 가로 항목 축 및 세로 값 축 글꼴(궁서, 10pt, 진하게, 기울임)
- 범례 모양 : 글꼴(바탕체, 12pt, 진하게)
- 차트 배경 : 선 종류 : 실선, 끝 모양 : 원형, 굵기 : 4.5pt, 모서리 모양 : 곡선형,
  겹선 종류 : 단순형, 선 색 : 강조 6 보라)
- 차트 제목 : 내용("지역별 1인당 평균 연봉현황"), 글꼴(궁서, 16pt, 진하게, 기울임),
  채우기(단색 – 색 : 강조 2 주황)
- 그림 영역 속성 : 채우기 : 그러데이션(유형 : 솜사탕 2, 종류 : 선형, 방향 : 선형 – 아래쪽에서)
- 데이터 레이블 추가 : '2025년' 계열에 "값" 표시

▶ 지시사항이 없는 경우는 《출력형태》와 동일하게 작성하시오.

제 09 회 디지털정보활용능력 출제예상 모의고사

- ☑ 시험과목 : 스프레드시트(한셀)
- ☑ 시험일자 : 20XX. XX. XX. (X)
- ☑ 응시자 기재사항 및 감독위원 확인

한컴오피스 한셀 2022 버전용

수검번호	DIL - XXXX -	감독위원 확인
성 명		

·응시자 유의사항·

1. 응시자는 신분증을 지참하여야 시험에 응시할 수 있으며, 시험이 종료될 때까지 신분증을 제시하지 못 할 경우 해당 시험은 0점 처리됩니다.
2. 시스템(PC작동여부, 네트워크 상태 등)의 이상여부를 반드시 확인하여야 하며, 시스템이상이 있을 시 감독위원에게 조치를 받으셔야 합니다.
3. 시험 중 부주의 또는 고의로 시스템을 파손한 경우는 응시자 부담으로 합니다.
4. 답안 전송 프로그램을 통해 다운로드 받은 파일을 이용하여 답안파일을 작성하시기 바랍니다.
5. 작성한 답안 파일은 답안 전송 프로그램을 통하여 전송됩니다. 감독위원의 지시에 따라 주시기바랍니다.
6. 다음 사항의 경우 실격(0점) 혹은 부정행위 처리됩니다.
    1) 답안파일을 저장하지 않았거나, 저장한 파일이 손상되었을 경우
    2) 답안파일을 지정된 폴더(바탕화면 "KAIT" 폴더)에 저장하지 않았을 경우
        ※ 답안 전송 프로그램 로그인 시 바탕화면에 자동 생성됨
    3) 답안파일을 다른 보조기억장치(USB) 혹은 네트워크(메신저, 게시판 등)로 전송할 경우
    4) 휴대용 전화기 등 통신기기를 사용할 경우
7. 슬라이드는 반드시 순서대로 작성해야 하며, 순서가 다를 경우 "0"점 처리됩니다.
8. 시험지에 제시된 글꼴이 응시 프로그램에 없는 경우, 반드시 감독위원에게 해당 내용을 통보한 뒤 조치를 받아야 합니다.
9. 슬라이드 작성 시 도형의 그룹설정을 사용하는 경우, 채점에서 감점 처리됩니다.
10. 시험의 완료는 작성이 완료된 답안을 저장하고, 답안전송이 완료된 상태를 확인한 것으로합니다. 답안전송 확인 후 문제지는 감독위원에게 제출한 후 퇴실하여야 합니다.
11. 답안전송을 완료한 경우는 수정 또는 정정이 불가합니다.
12. 시험 시행 후 합격자 발표는 홈페이지(www.ihd.or.kr)에서 확인하시기를 바랍니다.
    ※ 합격자 발표 : 20XX. XX. XX.(X)

디지털정보활용능력 스프레드시트(한셀) (시험시간 : 40분)

【문제 1】 "**거래현황**" 시트를 참조하여 다음 《처리조건》에 맞도록 작업하시오. (50점)

《출력형태》

	A	B	C	D	E	F	G	H
1				지역별 부동산 거래현황				
2	도시이름	부동산종류	권역	2021년	2022년	2023년	순위	비고
3	수원	주상복합	수도권	12,520	12,538	12,619	3위	거래량 많음
4	광주	단독주택	호남권	12,592	12,673	12,745	1위	거래량 많음
5	천안	아파트	충청권	12,502	12,574	12,484	10위	
6	평택	아파트	수도권	12,619	12,646	12,574	6위	
7	포항	주상복합	영남권	12,601	12,628	12,538	8위	
8	전주	아파트	호남권	12,529	12,574	12,583	5위	
9	창원	단독주택	영남권	12,565	12,655	12,610	4위	거래량 많음
10	안양	주상복합	수도권	12,547	12,475	12,466	11위	
11	구미	아파트	영남권	12,313	12,610	12,547	7위	
12	청주	단독주택	충청권	12,520	12,673	12,646	2위	거래량 많음
13	하남	아파트	수도권	12,475	12,367	12,538	8위	
14	'2023년'의 최댓값-최솟값 차이			279건				
15	'권역'이 "수도권"인 '2022년'의 평균			12,507건				
16	'2021년' 중 두 번째로 큰 값			12,601건				
17								

《처리조건》

▶ 1행의 행 높이를 '60'으로 설정하고, 2행~16행의 행 높이를 '16'으로 설정하시오.
▶ 제목("지역별 부동산 거래현황") : 기본 도형의 '배지'를 이용하여 입력하시오.
　- 도형 : 위치([B1:G1]), 도형 스타일('보통 효과 – 강조 2')
　- 글꼴 : 궁서체, 24pt, 기울임, 글자 색(하양)
　- 도형 서식 : 텍스트 맞춤(가로 : 가운데 정렬, 세로 : 중간)

▶ 셀 서식을 아래 조건에 맞게 작성하시오.
　- [A2:H16] : 테두리(안쪽, 바깥쪽 모두 실선, 검정), 텍스트 맞춤(가로 : 가운데)
　- [A14:C14], [A15:C15], [A16:C16] : 각각 병합하고 가운데 맞춤
　- [A2:H2], [A14:C16] : 채우기(수황 60% 밝게), 글꼴(진하게)
　- [G3:G13] : 셀 서식의 표시형식-사용자 정의를 이용하여 #"위"자를 추가
　- [D3:F13] : 셀 서식의 표시형식-숫자를 이용하여 1000단위 구분 기호 표시
　- [D14:E16] : 셀 서식의 표시형식-사용자 정의를 이용하여 #,##0"건"자를 추가
　- 조건부 서식[A3:H13] : '권역'이 "수도권"인 경우 레코드 전체에 글꼴(주황, 진하게, 기울임) 적용
　- 지시사항이 없는 경우는 주어진 문제파일의 서식을 그대로 사용하시오.

▶ ① 순위[G3:G13] : '2023년'을 기준으로 큰 순으로 '순위'를 구하시오. (RANK.EQ 함수)
▶ ② 비고[H3:H13] : '2023년'이 12600 이상이면 "거래량 많음", 그렇지 않으면 공백으로 구하시오. (IF 함수)
▶ ③ 최댓값-최솟값[D14:E14] : '2023년'의 최댓값과 최솟값의 차이를 구하시오. (MAX, MIN 함수)
▶ ④ 평균[D15:E15] : '권역'이 "수도권"인 '2022년'의 평균을 구하시오. (DAVERAGE 함수)
▶ ⑤ 순위[D16:E16] : '2021년' 중 두 번째로 큰 값을 구하시오. (LARGE 함수)

디지털정보활용능력 **스프레드시트(한셀)** (시험시간 : 40분)

【문제 2】 "**부분합**" 시트를 참조하여 다음 《처리조건》에 맞도록 작업하시오. (30점)

《출력형태》

	A	B	C	D	E	F
2	도시이름	부동산종류	권역	2021년	2022년	2023년
3	광주	단독주택	호남권	12,592	12,673	12,745
4	창원	단독주택	영남권	12,565	12,655	12,610
5	청주	단독주택	충청권	12,520	12,673	12,646
6		단독주택 최댓값			12,673	12,745
7		단독주택 평균		12,559	12,667	
8	천안	아파트	충청권	12,502	12,574	12,484
9	평택	아파트	수도권	12,619	12,646	12,574
10	전주	아파트	호남권	12,529	12,574	12,583
11	구미	아파트	영남권	12,313	12,610	12,547
12	하남	아파트	수도권	12,475	12,367	12,538
13		아파트 최댓값			12,646	12,583
14		아파트 평균		12,488	12,554	
15	수원	주상복합	수도권	12,520	12,538	12,619
16	포항	주상복합	영남권	12,601	12,628	12,538
17	안양	주상복합	수도권	12,547	12,475	12,466
18		주상복합 최댓값			12,628	12,619
19		주상복합 평균		12,556	12,547	
20		전체 최댓값			12,673	12,745
21		전체 평균		12,526	12,583	
22						

《처리조건》

▶ 데이터를 '부동산종류' 기준으로 오름차순 정렬하시오.

▶ 아래 조건에 맞는 부분합을 작성하시오.
 - '부동산종류'로 그룹화하여 '2021년', '2022년'의 평균을 구하는 부분합을 만드시오.
 - '부동산종류'로 그룹화하여 '2022년', '2023년'의 최댓값을 구하는 부분합을 만드시오.
  (새로운 값으로 대치하지 말 것)
 - [D3:F21] 영역에 셀 서식의 표시형식-숫자를 이용하여 1000단위 구분 기호를 표시하시오.

▶ [D2:F21] 영역에 '그룹 묶기'(대상 : 열)를 설정하시오.

▶ 평균과 최댓값의 부분합 순서는 《출력형태》와 다를 수 있음

▶ 지시사항이 없는 경우는 기본 값을 적용하시오.

【문제 3】 "필터"와 "시나리오" 시트를 참조하여 다음 《처리조건》에 맞도록 작업하시오. (60점)

(1) 필터

《출력형태 - 필터》

	A	B	C	D	E	F
1						
2	도시이름	부동산종류	권역	2021년	2022년	2023년
3	수원	주상복합	수도권	12,520	12,538	12,619
4	광주	단독주택	호남권	12,592	12,673	12,745
5	천안	아파트	충청권	12,502	12,574	12,484
6	평택	아파트	수도권	12,619	12,646	12,574
7	포항	주상복합	영남권	12,601	12,628	12,538
8	전주	아파트	호남권	12,529	12,574	12,583
9	창원	단독주택	영남권	12,565	12,655	12,610
10	안양	주상복합	수도권	12,547	12,475	12,466
11	구미	아파트	영남권	12,313	12,610	12,547
12	청주	단독주택	충청권	12,520	12,673	12,646
13	하남	아파트	수도권	12,475	12,367	12,538
14						
15	조건					
16	TRUE					
17						
18	도시이름	부동산종류	2021년	2022년	2023년	
19	수원	주상복합	12,520	12,538	12,619	
20	평택	아파트	12,619	12,646	12,574	
21	하남	아파트	12,475	12,367	12,538	
22						

《처리조건》

▶ "필터" 시트의 [A2:F13]을 아래 조건에 맞게 고급필터를 사용하여 작성하시오.
 - '권역'이 "수도권"이고 '2023년'이 12500 이상인 데이터를 '도시이름', '부동산종류', '2021년', '2022년', '2023년'의 데이터만 필터링하시오.
 - 조건 위치 : 조건 함수는 [A16] 한 셀에 작성(AND 함수 이용)
 - 결과 위치 : [A18]부터 출력

▶ 지시사항이 없는 경우는 《출력형태 - 필터》와 동일하게 작성하시오.

(2) 시나리오

《출력형태 - 시나리오》

	A	B	C	D	E	F	G
1							
2		시나리오 요약					
3				현재 값:	2023년 5000 증가	2023년 4000 감소	
4		변경 셀:					
5			$F$7	12,547	17547	8547	
6			$F$8	12,610	17610	8610	
7			$F$9	12,538	17538	8538	
8		결과 셀:					
9			$G$7	12490	14156.66667	11156.66667	
10			$G$8	12610	14276.66667	11276.66667	
11			$G$9	12589	14255.66667	11255.66667	
12		참고: 현재 값 열은 시나리오 요약 보고서가 작성될 때의					
13		변경 셀 값을 나타냅니다. 각 시나리오의 변경 셀들은					
14		회색으로 표시됩니다.					
15							

《처리조건》

▶ "시나리오" 시트의 [A2:G13]을 이용하여 '권역'이 "영남권"인 경우, '2023년'이 변동할 때 '평균'이 변동하는 가상분석(시나리오)을 작성하시오.
 - 시나리오1 : 시나리오 이름은 "2023년 5000 증가", '2023년'에 5000을 증가시킨 값 설정.
 - 시나리오2 : 시나리오 이름은 "2023년 4000 감소", '2023년'에 4000을 감소시킨 값 설정.
 - "시나리오 요약" 시트를 작성하시오.

▶ 지시사항이 없는 경우는 《출력형태 - 시나리오》와 동일하게 작성하시오.

【문제 4】 "매크로" 시트를 참조하여 다음《처리조건》에 맞도록 작업하시오. (30점)

《출력형태》

	A	B	C	D	E	F
2	도시이름	부동산종류	권역	2021년	2022년	2023년
3	수원	주상복합	수도권	12,520건	12,538건	12,619건
4	광주	단독주택	호남권	12,592건	12,673건	12,745건
5	천안	아파트	충청권	12,502건	12,574건	12,484건
6	평택	아파트	수도권	12,619건	12,646건	12,574건
7	포항	주상복합	영남권	12,601건	12,628건	12,538건
8	전주	아파트	호남권	12,529건	12,574건	12,583건
9	창원	단독주택	영남권	12,565건	12,655건	12,610건
10	안양	주상복합	수도권	12,547건	12,475건	12,466건
11	구미	아파트	영남권	12,313건	12,610건	12,547건
12	청주	단독주택	충청권	12,520건	12,673건	12,646건
13	하남	아파트	수도권	12,475건	12,367건	12,538건

[도형: 매크로]

《처리조건》

▶ "매크로" 시트의 [A2:F13] 영역에 테두리(안쪽, 바깥쪽 모두 실선, 검정), 텍스트 맞춤(가로 : 가운데 정렬), [A2:F2] 영역에 채우기(주황 60% 밝게), 글꼴(진하게), [D3:F13] 영역에 셀 서식의 표시 형식-사용자 지정을 이용하여 #,##0"건"을 표시하는 매크로를 기록하고 작성한 도형에 매크로를 지정하시오.
　- 도형 : 기본 도형의 '배지'를 [C15:D17]에 위치
　- 도형 서식 : 채우기(강조 2 주황), 선 색 : 검은 군청, 선 굵기 : 3pt, 텍스트 맞춤(가로 : 가운데 정렬, 세로 : 중간)
　- 도형 글꼴 : 텍스트 입력("매크로"), 글꼴(궁서, 22pt, 진하게, 기울임, 글자 색(하양))
　- 매크로 이름 : "매크로"

▶ 지시사항이 없는 경우는《출력형태》와 동일하게 작성하시오.

【문제 5】 "**차트**" 시트를 참조하여 다음 《처리조건》에 맞도록 작업하시오. (30점)

《출력형태》

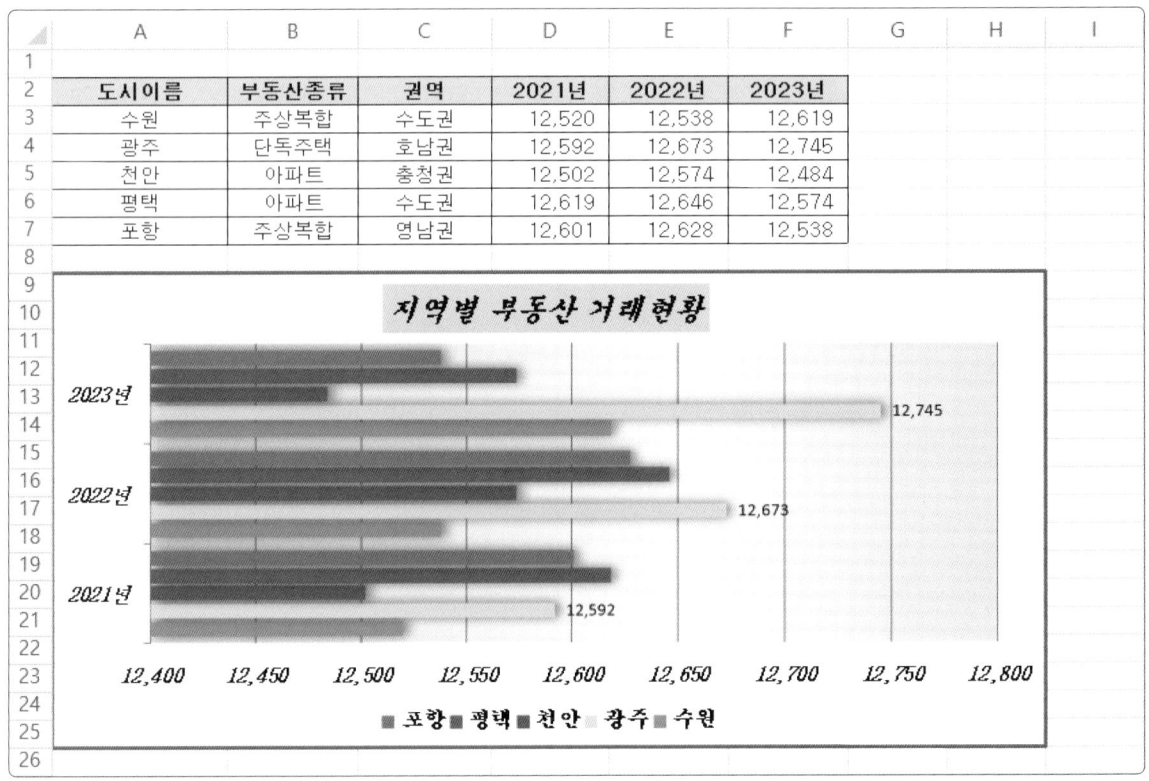

《처리조건》

▶ "차트" 시트에 주어진 표를 이용하여 '묶은 가로 막대형' 차트를 작성하시오.
   – 데이터 범위 : 현재 시트 [A2:A7], [D2:F7]의 데이터를 이용하여 작성하고, 행/열 전환은 '행'으로 지정
   – 차트 위치 : 현재 시트에 [A9:H25] 크기에 정확하게 맞추시오.
   – 차트 스타일 : 색3 – 스타일9
   – 제목 위치 : 위쪽 표시
   – 범례 위치 : 아래쪽 표시
   – 축 이름표 모양 : 가로 항목 축 및 세로 값 축 글꼴(바탕체, 11pt, 진하게, 기울임)
   – 범례 모양 : 글꼴(궁서, 12pt, 진하게)
   – 차트 배경 : 선 종류 : 실선, 끝 모양 : 원형, 굵기 : 2pt, 모서리 모양 : 곡선형, 겹선 종류 : 단순형, 선 색 : 강조 6 보라)
   – 차트 제목 : 내용("지역별 부동산 거래현황"), 글꼴(궁서, 16pt, 진하게, 기울임), 채우기(단색 – 색 : 강조 4 노랑)
   – 그림 영역 속성 : 채우기 : 그러데이션(유형 : 솜사탕 2, 종류 : 선형, 방향 : 선형 – 왼쪽에서)
   – 데이터 레이블 추가 : '광주' 계열에 "값" 표시

▶ 지시사항이 없는 경우는 《출력형태》와 동일하게 작성하시오.

제 10 회 디지털정보활용능력 출제예상 모의고사

☑ 시험과목 : 스프레드시트(한셀)
☑ 시험일자 : 20XX. XX. XX. (X)
☑ 응시자 기재사항 및 감독위원 확인

한컴오피스 한셀 2022 버전용

수검번호	DIL - XXXX -	감독위원 확인
성 명		

·응시자 유의사항·

1. 응시자는 신분증을 지참하여야 시험에 응시할 수 있으며, 시험이 종료될 때까지 신분증을 제시하지 못 할 경우 해당 시험은 0점 처리됩니다.
2. 시스템(PC작동여부, 네트워크 상태 등)의 이상여부를 반드시 확인하여야 하며, 시스템이상이 있을 시 감독위원에게 조치를 받으셔야 합니다.
3. 시험 중 부주의 또는 고의로 시스템을 파손한 경우는 응시자 부담으로 합니다.
4. 답안 전송 프로그램을 통해 다운로드 받은 파일을 이용하여 답안파일을 작성하시기 바랍니다.
5. 작성한 답안 파일은 답안 전송 프로그램을 통하여 전송됩니다. 감독위원의 지시에 따라 주시기바랍니다.
6. 다음 사항의 경우 실격(0점) 혹은 부정행위 처리됩니다.
    1) 답안파일을 저장하지 않았거나, 저장한 파일이 손상되었을 경우
    2) 답안파일을 지정된 폴더(바탕화면 "KAIT" 폴더)에 저장하지 않았을 경우
        ※ 답안 전송 프로그램 로그인 시 바탕화면에 자동 생성됨
    3) 답안파일을 다른 보조기억장치(USB) 혹은 네트워크(메신저, 게시판 등)로 전송할 경우
    4) 휴대용 전화기 등 통신기기를 사용할 경우
7. 슬라이드는 반드시 순서대로 작성해야 하며, 순서가 다를 경우 "0"점 처리됩니다.
8. 시험지에 제시된 글꼴이 응시 프로그램에 없는 경우, 반드시 감독위원에게 해당 내용을 통보한 뒤 조치를 받아야 합니다.
9. 슬라이드 작성 시 도형의 그룹설정을 사용하는 경우, 채점에서 감점 처리됩니다.
10. 시험의 완료는 작성이 완료된 답안을 저장하고, 답안전송이 완료된 상태를 확인한 것으로합니다. 답안전송 확인 후 문제지는 감독위원에게 제출한 후 퇴실하여야 합니다.
11. 답안전송을 완료한 경우는 수정 또는 정정이 불가합니다.
12. 시험 시행 후 합격자 발표는 홈페이지(www.ihd.or.kr)에서 확인하시기를 바랍니다.
    ※ 합격자 발표 : 20XX. XX. XX.(X)

| 디지털정보활용능력 | 스프레드시트(한셀) | (시험시간 : 40분) |

【문제 1】 "통계현황" 시트를 참조하여 다음《처리조건》에 맞도록 작업하시오. (50점)

《출력형태》

	A	B	C	D	E	F	G	H
1			관광객 입국 통계현황					
2	제품코드	관광형태	지역	성장률	2022년	2023년	순위	비고
3	중국	단체관광	아시아	31.3%	345,341	453,379	1	우수관광
4	일본	개인관광	아시아	26.7%	168,241	213,200	2	우수관광
5	대만	단체관광	아시아	7.4%	88,076	94,559	3	
6	미국	자유관광	아메리카	-12.6%	66,049	57,732	4	
7	홍콩	개인관광	아시아	1.4%	50,590	51,312	5	
8	태국	단체관광	동남아시아	-9.7%	43,428	39,220	7	
9	필리핀	자유관광	동남아시아	8.4%	27,013	29,294	8	
10	베트남	개인관광	동남아시아	72.1%	24,508	42,181	6	우수관광
11	러시아	개인관광	유럽	-4.3%	20,889	20,001	10	
12	말레이시아	단체관광	동남아시아	22.0%	22,529	27,484	9	우수관광
13	인도네시아	자유관광	동남아시아	22.9%	14,739	18,115	11	우수관광
14	'2023년'의 최댓값-최솟값 차이			435,264명				
15	'지역'이 "아시아"인 '2023년'의 평균			203,113명				
16	'2022년' 중 두 번째로 작은 값			20,889명				

《처리조건》

▶ 1행의 행 높이를 '70'으로 설정하고, 2행~16행의 행 높이를 '17'로 설정하시오.
▶ 제목("관광객 입국 통계현황") : 기본 도형의 '빗면'을 이용하여 입력하시오.
  - 도형 : 위치([B1:G1]), 도형 스타일('보통 효과 – 강조 5')
  - 글꼴 : 궁서, 26pt, 진하게, 기울임, 글자 색(하양)
  - 도형 서식 : 텍스트 맞춤(가로 : 가운데 정렬, 세로 : 중간)

▶ 셀 서식을 아래 조건에 맞게 작성하시오.
  - [A2:H16] : 테두리(안쪽, 바깥쪽 모두 실선, 검정), 텍스트 맞춤(가로 : 가운데)
  - [A14:C14], [A15:C15], [A16:C16] : 각각 병합하고 가운데 맞춤
  - [A2:H2], [A14:C16] : 채우기(초록 60% 밝게), 글꼴(진하게)
  - [D3:D13] : 셀 서식의 표시형식-백분율을 이용하여 소수점 첫째 자리까지 표시
  - [E3:F13] : 셀 서식의 표시형식-숫자를 이용하여 1000단위 구분 기호 표시
  - [D14:E16] : 셀 서식의 표시형식-사용자 정의를 이용하여 #,##0"명"자를 추가
  - 조건부 서식[A3:H13] : '관광형태'가 "단체관광"인 경우 레코드 전체에 글꼴(초록, 진하게, 기울임) 적용
  - 지시사항이 없는 경우는 주어진 문제파일의 서식을 그대로 사용하시오.

▶ ① 순위[G3:G13] : '2023년'을 기준으로 큰 순으로 '순위'를 구하시오. (RANK 함수)
▶ ② 비고[H3:H13] : '성장률'이 20% 이상이면 "우수관광", 그렇지 않으면 공백으로 구하시오. (IF 함수)
▶ ③ 최댓값-최솟값[D14:E14] : '2023년'의 최댓값과 최솟값의 차이를 구하시오. (MAX, MIN 함수)
▶ ④ 평균[D15:E15] : '지역'이 "아시아"인 '2023년'의 평균을 구하시오. (DAVERAGE 함수)
▶ ⑤ 순위[D16:E16] : '2022년' 중 두 번째로 작은 값을 구하시오. (SMALL 함수)

디지털정보활용능력 스프레드시트(한셀) (시험시간 : 40분)

【문제 2】 "부분합" 시트를 참조하여 다음 《처리조건》에 맞도록 작업하시오. (30점)

《출력형태》

	A	B	C	D	E	F
1						
2	제품코드	관광형태	지역	성장률	2022년	2023년
3	일본	개인관광	아시아	26.7%	168,241	213,200
4	홍콩	개인관광	아시아	1.4%	50,590	51,312
5	베트남	개인관광	동남아시아	72.1%	24,508	42,181
6	러시아	개인관광	유럽	-4.3%	20,889	20,001
7	4	개인관광 개수				
8		개인관광 최댓값		72.1%	168,241	213,200
9	중국	단체관광	아시아	31.3%	345,341	453,379
10	대만	단체관광	아시아	7.4%	88,076	94,559
11	태국	단체관광	동남아시아	-9.7%	43,428	39,220
12	말레이시아	단체관광	동남아시아	22.0%	22,529	27,484
13	4	단체관광 개수				
14		단체관광 최댓값		31.3%	345,341	453,379
15	미국	자유관광	아메리카	-12.6%	66,049	57,732
16	필리핀	자유관광	동남아시아	8.4%	27,013	29,294
17	인도네시아	자유관광	동남아시아	22.9%	14,739	18,115
18	3	자유관광 개수				
19		자유관광 최댓값		22.9%	66,049	57,732
20	11	전체 개수				
21		전체 최댓값		72.1%	345,341	453,379
22						

《처리조건》

▶ 데이터를 '관광형태' 기준으로 오름차순 정렬하시오.

▶ 아래 조건에 맞는 부분합을 작성하시오.
 - '관광형태'로 그룹화하여 '성장률', '2022년', '2023년'의 최댓값을 구하는 부분합을 만드시오.
 - '관광형태'로 그룹화하여 '제품코드'의 개수를 구하는 부분합을 만드시오. (새로운 값으로 대치하지 말 것)
 - [E3:F21] 영역에 셀 서식의 표시형식-숫자를 이용하여 1000단위 구분 기호를 표시하시오.

▶ [E2:F21] 영역에 '그룹 묶기'(대상 : 열)를 설정하시오.

▶ 최댓값과 개수의 부분합 순서는 《출력형태》와 다를 수 있음

▶ 지시사항이 없는 경우는 기본 값을 적용하시오.

【문제 3】 "필터"와 "시나리오" 시트를 참조하여 다음 《처리조건》에 맞도록 작업하시오. (60점)

(1) 필터

《출력형태 - 필터》

	A	B	C	D	E	F
1						
2	제품코드	관광형태	지역	성장률	2022년	2023년
3	중국	단체관광	아시아	31.3%	345,341	453,379
4	일본	개인관광	아시아	26.7%	168,241	213,200
5	대만	단체관광	아시아	7.4%	88,076	94,559
6	미국	자유관광	아메리카	-12.6%	66,049	57,732
7	홍콩	개인관광	아시아	1.4%	50,590	51,312
8	태국	단체관광	동남아시아	-9.7%	43,428	39,220
9	필리핀	자유관광	동남아시아	8.4%	27,013	29,294
10	베트남	개인관광	동남아시아	72.1%	24,508	42,181
11	러시아	개인관광	유럽	-4.3%	20,889	20,001
12	말레이시아	단체관광	동남아시아	22.0%	22,529	27,484
13	인도네시아	자유관광	동남아시아	22.9%	14,739	18,115
14						
15	조건					
16	FALSE					
17						
18	제품코드	관광형태	성장률	2022년	2023년	
19	태국	단체관광	-9.7%	43,428	39,220	
20	필리핀	자유관광	8.4%	27,013	29,294	
21	베트남	개인관광	72.1%	24,508	42,181	
22	말레이시아	단체관광	22.0%	22,529	27,484	
23						

《처리조건》

▶ "필터" 시트의 [A2:F13]를 아래 조건에 맞게 고급필터를 사용하여 작성하시오.
  - '지역'이 "동남아시아"이고 '2023년'이 27000 이상인 데이터를 '제품코드', '관광형태', '성장률', '2022년', '2023년'의 데이터만 필터링하시오.
  - 조건 위치 : 조건 함수는 [A16] 한 셀에 작성(AND 함수 이용)
  - 결과 위치 : [A18]부터 출력

▶ 지시사항이 없는 경우는 《출력형태 - 필터》와 동일하게 작성하시오.

(2) 시나리오

《출력형태 - 시나리오》

	A	B	C	D	E	F	G
1							
2		시나리오 요약					
3				현재 값:	2023년 5000 증가	2023년 4700 감소	
4		변경 셀:					
5			$F$11	57,732	62732	53032	
6			$F$12	29,294	34294	24594	
7			$F$13	18,115	23115	13415	
8		결과 셀:					
9			$G$11	61890.5	64390.5	59540.5	
10			$G$12	28153.5	30653.5	25803.5	
11			$G$13	16427	18927	14077	
12		참고: 현재 값 열은 시나리오 요약 보고서가 작성될 때의					
13		변경 셀 값을 나타냅니다. 각 시나리오의 변경 셀들은					
14		회색으로 표시됩니다.					
15							

《처리조건》

▶ "시나리오" 시트의 [A2:G13]을 이용하여 '관광형태'가 "자유관광"인 경우, '2023년'이 변동할 때 '평균'이 변동하는 가상분석(시나리오)을 작성하시오.
  − 시나리오1 : 시나리오 이름은 "2023년 5000 증가", '2023년'에 5000을 증가시킨 값 설정.
  − 시나리오2 : 시나리오 이름은 "2023년 4700 감소", '2023년'에 4700을 감소시킨 값 설정.
  − "시나리오 요약" 시트를 작성하시오.

▶ 지시사항이 없는 경우는《출력형태 − 시나리오》와 동일하게 작성하시오.

【문제 4】 "피벗테이블" 시트를 참조하여 다음 《처리조건》에 맞도록 작업하시오. (30점)

《출력형태》

	A	B	C	D	E
3			지역 ▼		
4	관광형태 ▼	데이터 ▼	동남아시아	아시아	유럽
5	개인관광	평균 : 2022년	24,508	109,416	20,889
6		평균 : 2023년	42,181	132,256	20,001
7	단체관광	평균 : 2022년	32,979	216,709	***
8		평균 : 2023년	33,352	273,969	***
9	전체 평균 : 2022년		30,155	163,062	20,889
10	전체 평균 : 2023년		36,295	203,113	20,001

《처리조건》

▶ "피벗테이블" 시트의 [A2:F13]을 이용하여 새로운 시트에 《출력형태》와 같이 피벗테이블을 작성 후 시트명을 "피벗테이블 정답"으로 수정하시오.

▶ 관광형태(행)와 지역(열)을 기준으로 하여 출력형태와 같이 구하시오.
  - '2022년', '2023년'의 평균을 구하시오.
  - 피벗 테이블 설정을 이용하여 행의 총 합계를 표시하지 않게 설정하고, 빈 셀을 "***"로 설정하시오.
  - 피벗 테이블 디자인에서 보고서 레이아웃은 '테이블 형식으로 표시'로 표시하시오.
  - 관광형태(행)는 "개인관광", "단체관광"만 출력되도록 표시하시오.
  - [C5:E10] 데이터는 셀 서식의 표시형식-숫자를 이용하여 1000단위 구분 기호를 표시하고, 텍스트는 오른쪽으로 맞춤하시오.

▶ 관광형태의 순서는 《출력형태》와 다를 수 있음

▶ 지시사항이 없는 경우는 《출력형태》와 동일하게 작성하시오.

【문제 5】 "**차트**" 시트를 참조하여 다음 《처리조건》에 맞도록 작업하시오. (30점)

《출력형태》

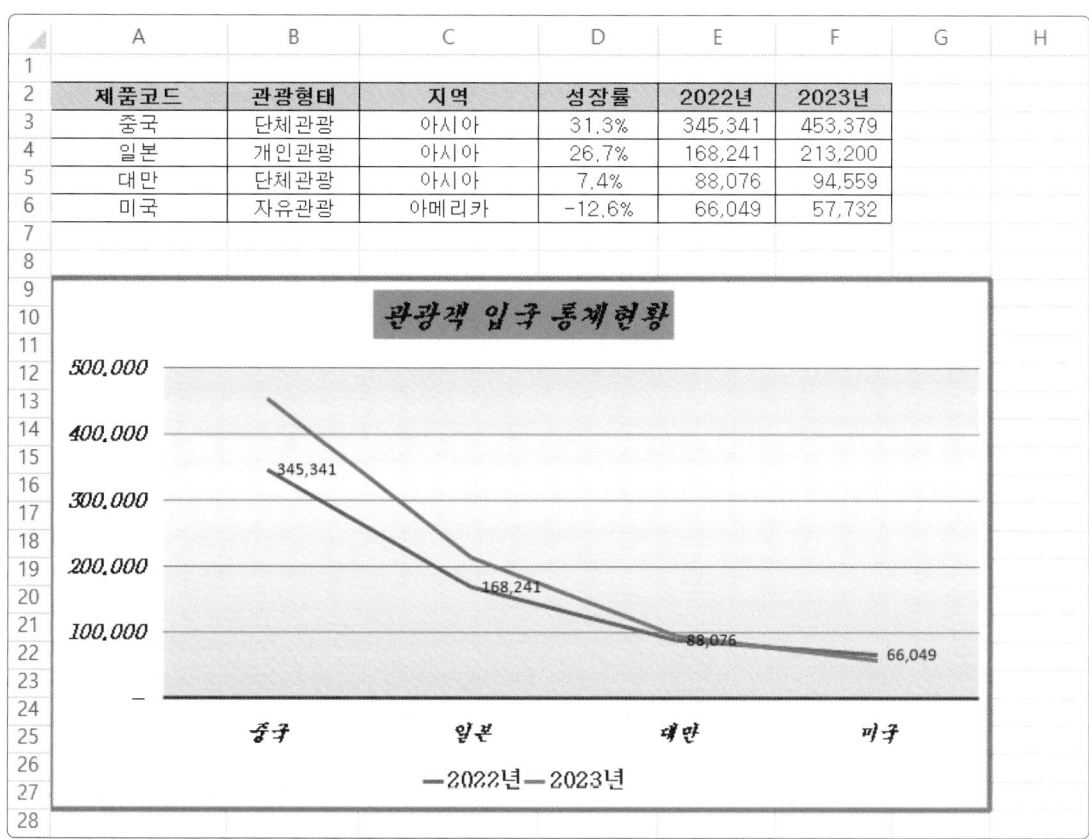

《처리조건》

▶ "차트" 시트에 주어진 표를 이용하여 '꺾은선형' 차트를 작성하시오.
  – 데이터 범위 : 현재 시트 [A2:A6], [E2:F6]의 데이터를 이용하여 작성하고, 행/열 전환은 '열'로 지정
  – 차트 위치 : 현재 시트에 [A9:G27] 크기에 정확하게 맞추시오.
  – 차트 스타일 : 색4 – 스타일3
  – 제목 위치 : 위쪽 표시
  – 범례 위치 : 아래쪽 표시
  – 축 이름표 모양 : 가로 항목 축 및 세로 값 축 글꼴(궁서, 11pt, 진하게, 기울임)
  – 범례 모양 : 글꼴(바탕, 12pt, 진하게)
  – 차트 배경 : 선 종류 : 실선, 끝 모양 : 원형, 굵기 : 3pt, 모서리 모양 : 빗면형, 겹선 종류 : 단순형, 선 색 : 강조 5 초록)
  – 차트 제목 : 내용("관광객 입국 통계현황"), 글꼴(궁서, 16pt, 진하게, 기울임), 채우기(단색 – 색 : 강조 2 주황)
  – 그림 영역 속성 : 채우기 : 그러데이션(유형 : 솜사탕 3, 종류 : 선형, 방향 : 선형 – 아래쪽에서)
  – 데이터 레이블 추가 : '2022년' 계열에 "값" 표시

▶ 지시사항이 없는 경우는 《출력형태》와 동일하게 작성하시오.

MEMO

제 01 회 디지털정보활용능력 최신유형 기출문제

- ☑ 시험과목 : 스프레드시트(한셀)
- ☑ 시험일자 : 20XX. XX. XX. (X)
- ☑ 응시자 기재사항 및 감독위원 확인

한컴오피스 한셀 2022 버전용

수검번호	DIL - XXXX -	감독위원 확인
성 명		

· 응시자 유의사항 ·

1. 응시자는 신분증을 지참하여야 시험에 응시할 수 있으며, 시험이 종료될 때까지 신분증을 제시하지 못 할 경우 해당 시험은 0점 처리됩니다.
2. 시스템(PC작동여부, 네트워크 상태 등)의 이상여부를 반드시 확인하여야 하며, 시스템 이상이 있을 시 감독위원에게 조치를 받으셔야 합니다.
3. 시험 중 부주의 또는 고의로 시스템을 파손한 경우는 응시자 부담으로 합니다.
4. 답안 전송 프로그램을 통해 다운로드 받은 파일을 이용하여 답안 파일을 작성하시기 바랍니다.
5. 작성한 답안 파일은 답안 전송 프로그램을 통하여 전송됩니다. 감독위원의 지시에 따라 주시기 바랍니다.
6. 다음 사항의 경우 실격(0점) 혹은 부정행위 처리됩니다.
    1) 답안 파일을 저장하지 않았거나, 저장한 파일이 손상되었을 경우
    2) 답안 파일을 지정된 폴더(바탕화면 – "KAIT" 폴더)에 저장하지 않았을 경우
        ※ 답안 전송 프로그램 로그인 시 바탕화면에 자동 생성됨
    3) 답안 파일을 다른 보조 기억장치(USB) 혹은 네트워크(메신저, 게시판 등)로 전송할 경우
    4) 휴대용 전화기 등 통신기기를 사용할 경우
7. 시트는 반드시 순서대로 작성해야 하며, 순서가 다를 경우 "0"점 처리됩니다.
8. 시험지에 제시된 글꼴이 응시 프로그램에 없는 경우, 반드시 감독위원에게 해당 내용을 통보한 뒤 조치를 받아야 합니다.
9. 시험의 완료는 작성이 완료된 답안을 저장하고, 답안 전송이 완료된 상태를 확인한 것으로 합니다. 답안 전송 확인 후 문제지는 감독위원에게 제출한 후 퇴실하여야 합니다.
10. 답안 전송을 완료한 경우는 수정 또는 정정이 불가합니다.
11. 시험 시행 후 합격자 발표는 홈페이지(www.ihd.or.kr)에서 확인하시기 바랍니다.
    ※ 합격자 발표 : 20XX. XX. XX. (X)
    ※ 시험지 공개 : 20XX. XX. XX. (X)

【문제 1】 "매출현황" 시트를 참조하여 다음《처리조건》에 맞도록 작업하시오. (50점)

《출력형태》

	A	B	C	D	E	F	G	H
1				마스크 매출현황				
2	제품명	구분	크기	2021년	2022년	2023년	순위	비고
3	세이프마스크	덴탈마스크	대형	111770	238920	298700	1위	
4	닥터제로	KF94	대형	112680	213950	236350	9위	
5	먼지차단	KF80	중형	119640	245710	245570	6위	매출우수
6	황사제로	KFAD	소형	100920	237150	240290	7위	
7	순면마스크	면마스크	소형	118820	194410	212210	10위	
8	안심일회용	덴탈마스크	중형	111260	196260	199260	11위	
9	황사안심	KF94	중형	129720	249720	256720	5위	매출우수
10	라이트핏	KFAD	소형	109690	267570	264600	3위	매출우수
11	편안한마스크	면마스크	중형	112110	225550	237770	8위	
12	비말차단	KF80	소형	111810	272170	268600	2위	매출우수
13	새부리마스크	KF94	대형	130280	242370	259420	4위	매출우수
14	'2023년'의 최댓값-최솟값의 차이			99,440개				
15	'크기'가 '대형'인 '2022년'의 평균			231,747개				
16	'2021년' 중 두 번째로 큰 값			129,720개				

《처리조건》

▶ 1행의 행 높이를 '70'으로 설정하고, 2행~16행의 행 높이를 '16'으로 설정하시오.
▶ 제목("마스크 매출 현황") : 기본 도형의 '배지'를 이용하여 입력하시오.
 - 도형 : 위치([B1:C1]), 도형 스타일('보통 효과 - 강조 4')
 - 글꼴 : 굴림체, 22pt, 글자 색(검정)
 - 도형 서식 : 텍스트 맞춤(가로 : 가운데 정렬, 세로 : 중간)

▶ 셀 서식을 아래 조건에 맞게 작성하시오.
 - [A2:H15] : 테두리(안쪽, 바깥쪽 모두 실선, 검정, 텍스트 맞춤(가로 : 가운데)
 - [A13:D13], [A14:D14], [A15:D15] : 각각 병합하고 가운데 맞춤
 - [A2:H2], [A13:D15] : 채우기(노랑 40% 밝게), 글꼴(진하게)
 - [D3:F13] : 셀 서식의 표시형식-숫자를 이용하여 1000단위 구분 기호 표시
 - [G3:G13] : 셀 서식의 표시형식-사용자 정의를 이용하여 #"위"자를 추가
 - [D14:E16] : 셀 서식의 표시형식-사용자 정의를 이용하여 #,##0"개"자를 추가
 - 조건부 서식[A3:H13] : '구분'이 "KF94"인 경우 레코드 전체에 글꼴(보라, 진하게, 기울임) 적용
 - 지시사항이 없는 경우는 주어진 문제파일의 서식을 그대로 사용하시오.

▶ ① 순위[G3:G13] : '2023년'을 기준으로 큰 순으로 '순위'를 구하시오. (RANK.EQ 함수)
▶ ② 비고[H3:H13] : '2022년'이 240000 이상이면 "매출우수", 그렇지 않으면 공백으로 구하시오. (IF 함수)
▶ ③ 최댓값-최솟값[D14:E14] : '2023년'의 최댓값과 최솟값의 차이를 구하시오. (MAX, MIN 함수)
▶ ④ 평균[D15:E15] : '크기'가 "대형"인 '2022년'의 평균을 구하시오. (DAVERAGE 함수)
▶ ⑤ 순위[D16:E16] : '2021년' 중, 두 번째로 큰 값을 구하시오. (LARGE 함수)

【문제 2】 "부분합" 시트를 참조하여 다음 《처리조건》에 맞도록 작업하시오. (30점)

《출력형태》

	A	B	C	D	E	F
2	제품명	구분	크기	2021년	2022년	2023년
3	세이프마스크	덴탈마스크	대형	111,770	238,920	298,700
4	닥터제로	KF94	대형	112,680	213,950	236,350
5	새부리마스크	KF94	대형	130,280	242,370	259,420
6			대형 최댓값		242,370	298,700
7			대형 평균	118,243		264,823
8	황사제로	KFAD	소형	100,920	237,150	240,290
9	순면마스크	면마스크	소형	118,820	194,410	212,210
10	라이트핏	KFAD	소형	109,690	267,570	264,600
11	비말차단	KF80	소형	111,810	272,170	268,600
12			소형 최댓값		272,170	268,600
13			소형 평균	110,310		246,425
14	먼지차단	KF80	중형	119,640	245,710	245,570
15	안심일회용	덴탈마스크	중형	111,260	196,260	199,260
16	황사안심	KF94	중형	129,720	249,720	256,720
17	편안한마스크	면마스크	중형	112,110	225,550	237,770
18			중형 최댓값		249,720	256,720
19			중형 평균	118,183		234,830
20			전체 최댓값		272,170	298,700
21			전체 평균	115,336		247,226

《처리조건》

▶ 데이터를 '크기' 기준으로 오름차순 정렬하시오.

▶ 아래 조건에 맞는 부분합을 작성하시오.
 - '크기'로 그룹화하여 '2021년', '2023년'의 평균을 구하는 부분합을 만드시오.
 - '크기'로 그룹화하여 '2022년', '2023년'의 최댓값을 구하는 부분합을 만드시오.(새로운 값으로 대치하지 말 것)
 - [D3:F21] 영역에 셀 서식의 표시형식-숫자를 이용하여 1000단위 구분 기호를 표시하시오.

▶ [D2:F21] 영역에 '그룹 묶기'(대상 : 열)를 설정하시오.

▶ 평균과 최댓값의 부분합 순서는《출력형태》와 다를 수 있음

▶ 지시사항이 없는 경우는 기본 값을 적용하시오.

[문제 3] "필터"와 "시나리오" 시트를 참조하여 다음《처리조건》에 맞도록 작업하시오. (60점)

(1) 필터

《출력형태 - 필터》

	A	B	C	D	E	F
1						
2	제품명	구분	크기	2021년	2022년	2023년
3	세이프마스크	덴탈마스크	대형	111,770	238,920	298,700
4	닥터제로	KF94	대형	112,680	213,950	236,350
5	먼지차단	KF80	중형	119,640	245,710	245,570
6	황사제로	KFAD	소형	100,920	237,150	240,290
7	순면마스크	면마스크	소형	118,820	194,410	212,210
8	안심일회용	덴탈마스크	중형	111,260	196,260	199,260
9	황사안심	KF94	중형	129,720	249,720	256,720
10	라이트핏	KFAD	소형	109,690	267,570	264,600
11	편안한마스크	면마스크	중형	112,110	225,550	237,770
12	비말차단	KF80	소형	111,810	272,170	268,600
13	새부리마스크	KF94	대형	130,280	242,370	259,420
14						
15	조건					
16	FALSE					
17						
18	제품명	구분	2022년	2023년		
19	황사제로	KFAD	237,150	240,290		
20	라이트핏	KFAD	267,570	264,600		
21	비말차단	KF80	272,170	268,600		
22						

《처리조건》

▶ "필터" 시트의 [A2:F13]을 아래 조건에 맞게 고급필터를 사용하여 작성하시오.
  - '크기'가 "소형"이고 '2023년'이 240000 이상인 데이터를 '제품명', '구분', '2022년', '2023년'의 데이터만 필터링 하시오.
  - 조건 위치 : 조건 함수는 [A16] 한 셀에 작성(AND 함수 이용)
  - 결과 위치 : [A18]부터 출력

▶ 지시사항이 없는 경우는《출력형태 – 필터》와 동일하게 작성하시오.

(2) 시나리오

《출력형태 - 시나리오》

	A	B	C	D	E	F	G
1							
2		시나리오 요약					
3				현재 값:	2023년 20,000 증가	2023년 19,000 감소	
4		변경 셀:					
5			$F$3	298,700	318700	279700	
6			$F$4	236,350	256350	217350	
7			$F$5	259,420	279420	240420	
8		결과 셀:					
9			$G$3	216463.3333	223130	210130	
10			$G$4	187660	194326.6667	181326.6667	
11			$G$5	210690	217356.6667	204356.6667	
12		참고: 현재 값 열은 시나리오 요약 보고서가 작성될 때의					
13		변경 셀 값을 나타냅니다. 각 시나리오의 변경 셀들은					
14		회색으로 표시됩니다.					
15							

《처리조건》

▶ "시나리오" 시트의 [A2:G13]을 이용하여 '크기'가 "대형"인 경우, '2023년'이 변동할 때 '평균'이 변동하는 가상분석(시나리오)을 작성하시오.
  - 시나리오1 : 시나리오 이름은 "2023년 20,000 증가", 2023년에 20000을 증가시킨 값 설정.
  - 시나리오2 : 시나리오 이름은 "2023년 19,000 감소", 2023년에 19000을 감소시킨 값 설정.
  - "시나리오 요약" 시트를 작성하시오.

▶ 지시사항이 없는 경우는 《출력형태 - 시나리오》와 동일하게 작성하시오.

【문제 4】 "피벗테이블" 시트를 참조하여 다음 《처리조건》에 맞도록 작업하시오. (30점)

《출력형태》

	A	B	C	D	E	F
1						
2						
3			크기 ▼			
4	구분 ▼	데이터 ▼	대형	소형	중형	
5	KF80	평균 : 2022년	**	272,170	245,710	
6		평균 : 2023년	**	268,600	245,570	
7	KF94	평균 : 2022년	228,160	**	249,720	
8		평균 : 2023년	247,885	**	256,720	
9	KFAD	평균 : 2022년	**	252,360	**	
10		평균 : 2023년	**	252,445	**	
11	전체 평균 : 2022년		228,160	258,963	247,715	
12	전체 평균 : 2023년		247,885	257,830	251,145	
13						

《처리조건》

▶ "피벗테이블" 시트의 [A2:F13]을 이용하여 새로운 시트에 ≪출력형태≫와 같이 피벗테이블을 작성 후 시트명을 "피벗테이블 정답"으로 수정하시오.

▶ 구분(행)과 크기(열)를 기준으로 하여 출력형태와 같이 구하시오.
 – '2022년', '2023년'의 평균을 구하시오.
 – 피벗 테이블 설정을 이용하여 행의 총 합계를 표시하지 않게 설정하고, 빈 셀을 "**"로 설정하시오.
 – 피벗 테이블 디자인에서 보고서 레이아웃은 '테이블 형식으로 표시'로 표시하시오.
 – 구분(행)은 "KF80", "KF94", "KFAD"만 출력되도록 표시하시오.
 – [C5:E12] 데이터는 셀 서식의 표시형식-숫자를 이용하여 1000단위 구분 기호를 표시하고, 텍스트는 오른쪽으로 맞춤하시오.

▶ 구분의 순서는 《출력형태》와 다를 수 있음

▶ 지시사항이 없는 경우는 《출력형태》와 동일하게 작성하시오.

【문제 5】 "**차트**" 시트를 참조하여 다음《처리조건》에 맞도록 작업하시오. (30점)

《출력형태》

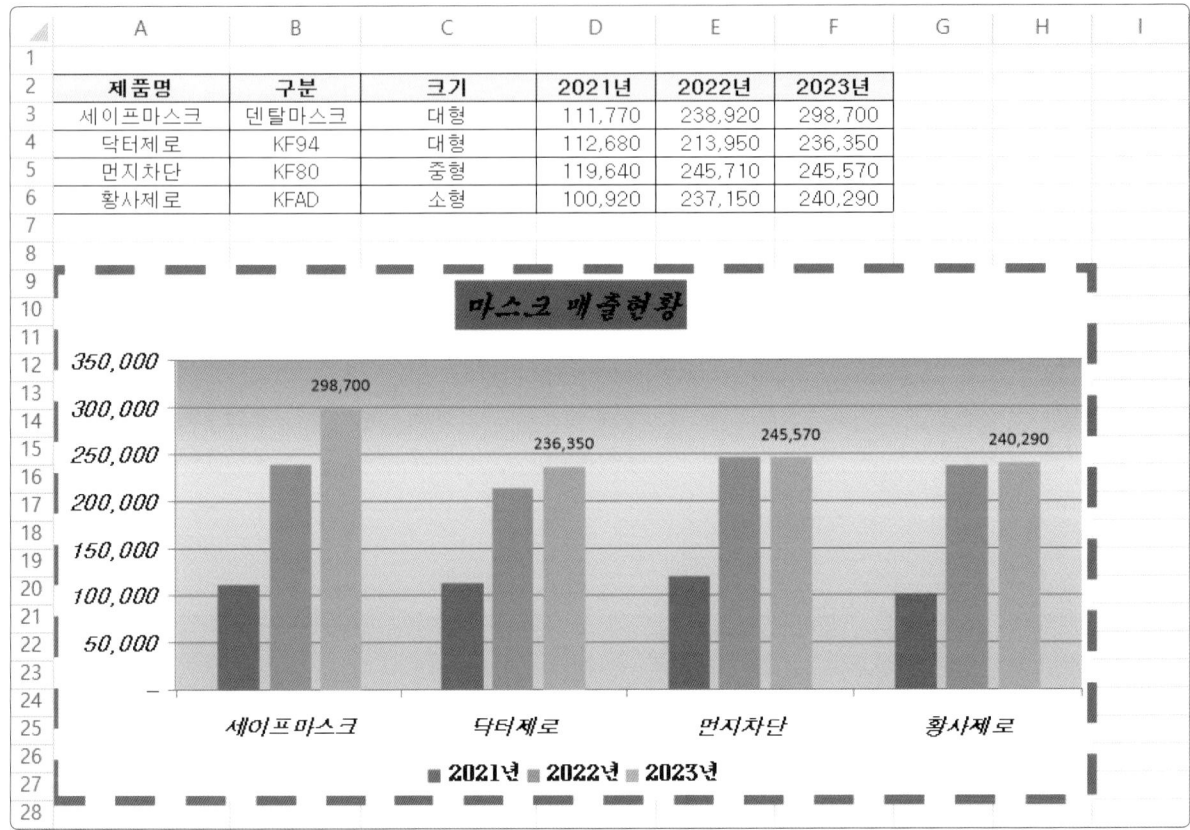

《처리조건》

▶ "차트" 시트에 주어진 표를 이용하여 '묶은 세로 막대형' 차트를 작성하시오.
  - 데이터 범위 : 현재 시트 [A2:A6], [D2:F6]의 데이터를 이용하여 작성하고, 행/열 전환은 '열'로 지정
  - 차트 위치 : 현재 시트에 [A9:H27] 크기에 정확하게 맞추시오.
  - 차트 스타일 : 색1 - 스타일6
  - 제목 위치 : 위쪽 표시
  - 범례 위치 : 아래쪽 표시
  - 축 이름표 모양 : 가로 항목 축 및 세로 값 축 글꼴(돋움, 12pt, 진하게, 기울임)
  - 범례 모양 : 글꼴(궁서, 12pt, 진하게)
  - 차트 배경 : 선 종류 : 파선, 끝 모양 : 사각형, 굵기 : 5.5pt, 모서리 모양 : 직선형,
             겹선 종류 : 단순형, 선 색 : 강조 1 하늘색)
  - 차트 제목 : 내용("마스크 매출현황"), 글꼴(궁서, 16pt, 진하게, 기울임), 채우기(단색 - 색 : 강조 6 보라)
  - 그림 영역 속성 : 채우기 : 그러데이션(유형 : 보라, 종류 : 선형, 방향 : 선형 - 아래쪽에서)
  - 데이터 레이블 추가 : '2023년' 계열에 "값" 표시

▶ 지시사항이 없는 경우는《출력형태》와 동일하게 작성하시오.

제 02 회 디지털정보활용능력 최신유형 기출문제

☑ 시험과목 : 스프레드시트(한셀)
☑ 시험일자 : 20XX. XX. XX. (X)
☑ 응시자 기재사항 및 감독위원 확인

한컴오피스 한셀 2022 버전용

수검번호	DIL – XXXX –	감독위원 확인
성 명		

· 응시자 유의사항 ·

1. 응시자는 신분증을 지참하여야 시험에 응시할 수 있으며, 시험이 종료될 때까지 신분증을 제시하지 못 할 경우 해당 시험은 0점 처리됩니다.

2. 시스템(PC작동여부, 네트워크 상태 등)의 이상여부를 반드시 확인하여야 하며, 시스템 이상이 있을 시 감독위원에게 조치를 받으셔야 합니다.

3. 시험 중 부주의 또는 고의로 시스템을 파손한 경우는 응시자 부담으로 합니다.

4. 답안 전송 프로그램을 통해 다운로드 받은 파일을 이용하여 답안 파일을 작성하시기 바랍니다.

5. 작성한 답안 파일은 답안 전송 프로그램을 통하여 전송됩니다. 감독위원의 지시에 따라 주시기 바랍니다.

6. 다음 사항의 경우 실격(0점) 혹은 부정행위 처리됩니다.
    1) 답안 파일을 저장하지 않았거나, 저장한 파일이 손상되었을 경우
    2) 답안 파일을 지정된 폴더(바탕화면 – "KAIT" 폴더)에 저장하지 않았을 경우
        ※ 답안 전송 프로그램 로그인 시 바탕화면에 자동 생성됨
    3) 답안 파일을 다른 보조 기억장치(USB) 혹은 네트워크(메신저, 게시판 등)로 전송할 경우
    4) 휴대용 전화기 등 통신기기를 사용할 경우

7. 시트는 반드시 순서대로 작성해야 하며, 순서가 다를 경우 "0"점 처리됩니다.

8. 시험지에 제시된 글꼴이 응시 프로그램에 없는 경우, 반드시 감독위원에게 해당 내용을 통보한 뒤 조치를 받아야 합니다.

9. 시험의 완료는 작성이 완료된 답안을 저장하고, 답안 전송이 완료된 상태를 확인한 것으로 합니다. 답안 전송 확인 후 문제지는 감독위원에게 제출한 후 퇴실하여야 합니다.

10. 답안 전송을 완료한 경우는 수정 또는 정정이 불가합니다.

11. 시험 시행 후 합격자 발표는 홈페이지(www.ihd.or.kr)에서 확인하시기 바랍니다.
    ※ 합격자 발표 : 20XX. XX. XX. (X)
    ※ 시험지 공개 : 20XX. XX. XX. (X)

디지털정보활용능력 스프레드시트(한셀) (시험시간 : 40분)

【문제 1】 "매출현황" 시트를 참조하여 다음 《처리조건》에 맞도록 작업하시오. (50점)

《출력형태》

	A	B	C	D	E	F	G	H
1				스마트 기기 매출현황				
2	제품코드	종류	거래처	2분기	3분기	4분기	순위	비고
3	SMT-900	스마트폰	온라인매장	13,870	13,150	13,770	7위	인기제품
4	SNT-1000	노트북	가전전문점	12,710	13,520	13,280	2위	
5	STB-500	태블릿	대리점	12,740	12,360	13,520	10위	
6	SWH-300	스마트워치	가전전문점	12,950	13,520	13,960	2위	인기제품
7	SNT-3100	노트북	대리점	13,680	13,520	13,310	2위	인기제품
8	SMT-950	스마트폰	가전전문점	13,590	13,980	14,260	1위	인기제품
9	SWH-330	스마트워치	온라인매장	12,330	12,420	13,150	9위	
10	STB-550	태블릿	가전전문점	12,760	12,840	13,160	8위	
11	SWH-350	스마트워치	대리점	12,560	11,950	12,530	11위	
12	STB-600	태블릿	가전전문점	12,630	13,260	13,840	5위	
13	SMT-970	스마트폰	대리점	12,460	13,250	13,540	6위	
14	'4분기'의 최댓값-최솟값의 차이				1,730건			
15	'종류'가 "스마트폰"인 '3분기'의 평균				13,460건			
16	'2분기' 중 두 번째로 큰 값				13,680건			
17								

《처리조건》

▶ 1행의 행 높이를 '80'으로 설정하고, 2행~16행의 행 높이를 '18'로 설정하시오.

▶ 제목("스마트 기기 매출현황") : 기본 도형의 '빗면'을 이용하여 입력하시오.
 - 도형 : 위치([B1:G1]), 도형 스타일('강한 효과 – 강조 1')
 - 글꼴 : 굴림체, 24pt, 진하게, 기울임, 글자 색(하양)
 - 도형 서식 : 텍스트 맞춤(가로 : 가운데 정렬, 세로 : 중간)

▶ 셀 서식을 아래 조건에 맞게 작성하시오.
 - [A2:H16] : 테두리(안쪽, 바깥쪽 모두 실선, 검정), 텍스트 맞춤(가로 : 가운데)
 - [A14:D14], [A15:D15], [A16:D16] : 각각 병합하고 가운데 맞춤
 - [A2:H2], [A14:D16] : 채우기(하늘색 60% 밝게), 글꼴(진하게)
 - [D3:F13] : 셀 서식의 표시형식-숫자를 이용하여 1000단위 구분 기호 표시
 - [G3:G13] : 셀 서식의 표시형식-사용자 정의를 이용하여 #"위"자를 추가
 - [E14:F16] : 셀 서식의 표시형식-사용자 정의를 이용하여 #,##0"건"자를 추가
 - 조건부 서식[A3:H13] : '거래처'가 "대리점"인 경우 레코드 전체에 글꼴(보라, 진하게, 기울임) 적용
 - 지시사항이 없는 경우는 주어진 문제파일의 서식을 그대로 사용하시오.

▶ ① 순위[G3:G13] : '3분기'를 기준으로 하여 큰 순으로 '순위'를 구하시오. (RANK.EQ 함수)
▶ ② 비고[H3:H13] : '2분기'가 12900 이상이면 "인기제품", 그렇지 않으면 공백으로 구하시오. (IF 함수)
▶ ③ 최댓값-최솟값[E14:F14] : '4분기'의 최댓값과 최솟값의 차이를 구하시오. (MAX, MIN 함수)
▶ ④ 평균[E15:F15] : '종류'가 "스마트폰"인 '3분기'의 평균을 구하시오. (DAVERAGE 함수)
▶ ⑤ 순위[E16:F16] : '2분기' 중, 두 번째로 큰 값을 구하시오. (LARGE 함수)

【문제 2】 "부분합" 시트를 참조하여 다음 《처리조건》에 맞도록 작업하시오. (30점)

《출력형태》

	A	B	C	D	E	F
2	제품코드	종류	거래처	2분기	3분기	4분기
3	SNT-1000	노트북	가전전문점	12,710건	13,520건	13,280건
4	SWH-300	스마트워치	가전전문점	12,950건	13,520건	13,960건
5	SMT-950	스마트폰	가전전문점	13,590건	13,980건	14,260건
6	STB-550	태블릿	가전전문점	12,760건	12,840건	13,160건
7	STB-600	태블릿	가전전문점	12,630건	13,260건	13,840건
8			가전전문점 최댓값		13,980건	14,260건
9			가전전문점 평균	12,928건	13,424건	
10	STB-500	태블릿	대리점	12,740건	12,360건	13,520건
11	SNT-3100	노트북	대리점	13,680건	13,520건	13,310건
12	SWH-350	스마트워치	대리점	12,560건	11,950건	12,530건
13	SMT-970	스마트폰	대리점	12,460건	13,250건	13,540건
14			대리점 최댓값		13,520건	13,540건
15			대리점 평균	12,860건	12,770건	
16	SMT-900	스마트폰	온라인매장	13,870건	13,150건	13,770건
17	SWH-330	스마트워치	온라인매장	12,330건	12,420건	13,150건
18			온라인매장 최댓값		13,150건	13,770건
19			온라인매장 평균	13,100건	12,785건	
20			전체 최댓값		13,980건	14,260건
21			전체 평균	12,935건	13,070건	

《처리조건》

▶ 데이터를 '거래처' 기준으로 오름차순 정렬하시오.

▶ 아래 조건에 맞는 부분합을 작성하시오.
  - '거래처'로 그룹화하여 '2분기', '3분기'의 평균을 구하는 부분합을 만드시오.
  - '거래처'로 그룹화하여 '3분기', '4분기'의 최댓값을 구하는 부분합을 만드시오.
    (새로운 값으로 대치하지 말 것)
  - [D3:F21] 영역에 셀 서식의 표시형식-사용자 정의를 이용하여 #,##0"건"자를 추가하시오.

▶ [D2:F21] 영역에 '그룹 묶기'(대상 : 열)를 설정하시오.

▶ 평균과 최댓값의 부분합 순서는 《출력형태》와 다를 수 있음

▶ 지시사항이 없는 경우는 기본 값을 적용하시오.

【문제 3】 "**필터**"와 "**시나리오**" 시트를 참조하여 다음《처리조건》에 맞도록 작업하시오. (60점)

(1) 필터

《출력형태 - 필터》

	A	B	C	D	E	F
1						
2	제품코드	종류	거래처	2분기	3분기	4분기
3	SMT-900	스마트폰	온라인매장	13,870	13,150	13,770
4	SNT-1000	노트북	가전전문점	12,710	13,520	13,280
5	STB-500	태블릿	대리점	12,740	12,360	13,520
6	SWH-300	스마트워치	가전전문점	12,950	13,520	13,960
7	SNT-3100	노트북	대리점	13,680	13,520	13,310
8	SMT-950	스마트폰	가전전문점	13,590	13,980	14,260
9	SWH-330	스마트워치	온라인매장	12,330	12,420	13,150
10	STB-550	태블릿	가전전문점	12,760	12,840	13,160
11	SWH-350	스마트워치	대리점	12,560	11,950	12,530
12	STB-600	태블릿	가전전문점	12,630	13,260	13,840
13	SMT-970	스마트폰	대리점	12,460	13,250	13,540
14						
15	조건					
16	FALSE					
17						
18	제품코드	종류	3분기	4분기		
19	SWH-300	스마트워치	13,520	13,960		
20	SMT-950	스마트폰	13,980	14,260		
21	STB-600	태블릿	13,260	13,840		
22						

《처리조건》

▶ "필터" 시트의 [A2:F13]을 아래 조건에 맞게 고급필터를 사용하여 작성하시오.
  - '거래처'가 "가전전문점"이고 '4분기'가 13500 이상인 데이터를 '제품코드', '종류', '3분기', '4분기'의 데이터만 필터링 하시오.
  - 조건 위치 : 조건 함수는 [A16] 한 셀에 작성(AND 함수 이용)
  - 결과 위치 : [A18]부터 출력

▶ 지시사항이 없는 경우는《출력형태 - 필터》와 동일하게 작성하시오.

디지털정보활용능력 스프레드시트(한셀) (시험시간 : 40분)

(2) 시나리오

《출력형태 - 시나리오》

	A	B	C	D	E	F	G
1							
2		시나리오 요약					
3				현재 값:	4분기 1,200 증가	4분기 1,100 감소	
4		변경 셀:					
5			$F$8	13,520	14720	12420	
6			$F$9	13,310	14510	12210	
7			$F$10	12,530	13730	11430	
8			$F$11	13,540	14740	12440	
9		결과 셀:					
10			$G$8	12873.33333	13273.33333	12506.66667	
11			$G$9	13503.33333	13903.33333	13136.66667	
12			$G$10	12346.66667	12746.66667	11980	
13			$G$11	13083.33333	13483.33333	12716.66667	
14		참고: 현재 값 열은 시나리오 요약 보고서가 작성될 때의					
15		변경 셀 값을 나타냅니다. 각 시나리오의 변경 셀들은					
16		회색으로 표시됩니다.					
17							

《처리조건》

▶ "시나리오" 시트의 [A2:G13]을 이용하여 '거래처'가 "대리점"인 경우, '4분기'가 변동할 때 '평균'이 변동하는 가상분석(시나리오)을 작성하시오.
  - 시나리오1 : 시나리오 이름은 "4분기 1,200 증가", 4분기에 1200을 증가시킨 값 설정.
  - 시나리오2 : 시나리오 이름은 "4분기 1,100 감소", 4분기에 1100을 감소시킨 값 설정.
  - "시나리오 요약" 시트를 작성하시오.

▶ 지시사항이 없는 경우는《출력형태 - 시나리오》와 동일하게 작성하시오.

【문제 4】 "**피벗테이블**" 시트를 참조하여 다음 《처리조건》에 맞도록 작업하시오.　　　　(30점)

《출력형태》

	A	B	C	D	E
1					
2					
3			거래처 ▼		
4	종류 ▼	데이터 ▼	가전전문점	대리점	온라인매장
5	스마트워치	평균 : 3분기	13,520	11,950	12,420
6		평균 : 4분기	13,960	12,530	13,150
7	스마트폰	평균 : 3분기	13,980	13,250	13,150
8		평균 : 4분기	14,260	13,540	13,770
9	태블릿	평균 : 3분기	13,050	12,360	***
10		평균 : 4분기	13,500	13,520	***
11	전체 평균 : 3분기		13,400	12,520	12,785
12	전체 평균 : 4분기		13,805	13,197	13,460
13					

《처리조건》

▶ "피벗테이블" 시트의 [A2:F13]을 이용하여 새로운 시트에 《출력형태》와 같이 피벗테이블을 작성 후 시트명을 "피벗테이블 정답"으로 수정하시오.

▶ 종류(행)와 거래처(열)를 기준으로 하여 출력형태와 같이 구하시오.
  - '3분기', '4분기'의 평균을 구하시오.
  - 피벗 테이블 설정을 이용하여 행의 총 합계를 표시하지 않게 설정하고, 빈 셀을 "***"로 설정하시오.
  - 피벗 테이블 디자인에서 보고서 레이아웃은 '테이블 형식으로 표시'로 표시하시오.
  - 종류(행)는 "스마트워치", "스마트폰", "태블릿"만 출력되도록 표시하시오.
  - [C5:E12] 데이터는 셀 서식의 표시형식-숫자를 이용하여 1000단위 구분 기호를 표시하고, 텍스트는 오른쪽으로 맞춤하시오.

▶ 종류의 순서는 《출력형태》와 다를 수 있음

▶ 지시사항이 없는 경우는 《출력형태》와 동일하게 작성하시오.

【문제 5】 "**차트**" 시트를 참조하여 다음 《처리조건》에 맞도록 작업하시오. (30점)

《출력형태》

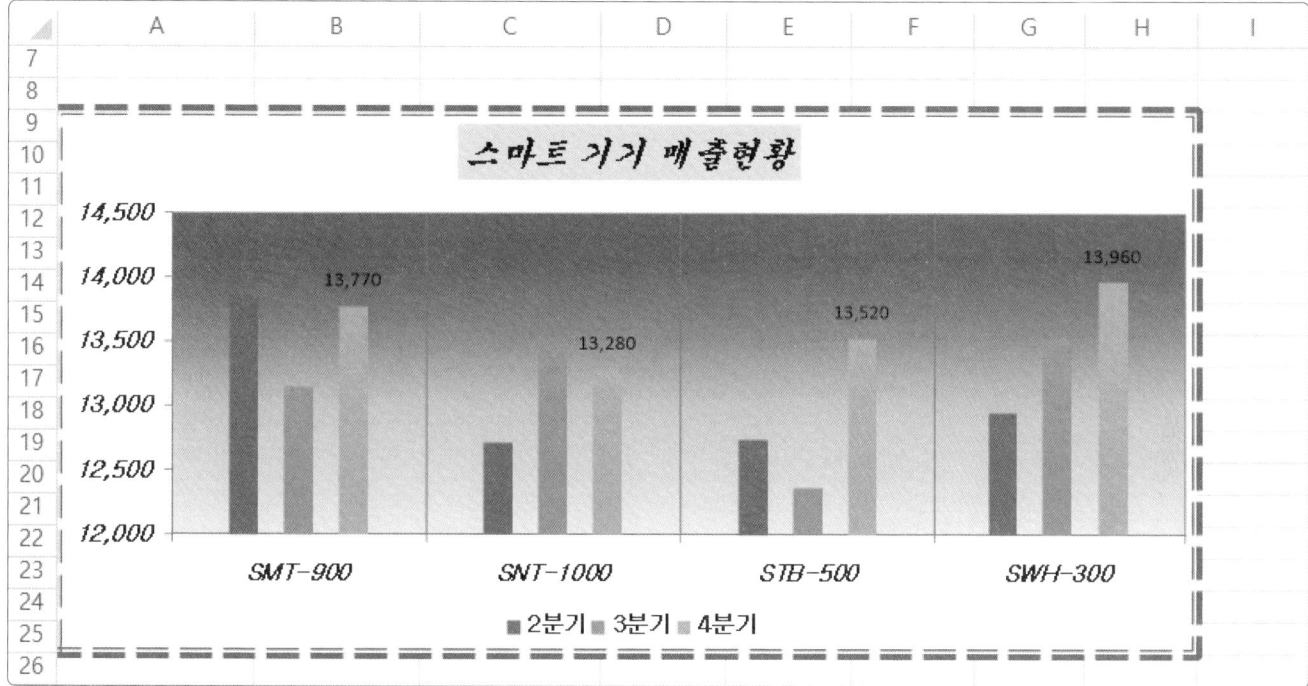

《처리조건》

▶ "차트" 시트에 주어진 표를 이용하여 '묶은 세로 막대형' 차트를 작성하시오.
  - 데이터 범위 : 현재 시트 [A2:A6], [D2:F6]의 데이터를 이용하여 작성하고, 행/열 전환은 '열'로 지정
  - 차트 위치 : 현재 시트에 [A9:H25] 크기에 정확하게 맞추시오.
  - 차트 스타일 : 색1 - 스타일3
  - 제목 위치 : 위쪽 표시
  - 범례 위치 : 아래쪽 표시
  - 축 이름표 모양 ; 가로 항목 축 및 세로 값 축 글꼴(굴림, 11pt, 진하게, 기울임)
  - 범례 모양 : 글꼴(돋움, 11pt, 진하게)
  - 차트 배경 : 선 종류 : 긴 점선, 끝 모양 : 사각형, 굵기 : 5.25pt, 모서리 모양 : 곡선형,
              겹선 종류 : 굵고 얇음, 선 색 : 강조 6 보라)
  - 차트 제목 : 내용("스마트 기기 매출현황"), 글꼴(궁서, 16pt, 진하게, 기울임), 채우기(단색 - 색 : 강조 4 노랑)
  - 그림 영역 속성 : 채우기 : 그러데이션(유형 : 옥, 종류 : 선형, 방향 : 선형 - 위쪽에서)
  - 데이터 레이블 추가 : '4분기' 계열에 "값" 표시

▶ 지시사항이 없는 경우는 《출력형태》와 동일하게 작성하시오.

제 03 회 디지털정보활용능력 최신유형 기출문제

☑ 시험과목 : 스프레드시트(한셀)
☑ 시험일자 : 20XX. XX. XX. (X)
☑ 응시자 기재사항 및 감독위원 확인

한컴오피스 한셀 2022 버전용

수 검 번 호	DIL - XXXX -	감독위원 확인
성 명		

·응시자 유의사항·

1. 응시자는 신분증을 지참하여야 시험에 응시할 수 있으며, 시험이 종료될 때까지 신분증을 제시하지 못 할 경우 해당 시험은 0점 처리됩니다.
2. 시스템(PC작동여부, 네트워크 상태 등)의 이상여부를 반드시 확인하여야 하며, 시스템 이상이 있을 시 감독위원에게 조치를 받으셔야 합니다.
3. 시험 중 부주의 또는 고의로 시스템을 파손한 경우는 응시자 부담으로 합니다.
4. 답안 전송 프로그램을 통해 다운로드 받은 파일을 이용하여 답안 파일을 작성하시기 바랍니다.
5. 작성한 답안 파일은 답안 전송 프로그램을 통하여 전송됩니다. 감독위원의 지시에 따라 주시기 바랍니다.
6. 다음 사항의 경우 실격(0점) 혹은 부정행위 처리됩니다.
    1) 답안 파일을 저장하지 않았거나, 저장한 파일이 손상되었을 경우
    2) 답안 파일을 지정된 폴더(바탕화면 – "KAIT" 폴더)에 저장하지 않았을 경우
        ※ 답안 전송 프로그램 로그인 시 바탕화면에 자동 생성됨
    3) 답안 파일을 다른 보조 기억장치(USB) 혹은 네트워크(메신저, 게시판 등)로 전송할 경우
    4) 휴대용 전화기 등 통신기기를 사용할 경우
7. 시트는 반드시 순서대로 작성해야 하며, 순서가 다를 경우 "0"점 처리됩니다.
8. 시험지에 제시된 글꼴이 응시 프로그램에 없는 경우, 반드시 감독위원에게 해당 내용을 통보한 뒤 조치를 받아야 합니다.
9. 시험의 완료는 작성이 완료된 답안을 저장하고, 답안 전송이 완료된 상태를 확인한 것으로 합니다. 답안 전송 확인 후 문제지는 감독위원에게 제출한 후 퇴실하여야 합니다.
10. 답안 전송을 완료한 경우는 수정 또는 정정이 불가합니다.
11. 시험 시행 후 합격자 발표는 홈페이지(www.ihd.or.kr)에서 확인하시기 바랍니다.
    ※ 합격자 발표 : 20XX. XX. XX. (X)
    ※ 시험지 공개 : 20XX. XX. XX. (X)

디지털정보활용능력 　스프레드시트(한셀)　　　(시험시간 : 40분)

【문제 1】 "수강현황" 시트를 참조하여 다음《처리조건》에 맞도록 작업하시오.　　(50점)

《출력형태》

	A	B	C	D	E	F	G	H
1				고등학생 온라인 강좌 수강현황				
2	강좌명	과목	수강범위	2020년	2021년	2022년	순위	비고
3	문학	국어	고등학생	6,542	7,641	8,862	1위	인기강좌
4	미적분	수학	내신준비	5,621	5,541	5,420	10위	
5	만점 영어	영어	내신준비	5,720	5,876	6,052	6위	
6	한국사 일반	한국사	고등학생	5,230	5,349	5,620	9위	
7	생활과 윤리	사회탐구	수능준비생	6,440	6,890	7,420	5위	
8	물리학	과학탐구	수능준비생	7,420	7,728	8,020	4위	인기강좌
9	파이널 한국사	한국사	수능준비생	5,303	5,313	5,402	11위	
10	영문법	영어	고등학생	5,530	5,808	6,030	7위	
11	파이널 수학	수학	수능준비생	8,052	8,189	8,420	3위	인기강좌
12	생명과학	과학탐구	내신준비	7,720	7,829	8,435	2위	인기강좌
13	독서	국어	내신준비	5,557	5,639	5,750	8위	
14	'2022년'의 최댓값-최솟값 차이			3,460명				
15	'수강범위'가 "고등학생"인 '2022년'의 평균			6,837명				
16	'2021년' 중 두 번째로 작은 값			5,349명				

《처리조건》

▶ 1행의 행 높이를 '65'로 설정하고, 2행~16행의 행 높이를 '16'으로 설정하시오.
▶ 제목("고등학생 온라인 강좌 수강현황") : 사각형의 '모서리가 둥근 직사각형'을 이용하여 입력하시오.
　　– 도형 : 위치([B1:G1]), 도형 스타일('밝은 계열 – 강조 2')
　　– 글꼴 : 굴림체, 24pt, 기울임, 글자 색(검정)
　　– 도형 서식 : 텍스트 맞춤(가로 : 가운데 정렬, 세로 : 중간)

▶ 셀 서식을 아래 조건에 맞게 작성하시오.
　　– [A2:H16] : 테두리(안쪽, 바깥쪽 모두 실선, 검정, 텍스트 맞춤(가로 : 가운데)
　　– [A14:C14], [A15:C15], [A16:C16] : 각각 병합하고 가운데 맞춤
　　– [A2:H2], [A14:C16] : 채우기(주황 40% 밝게), 글꼴(진하게)
　　– [G3:G13] : 셀 서식의 표시형식-사용자 정의를 이용하여 "수강"0"위"자를 추가
　　– [D14:E16] : 셀 서식의 표시형식-사용자 정의를 이용하여 #,##0"명"자를 추가
　　– [D3:F13] : 셀 서식의 표시형식-숫자를 이용하여 1000단위 구분 기호 표시
　　– 조건부 서식[A3:H13] : '수강범위'가 "내신준비"인 경우 레코드 전체에 글꼴(주황, 진하게, 기울임) 적용
　　– 지시사항이 없는 경우는 주어진 문제파일의 서식을 그대로 사용하시오.

▶ ① 순위[G3:G13] : '2022년'을 기준으로 하여 큰 순으로 '순위'를 구하시오. (RANK 함수)
▶ ② 비고[H3:H13] : '2022년'이 8000 이상이면 "인기강좌", 그렇지 않으면 공백으로 구하시오. (IF 함수)
▶ ③ 최댓값-최솟값[D14:E14] : '2022년'의 최댓값과 최솟값의 차이를 구하시오. (MAX, MIN 함수)
▶ ④ 평균[D15:E15] : '수강범위'가 "고등학생"인 '2022년'의 평균을 구하시오. (DAVERAGE 함수)
▶ ⑤ 순위[D16:E16] : '2021년' 중 두 번째로 작은 값을 구하시오. (SMALL 함수)

【문제 2】 "부분합" 시트를 참조하여 다음 《처리조건》에 맞도록 작업하시오. (30점)

《출력형태》

	A	B	C	D	E	F
2	강좌명	과목	수강범위	2020년	2021년	2022년
3	문학	국어	고등학생	6,542	7,641	8,862
4	한국사 일반	한국사	고등학생	5,230	5,349	5,620
5	영문법	영어	고등학생	5,530	5,808	6,030
6			고등학생 최솟값		5,349	5,620
7			고등학생 평균	5,767	6,266	
8	미적분	수학	내신준비	5,621	5,541	5,420
9	만점 영어	영어	내신준비	5,720	5,876	6,052
10	생명과학	과학탐구	내신준비	7,720	7,829	8,435
11	독서	국어	내신준비	5,557	5,639	5,750
12			내신준비 최솟값		5,541	5,420
13			내신준비 평균	6,155	6,221	
14	생활과 윤리	사회탐구	수능준비생	6,440	6,890	7,420
15	물리학	과학탐구	수능준비생	7,420	7,728	8,020
16	파이널 한국사	한국사	수능준비생	5,303	5,313	5,402
17	파이널 수학	수학	수능준비생	8,052	8,189	8,420
18			수능준비생 최솟값		5,313	5,402
19			수능준비생 평균	6,804	7,030	
20			전체 최솟값		5,313	5,402
21			전체 평균	6,285	6,528	

《처리조건》

▶ 데이터를 '수강범위' 기준으로 오름차순 정렬하시오.

▶ 아래 조건에 맞는 부분합을 작성하시오.
  - '수강범위'로 그룹화하여 '2020년', '2021년'의 평균을 구하는 부분합을 만드시오.
  - '수강범위'로 그룹화하여 '2021년', '2022년'의 최솟값을 구하는 부분합을 만드시오.
    (새로운 값으로 대치하지 말 것)
  - [D3:F21] 영역에 셀 서식의 표시형식-숫자를 이용하여 1000단위 구분 기호를 표시하시오.

▶ [D2:F21] 영역에 '그룹 묶기'(대상 : 열)를 설정하시오.

▶ 평균과 최솟값의 부분합 순서는 《출력형태》와 다를 수 있음

▶ 지시사항이 없는 경우는 기본 값을 적용하시오.

【문제 3】 "필터"와 "시나리오" 시트를 참조하여 다음《처리조건》에 맞도록 작업하시오. (60점)

(1) 필터

《출력형태 - 필터》

	A	B	C	D	E	F
1						
2	강좌명	과목	수강범위	2020년	2021년	2022년
3	문학	국어	고등학생	6,542	7,641	8,862
4	미적분	수학	내신준비	5,621	5,541	5,420
5	만점 영어	영어	내신준비	5,720	5,876	6,052
6	한국사 일반	한국사	고등학생	5,230	5,349	5,620
7	생활과 윤리	사회탐구	수능준비생	6,440	6,890	7,420
8	물리학	과학탐구	수능준비생	7,420	7,728	8,020
9	파이널 한국사	한국사	수능준비생	5,303	5,313	5,402
10	영문법	영어	고등학생	5,530	5,808	6,030
11	파이널 수학	수학	수능준비생	8,052	8,189	8,420
12	생명과학	과학탐구	내신준비	7,720	7,829	8,435
13	독서	국어	내신준비	5,557	5,639	5,750
14						
15	조건					
16	FALSE					
17						
18	강좌명	과목	2021년	2022년		
19	생활과 윤리	사회탐구	6,890	7,420		
20	물리학	과학탐구	7,728	8,020		
21	파이널 한국사	한국사	5,313	5,402		
22						

《처리조건》

▶ "필터" 시트의 [A2:F13]을 아래 조건에 맞게 고급필터를 사용하여 작성하시오.
 - '수강범위'가 "수능준비생"이고 '2022년'이 8100 이하인 데이터를 '강좌명', '과목', '2021년', '2022년'의 데이터만 필터링 하시오.
 - 조건 위치 : 조건 함수는 [A16] 한 셀에 작성(AND 함수 이용)
 - 결과 위치 : [A18]부터 출력

▶ 지시사항이 없는 경우는《출력형태 - 필터》와 동일하게 작성하시오.

(2) 시나리오

《출력형태 - 시나리오》

	A	B	C	D	E	F	G
1							
2		시나리오 요약					
3				현재 값:	2022년 1,500 증가	2022년 1,000 감소	
4		변경 셀:					
5			$F$6	5,420	6920	4420	
6			$F$7	6,052	7552	5052	
7			$F$8	8,435	9935	7435	
8			$F$9	5,750	7250	4750	
9		결과 셀:					
10			$G$6	5527.333333	6027.333333	5194	
11			$G$7	5882.666667	6382.666667	5549.333333	
12			$G$8	7994.666667	8494.666667	7661.333333	
13			$G$9	5648.666667	6148.666667	5315.333333	
14		참고: 현재 값 열은 시나리오 요약 보고서가 작성될 때의					
15		변경 셀 값을 나타냅니다. 각 시나리오의 변경 셀들은					
16		회색으로 표시됩니다.					
17							

《처리조건》

▶ "시나리오" 시트의 [A2:G13]을 이용하여 '수강범위'가 "내신준비"인 경우, '2022년'이 변동할 때 '평균'이 변동하는 가상분석(시나리오)을 작성하시오.
  - 시나리오1 : 시나리오 이름은 "2022년 1,500 증가", '2022년'에 1500을 증가시킨 값 설정.
  - 시나리오2 : 시나리오 이름은 "2022년 1,000 감소", '2022년'에 1000을 감소시킨 값 설정.
  - "시나리오 요약" 시트를 작성하시오.

▶ 지시사항이 없는 경우는《출력형태 - 시나리오》와 동일하게 작성하시오.

【문제 4】 "피벗테이블" 시트를 참조하여 다음《처리조건》에 맞도록 작업하시오. (30점)

《출력형태》

	A	B	C	D	E	F
1						
2						
3			수강범위 ▼			
4	과목 ▼	데이터 ▼	고등학생	내신준비	수능준비생	
5	국어	평균 : 2021년	7,641	5,639	***	
6		평균 : 2022년	8,862	5,750	***	
7	수학	평균 : 2021년	***	5,541	8,189	
8		평균 : 2022년	***	5,420	8,420	
9	한국사	평균 : 2021년	5,349	***	5,313	
10		평균 : 2022년	5,620	***	5,402	
11	전체 평균 : 2021년		6,495	5,590	6,751	
12	전체 평균 : 2022년		7,241	5,585	6,911	
13						

《처리조건》

▶ "피벗테이블" 시트의 [A2:F13]을 이용하여 새로운 시트에 ≪출력형태≫와 같이 피벗테이블을 작성 후 시트명을 "피벗테이블 정답"으로 수정하시오.

▶ 과목(행)과 수강범위(열)를 기준으로 하여 출력형태와 같이 구하시오.
  - '2021년', '2022년'의 평균을 구하시오.
  - 피벗 테이블 설정을 이용하여 행의 총 합계를 표시하지 않게 설정하고, 빈 셀을 "***"로 설정하시오.
  - 피벗 테이블 디자인에서 보고서 레이아웃은 '테이블 형식으로 표시'로 표시하시오.
  - 과목(행)은 "국어", "수학", "한국사"만 출력되도록 표시하시오.
  - [C5:E12] 데이터는 셀 서식의 표시형식-숫자를 이용하여 1000단위 구분 기호를 표시하고, 텍스트는 오른쪽으로 맞춤하시오.

▶ 과목의 순서는《출력형태》와 다를 수 있음

▶ 지시사항이 없는 경우는《출력형태》와 동일하게 작성하시오.

【문제 5】 "**차트**" 시트를 참조하여 다음 《처리조건》에 맞도록 작업하시오.   (30점)

《출력형태》

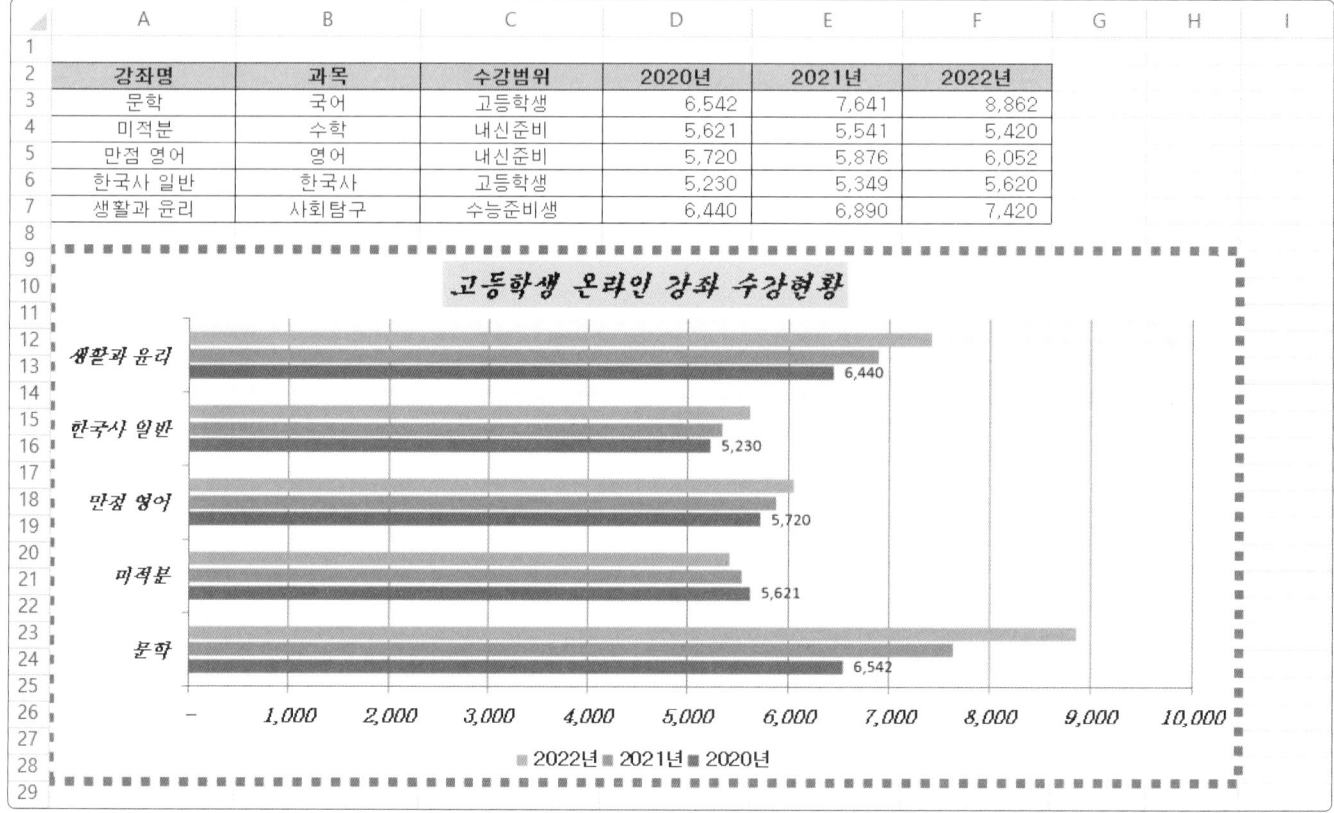

《처리조건》

▶ "차트" 시트에 주어진 표를 이용하여 '묶은 가로 막대형' 차트를 작성하시오.
  – 데이터 범위 : 현재 시트 [A2:A7], [D2:F7]의 데이터를 이용하여 작성하고, 행/열 전환은 '열'로 지정
  – 차트 위치 : 현재 시트에 [A9:H28] 크기에 정확하게 맞추시오.
  – 차트 스타일 : 색1 – 스타일6
  – 제목 위치 : 위쪽 표시
  – 범례 위치 : 아래쪽 표시
  – 축 이름표 모양 : 가로 항목 축 및 세로 값 축 글꼴(바탕, 11pt, 진하게, 기울임)
  – 범례 모양 : 글꼴(돋움, 11pt, 진하게)
  – 차트 배경 : 선 종류 : 점선, 끝 모양 : 사각형, 굵기 : 5.5pt, 모서리 모양 : 직선형,
              겹선 종류 : 단순형, 선 색 : 강조 5 초록)
  – 차트 제목 : 내용("고등학생 온라인 강좌 수강현황"), 글꼴(궁서, 16pt, 진하게, 기울임),
              채우기(단색 – 색 : 강조 4 노랑)
  – 그림 영역 속성 : 채우기 : 그러데이션(유형 : 레몬, 종류 : 선형, 방향 : 선형 – 아래쪽에서)
  – 데이터 레이블 추가 : '2022년' 계열에 "값" 표시

▶ 지시사항이 없는 경우는 《출력형태》와 동일하게 작성하시오.

제 04 회 디지털정보활용능력 최신유형 기출문제

☑ 시험과목 : 스프레드시트(한셀)
☑ 시험일자 : 20XX. XX. XX. (X)
☑ 응시자 기재사항 및 감독위원 확인

한컴오피스 한셀 2022 버전용

수검번호	DIL - XXXX -	감독위원 확인
성 명		

·응시자 유의사항·

1. 응시자는 신분증을 지참하여야 시험에 응시할 수 있으며, 시험이 종료될 때까지 신분증을 제시하지 못 할 경우 해당 시험은 0점 처리됩니다.
2. 시스템(PC작동여부, 네트워크 상태 등)의 이상여부를 반드시 확인하여야 하며, 시스템 이상이 있을 시 감독위원에게 조치를 받으셔야 합니다.
3. 시험 중 부주의 또는 고의로 시스템을 파손한 경우는 응시자 부담으로 합니다.
4. 답안 전송 프로그램을 통해 다운로드 받은 파일을 이용하여 답안 파일을 작성하시기 바랍니다.
5. 작성한 답안 파일은 답안 전송 프로그램을 통하여 전송됩니다. 감독위원의 지시에 따라 주시기 바랍니다.
6. 다음 사항의 경우 실격(0점) 혹은 부정행위 처리됩니다.
   1) 답안 파일을 저장하지 않았거나, 저장한 파일이 손상되었을 경우
   2) 답안 파일을 지정된 폴더(바탕화면 – "KAIT" 폴더)에 저장하지 않았을 경우
      ※ 답안 전송 프로그램 로그인 시 바탕화면에 자동 생성됨
   3) 답안 파일을 다른 보조 기억장치(USB) 혹은 네트워크(메신저, 게시판 등)로 전송할 경우
   4) 휴대용 전화기 등 통신기기를 사용할 경우
7. 시트는 반드시 순서대로 작성해야 하며, 순서가 다를 경우 "0"점 처리됩니다.
8. 시험지에 제시된 글꼴이 응시 프로그램에 없는 경우, 반드시 감독위원에게 해당 내용을 통보한 뒤 조치를 받아야 합니다.
9. 시험의 완료는 작성이 완료된 답안을 저장하고, 답안 전송이 완료된 상태를 확인한 것으로 합니다. 답안 전송 확인 후 문제지는 감독위원에게 제출한 후 퇴실하여야 합니다.
10. 답안 전송을 완료한 경우는 수정 또는 정정이 불가합니다.
11. 시험 시행 후 합격자 발표는 홈페이지(www.ihd.or.kr)에서 확인하시기 바랍니다.
    ※ 합격자 발표 : 20XX. XX. XX. (X)
    ※ 시험지 공개 : 20XX. XX. XX. (X)

【문제 1】 "매출현황" 시트를 참조하여 다음 《처리조건》에 맞도록 작업하시오. (50점)

《출력형태》

	A	B	C	D	E	F	G	H
1				김장용품 매출현황				
2	종류	구분	거래처	2022년	2023년	2024년	순위	비고
3	배추	채소	온라인마켓	113,920	141,070	100,850	10위	매출우수
4	고춧가루	양념	대형마트	114,830	116,100	111,500	8위	
5	*대야*	*김장용품*	*지역할인점*	*121,790*	*147,860*	*147,720*	*2위*	*매출우수*
6	김장매트	김장용품	온라인마켓	103,070	129,300	102,440	9위	
7	절임배추	채소	온라인마켓	120,970	136,560	114,360	7위	매출우수
8	무	채소	대형마트	113,410	128,410	121,410	5위	
9	액젓	양념	대형마트	131,870	151,870	158,870	1위	매출우수
10	*양파*	*채소*	*지역할인점*	*111,840*	*119,720*	*116,750*	*6위*	
11	소금	양념	대형마트	114,260	127,700	139,920	3위	
12	*채칼*	*김장용품*	*지역할인점*	*113,960*	*110,320*	*100,750*	*11위*	
13	*쪽파*	*채소*	*지역할인점*	*132,430*	*144,520*	*131,570*	*4위*	*매출우수*
14	'2023년'의 최댓값-최솟값 차이			41,550원				
15	'구분'이 "채소"인 '2022년'의 평균			118,514원				
16	'2022년' 중 두 번째로 큰 값			131,870원				

《처리조건》

▶ 1행의 행 높이를 '70'으로 설정하고, 2행~16행의 행 높이를 '17'로 설정하시오.
▶ 제목("김장용품 매출현황") : 기본 도형의 '배지'를 이용하여 입력하시오.
  – 도형 : 위치([B1:G1]), 도형 스타일('보통 효과 – 강조 4')
  – 글꼴 : 굴림체, 22pt, 진하게, 글자 색(검정)
  – 도형 서식 : 텍스트 맞춤(가로 : 가운데 정렬, 세로 : 중간)

▶ 셀 서식을 아래 조건에 맞게 작성하시오.
  – [A2:H16] : 테두리(안쪽, 바깥쪽 모두 실선, 검정, 텍스트 맞춤(가로 : 가운데)
  – [A14:C14], [A15:C15], [A16:C16] : 각각 병합하고 가운데 맞춤
  – [A2:H2], [A14:C16] : 채우기(노랑 40% 밝게), 글꼴(진하게)
  – [G3:G13] : 셀 서식의 표시형식–사용자 정의를 이용하여 0"위"자를 추가
  – [D14:E16] : 셀 서식의 표시형식–사용자 정의를 이용하여 #,##0"원"자를 추가
  – [D3:F13] : 셀 서식의 표시형식–숫자를 이용하여 1000단위 구분 기호 표시
  – 조건부 서식[A3:H13] : '거래처'가 "지역할인점"인 경우 레코드 전체에 글꼴(보라, 진하게, 기울임) 적용
  – 지시사항이 없는 경우는 주어진 문제파일의 서식을 그대로 사용하시오.

▶ ① 순위[G3:G13] : '2024년'을 기준으로 하여 큰 순으로 '순위'를 구하시오. (RANK.EQ 함수)
▶ ② 비고[H3:H13] : '2023년'이 130000 이상이면 "매출우수", 그렇지 않으면 공백으로 구하시오. (IF 함수)
▶ ③ 최댓값-최솟값[D14:E14] : '2023년'의 최댓값과 최솟값의 차이를 구하시오. (MAX, MIN 함수)
▶ ④ 평균[D15:E15] : '구분'이 "채소"인 '2022년'의 평균을 구하시오. (DAVERAGE 함수)
▶ ⑤ 순위[D16:E16] : '2022년' 중 두 번째로 큰 값을 구하시오. (LARGE 함수)

【문제 2】 "부분합" 시트를 참조하여 다음 《처리조건》에 맞도록 작업하시오. (30점)

《출력형태》

	종류	구분	거래처	2022년	2023년	2024년
3	대야	김장용품	지역할인점	121,790원	147,860원	147,720원
4	김장매트	김장용품	온라인마켓	103,070원	129,300원	102,440원
5	채칼	김장용품	지역할인점	113,960원	110,320원	100,750원
6		김장용품 최댓값			147,860원	147,720원
7		김장용품 평균		112,940원	129,160원	
8	고춧가루	양념	대형마트	114,830원	116,100원	111,500원
9	액젓	양념	대형마트	131,870원	151,870원	158,870원
10	소금	양념	대형마트	114,260원	127,700원	139,920원
11		양념 최댓값			151,870원	158,870원
12		양념 평균		120,320원	131,890원	
13	배추	채소	온라인마켓	113,920원	141,070원	100,850원
14	절임배추	채소	온라인마켓	120,970원	136,560원	114,360원
15	무	채소	대형마트	113,410원	128,410원	121,410원
16	양파	채소	지역할인점	111,840원	119,720원	116,750원
17	쪽파	채소	지역할인점	132,430원	144,520원	131,570원
18		채소 최댓값			144,520원	131,570원
19		채소 평균		118,514원	134,056원	
20		전체 최댓값			151,870원	158,870원
21		전체 평균		117,486원	132,130원	

《처리조건》

▶ 데이터를 '구분' 기준으로 오름차순 정렬하시오.

▶ 아래 조건에 맞는 부분합을 작성하시오.
  - '구분'으로 그룹화하여 '2022년', '2023년'의 평균을 구하는 부분합을 만드시오.
  - '구분'으로 그룹화하여 '2023년', '2024년'의 최댓값을 구하는 부분합을 만드시오.
    (새로운 값으로 대치하지 말 것)
  - [D3:F21] 영역에 셀 서식의 표시형식-사용자 정의를 이용하여 #,##0"원"자를 추가하시오.

▶ [D2:F21] 영역에 '그룹 묶기'(대상 : 열)를 설정하시오.

▶ 평균과 최댓값의 부분합 순서는 《출력형태》와 다를 수 있음

▶ 지시사항이 없는 경우는 기본 값을 적용하시오.

【문제 3】 "필터"와 "시나리오" 시트를 참조하여 다음 《처리조건》에 맞도록 작업하시오. (60점)

(1) 필터

《출력형태 - 필터》

	A	B	C	D	E	F
1						
2	종류	구분	거래처	2022년	2023년	2024년
3	배추	채소	온라인마켓	113,920	141,070	100,850
4	고춧가루	양념	대형마트	114,830	116,100	111,500
5	대야	김장용품	지역할인점	121,790	147,860	147,720
6	김장매트	김장용품	온라인마켓	103,070	129,300	102,440
7	절임배추	채소	온라인마켓	120,970	136,560	114,360
8	무	채소	대형마트	113,410	128,410	121,410
9	액젓	양념	대형마트	131,870	151,870	158,870
10	양파	채소	지역할인점	111,840	119,720	116,750
11	소금	양념	대형마트	114,260	127,700	139,920
12	채칼	김장용품	지역할인점	113,960	110,320	100,750
13	쪽파	채소	지역할인점	132,430	144,520	131,570
14						
15	조건					
16	FALSE					
17						
18	종류	구분	2023년	2024년		
19	대야	김장용품	147,860	147,720		
20	양파	채소	119,720	116,750		
21	쪽파	채소	144,520	131,570		
22						

《처리조건》

▶ "필터" 시트의 [A2:F13]을 아래 조건에 맞게 고급필터를 사용하여 작성하시오.
- '거래처'가 "지역할인점"이고 '2024년'이 110000 이상인 데이터를 "종류", "구분", "2023년", "2024년"의 데이터만 필터링 하시오.
- 조건 위치 : 조건 함수는 [A16] 한 셀에 작성(AND 함수 이용)
- 결과 위치 : [A18]부터 출력

▶ 지시사항이 없는 경우는 《출력형태 - 필터》와 동일하게 작성하시오.

(2) 시나리오

《출력형태 - 시나리오》

	A	B	C	D	E	F	G
1							
2		시나리오 요약					
3				현재 값:	2024년 20,000 증가	2024년 10,000 감소	
4		변경 셀:					
5			$F$7	100,850	120850	90850	
6			$F$8	102,440	122440	92440	
7			$F$9	114,360	134360	104360	
8		결과 셀:					
9			$G$7	120960	130960	115960	
10			$G$8	115870	125870	110870	
11			$G$9	125460	135460	120460	
12		참고: 현재 값 열은 시나리오 요약 보고서가 작성될 때의					
13		변경 셀 값을 나타냅니다. 각 시나리오의 변경 셀들은					
14		회색으로 표시됩니다.					
15							

《처리조건》

▶ "시나리오" 시트의 [A2:G13]을 이용하여 '거래처'가 "온라인마켓"인 경우, '2024년'이 변동할 때 '평균'이 변동하는 가상분석(시나리오)을 작성하시오.
  - 시나리오1 : 시나리오 이름은 "2024년 20,000 증가", '2024년'에 20000을 증가시킨 값 설정.
  - 시나리오2 : 시나리오 이름은 "2024년 10,000 감소", '2024년'에 10000을 감소시킨 값 설정.
  - "시나리오 요약" 시트를 작성하시오.

▶ 지시사항이 없는 경우는《출력형태 - 시나리오》와 동일하게 작성하시오.

【문제 4】 "피벗테이블" 시트를 참조하여 다음 《처리조건》에 맞도록 작업하시오. (30점)

《출력형태》

	A	B	C	D	E
3			거래처 ▼		
4	구분 ▼	데이터 ▼	대형마트	온라인마켓	지역할인점
5	양념	평균 : 2023년	131,890	**	**
6		평균 : 2024년	136,763	**	**
7	채소	평균 : 2023년	128,410	138,815	132,120
8		평균 : 2024년	121,410	107,605	124,160
9	전체 평균 : 2023년		131,020	138,815	132,120
10	전체 평균 : 2024년		132,925	107,605	124,160

《처리조건》

▶ "피벗테이블" 시트의 [A2:F13]을 이용하여 새로운 시트에 《출력형태》와 같이 피벗테이블을 작성 후 시트명을 "피벗테이블 정답"으로 수정하시오.

▶ 구분(행)과 거래처(열)를 기준으로 하여 출력형태와 같이 구하시오.
  - '2023년', '2024년'의 평균을 구하시오.
  - 피벗 테이블 설정을 이용하여 행의 총 합계를 표시하지 않게 설정하고, 빈 셀을 "**"로 설정하시오.
  - 피벗 테이블 디자인에서 보고서 레이아웃은 '테이블 형식으로 표시'로 표시하시오.
  - 구분(행)은 "양념", "채소"만 출력되도록 표시하시오.
  - [C5:E10] 데이터는 셀 서식의 표시형식-숫자를 이용하여 1000단위 구분 기호를 표시하고, 텍스트는 오른쪽으로 맞춤하시오.

▶ 구분의 순서는 《출력형태》와 다를 수 있음

▶ 지시사항이 없는 경우는 《출력형태》와 동일하게 작성하시오.

【문제 5】 "**차트**" 시트를 참조하여 다음 《처리조건》에 맞도록 작업하시오. (30점)

《출력형태》

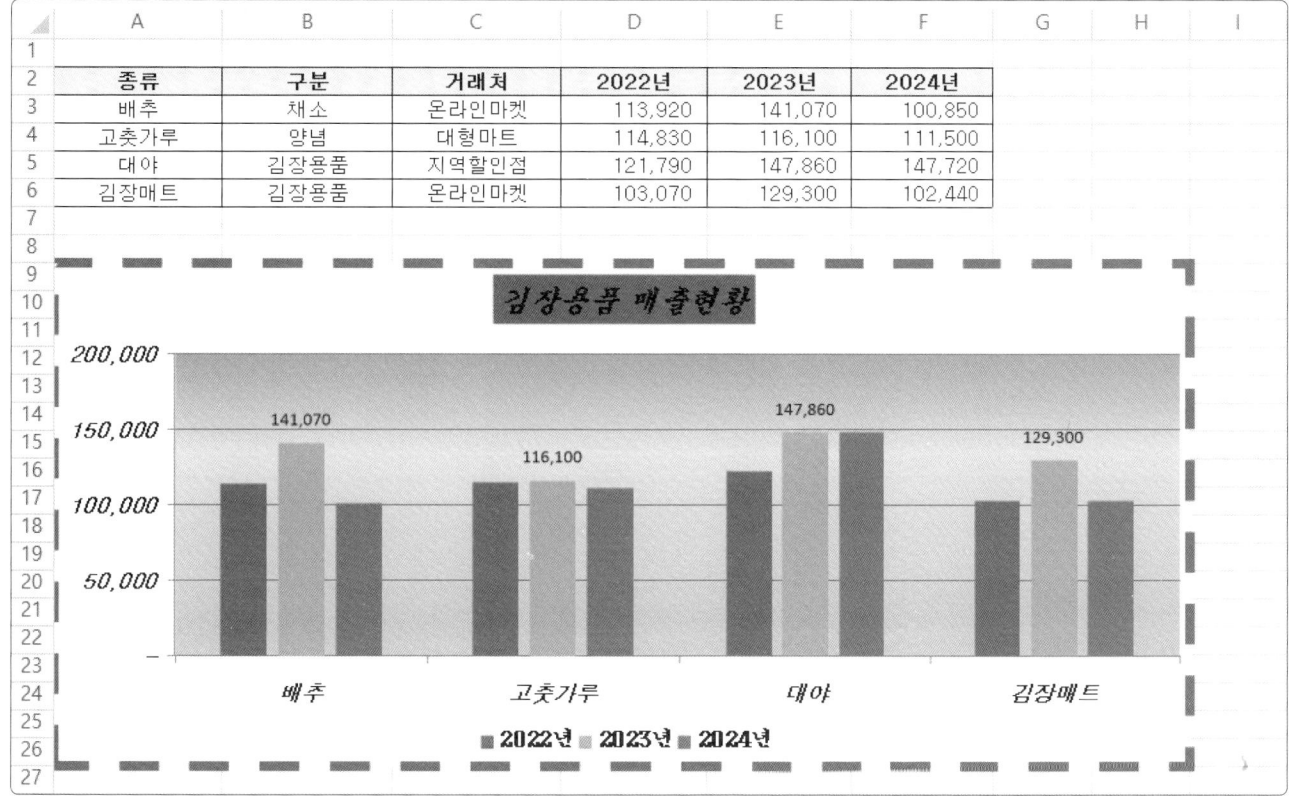

《처리조건》

▶ "차트" 시트에 주어진 표를 이용하여 '묶은 세로 막대형' 차트를 작성하시오.
  - 데이터 범위 : 현재 시트 [A2:A6], [D2:F6]의 데이터를 이용하여 작성하고, 행/열 전환은 '열'로 지정
  - 차트 위치 : 현재 시트에 [A9:H26] 크기에 정확하게 맞추시오.
  - 차트 스타일 : 색2 – 스타일6
    제목 위치 : 위쪽 표시
  - 범례 위치 : 아래쪽 표시
  - 축 이름표 모양 : 가로 항목 축 및 세로 값 축 글꼴(돋움, 12pt, 진하게, 기울임)
  - 범례 모양 : 글꼴(궁서, 12pt, 진하게)
  - 차트 배경 : 선 종류 : 파선, 끝 모양 : 사각형, 굵기 : 5.5pt, 모서리 모양 : 직선형,
               겹선 종류 : 단순형, 선 색 : 강조 1 하늘색
  - 차트 제목 : 내용("김장용품 매출현황"), 글꼴(궁서, 16pt, 진하게, 기울임), 채우기(단색 – 색 : 강조 6 보라)
  - 그림 영역 속성 : 채우기 : 그러데이션(유형 : 보라, 종류 : 선형, 방향 : 선형 – 아래쪽에서)
  - 데이터 레이블 추가 : '2023년' 계열에 "값" 표시

▶ 지시사항이 없는 경우는 《출력형태》와 동일하게 작성하시오.

제 05 회 디지털정보활용능력 최신유형 기출문제

한컴오피스 한셀 2022 버전용

☑ 시험과목 : 스프레드시트(한셀)
☑ 시험일자 : 20XX. XX. XX. (X)
☑ 응시자 기재사항 및 감독위원 확인

수검번호	DIL - XXXX -	감독위원 확인
성 명		

·응시자 유의사항·

1. 응시자는 신분증을 지참하여야 시험에 응시할 수 있으며, 시험이 종료될 때까지 신분증을 제시하지 못 할 경우 해당 시험은 0점 처리됩니다.

2. 시스템(PC작동여부, 네트워크 상태 등)의 이상여부를 반드시 확인하여야 하며, 시스템 이상이 있을 시 감독위원에게 조치를 받으셔야 합니다.

3. 시험 중 부주의 또는 고의로 시스템을 파손한 경우는 응시자 부담으로 합니다.

4. 답안 전송 프로그램을 통해 다운로드 받은 파일을 이용하여 답안 파일을 작성하시기 바랍니다.

5. 작성한 답안 파일은 답안 전송 프로그램을 통하여 전송됩니다. 감독위원의 지시에 따라 주시기 바랍니다.

6. 다음 사항의 경우 실격(0점) 혹은 부정행위 처리됩니다.
   1) 답안 파일을 저장하지 않았거나, 저장한 파일이 손상되었을 경우
   2) 답안 파일을 지정된 폴더(바탕화면 – "KAIT" 폴더)에 저장하지 않았을 경우
      ※ 답안 전송 프로그램 로그인 시 바탕화면에 자동 생성됨
   3) 답안 파일을 다른 보조 기억장치(USB) 혹은 네트워크(메신저, 게시판 등)로 전송할 경우
   4) 휴대용 전화기 등 통신기기를 사용할 경우

7. 시트는 반드시 순서대로 작성해야 하며, 순서가 다를 경우 "0"점 처리됩니다.

8. 시험지에 제시된 글꼴이 응시 프로그램에 없는 경우, 반드시 감독위원에게 해당 내용을 통보한 뒤 조치를 받아야 합니다.

9. 시험의 완료는 작성이 완료된 답안을 저장하고, 답안 전송이 완료된 상태를 확인한 것으로 합니다. 답안 전송 확인 후 문제지는 감독위원에게 제출한 후 퇴실하여야 합니다.

10. 답안 전송을 완료한 경우는 수정 또는 정정이 불가합니다.

11. 시험 시행 후 합격자 발표는 홈페이지(www.ihd.or.kr)에서 확인하시기 바랍니다.
    ※ 합격자 발표 : 20XX. XX. XX. (X)
    ※ 시험지 공개 : 20XX. XX. XX. (X)

【문제 1】 "매출현황" 시트를 참조하여 다음 《처리조건》에 맞도록 작업하시오. (50점)

《출력형태》

	A	B	C	D	E	F	G	H
1				패션용품 매출현황				
2	제품코드	종류	구분	2분기	3분기	4분기	순위	비고
3	캐주얼 셋업 수트	수트	남성의류	38,360	38,410	34,430	4위	연기상품
4	버킷백	숄더백	여성가방	30,640	34,900	30,310	7위	
5	소가죽 수제구두	구두	남성신발	30,940	33,620	30,660	8위	
6	롱니트 원피스	원피스	여성의류	33,780	39,760	36,070	1위	인기상품
7	맥스화이트	스니커즈	여성신발	38,140	35,630	33,110	6위	인기상품
8	캔버스백	숄더백	남성가방	31,730	32,210	37,820	10위	
9	오버핏 후드 집업	아우터	남성의류	31,260	30,270	31,170	11위	
10	경량자켓	아우터	여성의류	33,740	39,160	36,600	2위	인기상품
11	패션 뉴스쿨	스니커즈	남성신발	34,700	38,610	38,090	3위	인기상품
12	스포츠 클럽 팬츠	운동복	남성의류	33,650	33,080	32,230	9위	연기상품
13	조거팬츠	운동복	여성의류	31,840	36,590	30,400	5위	
14	'4분기'의 최댓값-최솟값 차이				7,780천원			
15	'구분'이 "남성의류"인 '3분기'의 평균				33,920천원			
16	'2분기' 중 두 번째로 큰 값				38,140천원			

《처리조건》

▶ 1행의 행 높이를 '70'으로 설정하고, 2행~16행의 행 높이를 '16'으로 설정하시오.
▶ 제목("패션용품 매출현황") : 기본 도형의 '빗면'을 이용하여 입력하시오.
  - 도형 : 위치([B1:G1]), 도형 스타일('상한 효과 – 강조 1')
  - 글꼴 : 굴림체, 24pt, 기울임, 글자 색(강조 4 노랑)
  - 도형 서식 : 텍스트 맞춤(가로 : 가운데 정렬, 세로 : 가운데)

▶ 셀 서식을 아래 조건에 맞게 작성하시오.
  - [A2:H16] : 테두리(안쪽, 바깥쪽 모두 실선, 검정(RGB:0, 0, 0), 텍스트 맞춤(가로 : 가운데)
  - [A14:D14], [A15:D15], [A16:D16] : 각각 병합하고 가운데 맞춤
  - [A2:H2], [A14:D16] : 채우기(하늘색 60% 밝게), 글꼴(진하게)
  - [G3:G13] : 셀 서식의 표시형식–사용자 정의를 이용하여 #"위"자를 추가
  - [E14:F16] : 셀 서식의 표시형식–사용자 정의를 이용하여 #,##0"천원"자를 추가
  - [D3:F13] : 셀 서식의 표시형식–숫자를 이용하여 1000단위 구분 기호 표시
  - 조건부 서식[A3:H13] : '구분'이 "남성의류"인 경우 레코드 전체에 글꼴(보라, 진하게, 기울임) 적용
  - 지시사항이 없는 경우는 주어진 문제파일의 서식을 그대로 사용하시오.

▶ ① 순위[G3:G13] : '3분기'를 기준으로 하여 큰 순으로 '순위'를 구하시오. (RANK 함수)
▶ ② 비고[H3:H13] : '2분기'가 33000 이상이면 "인기상품", 그렇지 않으면 공백으로 구하시오. (IF 함수)
▶ ③ 최댓값-최솟값[E14:F14] : '4분기'의 최댓값과 최솟값의 차이를 구하시오. (MAX, MIN 함수)
▶ ④ 평균[E15:F15] : '구분'이 "남성의류"인 '3분기'의 평균을 구하시오. (DAVERAGE 함수)
▶ ⑤ 순위[E16:F16] : '2분기' 중 두 번째로 큰 값을 구하시오. (LARGE 함수)

【문제 2】 "부분합" 시트를 참조하여 다음 《처리조건》에 맞도록 작업하시오. (30점)

《출력형태》

	A	B	C	D	E	F
2	제품코드	종류	구분	2분기	3분기	4분기
3	캔버스백	숄더백	남성가방	31,730	32,210	37,820
4			남성가방 최댓값		32,210	37,820
5			남성가방 평균	31,730	32,210	
6	소가죽 수제구두	구두	남성신발	30,940	33,620	30,660
7	패션 뉴스쿨	스니커즈	남성신발	34,700	38,610	38,090
8			남성신발 최댓값		38,610	38,090
9			남성신발 평균	32,820	36,115	
10	캐주얼 셋업 수트	수트	남성의류	38,360	38,410	34,430
11	오버핏 후드 집업	아우터	남성의류	31,260	30,270	31,170
12	스포츠 클럽 팬츠	운동복	남성의류	33,650	33,080	32,230
13			남성의류 최댓값		38,410	34,430
14			남성의류 평균	34,423	33,920	
15	버킷백	숄더백	여성가방	30,640	34,900	30,310
16			여성가방 최댓값		34,900	30,310
17			여성가방 평균	30,640	34,900	
18	맥스화이트	스니커즈	여성신발	38,140	35,630	33,110
19			여성신발 최댓값		35,630	33,110
20			여성신발 평균	38,140	35,630	
21	롱니트 원피스	원피스	여성의류	33,780	39,760	36,070
22	경량자켓	아우터	여성의류	33,740	39,160	36,600
23	조거팬츠	운동복	여성의류	31,840	36,590	30,400
24			여성의류 최댓값		39,760	36,600
25			여성의류 평균	33,120	38,503	
26			전체 최댓값		39,760	38,090
27			전체 평균	33,525	35,658	

《처리조건》

▶ 데이터를 '구분' 기준으로 오름차순 정렬하시오.

▶ 아래 조건에 맞는 부분합을 작성하시오.
 - '구분'으로 그룹화하여 '2분기', '3분기'의 평균을 구하는 부분합을 만드시오.
 - '구분'으로 그룹화하여 '3분기', '4분기'의 최댓값을 구하는 부분합을 만드시오.
  (새로운 값으로 대치하지 말 것)
 - [D3:F27] 영역에 셀 서식의 표시형식-숫자를 이용하여 1000단위 구분 기호를 표시하시오.

▶ [D2:F21] 영역에 '그룹 묶기'(대상 : 열)를 설정하시오.

▶ 평균과 최댓값의 부분합 순서는 《출력형태》와 다를 수 있음

▶ 지시사항이 없는 경우는 기본 값을 적용하시오.

【문제 3】 "필터"와 "시나리오" 시트를 참조하여 다음《처리조건》에 맞도록 작업하시오. (60점)

(1) 필터

《출력형태 - 필터》

	A	B	C	D	E	F
1						
2	제품코드	종류	구분	2분기	3분기	4분기
3	캐주얼 셋업 수트	수트	남성의류	38,360	38,410	34,430
4	버킷백	숄더백	여성가방	30,640	34,900	30,310
5	소가죽 수제구두	구두	남성신발	30,940	33,620	30,660
6	롱니트 원피스	원피스	여성의류	33,780	39,760	36,070
7	맥스화이트	스니커즈	여성신발	38,140	35,630	33,110
8	캔버스백	숄더백	남성가방	31,730	32,210	37,820
9	오버핏 후드 집업	아우터	남성의류	31,260	30,270	31,170
10	경량자켓	아우터	여성의류	33,740	39,160	36,600
11	패션 뉴스쿨	스니커즈	남성신발	34,700	38,610	38,090
12	스포츠 클럽 팬츠	운동복	남성의류	33,650	33,080	32,230
13	조거팬츠	운동복	여성의류	31,840	36,590	30,400
14						
15	조건					
16	FALSE					
17						
18	제품코드	종류	3분기	4분기		
19	롱니트 원피스	원피스	39,760	36,070		
20	경량자켓	아우터	39,160	36,600		
21						

《처리조건》

▶ "필터" 시트의 [A2:F13]를 아래 조건에 맞게 고급필터를 사용하여 작성하시오.
  – '구분'이 "여성의류"이고 '4분기'가 36000 이상인 데이터를 '제품코드', '종류', '3분기', '4분기'의 데이터만 필터링 하시오.
  – 조건 위치 : 조건 함수는 [A16] 한 셀에 작성(AND 함수 이용)
  – 결과 위치 : [A18]부터 출력

▶ 지시사항이 없는 경우는《출력형태 – 필터》와 동일하게 작성하시오.

(2) 시나리오

《출력형태 - 시나리오》

	A	B	C	D	E	F	G
1							
2		시나리오 요약					
3				현재 값:	4분기 1,100 증가	4분기 1,000 감소	
4		변경 셀:					
5			$F$6	34,430	35530	33430	
6			$F$7	31,170	32270	30170	
7			$F$8	32,230	33330	31230	
8		결과 셀:					
9			$G$6	37066.66667	37433.33333	36733.33333	
10			$G$7	30900	31266.66667	30566.66667	
11			$G$8	32986.66667	33353.33333	32653.33333	
12		참고: 현재 값 열은 시나리오 요약 보고서가 작성될 때의					
13		변경 셀 값을 나타냅니다. 각 시나리오의 변경 셀들은					
14		회색으로 표시됩니다.					
15							

《처리조건》

▶ "시나리오" 시트의 [A2:G13]을 이용하여 '구분'이 "남성의류"인 경우, '4분기'가 변동할 때 '평균'이 변동하는 가상분석(시나리오)을 작성하시오.
 - 시나리오1 : 시나리오 이름은 "4분기 1,100 증가", '4분기'에 1100을 증가시킨 값 설정.
 - 시나리오2 : 시나리오 이름은 "4분기 1,000 감소", '4분기'에 1000을 감소시킨 값 설정.
 - "시나리오 요약" 시트를 작성하시오.

▶ 지시사항이 없는 경우는《출력형태 - 시나리오》와 동일하게 작성하시오.

【문제 4】 "피벗테이블" 시트를 참조하여 다음《처리조건》에 맞도록 작업하시오. (30점)

《출력형태》

	A	B	C	D	E	F
1						
2						
3			구분 ▼			
4	종류 ▼	데이터 ▼	남성가방	남성의류	여성가방	여성의류
5	숄더백	평균 : 3분기	32,210	***	34,900	***
6		평균 : 4분기	37,820	***	30,310	***
7	수트	평균 : 3분기	***	38,410	***	***
8		평균 : 4분기	***	34,430	***	***
9	아우터	평균 : 3분기	***	30,270	***	39,160
10		평균 : 4분기	***	31,170	***	36,600
11	운동복	평균 : 3분기	***	33,080	***	36,590
12		평균 : 4분기	***	32,230	***	30,400
13	전체 평균 : 3분기		32,210	33,920	34,900	37,875
14	전체 평균 : 4분기		37,820	32,610	30,310	33,500
15						

《처리조건》

▶ "피벗테이블" 시트의 [A2:F13]을 이용하여 새로운 시트에 ≪ 출력형태 ≫와 같이 피벗테이블을 작성 후 시트명을 "피벗테이블 정답"으로 수정하시오.

▶ 종류(행)와 구분(열)을 기준으로 하여 출력형태와 같이 구하시오.
 − '3분기', '4분기'의 평균을 구하시오.
 − 피벗 테이블 설정을 이용하여 행의 총 합계를 표시하지 않게 설정하고, 빈 셀을 "***"로 설정하시오.
 − 피벗 테이블 디자인에서 보고서 레이아웃은 '테이블 형식으로 표시'로 표시하시오.
 − 종류(행)는 "숄더백", "수트", "아우터", "운동복"만 출력되도록 표시하시오.
 − [C5:F14] 데이터는 셀 서식의 표시형식−숫자를 이용하여 1000단위 구분 기호를 표시하고,
  텍스트는 오른쪽으로 맞춤하시오.

▶ 종류의 순서는《출력형태》와 다를 수 있음

▶ 지시사항이 없는 경우는《출력형태》와 동일하게 작성하시오.

【문제 5】 "**차트**" 시트를 참조하여 다음《처리조건》에 맞도록 작업하시오. (30점)

《출력형태》

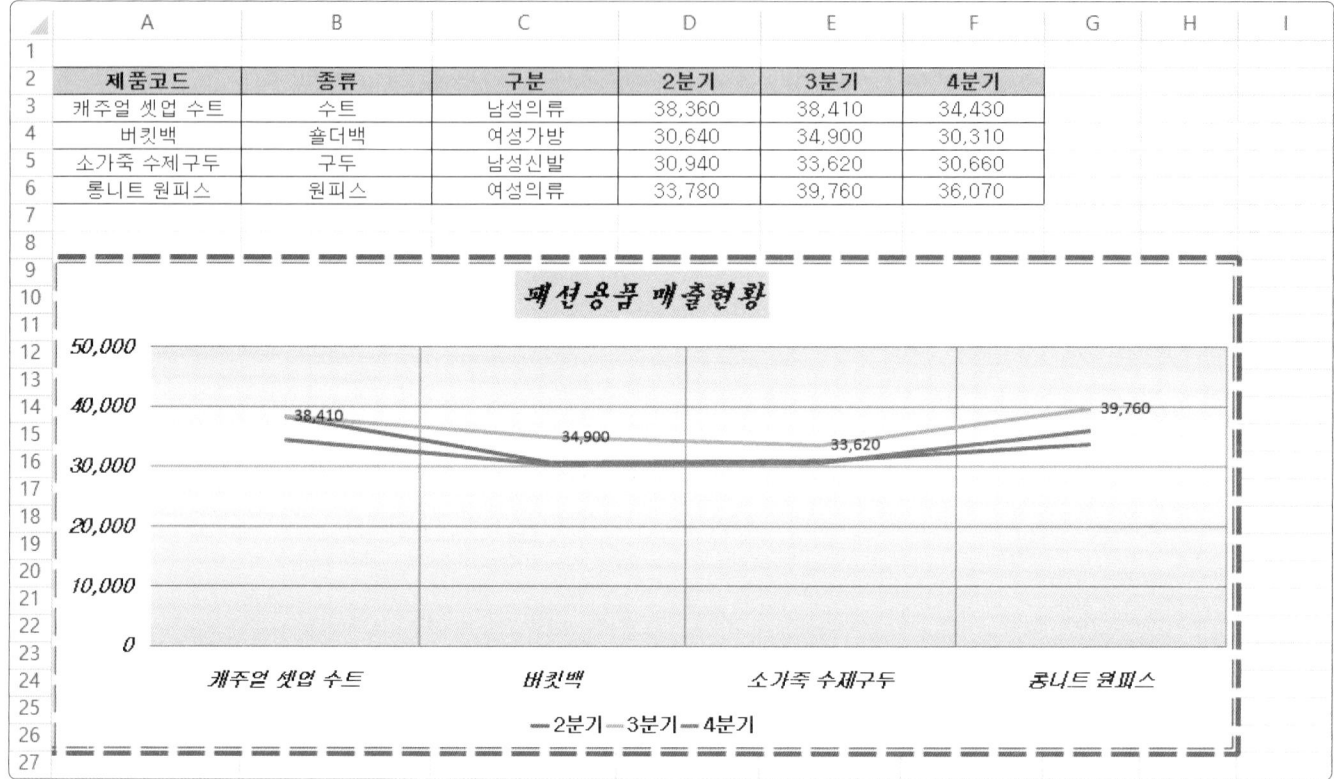

《처리조건》

▶ "차트" 시트에 주어진 표를 이용하여 '꺾은선형' 차트를 작성하시오.
 - 데이터 범위 : 현재 시트 [A2:A6], [D2:F6]의 데이터를 이용하여 작성하고, 행/열 전환은 '열'로 지정
 - 차트 위치 : 현재 시트에 [A9:H26] 크기에 정확하게 맞추시오.
 - 차트 스타일 : 색2 – 스타일5
 - 제목 위치 : 위쪽 표시
 - 범례 위치 : 아래쪽 표시
 - 축 이름표 모양 : 가로 항목 축 및 세로 값 축 글꼴(굴림, 11pt, 진하게, 기울임)
 - 범례 모양 : 글꼴(돋움, 11pt, 진하게)
 - 차트 배경 : 선 종류 : 긴 점선, 끝 모양 : 사각형, 굵기 : 5.25pt, 모서리 모양 : 곡선형,
   겹선 종류 : 굵고 얇음, 선 색 : 강조 6 보라)
 - 차트 제목 : 내용("패션용품 매출현황"), 글꼴(궁서, 16pt, 진하게, 기울임), 채우기(단색 – 색 : 강조 4 노랑)
 - 그림 영역 속성 : 채우기 : 그러데이션(유형 : 솜사탕 2, 종류 : 선형, 방향 : 선형 – 아래쪽에서)
 - 데이터 레이블 추가 : '3분기' 계열에 "값" 표시

▶ 지시사항이 없는 경우는《출력형태》와 동일하게 작성하시오.

제 06 회 디지털정보활용능력 최신유형 기출문제

한컴오피스 한셀 2022 버전용

- ☑ 시험과목 : 스프레드시트(한셀)
- ☑ 시험일자 : 20XX. XX. XX. (X)
- ☑ 응시자 기재사항 및 감독위원 확인

수검번호	DIL - XXXX -	감독위원 확인
성 명		

· 응시자 유의사항 ·

1. 응시자는 신분증을 지참하여야 시험에 응시할 수 있으며, 시험이 종료될 때까지 신분증을 제시하지 못 할 경우 해당 시험은 0점 처리됩니다.
2. 시스템(PC작동여부, 네트워크 상태 등)의 이상여부를 반드시 확인하여야 하며, 시스템 이상이 있을 시 감독위원에게 조치를 받으셔야 합니다.
3. 시험 중 부주의 또는 고의로 시스템을 파손한 경우는 응시자 부담으로 합니다.
4. 답안 전송 프로그램을 통해 다운로드 받은 파일을 이용하여 답안 파일을 작성하시기 바랍니다.
5. 작성한 답안 파일은 답안 전송 프로그램을 통하여 전송됩니다. 감독위원의 지시에 따라 주시기 바랍니다.
6. 다음 사항의 경우 실격(0점) 혹은 부정행위 처리됩니다.
   1) 답안 파일을 저장하지 않았거나, 저장한 파일이 손상되었을 경우
   2) 답안 파일을 지정된 폴더(바탕화면 – "KAIT" 폴더)에 저장하지 않았을 경우
      ※ 답안 전송 프로그램 로그인 시 바탕화면에 자동 생성됨
   3) 답안 파일을 다른 보조 기억장치(USB) 혹은 네트워크(메신저, 게시판 등)로 전송할 경우
   4) 휴대용 전화기 등 통신기기를 사용할 경우
7. 시트는 반드시 순서대로 작성해야 하며, 순서가 다를 경우 "0"점 처리됩니다.
8. 시험지에 제시된 글꼴이 응시 프로그램에 없는 경우, 반드시 감독위원에게 해당 내용을 통보한 뒤 조치를 받아야 합니다.
9. 시험의 완료는 작성이 완료된 답안을 저장하고, 답안 전송이 완료된 상태를 확인한 것으로 합니다. 답안 전송 확인 후 문제지는 감독위원에게 제출한 후 퇴실하여야 합니다.
10. 답안 전송을 완료한 경우는 수정 또는 정정이 불가합니다.
11. 시험 시행 후 합격자 발표는 홈페이지(www.ihd.or.kr)에서 확인하시기 바랍니다.
    ※ 합격자 발표 : 20XX. XX. XX. (X)
    ※ 시험지 공개 : 20XX. XX. XX. (X)

한국정보통신진흥협회 KAIT

[문제 1] "인원현황" 시트를 참조하여 다음 《처리조건》에 맞도록 작업하시오. (50점)

《출력형태》

과목코드	구분	단과대학	2020년	2021년	2022년	순위	비고
KU-C-5010	전공선택	인문대학	1570	1870	2130	4위	인기강좌
KU-B-1002	전공기초	경상대학	1420	1710	1980	7위	인기강좌
KU-A-0010	*공통교양*	*공과대학*	*2440*	*2610*	*2690*	*1위*	*인기강좌*
KU-B-2011	전공기초	자연과학대학	1700	1810	1880	3위	
KU-A-0031	공통교양	경상대학	2230	2170	2080	2위	인기강좌
KU-C-3470	전공선택	자연과학대학	1370	1660	1900	10위	
KU-M-3110	*전공필수*	*공과대학*	*1480*	*1700*	*1820*	*6위*	
KU-C-5050	전공선택	경상대학	1360	1680	1900	11위	
KU-A-0121	공통교양	자연과학대학	1420	1760	2140	7위	인기강좌
KU-B-2031	전공기초	인문대학	1390	1470	1800	9위	
KU-A-0211	*공통교양*	*공과대학*	*1510*	*1630*	*1380*	*5위*	
'2022년'의 최댓값-최솟값 차이			1,310명				
'구분'이 "전공선택"인 '2020년'의 평균			1,433명				
'2021년' 중 두 번째로 작은 값			1,630명				

《처리조건》

▶ 1행의 행 높이를 '70'으로 설정하고, 2행~16행의 행 높이를 '17'로 설정하시오.
▶ 제목("과목별 수강 신청 누적 인원현황") : 기본 도형의 '배지'를 이용하여 입력하시오.
  - 도형 : 위치([B1:G1]), 도형 스타일('보통 효과 - 강조 4')
  - 글꼴 : 굴림체, 24pt, 진하게, 글자 색(검정)
  - 도형 서식 : 텍스트 맞춤(가로 : 가운데 정렬, 세로 : 중간)

▶ 셀 서식을 아래 조건에 맞게 작성하시오.
  - [A2:H16] : 테두리(안쪽, 바깥쪽 모두 실선, 검정, 텍스트 맞춤(가로 : 가운데)
  - [A14:C14], [A15:C15], [A16:C16] : 각각 병합하고 가운데 맞춤
  - [A2:H2], [A14:C16] : 채우기(노랑 40% 밝게), 글꼴(진하게)
  - [G3:G13] : 셀 서식의 표시형식-사용자 정의를 이용하여 #"위"자를 추가
  - [D14:E16] : 셀 서식의 표시형식-사용자 정의를 이용하여 #,##0"명"자를 추가
  - [D3:F13] : 셀 서식의 표시형식-숫자를 이용하여 1000단위 구분 기호 표시
  - 조건부 서식[A3:H13] : '단과대학'이 "공과대학"인 경우 레코드 전체에 글꼴(초록, 진하게, 기울임) 적용
  - 지시사항이 없는 경우는 주어진 문제파일의 서식을 그대로 사용하시오.

▶ ① 순위[G3:G13] : '2020년'을 기준으로 하여 큰 순으로 '순위'를 구하시오. (RANK 함수)
▶ ② 비고[H3:H13] : '2022년'이 1950 이상이면 "인기강좌", 그렇지 않으면 공백으로 구하시오. (IF 함수)
▶ ③ 최댓값-최솟값[D14:E14] : '2022년'의 최댓값과 최솟값의 차이를 구하시오. (MAX, MIN 함수)
▶ ④ 평균[D15:E15] : '구분'이 "전공선택"인 '2020년'의 평균을 구하시오. (DAVERAGE 함수)
▶ ⑤ 순위[D16:E16] : '2021년' 중 두 번째로 작은 값을 구하시오. (SMALL 함수)

【문제 2】 "부분합" 시트를 참조하여 다음 《처리조건》에 맞도록 작업하시오. (30점)

《출력형태》

	A	B	C	D	E	F
2	과목코드	구분	단과대학	2020년	2021년	2022년
3	KU-A-0010	공통교양	공과대학	2,440명	2,610명	2,690명
4	KU-A-0031	공통교양	경상대학	2,230명	2,170명	2,080명
5	KU-A-0121	공통교양	자연과학대학	1,420명	1,760명	2,140명
6	KU-A-0211	공통교양	공과대학	1,510명	1,630명	1,380명
7		공통교양 최댓값			2,610명	2,690명
8		공통교양 합계		7,600명	8,170명	
9	KU-B-1002	전공기초	경상대학	1,420명	1,710명	1,980명
10	KU-B-2011	전공기초	자연과학대학	1,700명	1,810명	1,880명
11	KU-B-2031	전공기초	인문대학	1,390명	1,470명	1,800명
12		전공기초 최댓값			1,810명	1,980명
13		전공기초 합계		4,510명	4,990명	
14	KU-C-5010	전공선택	인문대학	1,570명	1,870명	2,130명
15	KU-C-3470	전공선택	자연과학대학	1,370명	1,660명	1,900명
16	KU-C-5050	전공선택	경상대학	1,360명	1,680명	1,900명
17		전공선택 최댓값			1,870명	2,130명
18		전공선택 합계		4,300명	5,210명	
19	KU-M-3110	전공필수	공과대학	1,480명	1,700명	1,820명
20		전공필수 최댓값			1,700명	1,820명
21		전공필수 합계		1,480명	1,700명	
22		전체 최댓값			2,610명	2,690명
23		총 합계		17,890명	20,070명	

《처리조건》

▶ 데이터를 '구분' 기준으로 오름차순 정렬하시오.

▶ 아래 조건에 맞는 부분합을 작성하시오.
 - '구분'으로 그룹화하여 '2020년', '2021년'의 합계를 구하는 부분합을 만드시오.
 - '구분'으로 그룹화하여 '2021년', '2022년'의 최댓값을 구하는 부분합을 만드시오.
   (새로운 값으로 대치하지 말 것)
 - [D3:F23] 영역에 셀 서식의 표시형식-사용자 정의를 이용하여 #,##0"명"자를 추가하시오.

▶ [D2:F23] 영역에 '그룹 묶기'(대상 : 열)를 설정하시오.

▶ 합계와 최댓값의 부분합 순서는 《출력형태》와 다를 수 있음

▶ 지시사항이 없는 경우는 기본 값을 적용하시오.

【문제 3】 "필터"와 "시나리오" 시트를 참조하여 다음 《처리조건》에 맞도록 작업하시오. (60점)

(1) 필터

《출력형태 - 필터》

	A	B	C	D	E	F
1						
2	과목코드	구분	단과대학	2020년	2021년	2022년
3	KU-C-5010	전공선택	인문대학	1,570	1,870	2,130
4	KU-B-1002	전공기초	경상대학	1,420	1,710	1,980
5	KU-A-0010	공통교양	공과대학	2,440	2,610	2,690
6	KU-B-2011	전공기초	자연과학대학	1,700	1,810	1,880
7	KU-A-0031	공통교양	경상대학	2,230	2,170	2,080
8	KU-C-3470	전공선택	자연과학대학	1,370	1,660	1,900
9	KU-M-3110	전공필수	공과대학	1,480	1,700	1,820
10	KU-C-5050	전공선택	경상대학	1,360	1,680	1,900
11	KU-A-0121	공통교양	자연과학대학	1,420	1,760	2,140
12	KU-B-2031	전공기초	인문대학	1,390	1,470	1,800
13	KU-A-0211	공통교양	공과대학	1,510	1,630	1,380
14						
15	조건					
16	FALSE					
17						
18	과목코드	구분	2021년	2022년		
19	KU-A-0010	공통교양	2,610	2,690		
20	KU-M-3110	전공필수	1,700	1,820		
21						

《처리조건》

▶ "필터" 시트의 [A2:F13]을 아래 조건에 맞게 고급필터를 사용하여 작성하시오.
  - 단과대학이 "공과대학"이고 '2022년'이 1500 이상 인 데이터를 '과목코드', '구분', '2021년', '2022년'의 데이터만 필터링 하시오.
  - 조건 위치 : 조건 함수는 [A16] 한 셀에 작성(AND 함수 이용)
  - 결과 위치 : [A18]부터 출력

▶ 지시사항이 없는 경우는 《출력형태 - 필터》와 동일하게 작성하시오.

(2) 시나리오

《출력형태 - 시나리오》

	A	B	C	D	E	F	G
1							
2		시나리오 요약					
3				현재 값:	2022년 500 증가	2022년 400 감소	
4		변경 셀:					
5			$F$6	2,690	3190	2290	
6			$F$7	1,820	2320	1420	
7			$F$8	1,380	1880	980	
8		결과 셀:					
9			$G$6	2580	2746.666667	2446.666667	
10			$G$7	1666.666667	1833.333333	1533.333333	
11			$G$8	1506.666667	1673.333333	1373.333333	
12		참고: 현재 값 열은 시나리오 요약 보고서가 작성될 때의					
13		변경 셀 값을 나타냅니다. 각 시나리오의 변경 셀들은					
14		회색으로 표시됩니다.					
15							

《처리조건》

▶ "시나리오" 시트의 [A2:G13]을 이용하여 단과대학이 "공과대학"인 경우, '2022년'이 변동할 때 '평균'이 변동하는 가상분석(시나리오)을 작성하시오.
- 시나리오1 : 시나리오 이름은 "2022년 500 증가", '2022년'에 500을 증가시킨 값 설정.
- 시나리오2 : 시나리오 이름은 "2022년 400 감소", '2022년'에 400을 감소시킨 값 설정.
- "시나리오 요약" 시트를 작성하시오.

▶ 지시사항이 없는 경우는《출력형태 - 시나리오》와 동일하게 작성하시오.

【문제 4】 "**피벗테이블**" 시트를 참조하여 다음 《처리조건》에 맞도록 작업하시오. (30점)

《출력형태》

	A	B	C	D	E	F
1						
2						
3			단과대학 ▼			
4	구분 ▼	데이터 ▼	경상대학	공과대학	인문대학	자연과학대학
5	전공기초	평균 : 2021년	1,710	**	1,470	1,810
6		평균 : 2022년	1,980	**	1,800	1,880
7	전공선택	평균 : 2021년	1,680	**	1,870	1,660
8		평균 : 2022년	1,900	**	2,130	1,900
9	전공필수	평균 : 2021년	**	1,700	**	**
10		평균 : 2022년	**	1,820	**	**
11	전체 평균 : 2021년		1,695	1,700	1,670	1,735
12	전체 평균 : 2022년		1,940	1,820	1,965	1,890
13						

《처리조건》

▶ "피벗테이블" 시트의 [A2:F13]을 이용하여 새로운 시트에 《출력형태》와 같이 피벗테이블을 작성 후 시트명을 "피벗테이블 정답"으로 수정하시오.

▶ 구분(행)과 단과대학(열)을 기준으로 하여 출력형태와 같이 구하시오.
  – '2021년', '2022년'의 평균을 구하시오.
  – 피벗 테이블 설정을 이용하여 행의 총 합계를 표시하지 않게 설정하고, 빈 셀을 "**"로 설정하시오.
  – 피벗 테이블 디자인에서 보고서 레이아웃은 '테이블 형식으로 표시'로 표시하시오.
  – 구분(행)은 "전공기초", "전공선택", "전공필수"만 출력되도록 표시하시오.
  – [C5:F12] 데이터는 셀 서식의 표시형식–숫자를 이용하여 1000단위 구분 기호를 표시하고, 텍스트는 오른쪽으로 맞춤하시오.

▶ 구분의 순서는 《출력형태》와 다를 수 있음

▶ 지시사항이 없는 경우는 《출력형태》와 동일하게 작성하시오.

【문제 5】 "**차트**" 시트를 참조하여 다음 《처리조건》에 맞도록 작업하시오. (30점)

《출력형태》

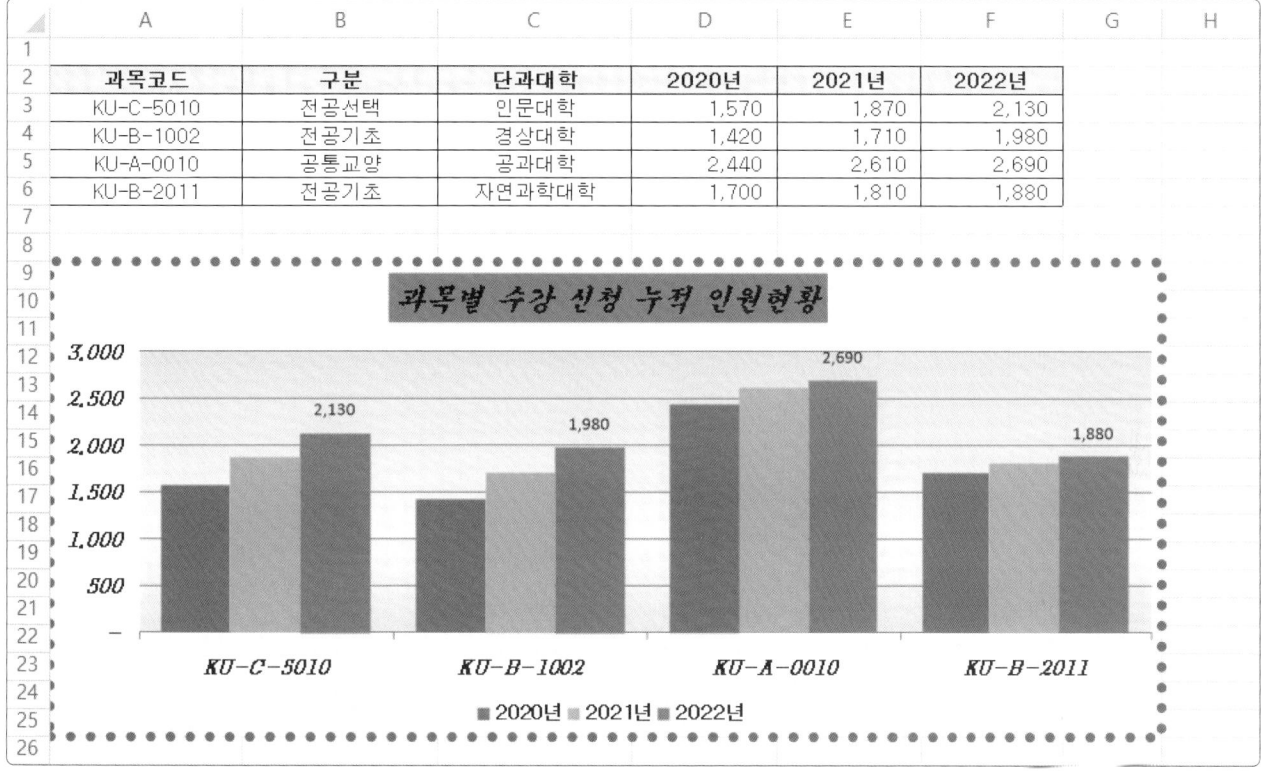

《처리조건》

▶ "차트" 시트에 주어진 표를 이용하여 '묶은 세로 막대형' 차트를 작성하시오.
  - 데이터 범위 : 현재 시트 [A2:A6], [D2:F6]의 데이터를 이용하여 작성하고, 행/열 전환은 '열'로 지정
  - 차트 위치 : 현재 시트에 [A9:G25] 크기에 정확하게 맞추시오.
  - 차트 스타일 : 색2 - 스타일5
  - 제목 위치 : 위쪽 표시
  - 범례 위치 . 아래쪽 표시
  - 축 이름표 모양 : 가로 항목 축 및 세로 값 축 글꼴(궁서, 11pt, 진하게, 기울임)
  - 범례 모양 : 글꼴(돋움, 11pt, 진하게)
  - 차트 배경 : 선 종류 : 점선, 끝 모양 : 원형, 굵기 : 5.5pt, 모서리 모양 : 빗면형, 겹선 종류 : 단순형, 선 색 : 강조 6 보라
  - 차트 제목 : 내용("과목별 수강 신청 누적 인원현황"), 글꼴(궁서, 16pt, 진하게, 기울임), 채우기(단색 - 색 : 강조 5 초록)
  - 그림 영역 속성 : 채우기 : 그러데이션(유형 : 솜사탕 2, 종류 : 선형, 방향 : 선형 - 위쪽에서)
  - 데이터 레이블 추가 : '2022년' 계열에 "값" 표시

▶ 지시사항이 없는 경우는 《출력형태》와 동일하게 작성하시오.

제 07 회 디지털정보활용능력 최신유형 기출문제

한컴오피스 한셀 2022 버전용

☑ 시험과목 : 스프레드시트(한셀)
☑ 시험일자 : 20XX. XX. XX. (X)
☑ 응시자 기재사항 및 감독위원 확인

수검번호	DIL - XXXX -	감독위원 확인
성 명		

·응시자 유의사항·

1. 응시자는 신분증을 지참하여야 시험에 응시할 수 있으며, 시험이 종료될 때까지 신분증을 제시하지 못 할 경우 해당 시험은 0점 처리됩니다.

2. 시스템(PC작동여부, 네트워크 상태 등)의 이상여부를 반드시 확인하여야 하며, 시스템 이상이 있을 시 감독위원에게 조치를 받으셔야 합니다.

3. 시험 중 부주의 또는 고의로 시스템을 파손한 경우는 응시자 부담으로 합니다.

4. 답안 전송 프로그램을 통해 다운로드 받은 파일을 이용하여 답안 파일을 작성하시기 바랍니다.

5. 작성한 답안 파일은 답안 전송 프로그램을 통하여 전송됩니다. 감독위원의 지시에 따라 주시기 바랍니다.

6. 다음 사항의 경우 실격(0점) 혹은 부정행위 처리됩니다.
   1) 답안 파일을 저장하지 않았거나, 저장한 파일이 손상되었을 경우
   2) 답안 파일을 지정된 폴더(바탕화면 – "KAIT" 폴더)에 저장하지 않았을 경우
      ※ 답안 전송 프로그램 로그인 시 바탕화면에 자동 생성됨
   3) 답안 파일을 다른 보조 기억장치(USB) 혹은 네트워크(메신저, 게시판 등)로 전송할 경우
   4) 휴대용 전화기 등 통신기기를 사용할 경우

7. 시트는 반드시 순서대로 작성해야 하며, 순서가 다를 경우 "0"점 처리됩니다.

8. 시험지에 제시된 글꼴이 응시 프로그램에 없는 경우, 반드시 감독위원에게 해당 내용을 통보한 뒤 조치를 받아야 합니다.

9. 시험의 완료는 작성이 완료된 답안을 저장하고, 답안 전송이 완료된 상태를 확인한 것으로 합니다. 답안 전송 확인 후 문제지는 감독위원에게 제출한 후 퇴실하여야 합니다.

10. 답안 전송을 완료한 경우는 수정 또는 정정이 불가합니다.

11. 시험 시행 후 합격자 발표는 홈페이지(www.ihd.or.kr)에서 확인하시기 바랍니다.
    ※ 합격자 발표 : 20XX. XX. XX. (X)
    ※ 시험지 공개 : 20XX. XX. XX. (X)

한국정보통신진흥협회 KAIT
Korea Association for ICT promotion

디지털정보활용능력 스프레드시트(한셀) (시험시간 : 40분)

【문제 1】 "등록현황" 시트를 참조하여 다음 《처리조건》에 맞도록 작업하시오. (50점)

《출력형태》

	A	B	C	D	E	F	G	H
1				헬스 등록 회원 현황				
2	회원코드	담당자	회원명	등록비	등록횟수	총등록비	순위	비고
3	H1234	정헬스	김회원	₩80,000	5회	₩400,000	4등	우수회원
4	P2563	김필라	오회원	₩75,000	6회	₩450,000	1등	우수회원
5	*P2696*	*김필라*	*정회원*	*₩100,000*	*2회*	*₩200,000*	*9등*	
6	*Y3241*	*박요가*	*황회원*	*₩95,000*	*3회*	*₩285,000*	*7등*	
7	Y3014	박요가	이회원	₩70,000	6회	₩420,000	3등	우수회원
8	*H1048*	*정헬스*	*박회원*	*₩90,000*	*3회*	*₩270,000*	*8등*	
9	H1248	정헬스	장회원	₩75,000	4회	₩300,000	6등	
10	Y3254	박요가	홍회원	₩85,000	4회	₩340,000	5등	
11	*H1524*	*정헬스*	*나회원*	*₩70,000*	*2회*	*₩140,000*	*10등*	
12	P2654	김필라	유회원	₩85,000	5회	₩425,000	2등	우수회원
13	'담당자'가 "정헬스"인 '등록횟수'의 합계				14회			
14	'등록비'의 최댓값-최솟값 차이				₩30,000			
15	'총등록비' 중 세 번째로 작은 값				₩270,000			

《처리조건》

▶ 1행의 행 높이를 '80'으로 설정하고, 2행~15행의 행 높이를 '17'로 설정하시오.
▶ 제목("헬스 등록 회원 현황) : 기본 도형의 '배지'를 이용하여 입력하시오.
  - 도형 : 위치([B1:G1]), 도형 스타일('밝은 계열 - 강조 5')
  - 글꼴 : 궁서, 26pt, 진하게, 기울임, 글자 색(검정)
  - 도형 서식 : 텍스트 맞춤(가로 : 가운데 정렬, 세로 : 중간)

▶ 셀 서식을 아래 조건에 맞게 작성하시오.
  - [A2:H15] : 테두리(안쪽, 바깥쪽 모두 실선, 검정, 텍스트 맞춤(가로 : 가운데 정렬)
  - [A13:D13], [A14:D14], [A15:D15] : 각각 병합하고 가운데 맞춤
  - [A2:H2], [A13:D15] : 채우기(주황 60% 밝게), 글꼴(진하게)
  - [D3:D12], [F3:F12], [E14:F15] : 셀 서식의 표시형식-통화를 이용하여 통화 기호(₩)를 표시
  - [E3:E12], [E13:F13] : 셀 서식의 표시형식-사용자 정의를 이용하여 #"회"자를 추가
  - [G3:G12] : 셀 서식의 표시형식-사용자 정의를 이용하여 #"등"자를 추가
  - 조건부 서식[A3:H12] : '등록횟수'가 3 이하인 경우 레코드 전체에 글꼴 (남색, 진하게, 기울임) 적용
  - 지시사항이 없는 경우는 주어진 문제파일의 서식을 그대로 사용하시오.

▶ ① 순위[G3:G12] : '총등록비'를 기준으로 큰 순으로 순위를 구하시오. (RANK.EQ 함수)
▶ ② 비고[H3:H12] : '등록횟수'가 5 이상이면 "우수회원", 그렇지 않으면 공백으로 구하시오. (IF 함수)
▶ ③ 합계[E13:F13] : '담당자'가 "정헬스"인 '등록횟수'의 합계를 구하시오. (DSUM 함수)
▶ ④ 최댓값-최솟값[E14:F14] : '등록비'의 최댓값과 최솟값의 차이를 구하시오. (MAX, MIN 함수)
▶ ⑤ 순위[E15:F15] : '총등록비' 중 세 번째로 작은 값을 구하시오. (SMALL 함수)

【문제 2】 "**부분합**" 시트를 참조하여 다음 《처리조건》에 맞도록 작업하시오. (30점)

《출력형태》

	A	B	C	D	E	F
2	회원코드	담당자	회원명	등록비	등록횟수	총등록비
3	H1234	정헬스	김회원	₩80,000	5	₩400,000
4	H1048	정헬스	박회원	₩90,000	3	₩270,000
5	H1248	정헬스	장회원	₩75,000	4	₩300,000
6	H1524	정헬스	나회원	₩70,000	2	₩140,000
7		정헬스 최댓값			5	₩400,000
8		정헬스 평균		₩78,750		₩277,500
9	Y3241	박요가	황회원	₩95,000	3	₩285,000
10	Y3014	박요가	이회원	₩70,000	6	₩420,000
11	Y3254	박요가	홍회원	₩85,000	4	₩340,000
12		박요가 최댓값			6	₩420,000
13		박요가 평균		₩83,333		₩348,333
14	P2563	김필라	오회원	₩75,000	6	₩450,000
15	P2696	김필라	정회원	₩100,000	2	₩200,000
16	P2654	김필라	유회원	₩85,000	5	₩425,000
17		김필라 최댓값			6	₩450,000
18		김필라 평균		₩86,667		₩358,333
19		전체 최댓값			6	₩450,000
20		전체 평균		₩82,500		₩323,000

《처리조건》

▶ 데이터를 '담당자' 기준으로 내림차순 정렬하시오.

▶ 아래 조건에 맞는 부분합을 작성하시오.
  - '담당자'로 그룹화하여 '등록비', '총등록비'의 평균을 구하는 부분합을 만드시오.
  - '담당자'로 그룹화하여 '등록횟수', '총등록비'의 최댓값을 구하는 부분합을 만드시오.
    (새로운 값으로 대치하지 말 것)
  - [D3:D20], [F3:F20] 영역에 셀 서식의 표시형식-통화를 이용하여 통화 기호(₩)를 표시하시오.

▶ [D2:E20] 영역에 '그룹 묶기'(대상 : 열)를 설정하시오.

▶ 평균과 최댓값의 부분합 순서는 《출력형태》와 다를 수 있음

▶ 지시사항이 없는 경우는 기본 값을 적용하시오.

【문제 3】 "필터"와 "시나리오" 시트를 참조하여 다음 《처리조건》에 맞도록 작업하시오. (60점)

(1) 필터

《출력형태 - 필터》

	A	B	C	D	E	F
2	회원코드	담당자	회원명	등록비	등록횟수	총등록비
3	H1234	정헬스	김회원	80,000	5	400,000
4	P2563	김필라	오회원	75,000	6	450,000
5	P2696	김필라	정회원	100,000	2	200,000
6	Y3241	박요가	황회원	95,000	3	285,000
7	Y3014	박요가	이회원	70,000	6	420,000
8	H1048	정헬스	박회원	90,000	3	270,000
9	H1248	정헬스	장회원	75,000	4	300,000
10	Y3254	박요가	홍회원	85,000	4	340,000
11	H1524	정헬스	나회원	70,000	2	140,000
12	P2654	김필라	유회원	85,000	5	425,000
13						
14	조건					
15	TRUE					
16						
17						
18	회원코드	담당자	등록비	등록횟수	총등록비	
19	H1234	정헬스	80,000	5	400,000	
20	Y3254	박요가	85,000	4	340,000	
21	P2654	김필라	85,000	5	425,000	

《처리조건》

▶ "필터" 시트의 [A2:F12]를 아래 조건에 맞게 고급필터를 사용하여 작성하시오.
- '등록비'가 80000 이상이고 '등록횟수'가 4 이상인 데이터를 '회원코드', '담당자', '등록비', '등록횟수', '총등록비'의 데이터만 필터링 하시오.
- 조건 위치 : 조건 함수는 [A15] 한 셀에 작성(AND 함수 이용)
- 결과 위치 : [A18]부터 출력

▶ 지시사항이 없는 경우는 《출력형태 - 필터》와 동일하게 작성하시오.

(2) 시나리오

《출력형태 - 시나리오》

	B	C	D	E	F
2	시나리오 요약				
3			현재 값:	등록비 500 증가	등록비 1000 감소
4	변경 셀:				
5		$D$3	80,000	80500	79000
6		$D$4	90,000	90500	89000
7		$D$5	75,000	75500	74000
8		$D$6	70,000	70500	69000
9	결과 셀:				
10		$F$3	400000	402500	395000
11		$F$4	270000	271500	267000
12		$F$5	300000	302000	296000
13		$F$6	140000	141000	138000
14	참고: 현재 값 열은 시나리오 요약 보고서가 작성될 때의				
15	변경 셀 값을 나타냅니다. 각 시나리오의 변경 셀들은				
16	회색으로 표시됩니다.				

《처리조건》

▶ "시나리오" 시트의 [A2:F12]를 이용하여 '담당자'가 "정헬스"인 경우, '등록비'가 변동할 때 '총등록비'가 변동하는 가상분석(시나리오)을 작성하시오.
  - 시나리오1 : 시나리오 이름은 "등록비 500 증가", 등록비에 500을 증가시킨 값 설정.
  - 시나리오2 : 시나리오 이름은 "등록비 1000 감소", 등록비에 1000을 감소시킨 값 설정.
  - "시나리오 요약" 시트를 작성하시오.

▶ 지시사항이 없는 경우는 《출력형태 - 시나리오》와 동일하게 작성하시오.

【문제 4】 "피벗테이블" 시트를 참조하여 다음 《처리조건》에 맞도록 작업하시오. (30점)

《출력형태》

	A	B	C	D	E	F	G
1							
2							
3			회원코드				
4	담당자	데이터	H1234	P2654	P2696	Y3254	총 합계
5	김필라	합계 : 등록횟수	***	5	2	***	7
6		합계 : 총등록비	***	425,000	200,000	***	625,000
7	박요가	합계 : 등록횟수	***	***	***	4	4
8		합계 : 총등록비	***	***	***	340,000	340,000
9	정헬스	합계 : 등록횟수	5	***	***	***	5
10		합계 : 총등록비	400,000	***	***	***	400,000
11							

《처리조건》

▶ "피벗테이블" 시트의 [A2:F12]를 이용하여 새로운 시트에 《출력형태》와 같이 피벗테이블을 작성 후 시트명을 "피벗테이블 정답"으로 수정하시오.

▶ 담당자(행)와 회원코드(열)를 기준으로 하여 출력형태와 같이 구하시오.
 - '등록횟수', '총등록비'의 합계를 구하시오.
 - 피벗 테이블 설정을 이용하여 열의 총 합계를 표시하지 않게 설정하고, 빈 셀을 "***"로 설정하시오.
 - 피벗 테이블 디자인에서 보고서 레이아웃은 '테이블 형식으로 표시'로 표시하시오.
 - 회원코드(열)는 "H1234", "P2654", "P2696", "Y3254"만 출력되도록 표시하시오.
 - [C5:G10] 데이터는 셀 서식의 표시형식-숫자를 이용하여 1000단위 구분 기호를 표시하고, 텍스트는 가운데 정렬하시오.

▶ 담당자의 순서는 《출력형태》와 다를 수 있음

▶ 지시사항이 없는 경우는 《출력형태》와 동일하게 작성하시오.

【문제 5】 "**차트**" 시트를 참조하여 다음 《처리조건》에 맞도록 작업하시오. (30점)

《출력형태》

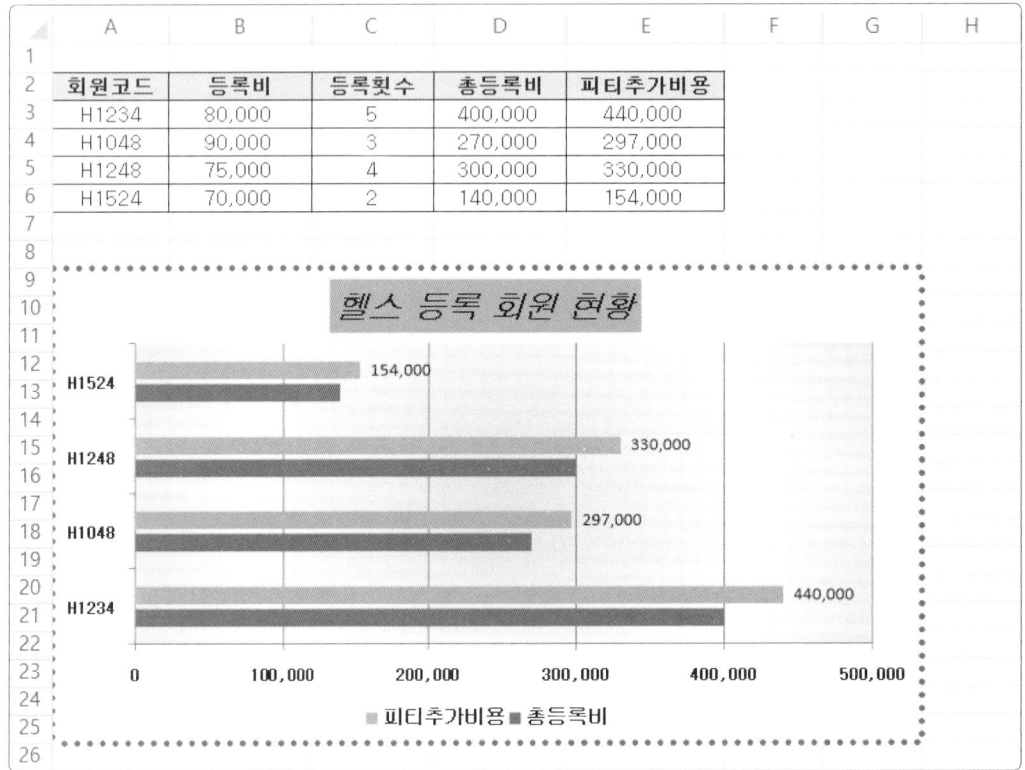

《처리조건》

▶ "차트" 시트에 주어진 표를 이용하여 '묶은 가로 막대형' 차트를 작성하시오.
- 데이터 범위 : 현재 시트 [A2:A6], [D2:E6]의 데이터를 이용하여 작성하고, 행/열 전환은 '열'로 지정
- 차트 위치 : 현재 시트에 [A9:G25] 크기에 정확하게 맞추시오.
- 차트 스타일 : 색2 – 스타일6
- 제목 위치 : 위쪽 표시
- 범례 위치 : 아래쪽 표시
- 축 이름표 모양 : 가로 항목 축 및 세로 값 축 글꼴(돋움체, 10pt, 진하게)
- 범례 모양 : 글꼴(굴림체, 11pt, 진하게)
- 차트 배경 : 선 종류 : 점선, 끝 모양 : 원형, 굵기 : 3.5pt, 모서리 모양 : 곡선형, 겹선 종류 : 단순형, 선 색 : 강조 6 보라)
- 차트 제목 : 내용("헬스 등록 회원 현황"), 글꼴(굴림, 18pt, 진하게, 기울임), 채우기(단색 – 색 : 강조 3 시멘트색)
- 그림 영역 속성 : 채우기 : 그러데이션(유형 : 솜사탕 3, 종류 : 방사형, 방향 : 방사형 – 가운데에서)
- 데이터 레이블 추가 : '파티추가비용' 계열에 "값" 표시

▶ 지시사항이 없는 경우는 《출력형태》와 동일하게 작성하시오.

제 08 회 디지털정보활용능력 최신유형 기출문제

☑ 시험과목 : 스프레드시트(한셀)
☑ 시험일자 : 20XX. XX. XX. (X)
☑ 응시자 기재사항 및 감독위원 확인

한컴오피스 한셀 2022 버전용

수 검 번 호	DIL - XXXX -	감독위원 확인
성 명		

·응시자 유의사항·

1. 응시자는 신분증을 지참하여야 시험에 응시할 수 있으며, 시험이 종료될 때까지 신분증을 제시하지 못 할 경우 해당 시험은 0점 처리됩니다.
2. 시스템(PC작동여부, 네트워크 상태 등)의 이상여부를 반드시 확인하여야 하며, 시스템 이상이 있을 시 감독위원에게 조치를 받으셔야 합니다.
3. 시험 중 부주의 또는 고의로 시스템을 파손한 경우는 응시자 부담으로 합니다.
4. 답안 전송 프로그램을 통해 다운로드 받은 파일을 이용하여 답안 파일을 작성하시기 바랍니다.
5. 작성한 답안 파일은 답안 전송 프로그램을 통하여 전송됩니다. 감독위원의 지시에 따라 주시기 바랍니다.
6. 다음 사함의 경우 실격(0점) 혹은 부정행위 처리됩니다.
   1) 답안 파일을 저장하지 않았거나, 저장한 파일이 손상되었을 경우
   2) 답안 파일을 지정된 폴더(바탕화면 – "KAIT" 폴더)에 저장하지 않았을 경우
      ※ 답안 전송 프로그램 로그인 시 바탕화면에 자동 생성됨
   3) 답안 파일을 다른 보조 기억장치(USB) 혹은 네트워크(메신저, 게시판 등)로 전송할 경우
   4) 휴대용 전화기 등 통신기기를 사용할 경우
7. 시트는 반드시 순서대로 작성해야 하며, 순서가 다를 경우 "0"점 처리됩니다.
8. 시험지에 제시된 글꼴이 응시 프로그램에 없는 경우, 반드시 감독위원에게 해당 내용을 통보한 뒤 조치를 받아야 합니다.
9. 시험의 완료는 작성이 완료된 답안을 저장하고, 답안 전송이 완료된 상태를 확인한 것으로 합니다. 답안 전송 확인 후 문제지는 감독위원에게 제출한 후 퇴실하여야 합니다.
10. 답안 전송을 완료한 경우는 수정 또는 정정이 불가합니다.
11. 시험 시행 후 합격자 발표는 홈페이지(www.ihd.or.kr)에서 확인하시기 바랍니다.
    ※ 합격자 발표 : 20XX. XX. XX. (X)
    ※ 시험지 공개 : 20XX. XX. XX. (X)

【문제 1】 "판매현황" 시트를 참조하여 다음 《처리조건》에 맞도록 작업하시오. (50점)

《출력형태》

	A	B	C	D	E	F	G	H
1				용도별 판매 현황				
2	상품코드	용도	판매원가	할인율	할인금액	판매금액	순위	비고
3	*HO128*	*실내용*	*₩ 150,000*	*20%*	*₩ 30,000*	*₩ 120,000*	*1위*	
4	OD101	아웃도어용	₩ 99,000	25%	₩ 24,750	₩ 74,250	5위	
5	OD154	아웃도어용	₩ 84,000	25%	₩ 21,000	₩ 63,000	8위	저가
6	OF134	사무실용	₩ 120,000	15%	₩ 18,000	₩ 102,000	3위	
7	OF136	사무실용	₩ 85,000	15%	₩ 12,750	₩ 72,250	7위	
8	OD111	아웃도어용	₩ 75,000	25%	₩ 18,750	₩ 56,250	9위	저가
9	*HO123*	*실내용*	*₩ 140,000*	*20%*	*₩ 28,000*	*₩ 112,000*	*2위*	
10	OF139	사무실용	₩ 55,000	15%	₩ 8,250	₩ 46,750	10위	저가
11	HO125	실내용	₩ 120,000	20%	₩ 24,000	₩ 96,000	3위	
12	OD131	아웃도어용	₩ 95,000	25%	₩ 23,750	₩ 71,250	6위	
13	'판매원가'의 최댓값-최솟값의 차이			₩	95,000			
14	'용도'가 "실내용"인 '판매금액'의 평균			₩	109,333			
15	'할인금액' 중 두 번째로 작은 값			₩	12,750			

《처리조건》

▶ 1행의 행 높이를 '65'로 설정하고, 2행~15행의 행 높이를 '18'로 설정하시오.
▶ 제목("용도별 판매 현황") : 사각형의 '모서리가 둥근 직사각형'을 이용하여 입력하시오.
  - 도형 : 위치([B1:G1]), 도형 스타일('보통 효과 – 강조 4')
  - 글꼴 : 궁서체, 24pt, 진하게, 기울임, 글자 색(검정)
  - 도형 서식 : 텍스트 맞춤(가로 : 가운데 정렬, 세로 : 중간)

▶ 셀 서식을 아래 조건에 맞게 작성하시오.
  - [A2:H15] : 테두리(안쪽, 바깥쪽 모두 실선, 검정, 텍스트 맞춤(가로 : 가운데 정렬)
  - [A13:C13], [A14:C14], [A15:C15] : 각각 병합하고 가운데 맞춤
  - [A2:H2], [A13:C15] : 채우기(노랑 60% 밝게), 글꼴(진하게)
  - [C3:C12], [E3:F12], [D13:E15] : 셀 서식의 표시형식-회계를 이용하여 기호(₩)를 추가
  - [D3:D12] : 셀 서식의 표시형식-백분율을 이용하여 백분율 기호(%)를 표시
  - [G3:G12] : 셀 서식의 표시형식-사용자 정의를 이용하여 #"위"자를 추가
  - 조건부 서식[A3:H12] : '할인금액'이 25000 이상인 경우 레코드 전체에 글꼴(주황, 진하게, 기울임) 적용
  - 지시사항이 없는 경우는 주어진 문제파일의 서식을 그대로 사용하시오.

▶ ① 순위[G3:G12] : '판매원가'를 기준으로 큰 순으로 순위를 구하시오. (RANK 함수)
▶ ② 비고[H3:H12] : '판매금액'이 70000 이하이면 "저가", 그렇지 않으면 공백으로 구하시오. (IF 함수)
▶ ③ 최댓값-최솟값[D13:E13] : '판매원가'의 최댓값과 최솟값의 차이를 구하시오. (MAX, MIN 함수)
▶ ④ 평균[D14:E14] : '용도'가 "실내용"인 '판매금액'의 평균을 구하시오. (DAVERAGE 함수)
▶ ⑤ 순위[D15:E15] : '할인금액' 중 두 번째로 작은 값을 구하시오. (SMALL 함수)

【문제 2】 "부분합" 시트를 참조하여 다음《처리조건》에 맞도록 작업하시오. (30점)

《출력형태》

상품코드	용도	판매원가	할인율	할인금액	판매금액
OD101	아웃도어용	99,000원	25%	24,750원	74,250원
OD154	아웃도어용	84,000원	25%	21,000원	63,000원
OD111	아웃도어용	75,000원	25%	18,750원	56,250원
OD131	아웃도어용	95,000원	25%	23,750원	71,250원
	아웃도어용 최댓값	99,000원			74,250원
	아웃도어용 평균	88,250원		22,063원	
HO128	실내용	150,000원	20%	30,000원	120,000원
HO123	실내용	140,000원	20%	28,000원	112,000원
HO125	실내용	120,000원	20%	24,000원	96,000원
	실내용 최댓값	150,000원			120,000원
	실내용 평균	136,667원		27,333원	
OF134	사무실용	120,000원	15%	18,000원	102,000원
OF136	사무실용	85,000원	15%	12,750원	72,250원
OF139	사무실용	55,000원	15%	8,250원	46,750원
	사무실용 최댓값	120,000원			102,000원
	사무실용 평균	86,667원		13,000원	
	전체 최댓값	150,000원			120,000원
	전체 평균	102,300원		20,925원	

《처리조건》

▶ 데이터를 '용도' 기준으로 내림차순 정렬하시오.

▶ 아래 조건에 맞는 부분합을 작성하시오.
- '용도'로 그룹화하여 '판매원가', '할인금액'의 평균을 구하는 부분합을 만드시오.
- '용도'로 그룹화하여 '판매원가', '판매금액'의 최댓값을 구하는 부분합을 만드시오.(새로운 값으로 대치하지 말 것)
- [C3:C20], [E3:F20] 영역에 셀 서식의 표시형식-사용자 정의를 이용하여 #,##0"원"자를 추가하시오.

▶ [C2:F20] 영역에 '그룹 묶기'(대상 : 열)를 설정하시오.

▶ 평균과 최댓값의 부분합 순서는《출력형태》와 다를 수 있음

▶ 지시사항이 없는 경우는 기본 값을 적용하시오.

【문제 3】 "필터"와 "시나리오" 시트를 참조하여 다음 《처리조건》에 맞도록 작업하시오. (60점)

(1) 필터

《출력형태 - 필터》

	A	B	C	D	E	F
1						
2	상품코드	용도	판매원가	할인율	할인금액	판매금액
3	HO128	실내용	150,000	20%	30,000	120,000
4	OD101	아웃도어용	99,000	25%	24,750	74,250
5	OD154	아웃도어용	84,000	25%	21,000	63,000
6	OF134	사무실용	120,000	15%	18,000	102,000
7	OF136	사무실용	85,000	15%	12,750	72,250
8	OD111	아웃도어용	75,000	25%	18,750	56,250
9	HO123	실내용	140,000	20%	28,000	112,000
10	OF139	사무실용	55,000	15%	8,250	46,750
11	HO125	실내용	120,000	20%	24,000	96,000
12	OD131	아웃도어용	95,000	25%	23,750	71,250
13						
14	조건					
15	TRUE					
16						
17						
18	상품코드	판매원가	할인율	할인금액	판매금액	
19	HO128	150,000	20%	30,000	120,000	
20	OD101	99,000	25%	24,750	74,250	
21	OD154	84,000	25%	21,000	63,000	
22	OD111	75,000	25%	18,750	56,250	
23	HO123	140,000	20%	28,000	112,000	
24	OD131	95,000	25%	23,750	71,250	

《처리조건》

▶ "필터" 시트의 [A2:F12]를 아래 조건에 맞게 고급필터를 사용하여 작성하시오.
  - '할인율'이 25% 이상이거나 '할인금액'이 25000 이상인 데이터를 '상품코드', '판매원가', '할인율', '할인금액', '판매금액'의 데이터만 필터링 하시오.
  - 조건 위치 : 조건 함수는 [A15] 한 셀에 작성(OR 함수 이용)
  - 결과 위치 : [A18]부터 출력

▶ 지시사항이 없는 경우는 《출력형태 - 필터》와 동일하게 작성하시오.

(2) 시나리오

《출력형태 - 시나리오》

	A	B	C	D	E	F	G
1							
2		시나리오 요약					
3				현재 값:	판매원가 5000 증가	판매원가 3000 감소	
4		변경 셀:					
5			$C$3	99,000	104000	96000	
6			$C$4	84,000	89000	81000	
7			$C$5	75,000	80000	72000	
8			$C$6	95,000	100000	92000	
9		결과 셀:					
10			$F$3	74250	78000	72000	
11			$F$4	63000	66750	60750	
12			$F$5	56250	60000	54000	
13			$F$6	71250	75000	69000	
14		참고: 현재 값 열은 시나리오 요약 보고서가 작성될 때의					
15		변경 셀 값을 나타냅니다. 각 시나리오의 변경 셀들은					
16		회색으로 표시됩니다.					
17							

《처리조건》

▶ "시나리오" 시트의 [A2:F12]를 이용하여 '용도'가 "아웃도어용"인 경우, '판매원가'가 변동할 때 '판매금액'이 변동하는 가상분석(시나리오)을 작성하시오.
  - 시나리오1 : 시나리오 이름은 "판매원가 5000 증가", 판매원가에 5000을 증가시킨 값 설정.
  - 시나리오2 : 시나리오 이름은 "판매원가 3000 감소", 판매원가에 3000을 감소시킨 값 설정.
  - "시나리오 요약" 시트를 작성하시오.

▶ 지시사항이 없는 경우는 《출력형태 - 시나리오》와 동일하게 작성하시오.

【문제 4】 "**피벗테이블**" 시트를 참조하여 다음《처리조건》에 맞도록 작업하시오. (30점)

《출력형태》

	A	B	C	D	E	F
3			상품코드 ▼			
4	용도 ▼	데이터 ▼	HO128	OD131	OD154	OF136
5	사무실용	평균 : 판매원가	***	***	***	₩ 85,000
6		평균 : 할인금액	***	***	***	₩ 12,750
7	실내용	평균 : 판매원가	₩ 150,000	***	***	***
8		평균 : 할인금액	₩ 30,000	***	***	***
9	아웃도어용	평균 : 판매원가	***	₩ 95,000	₩ 84,000	***
10		평균 : 할인금액	***	₩ 23,750	₩ 21,000	***
11	전체 평균 : 판매원가		₩ 150,000	₩ 95,000	₩ 84,000	₩ 85,000
12	전체 평균 : 할인금액		₩ 30,000	₩ 23,750	₩ 21,000	₩ 12,750

《처리조건》

▶ "피벗테이블" 시트의 [A2:F12]를 이용하여 새로운 시트에《출력형태》와 같이 피벗테이블을 작성 후 시트명을 "피벗테이블 정답"으로 수정하시오.

▶ 용도(행)와 상품코드(열)를 기준으로 하여 출력형태와 같이 구하시오.
   - '판매원가', '할인금액'의 평균을 구하시오.
   - 피벗 테이블 설정을 이용하여 행의 총 합계를 표시하지 않게 설정하고, 빈 셀을 "***"로 설정하시오.
   - 피벗 테이블 디자인에서 보고서 레이아웃은 '테이블 형식으로 표시'로 표시하시오.
   - 상품코드(열)는 "HO128", "OD131", "OD154", "OF136"만 출력되도록 표시하시오.
   - [C5:F12] 데이터는 셀 서식의 표시형식-회계를 이용하여 기호(₩)를 표시하고, 텍스트는 오른쪽 맞춤하시오.

▶ 용도의 순서는《출력형태》와 다를 수 있음

▶ 지시사항이 없는 경우는《출력형태》와 동일하게 작성하시오.

【문제 5】 "**차트**" 시트를 참조하여 다음 《처리조건》에 맞도록 작업하시오. (30점)

《출력형태》

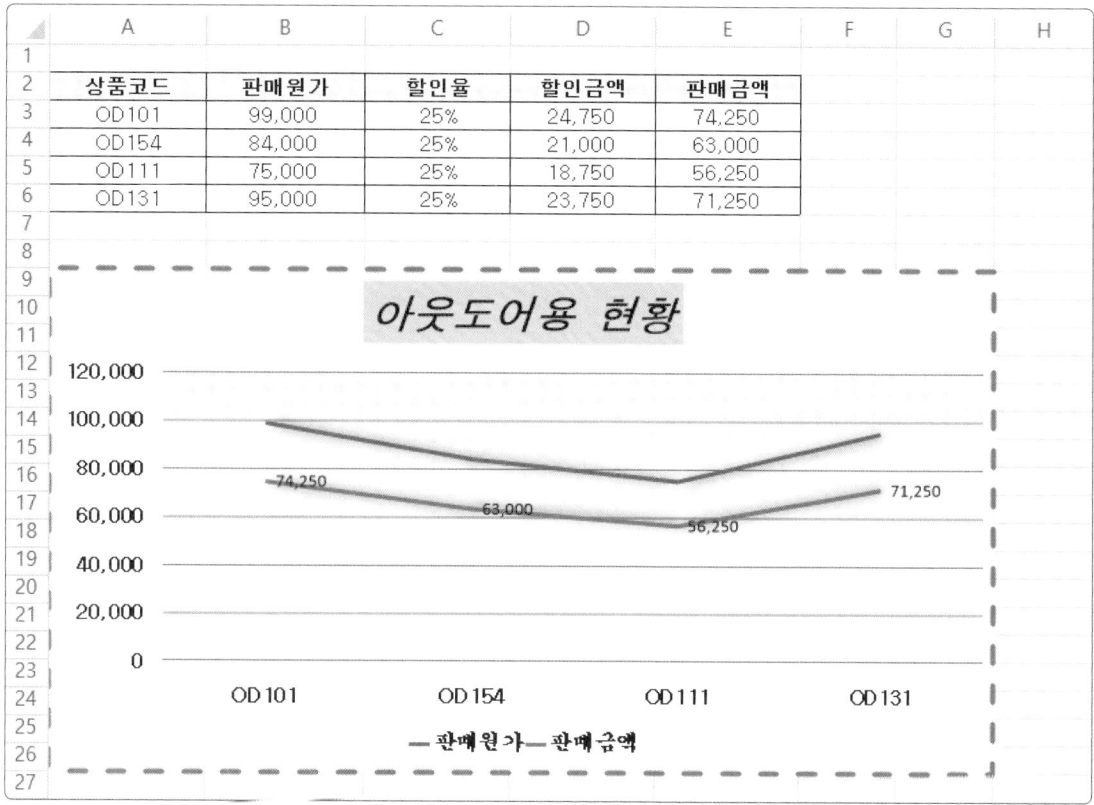

《처리조건》

▶ "차트" 시트에 주어진 표를 이용하여 '꺾은선형' 차트를 작성하시오.
- 데이터 범위 : 현재 시트 [A2:B6], [E2:E6]의 데이터를 이용하여 작성하고, 행/열 전환은 '열'로 지정
- 차트 위치 : 현재 시트에 [A9:G26] 크기에 정확하게 맞추시오.
- 차트 스타일 : 색4 - 스타일7
- 제목 위치 : 위쪽 표시
- 범례 위치 : 아래쪽 표시
- 축 이름표 모양 : 가로 항목 축 및 세로 값 축 글꼴(돋움, 11pt, 진하게)
- 범례 모양 : 글꼴(굴시, 12pt, 진하게)
- 차트 배경 : 선 종류 : 파선, 끝 모양 : 원형, 굵기 : 3pt, 모서리 모양 : 곡선형, 겹선 종류 : 단순형, 선 색 : 강조 5 초록)
- 차트 제목 : 내용("아웃도어용 현황"), 글꼴(돋움체, 22pt, 진하게, 기울임), 채우기(단색 - 색 : 강조 4 노랑)
- 그림 영역 속성 : 채우기 : 그러데이션(유형 : 레몬, 종류 : 선형, 방향 : 선형 - 아래쪽에서)
- 데이터 레이블 추가 : '판매금액' 계열에 "값" 표시

▶ 지시사항이 없는 경우는 《출력형태》와 동일하게 작성하시오.

MEMO

디지털정보활용능력 **스프레드시트[한셀] 2022** ━━━━━━━━ **(시험시간 : 40분)**

【문제 4】 "피벗테이블" 시트를 참조하여 다음 ≪처리조건≫에 맞도록 작업하시오. **(30점)**

≪출력형태≫

	A	B	C	D	E
1					
2					
3			직급		
4	부서명	데이터	과장	대리	사원
5	영업부	평균 : 급여	3,850,000	2,980,000	**
6		평균 : 성과금	3,080,000	2,086,000	**
7	자재부	평균 : 급여	3,540,000	3,020,000	2,600,000
8		평균 : 성과금	2,832,000	2,114,000	1,560,000
9	총무부	평균 : 급여	**	**	2,523,333
10		평균 : 성과금	**	**	1,514,000
11	전체 평균 : 급여		3,695,000	2,993,333	2,542,500
12	전체 평균 : 성과금		2,956,000	2,095,333	1,525,500
13					

≪처리조건≫

▶ "피벗테이블" 시트의 [A2:F13]을 이용하여 새로운 시트에 ≪출력형태≫와 같이 피벗테이블을 작성 후 시트명을 "피벗테이블 정답"으로 수정하시오.

▶ 부서명(행)과 직급(열)을 기준으로 하여 출력형태와 같이 구하시오.
 - '급여', '성과금'의 평균을 구하시오.
 - 피벗 테이블 설정을 이용하여 행의 총 합계를 표시하지 않게 설정하고, 빈 셀을 "**"로 설정하시오.
 - 피벗 테이블 디자인에서 보고서 레이아웃은 '테이블 형식으로 표시'로 표시하시오.
 - 부서명(행)은 "영업부", "자재부", "총무부"만 출력되도록 표시하시오.
 - [C5:E12] 데이터는 셀 서식의 표시형식-숫자를 이용하여 1000단위 구분 기호를 표시하고, 텍스트는 오른쪽으로 맞춤하시오.

▶ 부서명의 순서는 ≪출력형태≫와 다를 수 있음

▶ 지시사항이 없는 경우는 ≪출력형태≫와 동일하게 작성하시오.

디지털정보활용능력 **스프레드시트[한셀] 2022** ― **(시험시간 : 40분)**

(2) 시나리오

≪출력형태 - 시나리오≫

	A	B	C	D	E	F	G
1							
2		시나리오 요약					
3				현재 값:	급여 100,000 인상	급여 50,000 인하	
4		변경 셀:					
5			$D$7	3,020,000	3120000	2970000	
6			$D$8	2,980,000	3080000	2930000	
7			$D$9	3,010,000	3110000	2960000	
8			$D$10	2,950,000	3050000	2900000	
9		결과 셀:					
10			$G$7	5134000	5304000	5049000	
11			$G$8	5066000	5236000	4981000	
12			$G$9	5117000	5287000	5032000	
13			$G$10	5015000	5185000	4930000	
14		참고: 현재 값 열은 시나리오 요약 보고서가 작성될 때의					
15		변경 셀 값을 나타냅니다. 각 시나리오의 변경 셀들은					
16		회색으로 표시됩니다.					
17							

≪처리조건≫

▶ "시나리오" 시트의 [A2:G13]을 이용하여 '직급'이 "대리"인 경우, '급여'가 변동할 때 '총급여액'이 변동하는 가상분석(시나리오)을 작성하시오.
  - 시나리오1 : 시나리오 이름은 "급여 100,000 인상", '급여'에 100000을 증가시킨 값 설정
  - 시나리오2 : 시나리오 이름은 "급여 50,000 인하", '급여'에 50000을 감소시킨 값 설정
  - "시나리오 요약" 시트를 작성하시오.

▶ 지시사항이 없는 경우는 ≪출력형태 - 시나리오≫와 동일하게 작성하시오.

디지털정보활용능력 **스프레드시트[한셀] 2022** ― **(시험시간 : 40분)**

【문제 3】 "필터"와 "시나리오" 시트를 참조하여 다음 ≪처리조건≫에 맞도록 작업하시오. **(60점)**

(1) 필터

≪출력형태 – 필터≫

	A	B	C	D	E	F
1						
2	부서명	직원명	직급	급여	성과지급율	성과금
3	영업부	김사원	과장	3,850,000	80%	3,080,000
4	자재부	오사원	대리	3,020,000	70%	2,114,000
5	총무부	강사원	사원	2,540,000	60%	1,524,000
6	자재부	박사원	사원	2,600,000	60%	1,560,000
7	경리부	황사원	과장	3,720,000	80%	2,976,000
8	경리부	유사원	대리	2,980,000	70%	2,086,000
9	영업부	장사원	대리	3,010,000	70%	2,107,000
10	총무부	성사원	사원	2,550,000	60%	1,530,000
11	자재부	한사원	과장	3,540,000	80%	2,832,000
12	영업부	이사원	대리	2,950,000	70%	2,065,000
13	총무부	함사원	사원	2,480,000	60%	1,488,000
14						
15	조건					
16	TRUE					
17						
18	부서명	직원명	직급	성과금		
19	영업부	김사원	과장	3,080,000		
20	경리부	황사원	과장	2,976,000		
21	경리부	유사원	대리	2,086,000		
22	자재부	한사원	과장	2,832,000		
23						

≪처리조건≫

▶ "필터" 시트의 [A2:F13]을 아래 조건에 맞게 고급필터를 사용하여 작성하시오.
- '부서명'이 "경리부"이거나 '성과금'이 2500000 이상인 데이터를 '부서명', '직원명', '직급', '성과금'의 데이터만 필터링 하시오.
- 조건 위치 : 조건 함수는 [A16] 한 셀에 작성(OR 함수 이용)
- 결과 위치 : [A18]부터 출력

▶ 지시사항이 없는 경우는 ≪출력형태 - 필터≫와 동일하게 작성하시오.

디지털정보활용능력 스프레드시트[한셀] 2022 (시험시간 : 40분)

【문제 2】 "부분합" 시트를 참조하여 다음 ≪처리조건≫에 맞도록 작업하시오. (30점)

≪출력형태≫

	A	B	C	D	E	F
1						
2	부서명	직원명	직급	급여	성과지급률	성과금
3	영업부	김사원	과장	3,850,000원	80%	3,080,000원
4	경리부	황사원	과장	3,720,000원	80%	2,976,000원
5	자재부	한사원	과장	3,540,000원	80%	2,832,000원
6		3	과장 개수			
7			과장 평균	3,703,333원		2,962,667원
8	자재부	오사원	대리	3,020,000원	70%	2,114,000원
9	경리부	유사원	대리	2,980,000원	70%	2,086,000원
10	영업부	장사원	대리	3,010,000원	70%	2,107,000원
11	영업부	이사원	대리	2,950,000원	70%	2,065,000원
12		4	대리 개수			
13			대리 평균	2,990,000원		2,093,000원
14	총무부	강사원	사원	2,540,000원	60%	1,524,000원
15	자재부	박사원	사원	2,600,000원	60%	1,560,000원
16	총무부	성사원	사원	2,550,000원	60%	1,530,000원
17	총무부	함사원	사원	2,480,000원	60%	1,488,000원
18		4	사원 개수			
19			사원 평균	2,542,500원		1,525,500원
20		11	전체 개수			
21			전체 평균	3,021,818원		2,123,818원
22						

≪처리조건≫

▶ 데이터를 '직급' 기준으로 오름차순 정렬하시오.

▶ 아래 조건에 맞는 부분합을 작성하시오.
  - '직급'으로 그룹화하여 '급여', '성과금'의 평균을 구하는 부분합을 만드시오.
    '직급'으로 그룹화하여 '직원명'의 개수를 구하는 부분합을 만드시오.
    (새로운 값으로 대치하지 말 것)
  - [D3:D21], [F3:F21] 영역에 셀 서식의 표시형식-사용자 정의를 이용하여 #,##0"원"자를 추가하시오.

▶ [D2:F21] 영역(대상 : 열)을 선택하여 그룹을 설정하시오.

▶ 평균과 개수 부분합의 순서는 ≪출력형태≫와 다를 수 있음

▶ 지시사항이 없는 경우는 기본 값을 적용하시오.

한컴오피스 한셀 2022 버전용

디지털정보활용능력
(DIAT; Digital Information Ability Test)

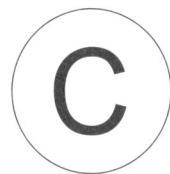

- 시험과목 : 스프레드시트(한셀)
- 시험일자 : 20XX. XX. XX.(X)
- 응시자 기재사항 및 감독위원 확인

수 검 번 호	DIL - XXXX -	감독위원 확인
성 명		

응시자 유의사항

1. 응시자는 신분증을 지참하여야 시험에 응시할 수 있으며, 시험이 종료될 때까지 신분증을 제시하지 못 할 경우 해당 시험은 0점 처리됩니다.
2. 시스템(PC작동여부, 네트워크 상태 등)의 이상여부를 반드시 확인하여야 하며, 시스템이상이 있을 시 감독위원에게 조치를 받으셔야 합니다.
3. 시험 중 부주의 또는 고의로 시스템을 파손한 경우는 응시자 부담으로 합니다.
4. 답안 전송 프로그램을 통해 다운로드 받은 파일을 이용하여 답안파일을 작성하시기 바랍니다.
5. 작성한 답안 파일은 답안 전송 프로그램을 통하여 전송됩니다. 감독위원의 지시에 따라 주시기바랍니다.
6. 다음 사항의 경우 실격(0점) 혹은 부정행위 처리됩니다.
   1) 답안파일을 저장하지 않았거나, 저장한 파일이 손상되었을 경우
   2) 답안파일을 지정된 폴더(바탕화면 "KAIT" 폴더)에 저장하지 않았을 경우
      ※ 답안 전송 프로그램 로그인 시 바탕화면에 자동 생성됨
   3) 답안파일을 다른 보조기억장치(USB) 혹은 네트워크(메신저, 게시판 등)로 전송할 경우
   4) 휴대용 전화기 등 통신기기를 사용할 경우
7. 슬라이드는 반드시 순서대로 작성해야 하며, 순서가 다를 경우 "0"점 처리됩니다.
8. 시험지에 제시된 글꼴이 응시 프로그램에 없는 경우, 반드시 감독위원에게 해당 내용을통보한 뒤 조치를 받아야 합니다.
9. 슬라이드 작성 시 도형의 그룹설정을 사용하는 경우, 채점에서 감점 처리됩니다.
10. 시험의 완료는 작성이 완료된 답안을 저장하고, 답안전송이 완료된 상태를 확인한 것으로합니다. 답안전송 확인 후 문제지는 감독위원에게 제출한 후 퇴실하여야 합니다.
11. 답안전송을 완료한 경우는 수정 또는 정정이 불가합니다.
12. 시험 시행 후 합격자 발표는 홈페이지(www.ihd.or.kr)에서 확인하시기를 바랍니다.
    ※ 합격자 발표 : 20XX. XX. XX.(X)

디지털정보활용능력 **스프레드시트[한셀] 2022** ────── (시험시간 : 40분)

【문제 1】 "지급현황" 시트를 참조하여 다음 ≪처리조건≫에 맞도록 작업하시오. **(50점)**

≪출력형태≫

	A	B	C	D	E	F	G	H
1				사원별 성과금 지급현황				
2	부서명	직원명	직급	급여	성과지급율	성과금	순위	비고
3	영업부	김사원	과장	3,850,000	80%	3,080,000	1위	우수
4	자재부	오사원	대리	3,020,000	70%	2,114,000	4위	
5	총무부	강사원	사원	2,540,000	60%	1,524,000	10위	
6	자재부	박사원	사원	2,600,000	60%	1,560,000	8위	
7	경리부	황사원	과장	3,720,000	80%	2,976,000	2위	우수
8	경리부	유사원	대리	2,980,000	70%	2,086,000	6위	
9	영업부	장사원	대리	3,010,000	70%	2,107,000	5위	
10	총무부	성사원	사원	2,550,000	60%	1,530,000	9위	
11	자재부	한사원	과장	3,540,000	80%	2,832,000	3위	우수
12	영업부	이사원	대리	2,950,000	70%	2,065,000	7위	
13	총무부	함사원	사원	2,480,000	60%	1,488,000	11위	
14	'성과금'의 최댓값-최솟값 차이			1,592,000원				
15	'직급'이 "과장"인 '성과금'의 평균			2,962,667원				
16	'성과금' 중 세 번째로 작은 값			1,530,000원				
17								

≪처리조건≫

▶ 1행의 행 높이를 '80'으로 설정하고, 2행~16행의 행 높이를 '18'로 설정하오.

▶ 제목("사원별 성과금 지급현황") : 기본 도형의 '평행 사변형'을 이용하여 입력하시오.
 - 도형 : 위치([B1:G1]), 도형 스타일('보통 효과 - 강조 5')
 - 글꼴 : 굴림체, 24pt, 진하게, 기울임, 글자 색(강조 4 노랑)
 - 도형 서식 : 텍스트 맞춤(가로 : 가운데 정렬, 세로 : 중간)

▶ 셀 서식을 아래 조건에 맞게 작성하시오.
 - [A2:H16] : 테두리(안쪽, 바깥쪽 모두 실선, 검정), 텍스트 맞춤(가로 : 가운데)
 - [A14:C14], [A15:C15], [A16:C16] : 각각 병합하고 가운데 맞춤
 - [A2:H2], [A14:C16] : 채우기(보라 40% 밝게), 글꼴(진하게)
 - [D3:D13], [F3:F13] : 셀 서식의 표시형식-숫자를 이용하여 1000단위 구분 기호 표시
 - [G3:G13] : 셀 서식의 표시형식-사용자 정의를 이용하여 #"위"자를 추가
 - [D14:F16] : 셀 서식의 표시형식-사용자 정의를 이용하여 #,##0"원"자를 추가
 - 조건부 서식[A3:H13] : '부서명'이 "영업부"인 경우 레코드 전체에 글꼴(주황, 진하게, 기울임) 적용
 - 지시사항이 없는 경우는 주어진 문제파일의 서식을 그대로 사용하시오.

▶ ① 순위[G3:G13] : '급여'를 기준으로 큰 순으로 '순위'를 구하시오. (RANK.EQ 함수)

▶ ② 비고[H3:H13] : '성과금'이 2500000 이상이면 "우수" 그렇지 않으면 공백으로 구하시오. (IF 함수)

▶ ③ 최댓값-최솟값[D14:F14] : '성과금'의 최댓값과 최솟값의 차이를 구하시오. (MAX, MIN 함수)

▶ ④ 평균[D15:F15] : '직급'이 "과장"인 '성과금'의 평균을 구하시오. (DAVERAGE 함수)

▶ ⑤ 순위[D16:F16] : '성과금' 중 세 번째로 작은 값을 구하시오. (SMALL 함수)

디지털정보활용능력 스프레드시트[한셀] 2022 ─────── **(시험시간 : 40분)**

【문제 5】 "차트" 시트를 참조하여 다음 ≪처리조건≫에 맞도록 작업하시오. **(30점)**

≪출력형태≫

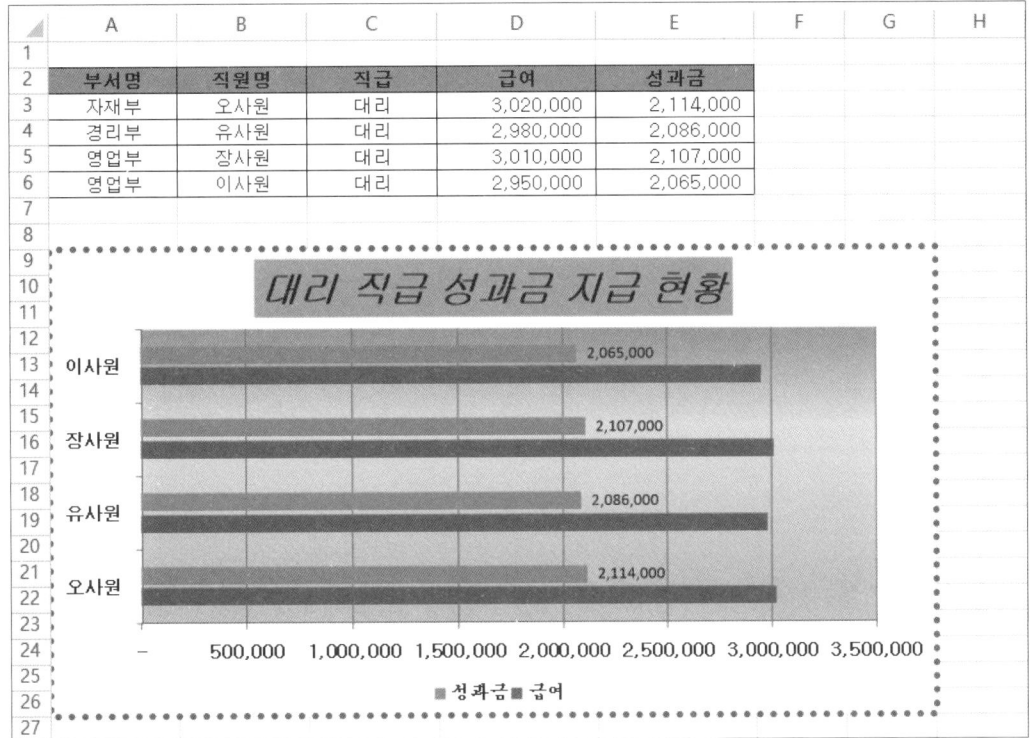

≪처리조건≫

▶ "차트" 시트에 주어진 표를 이용하여 '묶은 가로 막대형' 차트를 작성하시오.
- 데이터 범위 : 현재 시트 [B2:B6], [D2:E6]의 데이터를 이용하여 작성하고, 행/열 전환은 '열'로 지정
- 차트 위치 : 현재 시트에 [A9:G26] 크기에 정확하게 맞추시오.
- 차트 스타일 : 색1 - 스타일9
- 제목 위치 : 위쪽 표시
- 범례 위치 : 아래쪽 표시
- 축 이름표 모양 : 가로 항목 축 및 세로 값 축 글꼴(돋움, 11pt, 진하게)
  범례 모양 : 글꼴(궁서, 11pt, 진하게)
- 차트 배경 : 선 종류 : 점선, 끝 모양 : 원형, 굵기 : 4pt, 모서리 모양 : 곡선형, 겹선 종류 : 단순형,
  선 색 : 강조 1 하늘색
- 차트 제목 : 내용("대리 직급 성과금 지급 현황"), 글꼴(굴림, 22pt, 진하게, 기울임),
  채우기(단색 - 색 : 강조 3 시멘트색)
- 그림 영역 속성 : 채우기 : 그러데이션(유형 : 보라, 종류 : 선형, 방향 : 선형 - 아래쪽에서)
- 데이터 레이블 추가 : '성과금' 계열에 "값" 표시

▶ 지시사항이 없는 경우는 ≪출력형태≫와 동일하게 작성하시오.

academysoft Ⓢ

디지털정보활용능력 **스프레드시트[한셀] 2022** ────── (시험시간 : 40분)

【문제 2】 "부분합" 시트를 참조하여 다음 ≪처리조건≫에 맞도록 작업하시오. **(30점)**

≪출력형태≫

	A	B	C	D	E	F
1						
2	강좌명	과목	수강범위	2021년	2022년	2023년
3	생활과 윤리	사회탐구	수능준비생	6,440	6,890	7,420
4	물리학	과학탐구	수능준비생	7,420	7,728	8,020
5	파이널 한국사	한국사	수능준비생	5,303	5,313	5,402
6	파이널 수학	수학	수능준비생	8,052	8,189	8,420
7			수능준비생 최솟값		5,313	5,402
8			수능준비생 평균	6,804	7,030	
9	미적분	수학	내신준비	5,621	5,541	5,420
10	만점 영어	영어	내신준비	5,720	5,876	6,052
11	생명과학	과학탐구	내신준비	7,720	7,829	8,435
12	독서	국어	내신준비	5,557	5,639	5,750
13			내신준비 최솟값		5,541	5,420
14			내신준비 평균	6,155	6,221	
15	문학	국어	고등학생	6,542	7,641	8,862
16	한국사 일반	한국사	고등학생	5,230	5,349	5,620
17	영문법	영어	고등학생	5,530	5,808	6,030
18			고등학생 최솟값		5,349	5,620
19			고등학생 평균	5,767	6,266	
20			전체 최솟값		5,313	5,402
21			전체 평균	6,285	6,528	
22						

≪처리조건≫

▶ 데이터를 '수강범위' 기준으로 내림차순 정렬하시오.

▶ 아래 조건에 맞는 부분합을 작성하시오.
　- '수강범위'로 그룹화하여 '2021년', '2022년'의 평균을 구하는 부분합을 만드시오.
　- '수강범위'로 그룹화하여 '2022년', '2023년'의 최솟값을 구하는 부분합을 만드시오.
　　(새로운 값으로 대치하지 말 것)
　- [D3:F21] 영역에 셀 서식의 표시형식-숫자를 이용하여 1000단위 구분 기호를 표시하시오.

▶ [D2:E21] 영역(대상 : 열)을 그룹으로 설정하시오.

▶ 평균과 최솟값의 부분합 순서는 ≪출력형태≫와 다를 수 있음

▶ 지시사항이 없는 경우는 기본 값을 적용하시오.

디지털정보활용능력 스프레드시트[한셀] 2022 (시험시간 : 40분)

【문제 3】 "필터"와 "시나리오" 시트를 참조하여 다음 ≪처리조건≫에 맞도록 작업하시오. **(60점)**

(1) 필터

≪출력형태 - 필터≫

	A	B	C	D	E	F
2	강좌명	과목	수강범위	2021년	2022년	2023년
3	문학	국어	고등학생	6,542	7,641	8,862
4	미적분	수학	내신준비	5,621	5,541	5,420
5	만점 영어	영어	내신준비	5,720	5,876	6,052
6	한국사 일반	한국사	고등학생	5,230	5,349	5,620
7	생활과 윤리	사회탐구	수능준비생	6,440	6,890	7,420
8	물리학	과학탐구	수능준비생	7,420	7,728	8,020
9	파이널 한국사	한국사	수능준비생	5,303	5,313	5,402
10	영문법	영어	고등학생	5,530	5,808	6,030
11	파이널 수학	수학	수능준비생	8,052	8,189	8,420
12	생명과학	과학탐구	내신준비	7,720	7,829	8,435
13	독서	국어	내신준비	5,557	5,639	5,750
14						
15	조건					
16	FALSE					
17						
18	강좌명	과목	2021년	2022년		
19	생활과 윤리	사회탐구	6,440	6,890		
20	물리학	과학탐구	7,420	7,728		
21	파이널 한국사	한국사	5,303	5,313		

≪처리조건≫

▶ "필터" 시트의 [A2:F13]를 아래 조건에 맞게 고급필터를 사용하여 작성하시오.

- '수강범위'가 "수능준비생"이고 '2023년'이 8100 이하인 데이터를 '강좌명', '과목', '2021년', '2022년'의 데이터만 필터링 하시오.
- 조건 위치 : 조건 함수는 [A16] 한 셀에 작성(AND 함수 이용)
- 결과 위치 : [A18]부터 출력

▶ 지시사항이 없는 경우는 ≪출력형태 - 필터≫와 동일하게 작성하시오.

디지털정보활용능력 스프레드시트[한셀] 2022   (시험시간 : 40분)

(2) 시나리오

≪출력형태 - 시나리오≫

	A	B	C	D	E	F	G
1							
2		시나리오 요약					
3				현재 값:	2023년 1,500 증가	2023년 1,000 감소	
4		변경 셀:					
5			$F$6	5,420	6920	4420	
6			$F$7	6,052	7552	5052	
7			$F$8	8,435	9935	7435	
8			$F$9	5,750	7250	4750	
9		결과 셀:					
10			$G$6	5527.333333	6027.333333	5194	
11			$G$7	5882.666667	6382.666667	5549.333333	
12			$G$8	7994.666667	8494.666667	7661.333333	
13			$G$9	5648.666667	6148.666667	5315.333333	
14		참고: 현재 값 열은 시나리오 요약 보고서가 작성될 때의					
15		변경 셀 값을 나타냅니다. 각 시나리오의 변경 셀들은					
16		회색으로 표시됩니다.					
17							

≪처리조건≫

▶ "시나리오" 시트의 [A2:G13]를 이용하여 '수강범위'가 "내신준비"인 경우, '2023년'이 변동할 때 '평균'이 변동하는 가상분석(시나리오)을 작성하시오.

- 시나리오1 : 시나리오 이름은 "2023년 1,500 증가", '2023년'에 1500을 증가시킨 값 설정.

- 시나리오2 : 시나리오 이름은 "2023년 1,000 감소", '2023년'에 1000을 감소시킨 값 설정.

- "시나리오 요약" 시트를 작성하시오.

▶ 지시사항이 없는 경우는 ≪출력형태 - 시나리오≫와 동일하게 작성하시오.

디지털정보활용능력 스프레드시트[한셀] 2022 — (시험시간 : 40분)

【문제 4】 "피벗테이블" 시트를 참조하여 다음 ≪처리조건≫에 맞도록 작업하시오. **(30점)**

≪출력형태≫

	A	B	C	D	E
1					
2					
3			수강범위 ▼		
4	과목 ▼	데이터 ▼	고등학생	내신준비	수능준비생
5	국어	평균 : 2022년	7,641	5,639	***
6		평균 : 2023년	8,862	5,750	***
7	수학	평균 : 2022년	***	5,541	8,189
8		평균 : 2023년	***	5,420	8,420
9	한국사	평균 : 2022년	5,349	***	5,313
10		평균 : 2023년	5,620	***	5,402
11	전체 평균 : 2022년		6,495	5,590	6,751
12	전체 평균 : 2023년		7,241	5,585	6,911
13					

≪처리조건≫

▶ "피벗테이블" 시트의 [A2:F13]를 이용하여 새로운 시트에 ≪출력형태≫와 같이 피벗테이블을 작성 후 시트명을 "피벗테이블 정답"으로 수정하시오.

▶ 과목(행)과 수강범위(열)를 기준으로 하여 출력형태와 같이 구하시오.
 - '2022년', '2023년'의 평균을 구하시오.
 - 피벗 테이블 설정을 이용하여 행의 총 합계를 표시하지 않게 설정하고, 빈 셀을 "***"로 설정하시오.
 - 피벗 테이블 디자인에서 보고서 레이아웃은 '테이블 형식으로 표시'로 표시하시오.
 - 과목(행)은 "국어", "수학", "한국사"만 출력되도록 표시하시오.
 - [C5:E12] 데이터는 셀 서식의 표시형식-숫자를 이용하여 1000단위 구분 기호를 표시하고, 텍스트는 오른쪽으로 맞춤하시오.

▶ 과목의 순서는 ≪출력형태≫와 다를 수 있음

▶ 지시사항이 없는 경우는 ≪출력형태≫와 동일하게 작성하시오.

academy*soft*

디지털정보활용능력 스프레드시트[한셀] 2022 ━━━━━ (시험시간 : 40분)

【문제 5】 "차트" 시트를 참조하여 다음 ≪처리조건≫에 맞도록 작업하시오. **(30점)**

≪출력형태≫

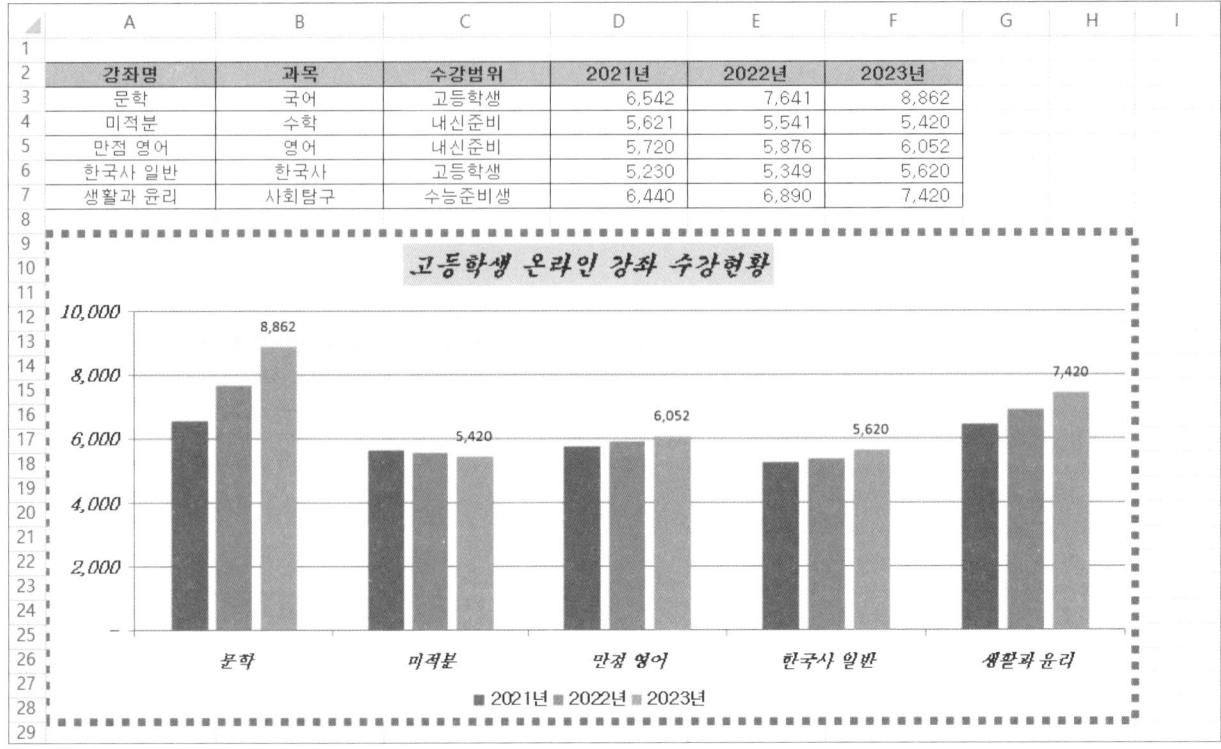

≪처리조건≫

▶ "차트" 시트에 주어진 표를 이용하여 '묶은 세로 막대형' 차트를 작성하시오.
  - 데이터 범위 : 현재 시트 [A2:A7], [D2:F7]의 데이터를 이용하여 작성하고, 행/열 전환은 '열'로 지정
  - 차트 위치 : 현재 시트에 [A9:GH28] 크기에 정확하게 맞추시오.
  - 차트 스타일 : 색1 - 스타일6
  - 제목 위치 : 위쪽 표시
  - 범례 위치 : 아래쪽 표시
  - 축 이름표 모양 : 가로 항목 축 및 세로 값 축 글꼴(바탕, 11pt, 진하게, 기울임)
  - 범례 모양 : 글꼴(돋움, 11pt, 진하게)
  - 차트 배경 : 선 종류 : 점선, 끝 모양 : 사각형, 굵기 : 5pt, 모서리 모양 : 직선형, 겹선 종류 : 단순형, 선 색 : 강조 5 초록)
  - 차트 제목 : 내용("고등학생 온라인 강좌 수강현황"), 글꼴(궁서, 16pt, 진하게, 기울임), 채우기(단색 - 색 : 강조 4 노랑)
  - 그림 영역 속성 : 채우기 : 그러데이션(유형 : 레몬, 종류 : 선형, 방향 : 선형 - 아래쪽에서)
  - 데이터 레이블 추가 : '2023년' 계열에 "값" 표시

▶ 지시사항이 없는 경우는 ≪출력형태≫와 동일하게 작성하시오.

디지털정보활용능력 **스프레드시트[한셀] 2022** — **(시험시간 : 40분)**

【문제 1】 "수강현황" 시트를 참조하여 다음 ≪처리조건≫에 맞도록 작업하시오. **(50점)**

≪출력형태≫

	A	B	C	D	E	F	G	H
1				고등학생 온라인 강좌 수강현황				
2	강좌명	과목	수강범위	2021년	2022년	2023년	순위	비고
3	문학	국어	고등학생	6,542	7,641	8,862	수강1위	인기강좌
4	미적분	수학	내신준비	5,621	5,541	5,420	수강10위	
5	만점 영어	영어	내신준비	5,720	5,876	6,052	수강6위	
6	한국사 일반	한국사	고등학생	5,230	5,349	5,620	수강9위	
7	생활과 윤리	사회탐구	수능준비생	6,440	6,890	7,420	수강5위	
8	물리학	과학탐구	수능준비생	7,420	7,728	8,020	수강4위	인기강좌
9	파이널 한국사	한국사	수능준비생	5,303	5,313	5,402	수강11위	
10	영문법	영어	고등학생	5,530	5,808	6,030	수강7위	
11	파이널 수학	수학	수능준비생	8,052	8,189	8,420	수강3위	인기강좌
12	생명과학	과학탐구	내신준비	7,720	7,829	8,435	수강2위	인기강좌
13	독서	국어	내신준비	5,557	5,639	5,750	수강8위	
14	'2023년'의 최댓값-최솟값 차이			3,460명				
15	'수강범위'가 '고등학생'인 '2023년'의 평균			6,837명				
16	'2022년' 중 두 번째로 작은 값			5,349명				

≪처리조건≫

▶ 1행의 행 높이를 '75'으로 설정하고, 2행~16행의 행 높이를 '18'로 설정하시오.

▶ 제목("고등학생 온라인 강좌 수강현황") : 기본 도형의 '배지'를 이용하여 입력하시오.
  - 도형 : 위치([B1:G1]), 도형 스타일('밝은 계열 - 강조 2')
  - 글꼴 : 굴림체, 24pt, 진하게, 글자 색(검정)
  - 도형 서식 : 텍스트 맞춤(가로 : 가운데 정렬, 세로 : 중간)

▶ 셀 서식을 아래 조건에 맞게 작성하시오.
  - [A2:H16] : 테두리(안쪽, 바깥쪽 모두 실선, 검정, 텍스트 맞춤(가로 : 가운데)
  - [A14:C14], [A15:C15], [A16:C16] : 각각 병합하고 가운데 맞춤
  - [A2:H2], [A14:C16] : 채우기(주황 40% 밝게), 글꼴(진하게)
  - [G3:G13] : 셀 서식의 표시형식-사용자 정의를 이용하여 "수강"0"위"자를 추가
    [D14:E16] : 셀 서식의 표시형식-사용자 정의를 이용하여 #,##0"명"자를 추가
  - [D3:F13] : 셀 서식의 표시형식-숫자를 이용하여 1000단위 구분 기호 표시
  - 조건부 서식[A3:H13] : '수강범위'가 "내신준비"인 경우 레코드 전체에 글꼴(주황, 진하게, 기울임) 적용
  - 지시사항이 없는 경우는 주어진 문제파일의 서식을 그대로 사용하시오.

▶ ① 순위[G3:G13] : '2023년'을 기준으로 하여 큰 순으로 '순위'를 구하시오. **(RANK 함수)**

▶ ② 비고[H3:H13] : '2023년'이 8000 이상이면 "인기강좌", 그렇지 않으면 공백으로 구하시오. **(IF 함수)**

▶ ③ 최댓값-최솟값[D14:E14] : '2023년'의 최댓값과 최솟값의 차이를 구하시오. **(MAX, MIN 함수)**

▶ ④ 평균[D15:E15] : '수강범위'가 "고등학생"인 '2023년'의 평균을 구하시오. **(DAVERAGE 함수)**

▶ ⑤ 순위[D16:E16] : '2022년' 중 두 번째로 작은 값을 구하시오. **(SMALL 함수)**

한컴오피스 한셀 2022 버전용

디지털정보활용능력

(DIAT ; Digital Information Ability Test)

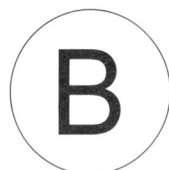

- 시험과목 : 스프레드시트(한셀)
- 시험일자 : 20XX. XX. XX.(X)
- 응시자 기재사항 및 감독위원 확인

수 검 번 호	DIL - XXXX -	감독위원 확인
성 명		

응시자 유의사항

1. 응시자는 신분증을 지참하여야 시험에 응시할 수 있으며, 시험이 종료될 때까지 신분증을 제시하지 못 할 경우 해당 시험은 0점 처리됩니다.
2. 시스템(PC작동여부, 네트워크 상태 등)의 이상여부를 반드시 확인하여야 하며, 시스템이상이 있을 시 감독위원에게 조치를 받으셔야 합니다.
3. 시험 중 부주의 또는 고의로 시스템을 파손한 경우는 응시자 부담으로 합니다.
4. 답안 전송 프로그램을 통해 다운로드 받은 파일을 이용하여 답안파일을 작성하시기 바랍니다.
5. 작성한 답안 파일은 답안 전송 프로그램을 통하여 전송됩니다. 감독위원의 지시에 따라 주시기바랍니다.
6. 다음 사항의 경우 실격(0점) 혹은 부정행위 처리됩니다.
    1) 답안파일을 저장하지 않았거나, 저장한 파일이 손상되었을 경우
    2) 답안파일을 지정된 폴더(바탕화면 "KAIT" 폴더)에 저장하지 않았을 경우
        ※ 답안 전송 프로그램 로그인 시 바탕화면에 자동 생성됨
    3) 답안파일을 다른 보조기억장치(USB) 혹은 네트워크(메신저, 게시판 등)로 전송할 경우
    4) 휴대용 전화기 등 통신기기를 사용할 경우
7. 슬라이드는 반드시 순서대로 작성해야 하며, 순서가 다를 경우 "0"점 처리됩니다.
8. 시험지에 제시된 글꼴이 응시 프로그램에 없는 경우, 반드시 감독위원에게 해당 내용을 통보한 뒤 조치를 받아야 합니다.
9. 슬라이드 작성 시 도형의 그룹설정을 사용하는 경우, 채점에서 감점 처리됩니다.
10. 시험의 완료는 작성이 완료된 답안을 저장하고, 답안전송이 완료된 상태를 확인한 것으로합니다. 답안전송 확인 후 문제지는 감독위원에게 제출한 후 퇴실하여야 합니다.
11. 답안전송을 완료한 경우는 수정 또는 정정이 불가합니다.
12. 시험 시행 후 합격자 발표는 홈페이지(www.ihd.or.kr)에서 확인하시기를 바랍니다.
    ※ 합격자 발표 : 20XX. XX. XX.(X)

디지털정보활용능력 스프레드시트[한셀] 2022 ――――――――― (시험시간 : 40분)

【문제 2】 "부분합" 시트를 참조하여 다음 ≪처리조건≫에 맞도록 작업하시오. **(30점)**

≪출력형태≫

	A	B	C	D	E	F
2	차명	차종	제작사	이용시간	일일요금	영수금액
3	뉴싼타페	SUV	현대	48	90,000	180,000
4	뉴쏘렌토	SUV	기아	60	90,000	225,000
5	QM6	SUV	르노	48	70,000	140,000
6		SUV 최댓값		60		225,000
7		SUV 평균		52	83,333	
8	SM3	소형차	르노	48	60,000	120,000
9	모닝	소형차	기아	60	50,000	125,000
10	K3	소형차	기아	60	60,000	150,000
11		소형차 최댓값		60		150,000
12		소형차 평균		56	56,667	
13	아이오닉6	전기차	현대	72	100,000	300,000
14	니로EV	전기차	기아	72	80,000	240,000
15	EV9	전기차	기아	48	100,000	200,000
16	코나	전기차	현대	48	80,000	160,000
17		전기차 최댓값		72		300,000
18		전기차 평균		60	90,000	
19	SM7	중형차	르노	72	70,000	210,000
20		중형차 최댓값		72		210,000
21		중형차 평균		72	70,000	
22		전체 최댓값		72		300,000
23		전체 평균		58	77,273	

≪처리조건≫

▶ 데이터를 '차종' 기준으로 오름차순 정렬하시오.

▶ 아래 조건에 맞는 부분합을 작성하시오.
- '차종'으로 그룹화하여 '이용시간', '일일요금'의 평균을 구하는 부분합을 만드시오.
- '차종'으로 그룹화하여 '이용시간', '영수금액'의 최댓값을 구하는 부분합을 만드시오.
  (새로운 값으로 대치하지 말 것)
- [D3:F23] 영역에 셀 서식의 표시형식-숫자를 이용하여 1000단위 구분 기호를 표시하시오.

▶ [D2~E23] 영역(대상 : 열)을 그룹으로 설정하시오.

▶ 평균과 최댓값 부분합의 순서는 ≪출력형태≫와 다를 수 있음

▶ 지시사항이 없는 경우는 기본 값을 적용하시오.

디지털정보활용능력 스프레드시트[한셀] 2022 ——————————— (시험시간 : 40분)

【문제 3】 "필터"와 "시나리오" 시트를 참조하여 다음 ≪처리조건≫에 맞도록 작업하시오. **(60점)**

(1) 필터

≪출력형태 - 필터≫

	A	B	C	D	E	F
1						
2	차명	차종	제작사	이용시간	일일요금	영수금액
3	아이오닉6	전기차	현대	72	100,000	300,000
4	니로EV	전기차	기아	72	80,000	240,000
5	뉴싼타페	SUV	현대	48	90,000	180,000
6	SM3	소형차	르노	48	60,000	120,000
7	모닝	소형차	기아	60	50,000	125,000
8	EV9	전기차	기아	48	100,000	200,000
9	K3	소형차	기아	60	60,000	150,000
10	SM7	중형차	르노	72	70,000	210,000
11	코나	전기차	현대	48	80,000	160,000
12	뉴쏘렌토	SUV	기아	60	90,000	225,000
13	QM6	SUV	르노	48	70,000	140,000
14						
15	조건					
16	TRUE					
17						
18	차명	차종	제작사	이용시간		
19	아이오닉6	전기차	현대	72		
20	니로EV	전기차	기아	72		
21	EV9	전기차	기아	48		
22	SM7	중형차	르노	72		
23	코나	전기차	현대	48		
24						

≪처리조건≫

▶ "필터" 시트의 [A2:F13]를 아래 조건에 맞게 고급필터를 사용하여 작성하시오.
- '차종'이 "전기차" 이거나 '이용시간'이 "70" 이상인 데이터를 '차명', '차종', '제작사', '이용시간'의 데이터만 필터링 하시오.
- 조건 위치 : 조건 함수는 [A16] 한 셀에 작성(OR함수)
- 결과 위치 : [A18]부터 출력

▶ 지시사항이 없는 경우는 ≪출력형태 - 필터≫와 동일하게 작성하시오.

(2) 시나리오

≪출력형태 - 시나리오≫

	A	B	C	D	E	F	G
1							
2		시나리오 요약					
3				현재 값:	일일요금 10,000 인상	일일요금 5,000 인하	
4		변경 셀:					
5			$E$3	80,000	90000	75000	
6			$E$4	50,000	60000	45000	
7			$E$5	100,000	110000	95000	
8			$E$6	60,000	70000	55000	
9			$E$7	90,000	100000	85000	
10		결과 셀:					
11			$F$3	240000	270000	225000	
12			$F$4	125000	150000	112500	
13			$F$5	200000	220000	190000	
14			$F$6	150000	175000	137500	
15			$F$7	225000	250000	212500	
16		참고: 현재 값 열은 시나리오 요약 보고서가 작성될 때의					
17		변경 셀 값을 나타냅니다. 각 시나리오의 변경 셀들은					
18		회색으로 표시됩니다.					
19							

≪처리조건≫

▶ "시나리오" 시트의 [A2:G13]를 이용하여 '수강범위'가 "내신준비"인 경우, '2023년'이 변동할 때 '평균'이 변동하는 가상분석(시나리오)을 작성하시오.

- 시나리오1 : 시나리오 이름은 "일일요금 10,000 인상", '일일요금'에 10000을 증가시킨 값 설정.
- 시나리오2 : 시나리오 이름은 "일일요금 5,000 인하", '일일요금'에 5000을 감소시킨 값 설정.
- "시나리오 요약" 시트를 작성하시오.

▶ 지시사항이 없는 경우는 ≪출력형태 - 시나리오≫와 동일하게 작성하시오.

디지털정보활용능력 스프레드시트[한셀] 2022 (시험시간 : 40분)

【문제 4】 "피벗테이블" 시트를 참조하여 다음 ≪처리조건≫에 맞도록 작업하시오. **(30점)**

≪출력형태≫

	A	B	C	D	E
1					
2					
3			제작사		
4	차명	데이터	기아	르노	현대
5	SM3	평균 : 이용시간	**	48	**
6		평균 : 일일요금	**	60,000	**
7	니로EV	평균 : 이용시간	72	**	**
8		평균 : 일일요금	80,000	**	**
9	모닝	평균 : 이용시간	60	**	**
10		평균 : 일일요금	50,000	**	**
11	코나	평균 : 이용시간	**	**	48
12		평균 : 일일요금	**	**	80,000
13	전체 평균 : 이용시간		66	48	48
14	전체 평균 : 일일요금		65,000	60,000	80,000
15					

≪처리조건≫

▶ "피벗테이블" 시트의 [A2:F13]를 이용하여 새로운 시트에 ≪출력형태≫와 같이 피벗테이블을 작성 후 시트명을 "피벗테이블 정답"으로 수정하시오.

▶ 차명(행)과 제작사(열)를 기준으로 하여 출력형태와 같이 구하시오.
  - '이용시간', '일일요금'의 평균을 구하시오.
  - 피벗 테이블 설정을 이용하여 행의 총 합계를 표시하지 않게 설정하고, 빈 셀을 '**'로 설정하시오.
  - 피벗 테이블 디자인에서 보고서 레이아웃은 '테이블 형식으로 표시'로 표시하시오.
  - 차명(행)은 "SM3", "니로EV", "모닝", "코나"만 출력되도록 표시하시오.
  - [C5:E14] 데이터는 셀 서식의 표시형식-숫자를 이용하여 1000단위 구분 기호를 표시하고, 텍스트는 오른쪽으로 맞춤하시오.

▶ 차명의 순서는 ≪출력형태≫와 다를 수 있음

▶ 지시사항이 없는 경우는 ≪출력형태≫와 동일하게 작성하시오.

한컴오피스 한셀 2022 버전용

디지털정보활용능력

(**DIAT**; Digital Information Ability Test)

■ 시험과목 : 스프레드시트(한셀)
■ 시험일자 : 20XX. XX. XX.(X)
■ 응시자 기재사항 및 감독위원 확인

수검번호	DIL - XXXX -	감독위원 확인
성 명		

응시자 유의사항

1. 응시자는 신분증을 지참하여야 시험에 응시할 수 있으며, 시험이 종료될 때까지 신분증을 제시하지 못 할 경우 해당 시험은 0점 처리됩니다.
2. 시스템(PC작동여부, 네트워크 상태 등)의 이상여부를 반드시 확인하여야 하며, 시스템이상이 있을 시 감독위원에게 조치를 받으셔야 합니다.
3. 시험 중 부주의 또는 고의로 시스템을 파손한 경우는 응시자 부담으로 합니다.
4. 답안 전송 프로그램을 통해 다운로드 받은 파일을 이용하여 답안파일을 작성하시기 바랍니다.
5. 작성한 답안 파일은 답안 전송 프로그램을 통하여 전송됩니다. 감독위원의 지시에 따라 주시기바랍니다.
6. 다음 사항의 경우 실격(0점) 혹은 부정행위 처리됩니다.
    1) 답안파일을 저장하지 않았거나, 저장한 파일이 손상되었을 경우
    2) 답안파일을 지정된 폴더(바탕화면 "KAIT" 폴더)에 저장하지 않았을 경우
        ※ 답안 전송 프로그램 로그인 시 바탕화면에 자동 생성됨
    3) 답안파일을 다른 보조기억장치(USB) 혹은 네트워크(메신저, 게시판 등)로 전송할 경우
    4) 휴대용 전화기 등 통신기기를 사용할 경우
7. 슬라이드는 반드시 순서대로 작성해야 하며, 순서가 다를 경우 "0"점 처리됩니다.
8. 시험지에 제시된 글꼴이 응시 프로그램에 없는 경우, 반드시 감독위원에게 해당 내용을 통보한 뒤 조치를 받아야 합니다.
9. 슬라이드 작성 시 노형의 그룹설정을 사용하는 경우, 채점에서 감점 처리됩니다.
10. 시험의 완료는 작성이 완료된 답안을 저장하고, 답안전송이 완료된 상태를 확인한 것으로 합니다. 답안전송 확인 후 문제지는 감독위원에게 제출한 후 퇴실하여야 합니다.
11. 답안전송을 완료한 경우는 수정 또는 정정이 불가합니다.
12. 시험 시행 후 합격자 발표는 홈페이지(www.ihd.or.kr)에서 확인하시기를 바랍니다.
    ※ 합격자 발표 : 20XX. XX. XX.(X)

디지털정보활용능력 스프레드시트[한셀] 2022 ──────── (시험시간 : 40분)

【문제 1】 "렌트현황" 시트를 참조하여 다음 ≪처리조건≫에 맞도록 작업하시오. **(50점)**

≪출력형태≫

	A	B	C	D	E	F	G	H
1				차량별 렌트 현황				
2	차명	차종	제작사	이용시간	일일요금	영수금액	순위	비고
3	아이오닉6	전기차	현대	72	100,000원	300,000원	1위	인기차량
4	니로EV	전기차	기아	72	80,000원	240,000원	2위	인기차량
5	뉴싼타페	SUV	현대	48	90,000원	180,000원	6위	
6	SM3	소형차	르노	48	60,000원	120,000원	11위	
7	모닝	소형차	기아	60	50,000원	125,000원	10위	
8	EV9	전기차	기아	48	100,000원	200,000원	5위	
9	K3	소형차	기아	60	60,000원	150,000원	8위	
10	SM7	중형차	르노	72	70,000원	210,000원	4위	인기차량
11	코나	전기차	현대	48	80,000원	160,000원	7위	
12	뉴쏘렌토	SUV	기아	60	90,000원	225,000원	3위	
13	QM6	SUV	르노	48	70,000원	140,000원	9위	
14	'일일요금'의 최댓값 - 최솟값의 차이				50,000원			
15	'차종'이 "전기차"인 '이용시간'의 평균				60			
16	'영수금액' 중 두 번째로 작은 값				125,000원			

≪처리조건≫

▶ 1행의 행 높이를 '70'으로 설정하고, 2행~16행의 행 높이를 '17'로 설정하시오.

▶ 제목("차량별 렌트 현황") : 사각형의 '양쪽 모서리가 둥근 사각형'을 이용하여 입력하시오.
  - 도형 : 위치([B1:G1]), 도형 스타일('보통 효과 - 강조 4')
  - 글꼴 : 궁서체, 24pt, 진하게, 기울임, 글자 색(강조 1 하늘색)
  - 도형 서식 : 텍스트 맞춤(가로 : 가운데 정렬, 세로 : 중간)

▶ 셀 서식을 아래 조건에 맞게 작성하시오.
  - [A2:H16] : 테두리(안쪽, 바깥쪽 모두 실선, 검정), 텍스트 맞춤(가로 : 가운데)
  - [A14:D14], [A15:D15], [A16:D16] : 각각 병합하고 가운데 맞춤
  - [A2:H2], [A14:D16] : 채우기(초록 80% 밝게), 글꼴(진하게)
  - [E3:F14] : 셀 서식의 표시형식-사용자 정의를 이용하여 #,##"원"자를 추가
  - [G3:G13] : 셀 서식의 표시형식-사용자 정의를 이용하여 #"위"자를 추가
  - [E16:F16] : 셀 서식의 표시형식-사용자 정의를 이용하여 #,##"원"자를 추가
  - 조건부 서식[A3:H13] : '차종'이 '전기차'인 경우 레코드 전체에 글꼴(남색), 진하게, 기울임) 적용
  - 지시사항이 없는 경우는 주어진 문제파일의 서식을 그대로 사용하시오.

▶ ① 순위[G3:G13] : '영수금액'을 기준으로 큰 순으로 '순위'를 구하시오. **(RANK.EQ 함수)**

▶ ② 비고[H3:H13] : '이용시간'이 '70' 이상이면 "인기차량" 그렇지 않으면 공백으로 구하시오. **(IF 함수)**

▶ ③ 최댓값-최솟값[E14:F14] : '일일요금'의 최댓값과 최솟값의 차이를 구하시오. **(MAX, MIN 함수)**

▶ ④ 평균[E15:F15] : '차종'이 "전기차"인 '이용시간'의 평균을 구하시오. **(DAVERAGE 함수)**

▶ ⑤ 순위[E16:F16] : '영수금액' 중 두 번째로 작은 값을 구하시오. **(SMALL 함수)**

디지털정보활용능력 **스프레드시트[한셀] 2022** (시험시간 : 40분)

【문제 5】 "차트" 시트를 참조하여 다음 ≪처리조건≫에 맞도록 작업하시오. **(30점)**

≪출력형태≫

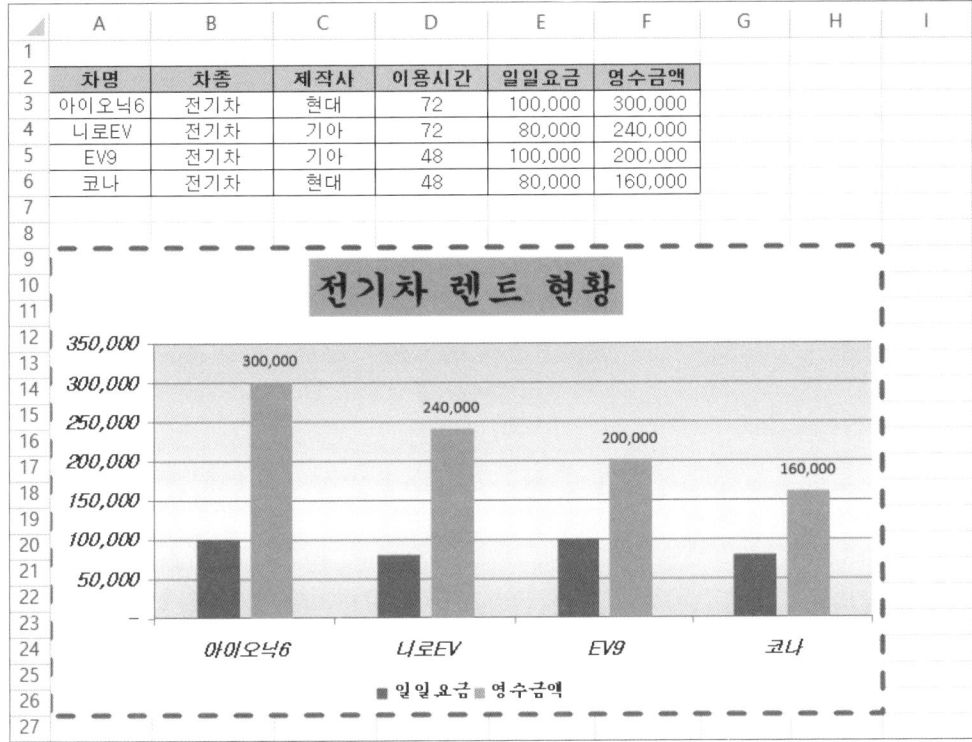

≪처리조건≫

▶ "차트" 시트에 주어진 표를 이용하여 '묶은 세로 막대형' 차트를 작성하시오.
- 데이터 범위 : 현재 시트 [A2:A6], [E2:F6]의 데이터를 이용하여 작성하고, 행/열 전환은 '열'로 지정
- 차트 위치 : 현재 시트에 [A9:H26] 크기에 정확하게 맞추시오.
- 차트 스타일 : 색2 - 스타일6
- 제목 위치 : 위쪽 표시
- 범례 위치 : 아래쪽 표시
- 축 이름표 모양 : 가로 항목 축 및 세로 값 축 글꼴(굴림, 11pt, 진하게, 기울임)
- 범례 모양 : 글꼴(궁서, 11pt, 진하게)
- 차트 배경 : 선 종류 : 파선, 끝 모양 : 원형, 굵기 : 3pt, 모서리 모양 : 곡선형, 겹선 종류 : 단순형, 선 색 : 강조 6 보라)
- 차트 제목 : 내용("전기차 렌트 현황"), 글꼴(궁서체, 22pt, 진하게), 채우기(단색 - 색 : 강조 5 초록)
- 그림 영역 속성 : 채우기 : 그러데이션(유형 : 솜사탕 3, 종류 : 선형, 방향 : 선형 - 위쪽에서)
- 데이터 레이블 추가 : '영수금액' 계열에 "값" 표시

▶ 지시사항이 없는 경우는 ≪출력형태≫와 동일하게 작성하시오.

academysoft